Descubra Juegos Gratis Online

Disponibles aquí:

BestActivityBooks.com/FREEGAMES

5 TIPS PARA EMPEZAR !

1) CÓMO RESOLVER LAS SOPAS DE LETRAS

Los rompecabezas tienen un formato clásico:

- Las palabras se ocultan sin espacios, guiones, ...
- Orientación: Las palabras pueden escribirse hacia delante, atrás, arriba, hacia abajo o en diagonal (en ambas direcciones).
- Las palabras pueden solaparse o cruzarse entre sí.

2) ¡DALE MÁS SABOR AL JUEGO!

Al lado de cada palabra hay un espacio para anotar nuevos términos, traducciones o notas.
Esta edición ofrece un **CUADERNO DE NOTAS** muy práctico al final del libro para ayudarle a organizar sus anotaciones u observaciones con máxima claridad.

3) DESTACAR PALABRAS

Puedes inventar tu propio sistema de marcado. ¿Quizás ya usas uno? Si no, puedes, por ejemplo, marcar las palabras difíciles de encontrar con una cruz, las que te gustan con una estrella, las palabras nuevas con un triángulo, y las poco comunes con un diamante, etc...

4) ¡FÁCIL DE CORTAR!

Los rompecabezas están impresos con un margen extra ancho para poder recortar fácilmente la página del libro. Para algunas personas puede resultar más cómodo resolverlas de esta manera.

5) TERMINASTE EL LIBRO?

En las últimas páginas de este libro, en la sección **DESAFÍO FINAL**, encontrarás un juego gratis!

¿Quieres **más diversión** y actividades para **relajarte**?
¡Es rápido y sencillo! ¡Toda una colección de libros de juegos **a un solo clic de distancia!**

Encuentra tu próximo reto en:

BestActivityBooks.com/MiProximoLibro

En sus marcas, listos, ¡Ya!

¿Sabía que hay unas 7.000 idiomas diferentes en el mundo? Las palabras son preciosas.

Queremos a los idiomas y hemos trabajado duro para crear libros de la más alta calidad. ¿Nuestros ingredientes?

Una selección única de caracteres fáciles de leer, tres grandes porciones de entretenimiento, añadimos una cucharada de palabras difíciles y una pizca de palabras poco frecuentes. Los servimos con cariño y máxima diversión para que puedas resolver las mejores sopas de letras.

Tu opinión es esencial. Puedes participar activamente en el éxito de este libro dejándonos un comentario. Nos gustaría saber qué te ha gustado lo mejor en esta edición.

Aquí hay un enlace rápido a tu página de reseñas de pedidos de Amazon

BestBooksActivity.com/Notas50

¡Gracias por tu fidelidad y Disfruta del Juego!

Todo el Equipo

Puzzle 1

```
U I G J C O T T A P M O C V U R C
I N I S R T P E O E S T R E Q E A
D S O U A T A T Z R S T N L Q G S
E E R I V E S N O C O E W O K O U
G R N C A S S E E O E N U C H L A
A I A A T S V M N R P I R I N A L
F R L L T A V A O S P A Q T O Z E
H E E V A C B V I O M Z C À F I M
I M P R O V V I S A M E N T E O A
P E S C I B O T U L O I F B M N T
P O M F M J C T L O Q X I K Y E T
J P C Y I M M E C B B V G P S D I
G T U X B B E F N M P M U G N K N
M U M M I A G F O A F I R T B S A
Z S E J M L K E C B G S A S U A P
```

EFFETTIVAMENTE
BAMBOLA
CASUALE
PAUSA
ZAINETTO
IMPROVVISAMENTE
FIGURA
VELOCITÀ
CASSETTO
REGOLAZIONE
MATTINA
CAPO
GIORNALE
PERCORSO
CONCLUSIONE
COMPATTO
CRAVATTA
PESCI
MUMMIA
INSERIRE

Puzzle 2

COMPRATO
QUALE
PESCHE
PASTO
LOCALIZZARE
FOTOGRAFIA
LUNGHEZZA
FURETTO
GHIACCIOLI
GENERALE
COMODO
MODIFICA
COCCINELLA
ABBREVIAZIONE
TEMPERATURA
CANTO
TERRORE
LUCCIOLA
ALTITUDINE
CAPELLI

```
T E T W S E F L N V U D Z P T Y R
A B B R E V I A Z I O N E A E B N
Z G E N E R A L E N W R N S M A C
Z Q Q D O R I M M G Y A I T P F O
E U C L M A J A V G Q M D O E O C
H A B F T E R R O R E N U P R T C
G L L O O V J P M F K X T M A O I
N E C O T A R P M O C Q I O T G N
U H O C I F U R E T T O T D U R E
L C M A E C F J R N S F L I R A L
O S O V S R C N Y A I A A F A F L
R E D G F F Z U L C Q Y C I T I A
Q P O D Q M V I L L E P A C R A N
L O C A L I Z Z A R E V X A I V Q
X Z T G H I A C C I O L I V Q S X
```

Puzzle 3

```
Q O T N E M M O C N E Y I P C U N
G R S O R U N Y E S O S W I O U B
L G M W I E Q B J T I O T O L L L
I A N U L T X M Y R R T P V P X Z
H N Z W I M Z Z Q E A L N O E O O
M I H L B Y F I S G T À X S V B Y
V Z P E A J W J F A E T M O O E G
A Z V B T C O R S A I I W U L C E
R A J H S W M C P N R R A X I C N
I Z B A L C O N E O P O E F Z A T
A I C B A R R A L N O T P S V N I
B O Z L W Y B I A N R U Y H I O L
I N P B I R Z K T O P A D P Z M E
L E D U M P V K A Q T F F K Y W Q
E I U S Y Z I J F Z K E D W U H T
```

COMMENTO
NONNO
GENTILE
CORSA
BECCANO
MISERIA
STABILIRE
EST
VARIABILE
AUTORITÀ
PIOVOSO
STREGA
CLIP
BALCONE
COLPEVOLI
BARRA
FATALE
PROPRIETARIO
ORGANIZZAZIONE
LUNA

Puzzle 4

BAMBINO
COLLEGIO
GALLO
COLORATA
PISELLI
SILENZIOSO
ATTRAVERSO
FONDERE
TRUCCO
PERSEGUIRE
ACQUA
PREZIOSO
VUOTO
FISCALE
VERNICE
CONOSCENZE
NUMEROSI
PAZIENTE
FILO
CITTADINO

```
G A L L O C C U R T F F U H F C M
V E R N I C E E T D O I G P I O L
P A Z I E N T E U Z N L O S S L C
U U V F C D I Q L D D O J A C O O
E Y U U F K L P M L E A N V A R N
Y B O I G E L L O C R P C E L A O
S G T S O H V P H J E N F Q E T S
L V O L R P R E Z I O S O T U A C
L H R X M E Z V J B A E Z F N A E
C E Z W E N V Y P K A X V N L W N
P I S E L L I A P G A M Z Q D S Z
N U M E R O S I R A G E B B P P E
J J F J O N I D A T T I C I H Q B
S I L E N Z I O S O T F E O N J H
P E R S E G U I R E I A M E B O K
```

Puzzle 5

F	S	N	P	B	A	S	O	L	O	T	T	E	R	F	R	L
E	C	O	R	N	R	C	C	H	I	U	D	E	R	E	J	F
R	E	T	O	E	N	O	I	Z	A	R	A	I	H	C	I	D
I	L	T	D	S	Q	R	E	B	F	R	G	C	S	E	L	B
R	T	E	O	J	Z	R	M	K	Q	A	U	O	C	I	B	Z
E	A	J	T	S	K	E	N	B	Q	G	A	M	A	U	E	M
S	A	C	T	U	I	V	C	K	O	A	R	B	G	R	M	B
U	W	K	I	L	D	O	U	Q	E	Z	D	I	L	M	W	E
A	S	C	U	H	V	L	E	B	P	Z	A	N	A	P	Z	E
I	H	B	X	C	W	E	J	R	N	A	T	A	A	N	N	I
A	E	M	H	Z	J	G	Z	W	T	O	O	R	Z	V	V	C
P	I	P	I	S	T	R	E	L	L	O	T	E	D	A	T	I
C	F	F	O	R	M	I	C	A	H	D	S	A	C	P	M	U
H	K	G	U	N	P	H	J	Q	N	N	A	N	Q	N	I	L
G	U	S	T	O	T	A	I	C	C	A	R	B	B	A	X	C

PIPISTRELLO
FA
FRETTOLOSA
GUARDATO
SCELTA
COMBINARE
FERIRE
NOTTE
CHIUDERE
GUSTO
DICHIARAZIONE
PRODOTTI
ABBRACCIATO
NOTA
MUCCA
ANNI
SCORREVOLE
RAGAZZA
DATI
FORMICA

Puzzle 6

TROPPO
CAMPAGNA
INTENDERE
CANTIERE
RIGIDA
BUIO
SPORTIVA
INCLUDERE
FEDERALE
MURALE
SABBIA
LETTO
CIAO
ATTUALMENTE
QUALIFICARSI
SIGNORE
SUPPOSTO
PENSAVA
ALLENATORE
GIOVANE

L	V	M	S	A	V	A	S	N	E	P	Z	Z	M	T	E	A
C	Q	G	U	T	Z	E	N	A	V	O	I	G	U	L	T	I
Y	M	H	P	T	B	O	Y	D	B	I	E	T	R	X	G	C
K	S	E	P	U	S	U	M	E	F	B	T	Y	A	B	J	I
M	K	M	O	A	P	E	I	R	W	E	I	T	L	I	Q	A
D	Z	Z	S	L	M	I	P	O	C	R	D	A	E	H	Z	O
A	Z	X	T	M	D	R	S	N	A	E	B	E	S	J	M	T
W	K	E	O	E	M	A	K	G	M	I	K	R	R	W	O	T
E	R	E	D	N	E	T	N	I	P	T	A	E	R	A	K	E
B	A	V	I	T	R	O	P	S	A	N	J	D	Z	N	L	L
Q	Y	G	X	E	J	O	K	M	G	A	T	U	Z	D	F	E
T	R	O	P	P	O	U	R	K	N	C	X	L	U	K	W	Y
R	I	G	I	D	A	M	Q	Y	A	P	B	C	M	B	G	H
A	L	L	E	N	A	T	O	R	E	Q	X	N	N	E	D	C
D	L	L	C	H	I	S	R	A	C	I	F	I	L	A	U	Q

Puzzle 7

```
T A T N C E W W A Z T D V M T V C
R R E A Q L Z A R T S E N I F M O
E T I C L A A Z H C M P U M L B N
M I E C J I X C K H U R N F E W S
E S R E H R U H Z I L I I R G J I
N T A T I O S Q N E I M R Y A I D
D A Y T N T S O A S N E S O L N E
O S D A Y A M C C T O R I V E S R
R L L R U M O M V O V E T I L I A
Z K S E R A P I D A M E N T E E S
I P P O P O T A M O R A T A S M E
D I F E N D E R E T E C L T C E I
D B O M H S T Y K L A H O N K V H
S O M M A M K F O N Z C Y E N V C
B O Z L F I Z R O I K G C T E C B
```

CHIESTO
ACCETTARE
CONSIDERA
CHIESA
INSIEME
UNIRSI
IPPOPOTAMO
FINESTRA
LEGALE
AMATORIALE
MULINO
TENTATIVO
TEIERA
TREMENDO
AQUILA
RAPIDAMENTE
DIFENDERE
SOMMA
ARTISTA
DEPRIMERE

Puzzle 8

VALENTINO
RISPETTO
SCOPO
OSPITE
SELEZIONA
INCURANTE
URAGANO
TIRO
OPERAZIONE
DISEGNO
LISTA
COINVOLGERE
DENTIFRICIO
NERO
CURIOSO
PROFONDA
CILIEGIA
ANDANDO
AUMENTO
COMUNE

```
C U H E D F I C N A P W E O N U A
D U W E U H R O E D D D V S I R N
I S R X I J I I R N I P C P N A D
S T L I X R F N O O U K D I C G A
E P L J O E A V W F C M X T U A N
G R Q O U S F O P O C S O E R N D
N V J T Z V O L J R B O Z C A O O
O V U T L Y V G O P D O D Z N M N
A U M E N T O E I L B F V H T Z I
D T Y P P Z R R R T O D U S E U T
Q N S S Q Q I E C I L I E G I A N
L I V I A L T S E L E Z I O N A E
I M T R L O P E R A Z I O N E O L
D E N T I F R I C I O U S D L T A
T E D O J Y P J W C S K S T K T V
```

Puzzle 9

```
S Q Q S C V A C I E E L A U N A M
W N D N U J A Q O T S E R P T C X
I U V K R O I P P O D J J M E C A
I W X T C I S Z K W P C X I A E P
Z O P M A C E R G Z U E E B T S G
I L P H D R R D C T M R R M R S D
D A I E A A F M Z Z C E E A O O J
G Z E N R M S T Y C A G N R R L T
N O S R T S L A Y R R G E T O E W
Q L A U S O E W G C I E T N L L P
Z U Y W O V R C O I N L T E U A Z
N A S U T P I N B O O M A K H C L
E M Q Q U J O A O I M Z R V N O V
N A R R A T O R E R W T T T U L U
P X S D S B V Y R K T P K V V Z L
```

ENTRAMBI
MANUALE
PRESTO
INTORNO
LEGGERE
ACCESSO
TRATTENERE
COOPERARE
TEATRO
LAZO
LOCALE
POI
NARRATORE
CARINO
AUTOSTRADA
VIA
MARCIO
CAMPO
FRESIA
DOPPIO

Puzzle 10

DISTRUZIONE
MEDI
RAGGIUNGERE
CLASSE
NEGOZIARE
SIGILLO
PRONUNCIA
ESPORTAZIONE
CAPITO
RIFORMA
BACIO
OTTENGA
CERVI
VIETANO
MONTAGNE
FORMATO
AMBIENTE
ASCIUGAMANO
SCARPE
LIMONE

```
D E N W R V I U J I B W H D C M H
Q E S L T I V R E C K O J Y L O O
S Z O O P H F B K K Y W K C A N R
M L I N F D F O L L I G I S S T A
A A C A P I T O R F Q U R O S A G
G M A T D T Z L I M O F Z N E G G
N B B E N O M I L W A R I A O N I
E R A I Z O G E N U G S M M Y E U
T E V V E T N H Y R Y C K A S E N
T E S N I N O J X O G A M G T K G
O Y A D Y V T K I C O R E U W O E
I F M A H M N E I W A P D I F I R
D I S T R U Z I O N E E I C G H E
E S P O R T A Z I O N E E S N M S
P R O N U N C I A H Y Q F A Z O F
```

Puzzle 11

```
D C T S E V I O D J X N F D L D A
D I W A D R E T U I J N A X X I R
K G S P U H Y R I G V N S M C S M
U N P E U E M O M C K A L A U T A
F A E W G U U P D E M X N F L U D
I M S Z I N X S F P E J D O J R I
N B C K O G A A C I F I D O M B O
T R E K Y B C R N E S S U N O O G
O Y F R Z C A T E C P I E T R A P
A S S O R T I M E N T O B Q V N A
I M M E R S I O N I R V A D V N Z
I N T E L L I G E N T E O K P E Z
P R E S E N T A R E X E Q V I P A
S J A M O F K G R A N D I N E V C
J R G F H P R A N Z O J V E N D T
```

DISEGNARE
PAZZA
ARMADIO
PRESENTARE
VERME
DISTURBO
IMMERSIONI
GRANDINE
INTELLIGENTE
PRANZO
MANGI
TRASPORTO
FINTO
PIETRA
MODIFICA
PENNA
PESCE
NESSUNO
ASSORTIMENTO
DIVANO

Puzzle 12

AUTOMATICO
CENTRALE
DIVERSI
AUTORIZZARE
CUCCHIAIO
GIORNO
AMMETTERE
MOLTIPLICAZIONE
PIEGA
ROSPO
COSA
OCCHI
CONFRONTARE
MOSTRA
SOFFRIRE
CERTA
REALE
DIFFERENZA
OROLOGIO
ACCOMPAGNARE

```
S B E N C W C X H A Q I R I G W M
A U T O M A T I C O R E A L E U O
T W S E R A N G A P M O C C A H L
G I O R N O D I V E R S I D S I T
O H S E L A R T N E C Q A T O U I
R C O T R B A S F O W I G S C I P
O C F T U A D I F F E R E N Z A L
L O F E Z R Z C U C C H I A I O I
O F R M P T I Z F A X C P C Q N C
G S I M I S F F I S Q G E P Z P A
I T R A O O P S O R T H U R C F Z
O C E M U M Z Y Z M O X O D T N I
C O N F R O N T A R E T N G F A O
F Z G C S U M M Y P T T U T A L N
L H N D V V Q W N T I S I A D M E
```

Puzzle 13

```
I E T N A S S E R E T N I H I C C
T A B E L L A E N N E P A T R O P
G I U R I A T C F O X N Q T W N G
F P P N N B J A I B D A P E I R Y
Y N H A J H G J W R A D U Z T V M
M I A S M Z O U H A T H G K F F O
X C R C D B V H S C D T L D V U M
R Q E I A L C I I C Q D E J E N E
L V N T B O C C A A H W N L D Z C
L U W A J S N H J C G Q C H E I C
B Z A N Z A R A S C L Q O Q R O A
I N V E N T A R E I S I R C U N N
M O R A L E J K M A R D W G U E I
C O J H I R R E G O L A R E N R C
W X C O C C O D R I L L O G B K O
```

GIURIA
IRREGOLARE
ALCI
COCCODRILLO
INVENTARE
MECCANICO
PORTAPENNE
MORALE
CACCIA
CRISI
INTERESSANTE
NATIVO
CARBONE
MIA
ELETTRICA
ZANZARA
NASCITA
TABELLA
BOCCA
FUNZIONE

Puzzle 14

AGGROVIGLIATO
SFORZO
ARRIVANO
PROGRESSI
VOCE
CIOCCOLATO
PROVARE
FISICO
VITAMINE
PEPE
ROBA
FIENILE
ESCI
AEROSTATO
SCHIANTO
MODESTO
CAVALLETTA
FRIGO
MONTAGNA
NECESSITÀ

```
U P E L T W W D H R X E A B O R A
M O N T A G N A E K V V R V N C E
M C G H D A U Y S E B S R I E A R
U I I L K K P Z C O K P I T C V O
K S N D L T W R I D I Q V A E A S
U I P F S V I Q O T J L A M S L T
B F V V L D S M T G F Z N I S L A
P R O V A R E O N N R R O N I E T
S F O R Z O P D A K T E I E T T O
W S J T U L E E I I I C S G À T V
O H X M I K P S H L M O B S O A N
F I E N I L E T C D T V Q Q I D J
U O C A S T I O S S P T B G L X J
C I O C C O L A T O Z I X U D E J
A G G R O V I G L I A T O N A S G
```

Puzzle 15

```
R U U U J D A D B O T T I G L I E
W N H P E C B I I N C I D E N T E
T K Q T V M B M O S S E R V A R E
M P I Ù U Y O E C V U S O B S I D
A A A N V F N N K L L G T R L N G
K S I Z A K D T G U O U O S U U I
Z O S A D P A I O A O T N O C T O
G C W E L A N C C O T U A C G I C
H L K T D E T A M L T S H C I L A
A A X J Z E E R E E A N B V J E T
M U O C U J R E X G P Z H E L G O
I Q B A S R O S I R M J G Q D O R
C L E N J A Q M I T I I L R L O E
I N H X I P R E O C C U P A T O F
O R G A N I Z Z A R E A D B Q E G
```

INUTILE
AMICI
DIMENTICARE
QUALCOSA
ORGANIZZARE
CONTO
GIOCATORE
PIÙ
PREOCCUPATO
STAGNO
GELO
SEDERSI
BOTTIGLIE
OSSERVARE
RISORSA
IMPATTO
MAIALE
CAUTO
INCIDENTE
ABBONDANTE

Puzzle 16

DISASTRO
SVUOTATO
MALATO
DA
EX
CIPOLLA
VOLUTO
VITTIMA
GUERRA
CORPO
TESO
SOSTENGONO
PANE
ERA
PERSONALE
QUAGLIA
GABBIA
ANATRA
TRA
MASCHERARE

```
O H M C O R P O N O G N E T S O S
E P A A D A J S U C R N T L K T U
K F B R S N X E L A N O S R E P B
U T W T C C P T O J F J M S N R M
B P E A S A H B L U C O G G A R A
Q E N N V B Z E Q E H U A U P O I
C X Q A U T N I R M L M B E Z P L
I T F V O G K V O A T J B R M U G
P H L M T D D R P N R O I R A T A
O A B R A M I T T I V E A A L E U
L O L V T D I S A S T R O R A S Q
L T P Z O T U L O V H D Z Y T K J
A G R R D B L Y A H M E Q J O Q W
Y X F A O R N R S Y A X A T U Z I
M F S I J W K S P D R X B H F H C
```

Puzzle 17

```
V T R E C U T I C T F R P A O Q J
H J C T H A D R Q L M A L O V U N
S P E S S O N A M M K G L L S N E
M M Y O T S E T X C L A A I C T F
L B E M K O F N A O R Z V J G J O
C A S S A C E O A R A Z E V A R G
Z M S N L I B L I T E E L S D G E
U I O G X E C O L L O E L O I G S
C R O S Y T Y V H A W S O S S I F
Z E A H T À V D D C I E D T C M N
G K Q K I R O T I N E G A A E V A
Q S Y O E N O O S S M U L N S G T
D R M N H A B L B R U I G Z A X U
S E Q U E N Z A T F I R W A G X O
Y L W R M B Q W U G F E L L Q C J
```

COLLO
SEQUENZA
TESTO
SOCIETÀ
CANTARE
DISCESA
ESEGUIRE
POSTO
LAVELLO
VOLONTARI
MOSTRO
ALTRO
GRAVE
FIUME
RAGAZZE
NUVOLA
CASSA
SPESSO
SOSTANZA
GENITORI

Puzzle 18

UTILIZZATO
ARGOMENTO
CAMICIA
SENSO
TESTA
PORZIONE
BASTONE
OSSERVANDO
COMODITÀ
CRITICA
LEONE
ATTORE
CROCE
PUÒ
COMPATTA
SVILUPPARE
FOLCLORE
ONOREVOLMENTE
IMMAGINA
LABBRO

```
C N V B Q G E G N H B C R O C E E
S O D N A V R E S S O A X K F K O
E A M B H G O L J E K T S Y P P Y
N R A O V P T P P Q A C I T I R C
S N V X D W T A S E Z P K D O E E
O I O E L I A I C I M A C K A N J
V R L D B A T T A P M O C D N O E
A R I W H J S À H V P T B F I I N
D L G T E F E R O L C L O F G Z O
U J U L G J T S V I L U P P A R E
O N O R E V O L M E N T E M M O L
U T I L I Z Z A T O O K G T M P Y
F J T T V I J P I S G C I P I P N
Y I Y C C M G J U L A B B R O S I
A R G O M E N T O Ò P L Y J S Z B
```

Puzzle 19

```
F E L I C E L A I N O M I R T A M
A Y T O I U J K W R A H G M V D T
R U O P M J L G S P E S O B A E R
I W T P Z J Z S T K R P B N N S A
A H A O E N J C O I N B D P T I S
Z X L S R R H R N T B S M P A D M
M P E T Q Z E Z I B S H K F G E E
O K R O U U E C D T L T W K G R T
U L T I M A M E N T E O C M I O T
Z H R A Z Z O H A I R C C I O S E
A N T I C O Y I V B V I Z C T O R
R S F A P O I Z A R G N I R H T E
C O R R E N T E L Y Q O O J J I À
R I P A R A Z I O N E A C C V O E
P E R S O N A L I Z Z A T O I C X
```

SPESO
ULTIMAMENTE
VANTAGGIO
DESIDEROSO
PERSONALIZZATO
BLOCCHI
TOTALE
OPPOSTO
RIPARAZIONE
TRASMETTERE
CORRENTE
RAZZO
CONVINCERE
CITTÀ
LAVANDINO
RINGRAZIO
ARIA
ANTICO
FELICE
MATRIMONIALE

Puzzle 20

PESARE
SEGNO
ONDA
SESTA
RACCOMANDA
BOXE
CADUTA
ECONOMICA
RACCOLTA
RIVEDERE
OPZIONE
FAMOSO
ESSENZIALE
UNA
CALZA
RARAMENTE
INTERNAZIONALE
PENSARE
INCONTRATO
FILA

```
R Q Y E S N V V S E S T A R R O I
K S D L U E P K C R B E L A I N N
T C I A L M G Y X C U W I C V D C
O R K N E J P N Q M X Z F C E A O
P D M O S Y E N O I Z P O O D T N
F K B I S I S V E Z S P N L E U T
H N F Z E R A S N E P S U T R D R
V M B A N T R S V T Y H N A E A A
S H T N Z E E C A L Z A A D N C T
D B X R I F E C O N O M I C A R O
B O X E A U A D N A M O C C A R W
X K D T L C T M R A R A M E N T E
D C G N E B J X O D X Q K Y W L R
F H D I J A B Z V S F M L K V K W
X C X Q Y S R S G I O K P H M C F
```

Puzzle 21

```
P R I D U R R E M O S C A P C C F
E S M I N O R E D D C N E E A O Y
R K T B E T M T I I T Z O R L M Z
I C D R V L H N Q C J U B S M P C
C W O O A U O A E U I W Y O A L S
O C T N Z D P T P L P W K N P E O
L S O O D A A R P R I L H A T S F
O C S T C Q H O L F N B D L J S F
S A P T E C F P F W I Q I I K O I
A L E E C Z O M Q P N K B S F G A
M A D M K J E I J Y A D S N I S R
E R A R Y X M H L O P D I F N V E
N U L E Z O C C O L O W U S Y F T
T K E P P R O V E N I E N T I Y N
E F Q G B I H C B H Z Q Q N O Y S
```

LUCIDO
SCALA
RIDURRE
ZOCCOLO
MINORE
MOSCA
VISIBILE
COMPLESSO
PANINI
STRADA
PERSONALI
TOCCO
OSPEDALE
IMPORTANTE
PROVENIENTI
ADULTO
PERICOLOSAMENTE
CALMA
PERMETTONO
SOFFIARE

Puzzle 22

MELA
RISCHIO
PREPARARE
LOTTA
PRINCIPE
COLEOTTERO
GUARDARE
LINCE
SEMBRANO
VECCHIO
PRIMORDIALE
SICURO
FONDO
FOSSO
GRADO
CATEGORIA
CERTAMENTE
RIEMPIRE
PERDA
ECCEZIONE

```
S F C S C G B M E M E G C R R C A
E L O S L C U V A T T O L I I O F
M I I N K G H A O J N O E E S L L
B C H L D T F L R M E N N M C E I
R S C M E O Q E B D M N O P H O N
A E C Y F P N M R W A E I I I T C
N R E P I C N I R P T R Z R O T E
O A V K K L Z C V A R L E E D E H
P R I M O R D I A L E Y C P A R M
C A T E G O R I A F C S C D R O A
Q P S Y A S R P E R D A E S G J O
G E C J O S X U Z T X O L J Y E R
M R R K L O C L C N P E V V U F Z
V P T W M F A V F I X S G D L N B
B A V U Z I D B O P S P Y A Q X N
```

Puzzle 23

S	B	I	T	N	E	I	L	G	A	T	O	S	O	P	I	R
O	B	E	N	F	S	B	O	Q	E	À	T	I	L	I	B	A
P	R	N	N	T	O	S	T	R	A	N	A	I	C	O	W	P
R	X	O	H	Z	E	G	E	T	N	A	N	I	M	O	D	R
A	F	I	Q	T	I	R	L	J	V	E	G	H	Y	J	Q	O
T	U	Z	P	P	P	N	E	I	Q	R	E	A	Y	W	R	B
T	D	A	A	L	C	I	A	S	A	A	S	E	L	K	I	A
U	J	R	D	L	R	Z	T	G	S	R	N	K	A	J	T	B
T	Y	U	M	M	G	P	I	Y	E	E	I	P	R	S	O	I
T	V	S	I	K	Y	L	Y	B	F	L	O	A	R	K	R	L
O	F	I	K	R	M	W	W	M	I	L	H	R	S	V	N	M
N	R	M	Z	Q	L	R	D	D	D	O	J	O	K	U	O	E
Q	Y	L	M	P	C	Y	E	Z	S	T	Y	L	F	O	P	N
A	S	C	R	I	T	T	O	R	E	U	Y	A	G	V	Z	T
P	J	C	A	S	E	N	T	I	V	A	N	O	G	A	V	E

ABILITÀ
MISURAZIONE
INTERESSE
TAGLIENTI
INSEGNATO
FOGLIA
RITORNO
RIPOSO
STRANA
SCRITTORE
DIFESA
ALCI
BENZINA
SOPRATTUTTO
UOVA
PAROLA
PROBABILMENTE
SENTIVANO
DOMINANTE
TOLLERARE

Puzzle 24

ESITARE
TEGLIA
FAGIOLI
GRUPPO
INGREDIENTE
CASTAGNE
ASSEGNARE
POLIZIOTTO
TASCA
SFIDA
OVVIO
AVVERSARIO
PIANURE
MACCHINA
ATLETICA
PASTELLI
AFFARE
LEPIDOTTERO
SOLI
RINGHIO

T	I	L	L	E	T	S	A	P	A	T	L	E	T	I	C	A
P	A	Z	T	R	E	K	O	J	P	K	Y	R	U	P	J	J
O	K	S	A	U	G	D	P	L	T	D	U	A	I	I	S	T
L	M	B	C	N	L	O	P	F	I	U	I	F	U	M	S	B
I	Y	Y	D	A	I	V	U	M	N	G	W	F	O	P	J	V
Z	D	F	V	I	A	V	R	U	G	Q	D	A	E	T	L	P
I	S	R	A	P	C	I	G	A	S	S	E	G	N	A	R	E
O	F	I	F	G	N	O	B	M	S	E	S	I	T	A	R	E
T	I	N	F	P	I	I	N	G	R	E	D	I	E	N	T	E
T	D	G	G	P	L	O	R	E	T	T	O	D	I	P	E	L
O	A	H	C	N	K	K	L	C	A	S	T	A	G	N	E	H
N	P	I	N	H	G	T	Y	I	X	P	R	G	Y	D	E	Q
T	G	O	M	V	T	A	V	V	E	R	S	A	R	I	O	P
M	A	C	C	H	I	N	A	L	A	N	R	Y	I	T	J	A
H	J	W	J	Q	O	G	E	J	I	G	Q	L	V	L	G	M

Puzzle 25

```
L N R J S H C T E M P E S T A A I
Y F Y O E N A T N A T S I H B X N
U A N F N O N N É S E N O R M E D
N H N H Z M G E K E T N O F I N A
A Z Q C D B U R Z V N A A M F N G
P P M C W F R O R I B W N R U O I
G V Q Y K Y O T A T L A S Z F D N
Q U A T T R O A S I W I Y Z A Z E
O V E Z X Z N C N T N S H Y F X V
L L T V I M I R F S K G H M U C P
D X H H P X R A Q E N N L A G B R
D I S A U Q X M E V G N N E A R A
O M T P A R E T E U Y A Z M S Q U
E O R O T N A C C A X I B G F E D
K G H I P A R T E C I P A R E X K
```

MARCATORE
INGLESE
ENORME
DITO
NÉ
QUASI
FUGA
ISTANTANEO
DONNE
TEMPESTA
PARTECIPARE
STANZA
FONTE
CANGURO
QUATTRO
ACCANTO
VESTITI
SALTATO
INDAGINE
PARETE

Puzzle 26

ESTINTO
ANATROCCOLO
ARANCIONE
APPROCCIO
VOTO
SCOPPIO
PREFERITO
BLOCCO
IDENTITÀ
PREFERISCONO
PERISCONO
ORECCHIO
ADATTO
SEI
INDOSSATO
ARMA
LUSSO
CALDA
ORDINARIA
SEMPLICE

```
E S I S W R O R G X B X I O C A X
S E E O R E I D X I L K N T A N Q
T M O R E C C H I O O Y D N L A D
I P T E F N C Y E B C J O T D T Z
N L O R D S O F S D C F S U A R I
T I V O E N R I S L O S S U L O D
O C J N E P P Y C C B Z A T K C E
Q E Y O D O P S U N O R T S V C N
O R L C S T A E O D A P O O F O T
A V M S O T I R E F E R P A A L I
O R D I N A R I A X D D A I R O T
W I G R U D X F D G F R S V O M À
V Z J E B A M I Q C T U G U A A A
S A D P P R E F E R I S C O N O H
J S U A V L K Y X J N E N N W I S
```

Puzzle 27

```
B V Q S H O F X U E E I T P I E S
P R I V I L E G I O S X Z T P O P
C O N F E R E N Z A A T U T T I E
T K E C T U B O Q E M I D J G W C
D I S T A N T E G G I E O B C F C
H O B H G A E R E G N U I G G A H
D I P E N D E N T E A H W À A W I
O T T A N T A V P O R Y J T N S O
A K Q R O B D I F C E N N L I I B
N K T C U U L S O N I Z Z A G A M
A N M D O T A T T A R T D E U U E
M N U I N T F O U Y K V O R D E J
Y T T S F I P E L A C I S U M D N
E S E C U T I V O A L L E N N A C
U D X M N Y N O L O M E Z Z E R P
```

MAGAZZINO
ESAMINARE
VILE
VISTO
CONFERENZA
PREZZEMOLO
PRIVILEGIO
TUBO
CANNELLA
TUTTI
ESECUTIVO
DISTANTE
MUSICALE
REALTÀ
SPECCHIO
SIA
AGGIUNGERE
DIPENDENTE
TRATTATO
OTTANTA

Puzzle 28

GALOPPO
DUPLICATO
PO
IMPRESSIONARE
GRAZIE
ASCOLTARE
SEMBRAVA
IGNORARE
DAL
NOBILE
UFFICIALE
INVERSA
ENERGIA
ATTIVITÀ
PREVEDERE
DISTRARRE
MARGHERITA
FRESCO
SORRISO
POTENZA

```
N K I G D U H R X O E L I B O N L
J I G A U F S E F S N L Q C K D V
O P N L P F K H V I E W E L Y U E
Y S O O L I R O E R R A R T S I D
À P R P I C O L R R G Z A D P Q S
T J A P C I M Y E O I N N O A H E
I M R O A A E L D S A E O E G L M
V N E Q T L T E E T X T I U C V B
I W V R O E O V V T C O S G L P R
T B P E P X F M E U U P S J Q A A
T A T I R E H G R A M C E V Q L V
A H S Z E S L U P Z T U R N S P A
X C N A S W A I W X C V P O J L G
J Z E R A T L O C S A N M E C S A
B C O G F R E S C O B Y I V R Q H
```

Puzzle 29

```
D I S P O N I B I L I Z L G Z O A
S N W G O W H C T K C R J L K D F
U B A S S O T S E R R A G O R D F
T R I A N G O L O C S I T O R G I
P Q S L H E J D L O Q L Z R P X D
O O A E V O D N R N E G X S E C A
B V S V Z C U R E T Q I E S N D B
J I E S Y I T Z X E Y T T F O T I
R T R H I H O B F N R T X L I L L
Q N P B C B D N M U N O D S Z H E
N I R A L R I Q E T Y B N N I N Y
G T O I Q E N L S O F K E X S G J
C S S A R A F P E F O Q A W O K Q
G I Q K R I N V I A R E H N P C S
U D P R O D U Z I O N E U O H L G
```

BAIA
DOVE
VELA
PRODUZIONE
DISPONIBILI
DISTINTIVO
POSIZIONE
AFFIDABILE
TRIANGOLO
SORPRESA
BOTTIGLIA
DROGA
TRE
CURE
SEZIONE
POSSIBILE
BASSO
ARRESTO
RINVIARE
CONTENUTO

Puzzle 30

ESPRIMERE
CORTECCIA
ANNOIATO
COMMERCIALE
IMPEGNO
BATTERE
SCUSE
OCCUPATO
PREVENIRE
TRATTAMENTO
NOSTRI
LIMITE
IRRITABILE
COSÌ
DISPERATA
BOLLITORE
DETTAGLIO
ALTALENA
UTILITARIA
COMPAGNO

```
B R P B Q D T C W C F I W C P I A
A A I R A T I L I T U R Y O R R G
R I T E V V B S W O C O D M E R E
W I R T S O N D P I L W W P V I P
C O N G E P M I T E X O Y A E T V
A W W B S R R C H M R K S G N A D
C D Y T U L E I U B Z A B N I B C
E L A I C R E M M O C I T O R I O
Q X Z Y S W W A D E L C P A E L S
A N N O I A T O F J R C C K T E Ì
T R A T T A M E N T O E Z V I E A
D E T T A G L I O M Z T H Q M U E
B O L L I T O R E Z G R I X I C E
O C C U P A T O I S X O M H L X B
A L T A L E N A X Z F C B D B V N
```

Puzzle 31

```
C P R O F I T T O L O V V F M R A
F E C L O D U M L Z U C W O O I E
E E N B I B L I O T E C A R L G T
Y H R T M I B N R C W L Z M T H C
G O H O O T P A R L A R E A I E Z
R R R M C T W N Z K C N F G H L B
I E J U D E B B F S S I E G Y L Q
M G G F I G S K W Y N Y E I Z O C
L I A R E G I V U H U L I O S S J
Y O W O W O Z U S B K G Q S S Q M
G N T D E J A Q B O N J M K R W O
L E A X R E G I N A D A P M A L N
P O T A R A P E S Z A Y C Z B E E
E K R M A G G I O R A N Z A J P T
K O Q O B A N C A S A R E B B E A
```

PROFITTO
MOLTI
FUMO
RIGHELLO
MONETA
DOLCE
OGGETTI
BIBLIOTECA
LAMPADA
FEROCE
CENTO
BANCA
LORO
SEPARATO
PARLARE
SAREBBE
REGINA
REGIONE
MAGGIORANZA
FORMAGGIO

Puzzle 32

RIUNIONE
CARAMELLE
FUNGO
TERMINI
ANSIOSO
PROGRAMMA
VIAGGIO
SOGGETTO
MANCANZA
DISTANZA
MANTENERE
EVITANO
LATTE
RICHIESTA
UDIRE
DISCUTERE
DISTRUGGA
DISCUSSIONE
NULLI
ESPERIMENTO

```
T G C B P G E R E O H U V D M S F
E G A F T Y C F I H K O I I L O R
R E R E N E T N A M O N A S W E E
M N A R I C H I E S T A G T U O S
I O M E I A U P W E T T G A A D P
N I E T L A F Y R N E I I N N O E
I S L U D B U D M O G V O Z S H R
G S L C W F N U A I G E K A I U I
D U E S X N G D N N O R O G O R M
Y C L I V P O I C U S B A O S E E
I S M D K A Z R A I U R V M O T N
B I N U L L I E N R V E V K M T T
Z D D F A E P I Z H B A W A T A O
U D Y R P K W A A V P S H H B L N
D I S T R U G G A O T I S R E G N
```

Puzzle 33

```
M Z Y C O M I T A T O L L E N A L
N E R O I G G A M D R S S B O S E
H N R A Q W D I B A T T I T O T O
A Q A I K L V E M O T I V O K E P
N E I D D B I E N O R R A M Z S A
N X F N A I E M R G O L M B S S R
O W L O F D A Q H D F E I K F O D
B X I P F J M N S W E X L O A W O
C F V S A B R Y A Q X T C N G B L
M I C I R E G O L A M I T U K E N
K D O R I G G S T D A K R O N V S
L P I T G A L O M A S S I M O A E
N A K M O R Q R H Q E T O V W N B
S I J N K L T T Q L S A G H C D F
B Q D L R H A A L O Z Z U P V A T
```

ANELLO
LEOPARDO
RISPONDI
HANNO
BEVANDA
STESSO
MAGGIORE
CIOTOLA
MARRONE
MASSIMO
PUZZOLA
SORTA
EMOTIVO
CLIMA
GIRAFFA
VERDETTO
MERIDIANA
DIBATTITO
REGOLA
COMITATO

Puzzle 34

PERSONA
GUANTI
DISTRIBUIRE
LILLA
LEPRE
VETRO
PIGRO
RIBES
DISPIACE
ISPEZIONARE
MAPPA
GESTIRE
DECIMA
RIDERE
PUNIRE
FINALMENTE
INTERNO
STORIA
STAZIONE
COMBINAZIONE

```
D M J Q D L C J C A Z R L R J G W
F I N E N O I Z A T S I D E Q A U
I T S I O D B L D W I D E C P H X
N N Z T E J A J L I X E C A W R U
A A Z P R M U D F A R R I I Q Q E
L U M A K I M P G L I E M P X N M
M G H I I M B H W F B A A S K Y R
E P U N I R E U Z H E N B I J A T
N A P P A M Q K I H S O O D K Y L
T I I N T E R N O R N S P K H X K
E R K Y Y C W V P O E R I T S E G
C O M B I N A Z I O N E G L M I Q
P T T H Z Q E Y A M W P R P A P Z
C S J X U C Z Z U Z A S O R T E V
I S P E Z I O N A R E X K G U M H
```

Puzzle 35

```
E R A D R O C I R L A A B N I A N
O M I T T E S R N U O X A A N T S
P X H F O Z C G Y P C B M T S T H
M C C R L E B W X O Y N B U T I O
F P N D J E L O S A O J I R A V M
R I A Z U L T U B S L C N A B O Q
A T T S J O B T J Q O L I L I D U
M E S A P V X T E I W Z E E L R A
M T O A J E D M C R N A T G E P L
E P X Y H H G F U A E Z N Y R L U
N R U O I C Z K K D R U O Q P O N
T D M A D I V E N T O O P A M R Q
O R T P G M A L B E R O T V A B U
T A R E X A L E G A T O T E K I E
D U K K H W F G B Y T J T J Z L M
```

BAMBINI
LIBRO
RIFLETTERE
LEGATO
FRAMMENTO
VENTO
PONTE
AMICHEVOLE
SETTIMO
QUALUNQUE
CAROTE
NATURALE
INSTABILE
STANCHI
ATTIVO
ALBERO
RICORDARE
LUPO
ALLEGRO
SOLE

Puzzle 36

SITUAZIONE
ESPERTO
VISIONE
SORGENTE
ATTUALE
STELLA
TAGLIO
CUCINARE
TROVARE
ECONOMICO
INSEGNANTE
RESPONSABILE
FAMIGLIA
PIAZZA
EMERGENZA
NOME
ALTRI
DETTO
QUALITÀ
CULLA

```
S V K X V K N X D V E S Q T A I C
C T E G E I T S G R J T U R N N O
A L T R I Y S W A R R E A O A S E
V N I E N J A I F X W L L V T E C
C O T R E P S E O A N L I A T G O
X M Z R N M W Y D N M A T R U N N
M E R A N I C U C X E I À E A A O
T S O R G E N T E K T V G R L N M
A P I A Z Z A P X I I W Z L E T I
G D S I T U A Z I O N E O N I E C
L G E L I B A S N O P S E R L A O
I Z V T V O T S G K B G V H Z V A
O R Z T T N E M E R G E N Z A U H
C U L L A O C N N Y L S P A D Y K
S F O Q B J J U Q A S O W I Y M H
```

Puzzle 37

```
S Q G M I Y N G J X F Y V V Z L P
A V R N K N Q A P P A Z T I I O R
G D E I R E S L G N F A A T G F E
G X R D V B H L A R O U I E Y O O
R A O M E M J I M I G B L X L T C
E L L A A S C N B N O T I Z I A C
S L A L T D E A A J R G B Q L I U
S E V A S O O N O I L G O V T Z P
I G S T O R R T S Q X Q M U D N A
V A A T P L E I T T S I L C Y E Z
O R H I H E B M F A U E C J S I I
K E C A B E I O U J R P U Q E C O
C Q B Q D E L J J W Y E I I P S N
Z A K K Z L Z J P Q H X M D N T E
Y M Q Y X R H Z I F Q B H W O U F
```

PREOCCUPAZIONE
ADOTTARE
SVEDESE
GAMBA
SERIE
VITE
VALORE
MOBILI
SCIENZIATO
MALATTIA
VOGLIONO
GALLINA
BEN
POSTA
STUPIDO
AGGRESSIVO
ALLEGARE
LIBERO
NOTIZIA
ZAPPA

Puzzle 38

MARE
PEZZO
MESE
ARRESTARE
AZIONE
RESIDENTE
CHIAVE
NONNA
DIGERIRE
RAPPRESENTARE
SAPEVA
STRETTA
DELIZIOSA
DEDICARE
RAGGIUNTO
INTERO
PIÙ
QUANDO
UMIDITÀ
VOCABOLARIO

```
R C B J U S S A R R E S T A R E D
A A P K L T A S O I Z I L E D U E
P V X E C R P H J Y K Q B S H D D
P R N T U E E T N E D I S E R I I
R P H X B T V R W Y W B D M Q G C
E P S P I T A I A E R Z Y C F E A
S U E U I A S I H M A Y E V M R R
E M H Z M Ù F L T O G H P F S I E
N I R J Z N O N N A G P W Z W R B
T D M O B O R E T N I Q G R C E F
A I L T A L H N I S U Q U A N D O
R T G K R J V O R X N E B T Z G H
E À T Q Y T M I G M T C H I A V E
Q U V B V C G Z H V O G D X J Y C
V O C A B O L A R I O F E P A J O
```

Puzzle 39

```
C I N V I T O E R E G N I P S E R
C A U G N I L U U Q G S J M V R I
U E N B K R D L T O B T U O B A F
P O U D I V I D N I R T O D X G I
P O O L I T Y R I L C D D E C E U
E R S Z N D D K K G V X X R A I T
R I S S U V A O B I E O L N U P I
D G E L I I G T X N P T L O S S P
O W M R N E U J O O F A X O A F N
N U R R M R D B X C K M D Z N B J
O D E W A F D O S K M U A K R T T
T N P H L L S U N E M F S K A D À
N U O T A T A B J O C O N A F H V
P A R T I C E L L A G R L Z R I R
D O C C I A S S E T S P R U L E C
```

SPIEGARE
LINGUA
PERDONO
INDIVIDUO
PERMESSO
NUOTATA
STESSA
RIFIUTI
RESPINGERE
GIRO
VOLONTÀ
CANDIDATO
PROFUMATO
INVITO
MODERNO
PARTICELLA
DOCCIA
CONIGLIO
CAUSA
POSSIEDONO

Puzzle 40

CHIODO
BENE
SOSTANTIVO
INGRESSO
TELESCOPIO
CORVO
TERZO
ODORE
WEEK-END
PRATICA
STOMACO
FREDDO
SCIOCCO
FRAGOLE
NASTRO
SPECIE
IMMAGINE
DECISIONE
ADDIO
NUOVA

```
Y F Z R Q D S O S T A N T I V O I
W J X Q U K U I D U C O F C I H M
U E R O D O N P K D E F N O P J M
Y I E P D T F O S Y E Z Q R S Y A
N C W K T G M C Y L W R P V Y G G
A E S A E D C S U L X T F O A M I
D P B H L N E E N O I S I C E D N
D S T U O W D L C H I O D O P R E
I W V A G L W E H V K C A H Y F T
O Q O C A M O T S A L C S X D P D
Y M B I R V W R L L O O P M S B W
F S C T F U O V S H R I T D Z B N
H V A A W M W U Q H L C T J T E P
I N G R E S S O N F V S K V L N U
F E W P L I I N A S T R O Z R E T
```

Puzzle 41

```
S D X E M S A I I U U E A A O S D
U E K K L S O N I S W O G L N A I
Q F N J R N J L I R O U F T T G V
B Q H X C G G O D M K X I E B G E
A M E N T O G F Y A A V E R M I R
L P R E G Z E T R A T L L N A O T
V E I D W K N N L H V O I A L S E
O Z M C G U O G N A E X V T L A N
L M A H E M I T I Y S F I I A L T
P F G L G A T N I P S C C V R I E
E R E V L O S I R R W G I A M T Y
E N B L D A E L A R E S R A E A S
U M A N O Y U T K V C G A R N U Y
Z D K S M Q Q G X R E C B D C D W
D E M O C R A T I C O H Q S L S O
```

AMENTO
CIVILE
SERALE
SALITA
DEMOCRATICO
SPINTA
FUORI
RISOLVERE
SAGGIO
ALLARME
RIMA
DIVERTENTE
UMANO
LASCIANDO
ARTE
ALTERNATIVA
QUESTIONE
SOLDATO
VOLPE
ANIMALI

Puzzle 42

MIGLIOR
DIMENTICATO
PARCO
DELFINO
LAVORO
ZONA
LOTTO
TULIPANO
ANANAS
LIEVITO
FABBRICAZIONE
ARTICO
CHE
PRESTANO
CLIENTE
BUGIA
VERNICI
UOVO
COSTRUZIONE
AFFAMATI

```
F A B B R I C A Z I O N E T S E C
P L W D E B A I G U B H B A K N H
S R P Z I I R A C G W N I F B O E
U U E Y K H T N L N D O E W A I P
Q O O S U B I A I F S T N A X Z J
E S V B T A C N E O N A P I L U T
Q A H O L A O A N Y G C I F X R S
L A V O R O N S T X M I L W R T X
D E L F I N O O E O T T O L D S E
M I G L I O R A V E R N I C I O V
Z O N A B A F G D N J E N K R C V
A F F A M A T I W C W M K R N A V
T Y T H L Q B E S H R I I Z G A P
R G Y P V B H K X U U D C W U Q B
E E B J F L I E V I T O H O Q K D
```

Puzzle 43

```
P Q J T J L Z Y O X O J Y W J N K
O R W G I C A N I P S S E T O S A
R D A J Q E U U U L N Y C H C P I
T T O I U P T V W P O C H I I M N
A B G F S X U O A V R Y I B T J T
T P F A L N N V K G U S O P A Q E
O N K Q T V N H T F D R I O R E R
B S V V J T O E Y H L I B G P R R
I V M K D I I C W V C S X A D I O
B B A O G W N N O L L O P R U R M
S V I L U P P O O L C C H D B E P
T Z Z E R U J N B I P W C V R F E
G U D G D G H Y L R H O E Z Q E R
V P N N Q E F J U G C M K M O R E
M U T A R A N A B A G K U M S P K
```

SPINACI
VA
GATTINO
ANGELO
COLPO
AUTUNNO
SETOSA
POCHI
DURO
RANA
PREFERIRE
POLLO
RISO
PORTATO
PRATICO
DRAGO
INTERROMPERE
NON
ORE
SVILUPPO

Puzzle 44

OGGI
QUOZIENTE
SQUADRA
INCLUSA
RADUNO
BREVE
LEGGE
COMPORTAMENTO
CAROTA
TEMPERAMATITE
CORAGGIOSO
CHIP
METTERE
MAESTRO
PENNELLO
CORRIDOIO
MIGLIORARE
ELEZIONE
SIGNORA
RIAVVOLGERE

```
E R E T T E M L M O J X T C O Y M
F L W I F V X E I T G Z E O D L A
C S E M Q D N G G N Q B M R R I K
R A Q Z J T R G L E U C P A I N G
R R R U I L J E I M O H E G A C I
Y O K O A O V Z O A Z I R G V L Y
O N A E T D N Y R T I P A I V U D
A G O K P A R E A R E Z M O O S N
I I N A K J A A R O N M A S L A L
Y S G F E U Z F E P T W T O G V M
Y W E E M L M L F M E J I B E V G
O G G I R A D U N O T U T E R X E
L Z Z Y X J A S J C W J E V E R B
P E N N E L L O I O D I R R O C Y
M A E S T R O Y D T Y Q D J D A O
```

Puzzle 45

```
S H W P C À O I U P N B L X B P L
Y P R K D T K E N O I V U L L A P
D U E O Z R I R E A M F G I I L A
Y R W S F E U E U K P T E N L L I
Q G A B A B D N Q V I U O D L O O
Y K F M V I L A N G E S G I U N I
I J Q G M L Z M U B G F R P S C L
A G D S L A D I V B A I A E T I G
A L L O R A T R O O R O F N R N I
W Q M O U C I I V R E Z I D A I M
I D W L T F Y G C P S U A E R G W
C A M M I N A T A O Q F O N E H A
C O M P L I C A T O E C Z Z V G G
R O T T O C T T A I G E T A R T S
F A N T A S M A H O H H K H B X W
```

SPESA
IMPIEGARE
GEOGRAFIA
ALLUVIONE
STRATEGIA
RIMANERE
INDIPENDENZA
DRAMMATICO
PAIO
ALLORA
SEGNALI
LIBERTÀ
CAMMINATA
ROTTO
COMPLICATO
OVUNQUE
FANTASMA
MIGLIO
PALLONCINI
ILLUSTRARE

Puzzle 46

SGABELLO
CURVA
ASSOLUTO
NUMERO
VIOLA
INSEGNARE
FONDAMENTALE
GATTO
ELICOTTERO
PROCESSO
PORTATA
TRONCO
SPAVENTATO
PIATTI
CREDERE
SCI
POMODORO
SOPRAVVIVERE
UGUALE
SENTITO

```
F S G A B E L L O E C E I G X W A
O T A T N E V A P S U L R V U P S
N P I C S I O P H E R I N I A S S
D P R N P S X S R A V C Y O R V O
A G A O S C K A P O A O B L B M L
M A P E C E T P A A W T R A Q S U
E T O L F E G U H S P T H E K W T
N T S M I H S N G A R E R C M F O
T O I Z A F C S A A K R O R V U Z
A S W W A H J F O R P O U E F V N
L S E N T I T O R K E H G D E F J
E R E V I V A R P O S U E A H W
P O M O D O R O N O I J A R R I T
P I A T T I T R O N C O L E O F D
P O R T A T A T W D U I E S Z W L
```

Puzzle 47

```
A G G I O R N A M E N T O I O F W
I C I L L O P L K R R B B N R Q C
C N È T J V D O R D I Y V V B T O
L C T E O P G L I A V D O I I E N
O A F E A I A L B P O B O S T R V
D L S C R S W I V O L T D I A A E
P Q I I E A O P P V K S F B Q N R
N R S L P Z Z R N J Y I N I T I S
I H Y A W R A I E G L T A L P F A
E I G S L O U E O L J F L E M N Z
J D X A S F I M M N L V R D G O I
A N I M A L E N V K E A O E S C O
C O N T R O L L A T O P C D C K N
D B H G G Y I Z S W A K E J X E E
S T Z X J M X V L B F A R Q J J G
```

SORELLA
AGGIORNAMENTO
AL
TÈ
CONVERSAZIONE
SALICE
DOLCI
ORBITA
VOLT
INVISIBILE
INTERAZIONE
PERA
NASO
FORZA
CONFINARE
CONTROLLATO
POLLICI
PILLOLA
PADRE
ANIMALE

Puzzle 48

ESERCITARE
PEGGIORE
DOMENICA
INVIATO
BORDO
AMMINISTRAZIONE
CAMINETTO
RAME
BUCO
MEDIO
PIEDE
VERIFICA
BAGLIORE
MISERABILE
INVECE
MAL
CUCINA
RIFERISCONO
OCCHIALI
TRASMETTA

```
J V X D A F H C A M I N E T T O B
E E N U F W H M A L X E H R U H W
U R D V T L X O R W W R H V B K S
E I O I D E M E L I B A R E S I M
Y F M O C C H I A L I T T F U X C
X I E N O I Z A R T S I N I M M A
U C N P E G G I O R E C R A M E B
S A I I B V E Z A D K R U O B W U
O Z C W N A B O R D O E P C L G C
L N A L E V G X S S U S E C I Y O
P I E D E O E L M Z J E U X A N B
Q T P R T L S C I U F V S I J H A
Z J J Q S W A C E O T A I V N I J
T R A S M E T T A U R X E W C B M
R I F E R I S C O N O E T C V O V
```

Puzzle 49

```
C C S D Y B P M B F I Q M U D Z U
W O L G F S X L X Z O W R W E B L
P N L F M K K Y S Q L R A C S S C
I I N T S O R P R E S O M I T R B
W M H M E R E D N A P S E A R D Z
K A W I A L T A C C H I N O A E T
G C G F O B L D I M I N U I R E L
A D E C J B B O N I E N T E G A G
M T R A M O N T O L U M I N O S O
A C D E T E R M I N A R E A V D S
R C O N G R A T U L A R S I K Q A
E L E D E F C O L L E Z I O N E P
S T R A N I E R A F Q Z T Z M F O
C N C C E N T E S I M I Y N W E N
T X E B W T R A S P A R E N T E E
```

SAPONE
FEDELE
DETERMINARE
TACCHINO
TRASPARENTE
LUMINOSO
DESTRA
CONGRATULARSI
COLLEZIONE
COLTELLO
DIMINUIRE
CAMINO
FORMA
NIENTE
SORPRESO
TRAMONTO
CENTESIMI
STRANIERA
AMARE
ESPANDERE

Puzzle 50

SELVAGGIA
ME
RIPETERE
DICIAMO
GRANCHIO
ACCIAIO
RAMO
METODO
ABBASTANZA
GIGANTESCO
TIPICO
INTRODURRE
FIDUCIA
ORA
STATO
IMMEDIATAMENTE
CALZINO
TRABALLANTE
MUSEO
FEMMINILE

```
Y Z N M V B L H Y F T Q G G T E P
T E Q E S T A T O Y I N R Z R Q C
C T I T G T W J P U P D A J A A S
K U P N T N F V U F I Y N D B M X
O C S E T N A G I G C K C D A G E
S U K M X R G R W X O T H I L D A
E P I A R I P E T E R E I C L O C
L P X T F I D U C I A I O I A R C
V L N A B B A S T A N Z A A N A I
A X D I C A L Z I N O X J M T J A
G B O D O T E M R A M O F O E Z I
G T V E I I N T R O D U R R E W O
I V E M S I I Q O F W M C J V N A
A M D M F U Q X L U L G U N W L J
R E L I N I M M E F R M V O A Y Y
```

Puzzle 51

```
L S Y I V G Q W D F J Q N C Z A S
Y Y C N E L A Q W D A I V M J C P
G A F O T N E L A T S L M E D C A
P O G I I V M X M A S G S R E A V
X N A Z N A R E P S O O F I O D E
I R F A H Z T F P F C S B V D E N
I O D M U X P T M L S Z P R O M T
R I E R A R T S O M I D R E V I A
G G A O H G M A O L O C E S E C P
L G D F F V T I Y U O Z N H R O A
C O D N A Z R E H C S G I V E P S
G S K I E N O I Z N E T T A N X S
C A M B I A R E N I M I R C S S E
Z W O U E H W O I H Y A M E E B R
T E N D A U S U R A N G P V W D I
```

CRIMINE
FALSI
SCHERZANDO
TENDA
SPAVENTAPASSERI
SPERANZA
DOVERE
SCOSSA
ACCADEMICO
SOGGIORNO
INFORMAZIONI
SECOLO
SERVIRE
CAMBIARE
USURA
TALENTO
ZIA
SCOIATTOLO
ATTENZIONE
DIMOSTRARE

Puzzle 52

ANGOLO
STUFA
SLITTAMENTO
DENTRO
VARI
GIALLO
COPPIA
TERMINE
CIASCUN
DOVER
NATO
PREVISTO
PIEDI
SCHELETRO
PASTINACA
FAMILIARE
RACCOGLIERE
SOSTENERE
NULLA
VALUTAZIONE

```
E R E N E T S O S J Y I V X R D O
R E A C E A O D U U V Y F A E K T
A V Q C Y M C C I A S C U N R L N
I O R G C O K N J L W Z L A U I E
L D A O H O G I A L L O P G H D M
I J L D X T G H P U N L D T W E A
M Y R Q E A X L A N D O L H N I T
A R R D S N O P I V D G O S U P T
F Z V K X P T D P E J N P B E D I
S T U F A B S R P S R A K Q R K L
F I O W J S I A O R T E L E H C S
Q X C O T Q V U C S X T D Y L B C
N N O J C K E N O I Z A T U L A V
Q Y S C Y K R P A S T I N A C A Y
G E X P C J P T E R M I N E H R B
```

Puzzle 53

```
M E M B R O U A P B H W L J T P C
O J Q H M I J J A T R A U Q A R O
O R E H C C U Z C R N C D N E E N
X E K O Q L S M I X J F Y G R S F
J A I I F A Z G F C P T Z H A I L
S J B L M C E T I N R K L J N D I
C A N A R I N O C O E N O D I E T
G W L V R S G S O D C W W E M N T
L A V O R E T T O O E O E S O T O
A C J B N R M O I R D V L A N E U
Y X R F P N G Z Z A E S B S P V M
C O N G E D O X A I N C D A A M Q
O C C H I O M D P H T S O F R R W
U D A I Y C K N S C E H V Q I C T
M Y Y A M Q L X E P I F D Z F O A
```

NOMINARE
CHIARO
MEMBRO
LAVORETTO
SPAZIO
OCCHIO
CONFLITTO
PACIFICO
TRASLOCO
CONGEDO
ZUCCHERO
PRESIDENTE
IDONEO
NODO
DONNOLA
BARCA
CANARINO
PRECEDENTE
CALCIO
QUARTA

Puzzle 54

FORTUNATO
EMERGERE
IMPROPRIO
TENDONO
CALCOLATRICE
RETE
CAVOLFIORE
BIRRA
DIECI
PRINCIPALE
RECUPERO
NERI
CORRERE
INCLINARE
POLVEROSO
DOMANDA
STAVA
BESTIAME
COLONNA
AVVERTIMENTO

```
E V M P O C L O D C G M H A R I I
M G Z S Y A Z X A O V I X E E N L
E B Z T Q N K F K L F U N T C C I
R P E C I R T A L O C L A C U L M
G K O S C F M O O N K E L P P I P
E R T L T O C S S N I L N S E N R
R I A G V I R E N A V A T S R A O
E S N Z I E A R D S K P Q M O R P
T V U M C T R M E B C I Q D M E R
E L T R E T E O E R Z C O V N I I
N M R B I R R A S L E N X H M J O
D G O A D H Z R W O D I N U J B Z
O O F D O M A N D A Z R T B R J N
N C A V O L F I O R E P B Y G H J
O A V V E R T I M E N T O Z W V Y
```

Puzzle 55

```
Z W V G F W K F T F J R H F S R B
A V I R T F U T A U R Z V B J E R
A C R E C I R P N M R G D C M A I
C Q R S R T E W C M O T O E M Z L
I O T A K U T E S I C R L L E I L
F N B J L Q B S F E O E A A D O A
I I T D U M O A X P N D L C I N R
C L P R D K Q V R E C U O I C E E
E L R Q O Z P X J E O C N P O T S
P E O R A I A L Q N R A T O X N A
S T N Y A R T O J O D T A R Z E F
Z A T D W T L O B Z A O N T A S H
A R O C U D Q U G N R G O O K E L
V F E A T Q R T O A E G W L W R I
C O M P A R S A F C D K M Z L P E
```

FRATELLINO
CANZONE
PRESENTE
LONTANO
MEDICO
MOTO
TESI
CARO
PRONTO
SPECIFICA
INTROITO
EDUCATO
RICERCA
COMPARSA
REAZIONE
FASE
BRILLARE
RUBARE
TROPICALE
CONCORDARE

Puzzle 56

ESAME
INIZIATO
COLLA
DENTISTA
INTERVISTA
TECNICA
DOLOROSAMENTE
LACRIMA
FACILITÀ
FREQUENTE
PARTICOLARE
ECONOMIA
INFASTIDIRE
ULTERIORE
FRAGOLA
OPERARE
TENERAMENTE
MISTERI
SBAGLIATO
DATO

```
D O L O R O S A M E N T E G R S U
O P E R A R E M I S T E R I Z J L
P A R T I C O L A R E M V Y F T T
T E C N I C A S T E C W W C B H E
N A P L C E T N E M A R E N E T R
A T S I V R E T N I B L A O U U I
Y O G B A I M O N O C E Z K D Q O
Y M B X L D H N I D N A F H Y P R
S B A G L I A T O N E S H M M P E
R F M Q O T X Y M G I N D D L V D
N C I D C S L T L C V Z T M A D I
Y O R A F A L O G A R F I I T T Q
E C C Q C F T M I F M E M A S E O
T A A Z U N F A C I L I T À T T U
W S L J M I F R E Q U E N T E O A
```

Puzzle 57

```
T L P F A V O R E V O L E E K O K
G A I L G I V A R E M L F H D M M
C W S R F E M E R C O L E D Ì C S
X E E N I D R O V I T T E I B O P
M C L Y H U Y R Q G H G U P M P O
G D L U E T L J X H B G F N Y I S
C T O N E L A B O C R A Z N H T A
S H C D C G O N N A E L P M O C T
O I I O F C U M G O L T R E T P O
F V Z A S Z O N I T S O P W R R X
F Q P O R T K A C I L V P V E W B
I O K T X I A I C C O G H U C Y R
C M F X X S R N C A L C O L A R E
E K H V N X I E T E O H X I E P N
Y R E R A N O D R E P H Q N I B F
```

OLTRE
COSTANTE
PISELLO
TIPO
POSTINO
SOFFICE
CIGNO
GOCCIA
OBIETTIVO
COMPLEANNO
FAVOREVOLE
ARCOBALENO
MERCOLEDÌ
ORDINE
CERTO
CALCOLARE
MERAVIGLIA
SPOSATO
PERDONARE
CHIARIRE

Puzzle 58

MISSIONE
IN
AMBIZIONE
ATOMICO
FUTURO
BICICLETTA
VILLAGGIO
PERMETTERSI
PESANTE
LENTO
VETTA
CESSARE
MODELLO
CUCCIOLO
ELLITTICO
CERCANDO
RIFERIRE
SUGGERISCONO
CUOCERE
SONO

```
W L R S L E N T O C E O I W I C Z
T C X U H Z R V Y O E O W A G N Q
R Q I Y E Z O I G G A L L I V W S
F L F U T U R O R P H H J K V O Z
O L L E D O M T D E R A S S E C E
B I C I C L E T T A F H R F I I L
S A K E N O I S S I M I B J A M L
C H O Q L I L N X A X Y R Z T O I
X J S I S C C E R C A N D O T T T
S O P E J C O D C U O C E R E A T
X Z Z L I U Q X T S Y M Q X V W I
Y V W V N C V B V D O J H N A Z C
P E R M E T T E R S I N H W L F O
S U G G E R I S C O N O O T T L T
A M B I Z I O N E T N A S E P M M
```

Puzzle 59

```
S Y P G M F B Z J U S V A Z U R N
U O I E R A C I L P I T L O M Y W
C W N T M C X A Z I S R S Y L X M
C V O N A C C A T T A D S C X I N
O R L E H I A E E R E N E T N O C
I Y A T O A F R N C N X Q Q O W V
H O T T G C M X E P O T A S S A P
C T N A Y T J G I K I L I H C J V
S T A I F V C O V P Z S O N A R E
A O P F L F O L T C A L C N C B V
M D S C U O T E R E L A U O I C A
V O L A R E H W B Q E O N B S F N
E R I K T H A Q U D R F A C V S U
B P A I L Q R Q T V E V S P H E E
C M T R Q U W K H V R X N V Y E Y
```

ATTACCANO
ATTENTE
FACCIA
COLONI
PANTALONI
VIENE
RELAZIONE
CONTENERE
SUCCO
MASCHIO
SCOSSE
VOLARE
MOLTIPLICARE
SCUOTERE
ANCHE
NAVE
PASSATO
PRODOTTO
ERANO
CHILI

Puzzle 60

FONTANA
FISSARE
PERIMETRO
GOVERNO
RUGHE
FINIRE
VISTA
RAPA
FORCHETTA
OPINIONE
TERRENO
VISITA
CONTROLLARE
APPLICARE
ERBA
GREGGE
ALTO
FINALE
STILE
SECCA

```
D O V I P W C F O O V A L T O G C
A P G Z E M G A T P F I F A P O O
F T X Z L E R B A I I Q S T M V N
E R A C I L P P A N N W A T A E T
K V U V T K X V P I A T K E A R R
T R P G S E C C A O L M Y H W N O
F E R X H O S E R N E A W C A O L
I R R J S E K R Z E G G E R G X L
N A G R P E R I M E T R O O O E A
I S V T E W B V S F F I D F S W R
R S J E T N Q I B Z K Y H W D A E
E I B C K T O Y Y N V N T T C U W
E F J M V W D E A O R A Q V G D F
N W S A T Q V L K F F A V K Z O O
E V F O N T A N A T I S I V B L M
```

Puzzle 61

```
E R A V E L I R Q H Q D K Z P G N
D R F G V R R O S S O D F R A G K
U L E R O T A N I M O N E D S M B
C H I N T X Y Y O S O L O V U N Y
A Q E V E N Q J K M N U C G C F C
Z D U C E T K S U L F E M V C Q O
I V M D K L T P W P F L P X A K P
O D I P U C L O V E I L L A S F E
N M J Z X D T O A Q U I L O N E R
E R A R A I H C I D L S K Y C X T
D Z R I N O C E R O N T E T H V I
C O N F E S S I O N E N K D I C N
C A L Z I N I L I M O N A T A D A
M Y U P E W U I C A P I R E T B X
Y J U O C S J X K N B N L W V Y P
```

DENOMINATORE
AQUILONE
CONFESSIONE
LIVELLO
ACCUSA
LIMONATA
RINOCERONTE
CAPIRE
OTTENERE
NEVE
CUPIDO
RILEVARE
ROSSO
DICHIARARE
NUVOLOSO
COPERTINA
ALLIEVO
CALZINI
PENSI
EDUCAZIONE

Puzzle 62

QUELLI
ATTEGGIAMENTO
CAMPANA
FINANZIARIO
SCIOLTO
STESSI
CIELO
CAMMELLO
MECCANICI
OCCUPARE
BIOLOGIA
VAPORE
SCINTILLA
DIFFICILE
QUALSIASI
SPIAGGIA
CALCOLARE
DECENNIO
REGALI
MISTERO

```
S C I N T I L L A E X S L V S Q A
C M U U X C N A M C M X A A N U T
G C Q O S T Q I A A Z J S P Y A T
C Y C U O C C U P A R E K O D L E
W Q L W E R A L O C L A C R K S G
F V I Y O L L E M M A C Z E D I G
P P I E K M L B I O L O G I A A I
E L I C I F F I D T P F Z U I S A
S J O O I R A I Z N A N I F G I M
C T R M U E D E C E N N I O G L E
F E E L B J L R E G A L I S A I N
B J T S B J R O T L O I C S I J T
W K S S S C A M P A N A I W P K O
K A I N N I C I N A C C E M S Q E
M F M E B H J K Q U Q D N Y T X G
```

Puzzle 63

```
B J G M G Z D R U L A S L D G F S
D J V Q X K M V W O S W F E O O C
T W S F Q E H X L S O A I N D R A
V A O O A M O N D O L X T T E B R
U X I X R E S I S T E R E E R I P
O E L U U T E N I Q R R T T E C A
L L G K T K N I J U E R N E L I Q
E E O U T O O O N A D Q A M U B G
H Z F P A U I V C N N K R A I O R
R H P O R Y S P C T O Z O M B R O
I X B K F H R U I I F V T R M Q G
P R O P R I E T À T N H S E E X A
K H E P U H V C I À O C I H R U Z
U D V T K C O E C Z C H R C G E E
C O M P L E T A M E N T E S W R U
```

RESISTERE
CONTRO
MONDO
FOGLIO
TEMA
GREMBIULE
PROPRIETÀ
AIUTO
VERSIONE
VUOLE
DENTE
QUANTITÀ
COMPLETAMENTE
FRATTURA
GODERE
SCHERMA
RISTORANTE
SCARPA
FORBICI
CONFONDERE

Puzzle 64

MILLEPIEDI
SENZA
CAMICETTA
DIVISIONE
PATTINARE
TERRA
SALVA
ESATTAMENTE
DISSIMILI
COSTRUIRE
ISPIRARE
TOPORAGNO
PRESE
ERUTTARE
ALCE
ALMENO
MEZZI
CALDO
CALAMARI
MOMENTO

```
D E T C P C E C A M I C E T T A I
I S O A A O T N E M O M U F O P Z
S A P L T S E T D C W Q C W S D T
S T O A T T R U H H W X I W S U L
I T R M I R A E E N O I S I V I D
M A A A N U R D S P I H A R R E T
I M G R A I I D E I P E L L I M E
L E N I R R P Z R K T D V L D A R
I N O A E E S K P R Z M A Z O M U
T T M E Z Z I F S I R N Z D C R T
H E C L A L M E N O Z X N N A T T
D U Q O U O R R D O R Q E T L H A
X E X W W D H R Y K H Q S U D V R
T M E N Q H W P B K S L X V O Q E
Q A R Y G G M J C B J L M V F G D
```

Puzzle 65

```
N L E I N F H S R I C H I E S T O
M K Y G D H G A C Z P X A O C H G
Z Z Z N J F I Q Z R U S S K A C Z
T A R T A R U G A Ù I G H Q R C L
C O N C O R R E N Z A V G S I X G
E R P C L T R A G I C O A H C E M
S E I O L G G V R V K Z A N A G M
T Z U M E E J A V P B E T Z I M K
E N T P P O V Y A H O V I T T A C
N E T I P E S A T T O S H X D B O
D Z O T A N O N O S T A N T E B S
E R S O C I X Z P A R L A T O B U
R O T N E M I T R E V I D E J S S
E E O Q U X P G J B Y Y U S A N O
W Q D I P E N D E R E Q H F O N N
```

SCRIVANIA
ZENZERO
DIVERTIMENTO
TRAGICO
DIPENDERE
COMPITO
ESATTO
CONCORRENZA
PIUTTOSTO
ESTENDERE
GIÙ
CAPPELLO
SOPRA
TARTARUGA
CARICA
SANO
RICHIESTO
CATTIVO
PARLATO
NONOSTANTE

Puzzle 66

OLIO
MATURO
TERRIBILE
SPINTO
MARTEDÌ
GHIANDE
SEDANO
SCORTESE
PROVOCATORIA
SINGOLO
PARLANDO
SEGNALE
SAGGEZZA
CONTRASTO
UCCELLI
PRIMAVERA
PELLE
MONITORARE
MENZIONANO
SCARSA

```
O S U U K Y L Z P F C G O H C J F
T L I V A I X S R B O H A U E O N
N S I N A A G O I Y N I E E L A J
I A E O G W R N M G T A S R A C S
P G E V T O Q A A L R N E A N G B
S G Z S A M L N V P A D T R G T F
P E E Q E Ì N O E A S E R O E E H
C Z E I F D P I R R T G O T S L G
T Z J R N E A Z A L O Z C I W I K
K A L C A T A N G A R M S N M B Z
P E L L E R A E O N U B U O V I L
C I N B B A R M I D A P O M N R W
B O O A D M C I T O M M A T U R O
P R O V O C A T O R I A E P G E P
U C C E L L I Q S I F U F M Y T Y
```

Puzzle 67

```
O N P W Z E R A T N E V I D L I T
T K H T V S J H L E V T R V X N U
A S S I S T E R E E L Y J Z R V T
D H E E R C O N A N G E S V O E T
N I N I Z I A R E P P N F R W R A
A B R U C I A R E N Z X O O F N V
W N E B Y F M O R R U B X L N O I
M E R A E N O I S S E N N O C O A
A E Z Y T N V C K U J J P T T I J
L E W P V S E I D E M U W T V D M
Y J T L U F J F S D M D W A V U U
E W N D J D W F I L I H J R K T T
U H N K C D H U W C A B Y T P S K
C O L A Z I O N E K I Q H I R T S
A T T E N T O Z Y Y I O Z R Q M R
```

ATTENTO
RITRATTO
SE
INIZIARE
TUTTAVIA
MERA
UFFICIO
DIVENTARE
COLAZIONE
CONNESSIONE
LEGNO
STUDIO
SEGNANO
BENEFICIO
INVERNO
ANDATO
TELEFONO
ASSISTERE
BURRO
BRUCIARE

Puzzle 68

SUPERFICIE
ABITO
CONDIZIONE
INDUSTRIA
PRESERVARE
SEGUIRE
FUOCO
SETTIMANA
CIVETTA
LARGHEZZA
AVVIARE
BELLO
PERIODO
NIDO
OCEANO
REGALO
FRETTA
GIOCO
REGNO
DEVE

```
L A A R G Q W H P E R I O D O Z C
A V B H Y Z G X N T R K L C U A I
R V I W B E L L O H Y D A A O A W
G I T S T X G L N A V E G N D I Z
H A O E E O I V V W P V E A I D G
E R C X S R H Q S N H E R M N P S
Z E G O K M I N D U S T R I A R U
Z Z J H N Z S U G U D N B T T E P
A W W K Y D K X G J E J P T T S E
O C E A N O I Z E E T S K E E E R
F U O C O F S Z F Z S G Q S V R F
R E G N O A A A I B L S F V I V I
B B R I O H B I I O G V E C C A C
W V N U Q P O N N O N E H L W R I
F R E T T A V K X Y F E D I H E E
```

Puzzle 69

```
G U K J R R V O B D T D Z O K O M
F X O J Y O R E V G V N I R K P S
U O I M Ì S P S P B Z E X T G E X
Y E R I N A M O D A X M Z O L R H
W R A E C U O R E A R A F G R E J
S E P Z S T R K R Y J T U R Q L E
X A I J E T N E G A Z I I A B A R
U Y S E G A A C D E J P Y F L N A
L G K W A O P S O T R U F I Z O N
B P E R I C O L O À F E N A N I I
C O L T I V A T O R E P V G O Z U
A S S I C U R A R E D H P I Q E G
M I F B C Y C I U U N I K Z R C N
V X U F X I O T I A P L O N D C A
A U E W Q Y N U N N U O T U D E S
```

SÌ
SEDUTO
PARTI
VERO
ASSICURARE
DOMANI
ORTOGRAFIA
COLTIVATORE
FORESTA
ROSA
ETÀ
AEREO
AGENTE
SANGUINARE
SCRIVERE
SEGA
ECCEZIONALE
PERICOLO
SIPARIO
CUORE

Puzzle 70

DIVERSO
RISERVA
ASSEMBLAGGIO
COLLINA
SICCITÀ
SEDILE
DELUSO
FORMALMENTE
AGNELLO
CON
CAPITALE
SPECIFICHE
VENDITORE
TRISTE
SODDISFATTO
AULA
INFERMIERA
QUARTO
SCOMPAIONO
PILOTA

```
B G F O R M A L M E N T E A H W N
O A S S E M B L A G G I O Y U S U
T T A R Y J Y C Y R N X Q Q E R T
T R P E K R A N Y S J B V M U X E
A K N V X M S E H C I F I C E P S
F G P I L O T A V O Q R C I R W S
S X N D E O S D Q M U I O B O U I
I J L E L I D E S P A S L T T C C
D I N L L E A L U A R E L R I Y C
D N D A R L H U V I T R I I D Q I
O X O T M I O S A O O V N S N M T
S C J I S D N O C N L A A T E V À
L U S P F C I X X O P R J E V K L
K A M A R E I M R E F N I A T U L
A R Z C J S F R D Y K Q H Q N B K
```

Puzzle 71

```
I  K  Z  T  O  G  A  M  B  E  K  F  L  F  X  B  J
L  D  U  R  Z  F  R  B  X  Q  H  O  A  R  F  K  Z
E  F  E  Y  X  N  U  I  W  C  H  D  T  A  H  R  M
T  E  X  N  Z  J  S  R  G  J  P  A  T  T  U  T  A
T  J  V  R  T  J  I  V  W  V  T  S  U  E  J  I  N
U  G  E  L  L  I  M  C  N  M  B  F  G  L  B  W  I
R  A  C  O  T  A  C  I  L  E  D  A  A  L  I  V  G
A  T  G  M  Z  U  H  O  B  N  Z  B  G  O  E  Q  L
T  R  A  S  M  I  S  S  I  O  N  E  D  N  E  T  I
O  B  B  E  D  I  S  C  O  N  O  A  B  D  A  N  A
S  T  E  L  L  E  P  B  R  M  C  T  T  K  Y  T  U
L  E  T  T  E  R  A  A  P  R  K  R  U  T  I  U  O
F  H  G  E  T  N  E  C  U  D  N  O  C  O  I  B  K
W  V  B  N  R  E  J  H  C  M  L  P  I  R  M  V  U
C  O  M  U  N  I  C  A  R  E  I  P  F  K  V  M  A
```

OBBEDISCONO
FRATELLO
CONDUCENTE
GAMBE
TENDE
STELLE
MISURA
BAGNATO
MILLE
DELICATO
TRASMISSIONE
LETTERA
PORTA
TUTTA
LETTURA
IDENTICO
ATTIVA
COMUNICARE
MANIGLIA
LATTUGA

Puzzle 72

MISCELA
LEZIONE
DESIDERIO
ANTISTANTE
VERITÀ
PROBLEMI
TECNOLOGIA
PESO
CONTATTO
RECENTEMENTE
CIBO
INVITARE
FORMAGGI
CONTRIBUIRE
FIORE
EVACUARE
FIGLIO
GIARDINO
RAGAZZI
POPOLARE

```
W  O  B  H  E  P  Y  M  Y  L  C  T  E  U  N  V  H
D  R  Q  L  O  I  W  I  E  F  Q  N  O  O  U  L  H
L  P  P  J  M  S  P  I  D  Z  S  R  Y  S  O  D  S
R  D  C  À  T  I  R  E  V  U  U  H  F  E  Y  A  J
H  Z  K  X  I  H  W  I  S  Y  F  Y  Q  Z  H  I  P
E  V  A  C  U  A  R  E  P  O  N  I  D  R  A  I  G
R  F  L  E  K  L  T  E  C  N  O  L  O  G  I  A  P
A  O  E  R  I  U  B  I  R  T  N  O  C  I  F  L  O
G  R  C  Q  N  U  W  K  S  O  B  I  C  N  I  E  P
A  M  S  Q  N  E  J  L  K  M  I  J  A  V  G  Z  O
Z  A  I  P  R  O  B  L  E  M  I  F  D  I  L  I  L
Z  G  M  C  O  N  T  A  T  T  O  O  V  T  I  O  A
I  G  J  D  E  S  I  D  E  R  I  O  Q  A  O  N  R
W  I  A  N  T  I  S  T  A  N  T  E  F  R  F  E  E
R  E  C  E  N  T  E  M  E  N  T  E  M  E  T  N  D
```

Puzzle 73

```
S U O C N A I B A D E S E R T O S
B C I J A L O U C S L E I M Z H C
U C Z I E V K Y X S H P J O K D R
C E S R K Z A T I D R E P S Q X I
R L K V P G T L O R E B L O X J T
F L M C T I X O I T N O S I B M T
C O O E C D B N H E U F A G R M U
B I Q C R S P H C W R Z T I Y O R
Q G N S Q A V R R Z E E R L A L A
Y I M T K D G I A P H T C E L T N
Q N A V U V Q I M P A R A R E O Q
E F U P Z R Y G V E V E N T O V L
H J N P E R A C L A V A C O A S S
S C A F F A L E D R N P G R P F Q
N C P F O R S A C C H I O T T O Q
```

MOLTO
PERDITA
CAVALIERE
EVENTO
MARCHIO
CINTURA
CAVALCARE
IMPARARE
SCUOLA
SCAFFALE
DESERTO
SCRITTURA
LEI
UCCELLO
ORSACCHIOTTO
BISONTI
RELIGIOSO
ZIO
NAVIGARE
BIANCO

Puzzle 74

SANGUE
ABITUDINE
POLVERE
PAURA
GENEROSITÀ
AVVOLGERE
ANCORA
STANCO
SOCIO
INVESTIMENTO
RIMUOVERE
VIRTUALE
RILASCIARE
SCIARPA
MATITA
RITMO
FINO
MOTIVAZIONE
SEDIA
BRUCIATO

```
B E S C I A R P A Y S S R Q T W E
U N E E Z C Z O E R E V L O P Y E
T O T A I C U R B H D C P A O Q L
F I S L H F S K E N I D U T I B A
L Z M E Z P B V J C A J Z K C U U
S A N G U E R E G L O V V A O T T
H V D L E R E V O U M I R R S V R
J I V R S B I M C A L S Z U F M I
I T O D U J F T S A A A M A Y A V
S O O Q Y D E I M F W N Y P O T A
M M S T A N C O N O V X C S T I L
R X P P D J X A K O H A K O P T D
G E N E R O S I T À L I L C R A D
B C I R I L A S C I A R E Y U A O
I N V E S T I M E N T O U L E W T
```

Puzzle 75

```
A G A G D E F I N I R E J W B Z P
G O R B O T A I C C I R R A Z S A
R X R R T M N R L T T S K E W S R
I X A O S Z M P O S I T I V O Z T
F W B N O H X A T W R G F K E M I
O M B O C Z Q Z A C O R G V N S C
G B I G L M D N M W T H K A O W O
L Y A N I X Q A R R L R V O I O L
I I T E J W F D E V O N S Q Z V A
O M I T F U H K F E C O A I I B R
Y O A R J T J O B R I O Z J D O I
Y D M A C C H I A E R A U G E D A
P O T P U R K C U H G Y M J P U G
E N O P M A L J O X A G I X S A V
R R I A T T O D N O C B E Z H S H
```

ADEGUARE
AGRIFOGLIO
MODO
APPARTENGONO
SPEDIZIONE
ARRABBIATI
COSTO
LAMPONE
DEFINIRE
FERMATO
CONDOTTA
PARTICOLARI
GOMMA
ARRICCIATO
NOVE
AGRICOLTORI
POSITIVO
MACCHIA
VIAGGI
DANZA

Puzzle 76

GUARDAROBA
PREMIO
MA
AMICA
CRESCERE
ASSUMERE
MARTELLO
STOFFA
UNITÀ
CREMA
SERPENTE
INDICARE
ESEMPIO
CRICETO
SPAZZOLINO
TONFO
RICORDA
COLLASSO
MUFFOLE
VENDITA

```
S I G A M C C W G R H O X C M G K
P N U M Z R M R A T I D N E V M L
A D A I E I A M E R C C U N I T À
Z I R C H C R A L S C D O F N O T
Z C D A N E T L O J C K S R I N K
O A A O X T E R F W Q E I W D T G
L R R I L O L X F E N Q R N J A T
I E O P R X L G U I O O K E D K V
N D B M N A O L M S T O F F A E Y
O P A E T E Z L Q A S S U M E R E
Q B R S E R P E N T E C S E S J W
P N Z E C O L L A S S O B Q T V B
F W I H M S F M T F F A T F T M N
Y C B V D I Q J W A H V H D M K S
I W O H Q D O Y K O J M Y S Q Q V
```

Puzzle 77

```
J T S C C E N T R O T S E R T O X
N H Y X R Z R A T T A C C O S R O
T V J P P E L I B I S I R R I P I
F L U I D O S M U O D R O A N R C
S I M Y A B J C O R G A N I D E C
C E L M I Q U W I I G X I X I S A
C U L T U R A L E O J A L J V S I
C O N O S C E N Z A N M A G I A H
H D B F A M G B M G C E T D D T G
S V P A I I A X W Q O L I O U U J
G R A N D E R N W G Z B X P A R L
H F I Q R I B O O F V O Z W L A C
A S F K E X Y H N H X R A L E H U
V W K W B H Q P E E A P T N B N N
C O S E R E V I R C S E D V N X A
```

MANO
ATTACCO
RESTO
INDIVIDUALE
ORSO
FLUIDO
CULTURALE
PROBLEMA
CRESCIONE
CENTRO
GHIACCIO
ORGANI
DESCRIVERE
LATI
AIRONE
PRESSATURA
COSE
CONOSCENZA
GRANDE
RISIBILE

Puzzle 78

PAPPAGALLO
DIMENSIONE
DURA
CAVITÀ
MINACCIA
OPPORTUNITÀ
CAPITOLO
DECIDERE
CIRCOLARE
LIBRERIA
IMPORTA
CAVO
BLU
FIORITURA
MORBIDO
NECESSARIA
SPUGNA
MAI
LONTRA
INFERIORE

```
M U À M C E J C C D W Q T Y N A P
O C T E I A N K A D E C I D E R E
R S I A M N P I V K O N C E A U N
B B V R Q I A I O F M Z K T O T E
I X A U C B U C T J P Z M Z P I C
D F C D Y O T I C O J X S H P R E
O Y Z L L U L B N I L A P I O O S
S B E P T D T A T Y A O U N R I S
J Q I F Q N K D R V I T G F T F A
L O N T R A V K J E R P N E U I R
P A P P A G A L L O E W A R N R I
D I M E N S I O N E R D I I I K A
I M P O R T A F B N B X S O T E A
Q U V V T F H P C Z I E H R À T O
W P R R Q J L V S C L Z K E J S I
```

Puzzle 79

```
A H I M X R K À P O L I T I C A T
U R A Q Q Z E T P R F V D K E C R
M G Z W Z D C I A A T I M F R A A
E I Y T Q N A L Y X H R B H E V S
N R D I C E S I S H R P H C D A F
T A O V N I A B V U Q U Y A E L E
A S T S P L D I G U O L K M I L R
R O M R S E U S E M P R E I H O I
E L O W G O Z S R A M S S O C R M
O E J X L D D O J Q H J F N I V E
F A T T A S Q P V A L U T A R E N
D O P O M Q K T M N V J D N D K T
O N R F E R R O V D C F B A B F O
I N T R A T T E N E R E V Q H A V
J U P T E Q N B Q S F F W E G K H
```

FERRO
DICE
RE
TRASFERIMENTO
SEMPRE
DOPO
FATTA
OSSO
POSSIBILITÀ
AUMENTARE
CASA
CAMION
RICHIEDERE
POLITICA
CAVALLO
PRIVI
SUO
VALUTARE
INTRATTENERE
GIRASOLE

Puzzle 80

ASSORBIRE
ATTRAENTE
NUTRIENTI
AVVOCATO
PENA
AFFETTO
TAPPO
VENIRE
PERFETTO
SALTARE
ANTENATO
SOTTO
ASINO
PRIVATO
PROPRIO
RAGAZZO
VERSATO
PESCA
FALLIRE
POTEVA

```
O B V V F M T N O S Q A O K O Q A
K E O Y F U V U X A A N E P I K N
O J X R J Z A T Q V Q L O J R C T
O A N P Y E Y R O V P Z T Y P S E
T T Z P E R E I E O D E A A O A N
T P O T E V A E P C E R S W R D A
E M M X N C U N O A Z I R C P E T
F J E I P W O T Q T V B E U A T O
R A G G W Y R I O O E R V V J N Z
E H L P R I V A T O N O M R U E Z
P W N L P U X D T N I S K C M A A
G K L F I J S K O I R S V H O R G
V P N J U R J I S S E A Y M R T A
C P B K Z S E M U A K K M M M T R
T A P P O T T E F F A E N W U A Q
```

Puzzle 81

```
H N P J R E L A T N E M E P U N R
I K X F S S W T Y L R P C O V U A
D R X L H I R V P T G I C M V M Z
J J I J Q S H N G Q I A I I R E I
O L O C A T T E P S T N T S J R A
M B M P A O T A R P U T A S B A N
B E L L A N N T G S D A T O J T N
L R C B P O P N S R A J O R C O U
I I R V A A V J A A A L O P X R S
J R G M S L F E G D Q S S R P E A
L P V G T W U W G Q M N S I G H R
S O U G U E F O I V J L G E C C E
O C M O D I R G X R M Q X G T C Y
K S Y Z I Y G B V B E K J W U T E
G E F R I G O R I F E R O P Z H O
```

NUMERATORE
STUDI
GRASSETTO
ECCITATO
SAGGI
IERI
SCOPRIRE
ESISTONO
BELLA
FRIGORIFERO
PRATO
PROSSIMO
SALSICCE
MENTALE
ANNUSARE
GRIDO
PIANTA
DANNO
TIGRE
SPETTACOLO

Puzzle 82

AUDIZIONE
SOLUZIONE
RISPONDERE
BUFALO
LIBELLULA
CANDELA
VINO
CERCHIO
BROCCOLO
CATENA
INDOVINARE
QUARANTA
ANNUALE
TUTTO
RISPOSTA
CARIBÙ
CAFFÈ
TORTA
COSTOSI
RESPIRARE

```
V P E X R A T U T T O N R S E V O
Q I P E E U Q I W S J H I I F H S
K P N E S D C A F F È A S H I C M
K Z X O P I Y E E F C T P O H I O
Y I D I I Z H L R Z M Z O M B Y P
I L T H R I S A L E F C S P T N L
O W T C A O O U I R D A T R O T C
L G Q R R N L N B A T N A R A U Q
O G R E E E U N E N D D O R P Q S
C A X C T U Z A L I C E L P W B U
C A J Q L L I N L V J L P N S K A
O N R Z B W O E U O L A F U B I L
R V W I B N N T L D B H I H W K R
B F O K B S E A A N C O S T O S I
Z C D W M Ù R C N I C Q U H R E T
```

Puzzle 83

```
F Z Y C K S M D N S G B X P O P Z
E O B L L T B G O M U L T O R U L
R J Y K G W O X S L O U N L G B U
M N A Z I O N A L E O O O I O B L
O M I G R A Z I O N E R A T G L U
R F D I T G E V V T V B E I L I G
I T I M B R O I Y R P O E C I C I
P R B U C H W S D F U F L O O A N
M T O O R W F P F R L O O I S Z O
A R I S U L T A T O I K R T I I C
V C D O T A V O R T T T P K O O C
C A N I G A P T V P O J Q C Y N H
P X I R E C E N T E A M R Y N E I
J L U U F N V L G E W C P M D G O
D F Q F A C Q U I S T O U Z Y B M
```

FERMO
QUINDI
MIGRAZIONE
FOTO
TIMBRO
DOLORE
ACQUISTO
PUBBLICAZIONE
TROVATO
NAZIONALE
POLITICO
FURIOSO
RISULTATO
RECENTE
PAGINA
ORGOGLIOSI
GINOCCHIO
CAPRA
VAMPIRO
PULITO

Puzzle 84

VEICOLO
MILITARE
ESPERIENZA
CORSO
MANGIARE
VERBO
GIUDICE
REALIZZARE
NETTARE
CACAO
CONCEPIRE
QUESTI
GUADAGNARE
IMPORTARE
ERRORE
TAMBURO
POVERA
QUOTAZIONE
SCIENZA
PROCEDERE

```
P M I L I T A R E T F F I Z W Z H
Q O A C A C M Z G A O C M T S P H
L U V J A K N Y I M S L P S A E H
L M E E J X K T U B R X O M E R J
N U T S R A X O Z U O W R C N E T
W Z Q I T A W F Q R C D T C I D F
M A Z N E I C S F O E R A T T E N
E S P E R I E N Z A C S R K N C V
Y P O M I W F K E R I P E C N O C
G U A D A G N A R E D Y X P G R K
P K J V M N P N O S U P N N V P D
M A N G I A R E R U I K Z W E I B
I N Z Z K J E X R R G O S K R H Z
E R A Z Z I L A E R G N S V B R S
F V Q U O T A Z I O N E A F O Z A
```

Puzzle 85

```
R P G C A H P G J E J L S R P C P
A U I Q O À A Z Z L A H J U I I O
V B A W T T C E G I U K F O A C R
A B C N T I O T I B N I X T C L T
N L C I E V C N P A E S E A E I A
E I A L G A V K E Z I V V S V S T
L C A G G R U O G Z A G B T O M I
L A F L O G A S M I J L R Y L O L
I A V A N T I S B L Q V U W M T E
C H I A M A T A P I A N T O E N Y
I N S E N S A T A T V B O J N E O
A M O R E P D O S U M O D C T G X
L O J Y L Z C C I I K Y Q T E R W
I R Z A W B L S E R A T I M I A S
Q S L Q Q S N Y G J T N N H X I W
```

AVANTI
RAVANELLI
IMITARE
PUBBLICA
AMORE
ARGENTO
PIACEVOLMENTE
RUOTA
INSENSATA
CHIAMATA
OGGETTO
CICLISMO
GRAVITÀ
TASSO
PORTATILE
GIACCA
RIUTILIZZABILE
PIANTO
PAESE
COTONE

Puzzle 86

PAVIMENTO
INDIRIZZO
MOTORE
RAGNO
ACCURATEZZA
VELOCE
PITTURA
SONNOLENTO
SIGNIFICATIVO
INDICE
OTTENUTO
CONSECUTIVO
FORTUNA
DIETRO
AEROSTATI
ESPLORARE
SPOSARE
PERSO
SABATO
SPADA

```
F U O B Q V U W T A L M E I P F C
P G G W U W I O E Z N O S N A O O
X K L K C P X T R Z L T P D V R N
V Z Z S L O D N A E K O L I I T S
H L C I J Z U E S T G R O C M U E
O Q M V L K Y L O A S E R E E N C
O T U N E T T O P R Z O A A N A U
F F P L C D F N S U R Q R U T R T
O Z Z I R I D N I C V U E E O U I
D I E T R O D O E C O L E V A T V
I X L V Z K S S O A E X Q E W T O
M D B A O V I T A C I F I N G I S
L A Z S F J S A B A T O S R E P O
R A G N O Y E I S P A D A W Q T E
Y M L H O J P L N G M B H Z H G Q
```

Puzzle 87

```
P V T E N E R E T N A L L I R B K
N U H L E J P W F Z I J I A O I J
A E L O J R A P R V C M K M I U M
S L Z C O E Z E S O S Q I Q L Q Q
C E N C I B Z A T U H T H T G G Y
O M B I R N O L O U R B K P I J U
N E M P A S O S S E C C U S S B C
D N F Y I Q F I A L B A S M N L U
E T S O Z J R S Z W P P X B O F C
R A R F R A G A N I M U S I C A E
E R M C I S Y G O E C Q Y L D G L
S E D P O G E W A G P R J Y F A I
I N D I P E N D E N T E E V A P T
L S O T T O H I N A S I D S S Q U
E M L L F A U K L X U M Q L E J Z
```

ELEMENTARE
UTILE
MUSICA
TENERE
OTTO
PAZZO
SUCCESSO
INDIPENDENTE
RUOLO
PICCOLE
PAGA
PULCINO
FORSE
ESERCIZIO
CONSIGLIO
BRILLANTE
ALBA
CUCE
SCIA
NASCONDERE

Puzzle 88

FINZIONE
FRUTTA
ZUPPA
CETRIOLO
MORSO
PRUGNE
VINSE
LASCIATE
PICCOLO
DISPONIBILE
PORRO
DISCORSO
PASSANO
PREAVVISO
DENSO
DENTI
CORONA
ORDINATA
ESTIVO
GALLEGGIANTE

```
Z A P O V I T S E E B C Y T K P P
G A L L E G G I A N T E O S M H O
D H M O S J W T F O B O S R O M R
I S E C N K R N K I C X N P O I R
S E U C I X U E I Z C I E R N N O
P B H I V B I D C N P C D U A H A
O P I P R E A V V I S O E G S X T
N L Z U P P A B H F H V F N S U A
I M O S R O C S I D V M E E A A N
B O F I Y R S T Z N V J K Y P F I
I E I R R O D M P W V J F E V A D
L W Z S U T A W G W X H M J K W R
E I I C M T E T A I C S A L V M O
C C D N Q R T C Z G Q J R J T V R
W Z U V N E C A I X V E S P G N T
```

Puzzle 89

```
L A I J O U A V C C D I W R T G I
A A M G T T T C I S T I M A A A D
V L P D V V T H C T M J T F P R E
A O R T I L O E C O T B K Y P A N
N T E D F B R W H I P O C C E T T
D R S W L D G O I G N P R R T P I
E E A L A T O A A G B Q I I O L F
R C E S T I N O M A P O T A A R I
I U R J V O G I A S Y U I T N A C
A L E U G M A Z T S B C Q B S O A
E E C Q P B B O O E J Q Q K Y K R
E X A W C R Q G T M G U S L V E E
M W I G Y A I E H M V I M N V M L
J L P G U Y E N U G F X C S E M U
I Y P W A S U J L I J X C B R K B
```

TAPPETO
LA
LAVANDERIA
OMBRA
GARA
CHIAMATO
IMPRESA
GROTTA
CESTINO
MESSAGGIO
LATO
VITTORIA
BAGNO
LUCERTOLA
NEGOZIO
ACCOPPIANO
CANTI
STIMA
PIACERE
IDENTIFICARE

Puzzle 90

SUFFICIENTE
GUSCIO
TRADIZIONALE
SGUARDO
MEGLIO
PAPÀ
ARTICOLO
RAGIONE
DECIMALE
DUE
AUTORE
MENTE
MEDICINA
PARTECIPANTE
DIFFUSIONE
EVIDENZIARE
GLOSSARIO
COMPLETA
CAPPOTTO
NATALE

```
C S S G U S C I O X M G D M O D C
O G A U M N T Y E A E L E E D I A
M U E U F Y W M T P G O C D P F P
P A F Z T F O O N B L S I I H F P
L R Z E N O I G A R I S M C C U O
E D P N A R R C P X O A A I G S T
T O R M R F M E I Y T R L N L I T
A B R D E U D D C E E I E A O O O
R X M T T N D J E J N O Y B L N T
N A T A L E T K T G J T W V O E Y
Z N C A U L M E R S J N E V C E E
I K L X P C E R A I Z N E D I V E
P V T X H O H À P A P Q Y V T G P
X T R A D I Z I O N A L E Q R C R
Q A D W L Z A K P O E U T J A Y I
```

Puzzle 91

```
C D V N A R E I D N A B O T N R F
J H A D F E I N P I S T O L A A O
B I I G S V G N O C I M E N T F R
S U R A S T L A B I V C S A C F M
C B U V R J I E O D S Z D M C I A
T O G C J A N T L K X I D B O C Z
R N N D L C M N G U O B V I S A I
A N A T B S J E V E R D E E O B O
N O R P A L B M N B N B T N L X N
N S K Q B R E E J T Y A E T O E E
E D S F H O E C S E E L R A C D T
F O T T E R R O C H X E M L I P Q
Z N Y B O R B L J L I N I E R R N
O N C A O M C E T W Z A C T E M K
O A G M I O G V V J S V O L P C P
```

FORMAZIONE
CONTARE
ANGURIA
TELEVISIONE
GLOBO
TERMICO
CORRETTO
DONNA
PERICOLOSO
PISTOLA
VERDE
VELOCEMENTE
CHIARAMENTE
SONNO
TRANNE
BANDIERA
AMBIENTALE
NEMICO
BALENA
RAFFICA

Puzzle 92

PROMETTONO
HA
GENTILUOMO
SPORCO
ASSUMERSI
COMPASSIONE
ISTITUZIONE
INTERAGIRE
MAGNIFICO
SUONO
RIVA
OFFERTA
DITTA
PRIMO
SALE
GRASSO
QUESTA
SERA
COMMERCIO
MAGLIONE

```
I G S Z S E Y U Y X U O W A S A D
S E R I G A R E T N I M S T E T I
T N P W F P L E V A V I R S R M T
I T E R W T F E B H E R U E A R T
T I K Z O A R N I C E P P U T R A
U L C L N M U Y K M H Z S Q R C G
Z U K Z H T E L N Y C U R R E Z C
I O D D N Y U T E M K T B A F C O
O M J Z K Y I T T U I M S G F L M
N O S G G A J Z J O X K M J O S M
E A S S U M E R S I N Q L M S U E
C O M P A S S I O N E O C N H O R
S P O R C O C I F I N G A M I N C
J Y F J H M A G L I O N E L D O I
A U B X A J N L X B G N X L A T O
```

Puzzle 93

```
L O G H Q U F A M I G L I E C Q S
Q S S X S U B S Z W Z J U Q O A I
C A M M I N A R E Z N R R M M N C
A O I J T S J T O C A M L A P O U
S C O R S O A R R V Z T O E L R R
S M O I N O M I R T A M S S E G E
U W J P J B P F F K Q E O I T A Z
P B M Z U C T I A G B M T T O N Z
H E R A E R C U T W Z J S O D I A
Ì D R E N E V T T E S P O S V Z I
O N R C H B L A O X P E C L F Z H
U J O B H E O R S C C S X H K A T
M L P T U É N E F K R L W O I N Q
K E Y W O T A I H C C A M N O O V
W F N S C E G L I E R E N X E L B
```

LO
CREARE
SICUREZZA
MACCHIATO
ESITO
ORGANIZZANO
FATTO
RIFIUTARE
SCORSO
MATRIMONIO
CAMMINARE
FAMIGLIE
TAZZA
VENERDÌ
PERCHÉ
NOTO
SCEGLIERE
URLO
COSTOSO
COMPLETO

Puzzle 94

MINUTI
FORNITURE
STRUMENTO
CORRETTA
GRADUALE
FACILE
CINQUE
LAGO
PROGRAMMAZIONE
RITIRARE
FORNELLI
RUMORE
STAGIONE
RAPPORTO
FIORI
SIMILE
FAGIANO
VOLTA
FANGOSO
ODIO

```
J V M E A S S R P G F I J I B X W
M O G O K D V U W L O X E G U U V
L L M R U Z C M R E R A R I T I R
U T E Z A N T O U K N M S J H A J
U A B X Q D A R B W E O I W U D L
F A C I L E U E I X L T I N F Y X
E T N J F K D A S M L N B G U A Q
R A P P O R T O L I I E K D A T C
Q E O W A S X U L E T M F D G T I
W Q S S R P O W N O P U I T R E S
E K O Y E E R U T I N R O F D R Z
K N G O D I O L R B V T R D A R F
C I N Q U E L I M I S S I F Z O J
I U A F A G I A N O L A G O F C Y
O N F P R O G R A M M A Z I O N E
```

Puzzle 95

```
D U G L C S Z P C F A L C O D D X
B J I V X T A S C R N K O I B O B
T I P A M Y S L X R E A K C U I Z
I L U S E A U T U E C D D C F Z W
E R M E L L I N O T F A O I T A S
D F A R F A L L A K E J R R A T B
F U Q A F F E R E L A I R E T A M
O O R R A C H K A T D K S T I C U
G G Q A F A R I N A N W X R T I O
L G A P N D E R O T T A F A O L L
I W H S Y T W S R R M R F P L E C
E Y Q R K S E B T Z V P B E O D W
C R O C O S C O L O R E A U L H B
Y J S V E D J O O O F J G J M E Z
V T B M C D V Y P U Y S Q Y G S V
```

SPARARE
COLORE
FALCO
FARINA
DURANTE
PARTE
FOGLIE
RICCIO
DELICATA
MATERIALE
FATTORE
CENA
CROCO
ELEFANTE
FARFALLA
SALUTE
ERMELLINO
CARRO
POLTRONA
TITOLO

Puzzle 96

SCENA
INGANNARE
SINISTRA
BORSA
PRUGNA
PROCEDURA
SECONDO
PIACIUTO
ASCENDERE
CAVOLO
TERMOMETRO
ESSENDO
CANE
STUDENTE
DIPENDE
ACCORDO
ATTO
LUCE
BUCANEVE
COPERTO

```
E N A C G A S R O B P R U G N A T
T S P R F P L I H B Q F S Z F E E
N Q S Q E R E D N E C S A L Q Z R
E E V E N A C U B I Y C T U K U M
D D W M N I W H X I S M T C F D O
U N A R U D E C O R P T O E E C M
T E N H N I O J P W P L R Q G M E
S P E O R K L D K P K L H A I W T
M I C T F W O T N E J S D A P U R
D D S W D I V G K O T R E P O C O
C M Y D P Z A U F W C M T C T V V
F U U C M V C R G T M E G X T N N
P I A C I U T O H G D A S F W Y I
A C C O R D O D I N G A N N A R E
G C O I W Z A G T Y X C I F U O K
```

Puzzle 97

```
S K U W A Z Y L F Z G X R L J N C
X P U Y I R N Z M V U I J X D I G
F D E R A T R O P P P A T A T A Z
T W N S T M M K M A M M A V Y A K
F H O Z S G R A F I C O V O U N F
W T I E K O N I T N E P E R C G E
X I Z V K D R F E E P B H V Y Q R
M M N H T N I E E R A N U L J A A
L I I B L W G S A A V I T A G E N
U D C R I V E L A R E L L P B K I
M O E R H E W C X T C S E I R O G
A X R K C Z A K X N A Z Z E T L A
C Y N L W W C Y G E I R Z E U Z M
A U P N R P O T T K G K U B J A M
I C O I N V O L T O N O L D E S I
```

DI
DURATA
LUNARE
GIACEVA
TIMIDO
PATATA
REPENTINO
IMMAGINARE
RIVELARE
NEGATIVA
GRAFICO
COINVOLTO
RECINZIONE
PORTARE
SPESSORE
LUMACA
MAMMA
ENTRARE
ALTEZZA
NUOVO

Puzzle 98

PRIGIONE
SOTTILE
MINUTO
SEDUTA
MOGLIE
INCLUSO
MARITO
SEMPLICEMENTE
FLESSIBILE
FERMATA
SULLA
VERSARSI
RICONOSCERE
PIOGGIA
CONTINUARE
PETTINE
ANNO
ORTAGGI
SITO
BUSSARE

```
M M Z A I Q R S E D U T A D F P F
Y I V H I R T I P T U A L X E R L
N G N K P X Y T C I L G L A R I E
T G D U H E W S O O O F U K M G S
S A O R T W C C Z T N G S P A I S
F T I L J O G C R I N O G U T O I
M R A M O G L I E R A K S I A N B
S O T T I L E A A A S O T C A E I
B U S S A R E H W M A Q R L E Q L
C N J C V E R S A R S I M G Q R E
H M Y I N D S I T O S U L C N I E
S E M P L I C E M E N T E V Q N A
P E T T I N E R A U N I T N O C Q
J K S E F J Z A Y P F C I Y U R I
V W Z F O V S X C R E K X Q J Z A
```

Puzzle 99

```
S X S N U U E B L B D U Z P T R F
S C S O C I A L E I E V T Z T I O
A P I L O B E D L N X A A S L C Y
O V E M M F G U I S N N K H L E I
X C R R M W Q Z M E T T E S O V G
K P J W X I I D U D I U M C I E I
E F N P X Q A T O I C C A R B R À
J S S O L D I Z S A S S O R G E S
F O T T I F F A U T M N L Q Y X U
F E B E L K E G U I Q I Y Q F S P
X F O I R A T E R G E S D E C J P
M A T S I N O I S S E F O R P U O
A C H A V E O T A I B B A R R A R
V X I L R E K O I B X U J I C A T
F O T O C A M E R A L L I N M W O
```

RICEVERE
AFFITTO
SETTE
SCIMMIA
ARRABBIATO
ESTERNO
SOCIALE
GROSSA
APE
BRACCIO
GIÀ
INSEDIATI
SOLDI
DEBOLI
PROFESSIONISTA
SEGRETARIO
FOTOCAMERA
UVA
UMILE
SUPPORTO

Puzzle 100

ISOLATO
EFFETTO
VARIETÀ
PENTOLA
PREZZO
PROFESSORE
NAZIONE
FORNIRE
ATTESA
GRIGIO
DIRETTORE
SLITTA
VEDONO
GUFO
PRESO
OCA
STRUTTURA
RIVISTA
FIGLIA
EPPURE

```
P E N T O L A P R O T D J P J X I
S U I L F Y A D R G Z W W R J M R
E C G C U V O T T E F F E E V B I
R V V D G S I H A T Z R K S X B V
O Y V G À T E I R A V Z U O C I I
S C I A Q R N K L A K Y O Q T R S
S O H R H U A T T I L S N I C M T
E P L A K T Z C E L A S E T T A A
F P J S J T I Y O G Y A R C S A Y
O Z P M V U O I G I R G I K K K S
R K R U H R N B C F D O N O D E V
P F U K R A E R O T T E R I D N E
I N W B X E V H O T A L O S I R B
M Z P Q Z O I R V S X R F B W B I
D D G P E D O M X J N C Y O A C S
```

Puzzle 101

```
S  E  L  I  B  A  B  O  R  P  M  W  M  A  V  V  F
T  E  L  T  Q  L  U  N  G  O  G  E  K  E  Y  F  U
M  H  M  E  R  D  A  M  H  L  H  G  O  R  Z  S  O
C  W  E  P  T  P  B  E  R  L  C  V  L  O  U  Z  C
N  K  H  B  L  T  X  H  S  E  Q  U  O  T  T  S  O
Q  U  I  X  I  I  R  E  I  R  O  T  T  A  I  P  X
W  N  S  N  N  T  F  I  V  B  M  U  I  L  L  P  Y
Z  Q  N  Q  U  E  S  I  C  M  P  Z  D  O  M  R  J
Z  W  E  R  O  N  K  F  C  O  G  K  Z  C  E  E  N
X  X  S  Z  T  A  K  Y  W  A  E  N  I  L  N  N  K
E  L  F  O  A  I  T  H  V  P  R  H  Q  A  T  D  P
T  C  J  B  R  P  G  R  Z  B  V  E  K  C  E  E  J
Y  L  N  Y  E  P  R  I  M  A  R  I  O  R  Q  N  C
G  E  N  E  R  A  Z  I  O  N  E  O  H  P  X  D  J
N  A  U  G  Z  H  D  P  A  R  L  A  N  O  O  O  B
```

PRENDENDO
PRIMARIO
CALCOLATORE
UTILMENTE
SENSI
GENERAZIONE
LINEA
NUOTARE
SEMPLIFICARE
PIATTO
PROBABILE
ELFO
MADRE
OMBRELLO
ELETTRICO
QUI
MEZZO
LUNGO
PARLANO
PIANETI

Puzzle 102

POPOLAZIONE
VACANZA
COPPA
AVVENTUROSO
SCIARE
TEORIA
MERCATO
CONCENTRATO
NORD
SUA
ALBERI
GRASSI
CONSIDERARE
PENZOLARE
TIRATO
DECADENZA
PROGETTO
CORRISPONDERE
UNDICI
ACCADERE

```
S  U  A  M  T  A  C  C  A  D  E  R  E  C  C  A  T
Q  S  K  H  E  R  A  L  O  Z  N  E  P  O  O  L  I
S  M  F  O  O  D  Z  U  Z  P  H  N  M  N  R  B  R
Q  C  S  D  R  O  N  O  N  U  M  E  J  S  R  E  A
G  L  I  C  I  Z  E  A  Y  D  H  I  F  I  I  R  T
O  O  F  A  A  G  D  H  Y  S  I  F  O  D  S  I  O
O  B  K  P  R  O  A  J  Z  W  Y  C  A  E  P  E  T
X  D  P  P  L  E  C  N  V  F  F  P  I  R  O  L  T
H  N  Y  O  F  Y  E  A  K  A  C  G  E  A  N  R  E
A  I  G  C  Y  D  D  Z  Z  R  C  D  D  R  D  B  G
P  O  P  O  L  A  Z  I  O  N  E  Y  D  E  E  L  O
M  E  R  C  A  T  O  C  Y  D  A  R  L  B  R  T  R
C  O  N  C  E  N  T  R  A  T  O  C  C  U  E  H  P
A  G  R  A  S  S  I  D  E  Q  Y  Y  A  U  S  V  M
A  V  V  E  N  T  U  R  O  S  O  W  U  V  J  M  K
```

Puzzle 103

```
B  S  P  P  C  R  I  L  A  S  S  A  R  S  I  F  H
T  E  R  R  A  O  G  R  U  I  N  V  A  D  E  R  E
I  L  S  Y  T  P  M  C  A  R  A  T  T  E  R  E  O
Z  N  L  O  N  U  A  U  O  F  F  E  N  D  E  R  E
Q  P  T  D  U  N  G  D  N  H  S  W  F  S  T  C  P
Y  E  O  E  P  T  Z  X  F  I  I  S  O  E  N  A  E
E  W  U  T  R  O  Z  A  H  D  T  P  R  N  E  B  C
R  S  L  D  X  C  Y  Z  Q  U  W  À  C  S  M  I  O
I  Y  E  F  U  M  E  À  H  R  Y  L  E  A  A  N  R
L  X  S  R  G  C  S  T  R  W  G  K  L  Z  M  A  E
L  G  R  E  C  R  O  R  T  A  J  L  L  I  E  V  O
O  V  A  K  U  I  X  E  L  A  C  S  A  O  R  O  H
B  K  R  B  R  L  T  V  W  L  R  F  V  N  T  R  H
C  H  A  Z  N  A  R  O  N  I  M  E  A  E  S  P  B
W  T  G  R  O  T  Z  P  P  E  K  F  K  A  E  T  V
```

ESTREMAMENTE
SCALE
PUNTO
PUNTA
BOLLIRE
COMUNITÀ
TERRA
INTERCETTARE
OFFENDERE
MINORANZA
SENSAZIONE
PECORE
CABINA
CARATTERE
ESERCITO
FORCELLA
INVADERE
RILASSARSI
POVERTÀ
PROVA

Puzzle 104

ARTISTA
RARAMENTE
IRRITABILE
COMMERCIALE
VERDETTO
DISPIACE
SPAVENTATO
PILLOLA
AMMINISTRAZIONE
ZIA
CANARINO
REAZIONE
MISTERO
SCINTILLA
VENDITA
CENTRO
CAVALLO
QUESTI
ELEFANTE
ESTERNO

```
Q  E  H  V  D  Q  H  O  Y  A  K  O  A  X  X  U  V
E  I  A  Q  K  U  Q  V  Y  C  U  A  F  B  E  A  E
C  L  Z  M  E  E  S  P  A  V  E  N  T  A  T  O  R
A  I  E  N  S  S  B  C  Q  E  E  C  C  L  C  L  D
I  R  T  F  I  T  C  U  R  D  I  E  A  O  O  J  E
P  R  N  P  A  I  B  Z  S  X  T  N  V  L  M  U  T
S  I  E  I  O  N  R  E  T  S  E  T  A  L  M  S  T
I  T  M  S  N  C  T  N  Z  U  X  R  L  I  E  C  O
D  A  A  G  I  J  Y  E  B  I  X  O  L  P  R  I  A
K  B  R  O  R  E  T  S  I  M  A  M  O  F  C  N  R
W  I  A  S  A  V  E  N  D  I  T  A  S  W  I  T  T
L  L  R  Y  N  R  E  A  Z  I  O  N  E  I  A  I  I
T  E  E  L  A  Q  S  V  M  D  A  H  P  L  L  L  S
T  J  J  A  C  C  J  H  E  Y  D  T  T  T  E  L  T
A  M  M  I  N  I  S  T  R  A  Z  I  O  N  E  A  A
```

Puzzle 105

```
C T M K L O E H B U I L A I B E M
C L U O D N O F D L Y Y J U G C A
O J I Y R R E J I R U I X W I O R
R O W E A B K E T T H D V E S N C
T Z V N N O I U T A S A N R T T A
E U F E Y T F D A A K L U O U R T
C O K U P H E S O V M K O T P O O
C N R U E E S J O A H E Q A I L R
I I S R A L U T A R G N O C D L E
A D G Y H N C L D B P K I O O A Z
C A T U D R S D P M R R P I Y T J
C T N A S C O N D E R E E G J O M
O T N I F C U R E S N O M S K Z W
B I S E G R E T A R I O Z V A N R
F C P O Y Z Y W F I S I C O A Q A
```

CITTADINO
FINTO
BOCCA
FISICO
GIOCATORE
FONDO
MARCATORE
SEMBRAVA
CURE
SORPRESA
SCUSE
CORTECCIA
STUPIDO
CLIENTE
CONTROLLATO
CONGRATULARSI
MORBIDO
NASCONDERE
DITTA
SEGRETARIO

Puzzle 106

DOPPIO
NARRATORE
MODIFICA
CENTRALE
ARRIVANO
COMODITÀ
VANTAGGIO
PAROLA
DOVE
BOLLITORE
ANNOIATO
ESPERIMENTO
PREOCCUPAZIONE
BUCO
MEMBRO
POLVEROSO
INFERMIERA
GLOSSARIO
STUDENTE
SULLA

```
P V G V H M P A R R I V A N O A V
D A S Z Y A R M O D I F I C A N R
O B R K K J E V O D U Y M B D N X
P O V O K Q O R O S O R E V L O P
P L A I L X C D S J S S L A V I N
I L N R L A C L L Q Y U A K S A A
O I T A R T U U H W C L R O T T R
B T A S Q H P G S W X L T K U O R
X O G S M K A U E O B A N Y D D A
U R G O L Z Z Z D P F U E Y E T T
K E I L À T I D O M O C C J N H O
S G O G V B O M E M B R O O T I R
B P G V L R N W C K N Z B W E T E
W T Q A W W E I N F E R M I E R A
E S P E R I M E N T O C K M L J M
```

Puzzle 107

```
G P D P E M P O E F G Z A W X L P
R O E I N B J R P W R S I D H J O
I P L E A W H C E Z N R O L P B L
C O I T V R X O B S I E D J C B I
O L Z R E O O A Q B E O H L A Y T
R A I A P E W R K N S N N L F F I
D Z O V Y C Y N Q U J Z T E F F C
A I S P A L L O N C I N I E È I A
R O A Z A A S C O L T A R E X M A
E N F T T I Q U U R E G O L A P P
G E S V T A E R E D A C C A Q O P
B J P Y E R O T A V I T L O C R R
D F C V V I R E G D B R X F H T B
B L B P I Z O T T E D C E J T A T
C F M A C X L O R G O G L I O S I
```

PIETRA
OPZIONE
ASCOLTARE
LORO
UDIRE
REGOLA
RICORDARE
DETTO
DELIZIOSA
PALLONCINI
PRESENTE
NAVE
CIVETTA
COLTIVATORE
IMPORTA
POLITICA
CAFFÈ
ORGOGLIOSI
ACCADERE
POPOLAZIONE

Puzzle 108

CONTO
PERSONALI
INSEGNATO
VISTO
MAPPA
NATURALE
AMENTO
CORRIDOIO
RADUNO
INVIATO
SAPONE
ORA
LETTERA
MACCHIA
FATTA
REALIZZARE
LAGO
DI
RIVISTA
TIRATO

```
M A C C H I A R E T T E L A L I R
W T X K Q C I A T S I V I R F N E
F A T T A V J D L R H X O A L S A
X M E U I A W U Q B M I F K B E L
O H B O P R W N E P I Z G K E G I
X T D U W A D O L N T W Q O T N Z
M A P P A A I L A N O S R E P A Z
T P P Z Z L N O R A I G I W J T A
F J Z D J O V T U I O E A E N O R
X V Z W I X I I T S D M F L G T E
N U L K A V A R A Q I S A P O N E
C Z S A G Y T A N W R A K Y T E K
W Q O F P R O T D Q R Y B X S M S
W N U F U B Y O T N O C U J I A E
T M I M E H Z Z Z M C Y H P V P S
```

Puzzle 109

```
C E U C F P Q B D Y J U H R I S P
A L D O R R U B W H L Z M U N X T
S I L M N W J W I Z C O A U T F C
S B S I O O X E Y R S H L W E V O
E A M T H B D G R I D O G A R D G
T I A A L U A R U U Z T E B E I T
T R T T G F U Z E C U C H G S M F
O A H O X N N O Y P C M H U S P E
N V E S I S T O N O M W P I A O R
X P E T N E I C I F F U S G N R I
T B E N O I G A T S U F U L T T R
X N E K E R A N I U G N A S E A E
R M X I E R A N I B M O C D Q N O
Q Z T M H X D H N E G R F F E T K
J Q N F G L C Ì C B P B A U S E U
```

CASSETTO
VARIABILE
FERIRE
COMBINARE
FA
INTERESSANTE
IMPORTANTE
SIA
COMITATO
PERDONO
DRAGO
BURRO
SANGUINARE
AULA
GRIDO
ESISTONO
CUCE
SUFFICIENTE
VENERDÌ
STAGIONE

Puzzle 110

TENTATIVO
MARCIO
LOCALE
RIEMPIRE
POTENZA
GRAZIE
BAIA
RIGHELLO
GIRAFFA
MAGGIORE
PROFUMATO
NON
FUTURO
PERIMETRO
AIUTO
CAVALIERE
CRESCERE
COTONE
SONNOLENTO
SENSAZIONE

```
X R I H S V T U Z J A C H Z Z C R
O V I T A T N E T Q E W O D X A I
O T N E L O N N O S N P E O O V G
E G O U M A O W K C O C V U C A H
S Q N H L P U T H D I X N X O L E
G S U C V A I G R A Z I E Z T I L
L I P N E I J R P I A I A B O E L
M O R U D U E R E C S E R C N R O
A I C A M T B S F C N Z Y A E E L
G C F A F O G A P D E F U T U R O
G R J D L F I A R A S G N A Y S W
I A U P X E A Z N E T O P M F J W
O M E Y T A B P E R I M E T R O A
R P R O F U M A T O X P W H O V V
E K M D B A O R T W Y A U M G E I
```

Puzzle 111

```
C B Y A C Q O D X C I V A R A M E
C A E H M A Y U K E I F E B J K P
O F R U A Q P M O S T R O N O U S
S U J B L I D I A S S O L U T O P
E O F S O D N B T L Z S T Q X J R
R R Z V I N P T R O U O I Q N A I
A I X T D O E L E N O I G E R M M
L X T H O P L R U N R R N K W A O
L X T U W S I Q A A I U Z T I N R
O F D N V I T I J M P C I R P U D
R H D D I R U F L G A Q I D E A I
T S I G N I F I C A T I V O B L A
N D N M B C U W B M J X E V U E L
O F P O K S L A Y D S T L P L J E
C R Q P D E A A J H H U M Q D X G
```

CURIOSO
MANUALE
CAPITO
CARBONE
MOSTRO
PRIMORDIALE
REGIONE
RISPONDI
FUORI
ASSOLUTO
MAL
RAME
AMARE
CONTROLLARE
COSE
SIGNIFICATIVO
UTILE
SUONO
ODIO
ANNO

Puzzle 112

DIVANO
ZANZARA
POSTO
UNA
GUARDARE
MAGGIORANZA
STAZIONE
INSTABILE
FRAMMENTO
INTERROMPERE
SEGNALI
TESI
MODELLO
SÌ
MODO
DURA
COMPLETA
ATTO
PROFESSIONISTA
PROGETTO

```
O H N L M S P X P S F U U C F Q F
K I S S A T A Z R I E V N V E W R
M O D O G A K I O T D G A R M C A
X L M T G Z R N F P S A N U H G M
S L Q T I I N K E R A D R A U G M
U E O E O O L Y S L M F S R L G E
E D Q G R N P P S R X F R A A I N
L O L O A E G T I D S E S Z T Y T
I M W R N S Z S O F I S C N E C O
B F Q P Z D M P N T T V H A L T F
A G Z W A U F G I B T Y A Z P E A
T B C P P R U M S W V A F N M S B
S Q P F L A U Z T A D N K Y O I E
N S Ì H M J G A A P O S T O C T W
I N T E R R O M P E R E Z M W X R
```

Puzzle 113

```
L B E R L O B P R O S E D F M Q X
T L Z W P T T G L R P N E B A V A
P A S T O S A M D C E V S V M O E
L A R G H E Z Z A U S F E A M U L
D D I V E R S I G O S T R J A I A
D I N P V L H U I R O F T V D T P
I M B Z S V M S T E R O O O D V I
M A L A A D O S E R E T T A R A C
E N J E T N E D N E P I D T Q L N
N T W Y E T I N S E N S A T A G I
S E N H F Q I L E G G E R E P I R
I N G F G N V T F I J W T C T S P
O E H A R P N W O N M G S Y E W J
N R W Z M L L M Q W C N J W H P V
E E V F W G X A I M M I C S T O Y
```

PASTO
LEGGERE
DIVERSI
TRA
DIPENDENTE
MANTENERE
DIBATTITO
PRINCIPALE
LARGHEZZA
CUORE
DESERTO
MA
RESTO
DIMENSIONE
INSENSATA
MAMMA
SPESSORE
SCIMMIA
PIATTO
CARATTERE

Puzzle 114

PRONUNCIA
GUERRA
CALMA
CALDA
FRESCO
TRE
PARLARE
ARTICO
RIFERISCONO
COLTELLO
CAMBIARE
IDONEO
DENTE
DIVENTARE
EVACUARE
ANTISTANTE
CONDOTTA
CAMION
PORTARE
PREZZO

```
Q S M E W N K Y L E F I W N A D E
L C M Z Z V N Y G U E R R A A E V
H H Y D P G S P E P I A L Y J N A
C K W U O C V C E R A L R A P T C
R U V R X C R X R T T X Q I C E U
I U A N T I S T A N T E L C W R A
F P M O G I E E T M O Q E N C A R
E A L C H F A Z R D D D W U O T E
R R A P A Z T V O F N F F N L N M
I T C D M M R O P V O V G O T E Y
S I F F A C B U N D C N P R E V Q
C C F X M N O I M A C Q Q P L I Y
O O T C A L D A A N U X H Q L D J
N Z G R R C L U Q R Q Q U X O I Z
O O Z Z E R P U Z B E I D O N E O
```

Puzzle 115

```
D E C I M A L E Q I M A F L U Z N
S R V L S T S S Y B S B V S Y S V
U I C E J U G S J V N B K E B T V
G R T K D L Y N O B P R K S T V Z
G E Y Y I V Y Z N R A E D T O D D
E S W D D I T W I C G V L A I C K
R N X J X T A G L I O I T E N Q Z
I I J G Z A R S U O C A R F O O O
S F U G A I T A M Z I Z S A M N R
C C K V X D N L O W N I T O I K E
O Z R E T E O I Y P A O E S R X P
N G H E Q S L T Y N C N L Z T V U
O L C F I N O A C A C E L J A M C
S Z L M Y I O W D B E J A B M F E
N N J Z Y E X B C Y M U X S S O R
```

INSERIRE
ABBREVIAZIONE
MULINO
MECCANICO
LEONE
SESTA
FUGA
TAGLIO
STELLA
TERZO
SALITA
RECUPERO
SUGGERISCONO
DEVE
LONTRA
CACAO
DECIMALE
MATRIMONIO
INSEDIATI
GROSSA

Puzzle 116

PAZIENTE
CAMPO
CIOCCOLATO
PERSONALIZZATO
RACCOLTA
INGLESE
GUANTI
RACCOGLIERE
STUFA
VIENE
SCOPRIRE
OGGETTO
SUCCESSO
INTERAGIRE
SCORSO
FAGIANO
DELICATA
CONTINUARE
SUPPORTO
PROVA

```
S X X P V P A H E C J D K F E E W
Y C L H R K E R E I L G O C C A R
L T O A B O X U M O X Z T H D T K
K M Q P X J V D D C O N A I G A F
H G V M R U C A Z C P G Z T P C I
V I E N E I B K J O M M Z N A I N
J G M S V Z R W A L A A I A Z L T
D D H W F T Z E T A C O L U I E E
S U C C E S S O H T T N A G E D R
U H A E Q G F Y X O O L N K N N A
C O N T I N U A R E P V O U T E G
I N G L E S E F Y T V Y S C E N I
C D E D N Q P U J Z O S R O C S R
N N D W R O T T E G G O E B G A E
I C O T X C M S O T R O P P U S R
```

Puzzle 117

```
I G A H P S P D N A I I G W C F S
S N W S T P M N I O N N O S B I C
C O T S L O X Y F J D V O Z Y K O
Y T P E B G U U N R I I K B Z U E
A I O R R I O P L O C T M Y K A I
S E S F A C M A D P A A G E I P P
U P B B N V E N H I R R I R S C E
C I V I L E V T T Z E E O A P A F
C F T N O O V I T T A C Q N I T F
A S B Y H F J P V A S K D O E E E
Q F V T H B D E E E R L A D G G T
S P E D I Z I O N E R E R R A O T
P R E Z Z E M O L O Q E T E R R O
W N N W M A N G I A R E E P E I Z
U J Y T P A C I F I C O R U Q A B
```

PIEGA
CATEGORIA
PREZZEMOLO
SPIEGARE
ARTE
CIVILE
COLPO
SOPRAVVIVERE
PACIFICO
PERDONARE
ACCUSA
CATTIVO
INVITARE
SPEDIZIONE
INDICARE
MANGIARE
PAZZO
SONNO
EFFETTO
INTERCETTARE

Puzzle 118

PAZZA
TABELLA
MORALE
BOTTIGLIE
SVILUPPARE
INSEGNANTE
SCIOCCO
SPINTA
GEOGRAFIA
SOSTENERE
ZUCCHERO
DIVISIONE
AEREO
MILLE
UNITÀ
MINACCIA
SALE
ESITO
BRACCIO
CONCENTRATO

```
M C G I S D T Z G X C B I C S C X
F S I N G M A L U E D E P K F E M
B Q I M R K B C K C O C M F A K F
O T A R T N E C N O C G H B G Q R
E R A P P U L I V S Z H R K V E T
B F Z T A T L J X R Y N E A Z N L
A R Z K A P A E S I T O R R F O A
U S A S P I N T A V V Q E M O I W
N I P C M I N A C C I A N O S S A
I G C F C M I L L E V C E R A I I
T T N E B I G X C T Q Q T A L V S
À M K O R A O C C O I C S L E I Y
B O T T I G L I E F X B O E R D P
Z D P F W X N A E R E O S Y N N V
J E A U J I N S E G N A N T E U N
```

Puzzle 119

```
P F A A D M V H G K P Q S P F A E
X I O D W V S X A L O V U N H G J
Z D A S Q R I O L L E M M A C R X
G E C T S Q K H L I F N P D K I R
X I U F T O P A O T L U D A A F C
E P C O C I T T I L L E A C S O R
L E I P F N S L N T C Y B U T G I
I L N E E R E G N U I G G A R L M
B L A S X X B J E M D X A U U I I
A I R C E I K K C R P T T F M O N
B M E A Y M E R E G N I P S E R E
O V U N Q U E I D H J Z O M N V E
R V W I A R M A J G L Q R C T A E
P U H O F E R I U B I R T N O C V
R S U V D S Z W A P L Q O B V A H
```

GALLO
RAGGIUNGERE
NUVOLA
ADULTO
FOSSO
ARMA
CUCINARE
RESPINGERE
OVUNQUE
PIATTI
CRIMINE
ELLITTICO
DECENNIO
CAMMELLO
MILLEPIEDI
CONTRIBUIRE
AGRIFOGLIO
PESCA
STRUMENTO
PROBABILE

Puzzle 120

VIETANO
VITTIMA
MISURAZIONE
ESECUTIVO
TERMINI
PIAZZA
MIGLIO
CAMINO
TACCHINO
SPAZIO
CHIARIRE
CERCANDO
TUTTAVIA
RICORDA
CREMA
GUADAGNARE
FAMIGLIE
CROCO
ELFO
RILASSARSI

```
D A R R O L S J O T R C O V E X W
O X I M I C O E Y J U L X Q W Z M
V N L G L C P J H Q B T U N Y X Q
I O A O G X O F L E Q J T M Y A O
E T S B I F C R P L K I R A C U W
T J S C M D O V D Y O L W M V G U
A U A K O E R I R A I H C E E I Y
N Q R K L U C O D Y Z Z X R U E A
O K S C A M I N O U A Z V C F S M
C E I L G I M A F K P D A B G L I
C E R C A N D O K B S R X I P R T
M I S U R A Z I O N E F U I P N T
E S E C U T I V O N I H C C A T I
B Q V A T E R M I N I X W O R Y V
G U A D A G N A R E J E J R O Q B
```

Puzzle 121

```
B P E G O K Y G C L V W H W R T T
M E R A G E I P M I G Q F J R E R
N R S C T I S D O G I R F D Z R A
N S C I S Y L E C E O I V V O M B
H E E N X A T R E C V S R S J I A
Y G R C X E L D I O A W N L Y C L
Z U E E E A Y I Q T N G B E O O L
I I T T N H W N C S E L G N S D A
Y R T S Z A C I T E L T A N O O N
N E E J R F M C U R V A S O I T T
J P L Y N A S I P R O Q Z D R E E
W R F E A J C Z R A V Y A V U M Z
A D I U T I L I Z Z A T O H F D Z
F E R Q Y E G G P O C L P N M T R
W R T B X J X N O T E X K O U F X
```

PERSEGUIRE
GIOVANE
CERTA
FRIGO
SENSO
UTILIZZATO
ATLETICA
OVVIO
DONNE
ARRESTO
RIFLETTERE
RIMANERE
IMPIEGARE
CURVA
SALICE
TRABALLANTE
METODO
TECNICA
FURIOSO
TERMICO

Puzzle 122

MUCCA
SABBIA
ACCETTARE
BACIO
ESEGUIRE
ULTIMAMENTE
ALCI
SCRITTORE
IGNORARE
MARRONE
ODORE
CAMMINATA
BORDO
FORMA
DICIAMO
VAPORE
DESIDERIO
STOFFA
DIETRO
SIMILE

```
B O R D O S A M E A V Y Z A B I Z
C I U J R A X E E C O A U E E Z O
L C L E T B G X I C S B P R F Q I
W A X T E B I E G E B V Z O K P U
D B V R I I N R N T O C O T R H L
I B Z K D A V Z O T L D T T Q E T
C O H Y B H S Z R A V M O I S Q I
I G W P P Z T A A R C S U R V T M
A K T U Y M O L R E E I K C E Z A
M G F N W M F C E L I M I S C Z M
O R Q T X X F I M A R R O N E A E
D P A Z W L A D E S I D E R I O N
C A M M I N A T A F Y S B X S Z T
G A A F O R M A W P V U S X Z P E
E S E G U I R E M D J K Q X J J V
```

Puzzle 123

```
O G A T F Y W I V A C Z S Z B S R
L R I A Z S W L E R A R I T I R E
O B G N D G U B K W V D L D A O W
C D R A O Q G P V X A T B I P R E
A A V N C Z D V E L S J S P S O
T P B E A I C U I L L P G C R O P
T L J P P W Z H M I E P P O O L E
E W L A I L R Z I B T R U R C O R
P C O S L I K L A O T O N S C B A
S P E B U Z V H E N A C T O I F R
D A C Y T S T A T O O E A I O B E
H P I N D A G I N E B D R Z O O L
E À X T I M X P S J G E X P N N I
Y O X S I U Y H D S E R A S N E P
K M N K E P W N A A S E I H C W S
```

CHIESA
CAVALLETTA
PENSARE
INDAGINE
APPROCCIO
NOBILE
SAPEVA
TULIPANO
STATO
OPERARE
SENZA
ORSO
SPETTACOLO
GINOCCHIO
PROCEDERE
DISCORSO
PAPÀ
ORGANIZZANO
RITIRARE
PUNTA

Puzzle 124

TENUTO
TIRO
DISCESA
RISCHIO
TEMPESTA
INDOSSATO
QUESTIONE
INSEGNARE
PERA
SPAVENTAPASSERI
VETTA
NEVE
ESATTAMENTE
MATURO
CIBO
QUARANTA
RISPONDERE
PAGINA
SERA
PRIMARIO

```
C D E T S M J W Z M S Q X P Q D E
Z Y O A Z Q O R I T X W C A U I S
D Y O J A A T S E P M E T G E S A
C N E V E Q U A R A N T A I S C T
S J R M N B N T B R O K F N T E T
Z W A C F X E T B E I C F A I S A
R A N M Y J T E G P R S V S O A M
S L G L H A A V F E A C C I N M E
E R E D N O P S I R M M I H E G N
R E S Q A E P W P T I O A B I E T
A W N L Z V Z X H N R X B T O O E
T L I N T C P U J E P T R U U S Q
S P A V E N T A P A S S E R I R W
M I N D O S S A T O F M K Q J Q O
S R W Z M L B C Y R K L N S C G C
```

Puzzle 125

```
A N D A N D O P S Q C O W M L D F
M W C R X P T F T C Z I W Z U O I
O R E M U N A H B Q I I A H N V D
L C A P E L L I G V W E K C A E U
T M R F N U O P J I A L N R R R C
O E U V O Z S H L Y U E X Z E E I
Y D A L I R I C M O S D F F A L A
A I P E N M Z G L A E E I P J A H
S T L K U Q I C N O N F X C Z C B
K A T K I P E R I O D O D E E I Q
Y U G U R D F W B H Q D O R R S Q
K Y E G A L N V J Z Y Z F H A U F
D C Y W I L V O Q O A O G N E M O
A M K Z V G E R A S O P S P R C G
P I P I S T R E L L O U Y P C J G
```

CAPELLI
PIPISTRELLO
ANDANDO
MEDI
MUSICALE
RIUNIONE
ATTUALE
NUMERO
FEDELE
FIDUCIA
DOVERE
PERIODO
MOLTO
PAURA
SCIENZA
GIUDICE
SPOSARE
CREARE
LUNARE
ISOLATO

Puzzle 126

LOCALIZZARE
QUALCOSA
INCONTRATO
LEPIDOTTERO
TRIANGOLO
DISPONIBILI
QUALUNQUE
UOVO
OCCHIALI
LACRIMA
CAMPANA
ERUTTARE
INVERNO
OBBEDISCONO
LATI
CANTI
IMPRESA
DUE
ASSUMERSI
DEBOLI

```
D I S P O N I B I L I A O W L N B
I N C O N T R A T O J S C J A S S
L E P I D O T T E R O S C L H F N
T A O G F C L L B R S U H Z J C L
D R S P B W A P T G F M I M D S B
E E I S Y M L Y I Y E E A E W A E
R U B A M I R C A L W R L F U E A
U D S O N N R H Y H D S I R P G S
T Q T T L G O N O C S I D E B B O
T I T B K I O J S C F H L A T I C
A E R A Z Z I L A C O L B C B D L
R I N V E R N O O U H N T A A R A
E U Q N U L A U Q E O J Z N C N U
Y L C A M P A N A K D V K T V V Q
W R S I M P R E S A F K O I W C Y
```

Puzzle 127

```
A G G R O V I G L I A T O R F N C
S B E T N E M A V I T T E F F E O
B I K P I I H T W Q M E Z Z O N L
X W G J J B D S B I D O S E F O L
A C G N M E Z Z I L N V J J Y I E
S B I G O T S O T T U I P Y Q Z G
E T B M E R Q D O H W T M M D N I
T Z B O O D A P V A R I E T À I O
T Y M T N Ù B I R A C S L H I C B
I U W O G D W H I I R O T I N E G
M W V M A X A K Y H V P R X S R P
O O Z C R Y T N V V R A T Z G K K
V E L O C I T À T L X M T B X W V
W Q W H G T A T T E H C R O F J M
G E N E R O S I T À O E M B I N J
```

VELOCITÀ
EFFETTIVAMENTE
COLLEGIO
AGGROVIGLIATO
ABBONDANTE
GENITORI
SETTIMO
SIGNORA
MOTO
FORCHETTA
MEZZI
PIUTTOSTO
GENEROSITÀ
POSITIVO
PRIVATO
CARIBÙ
RAGNO
RECINZIONE
VARIETÀ
MEZZO

Puzzle 128

VERNICE
DICHIARAZIONE
DISEGNARE
NATIVO
SEMPLICE
INVERSA
PUZZOLA
SCIENZIATO
ARRESTARE
LINGUA
CAVOLFIORE
SECCA
PARTI
FALLIRE
PERSO
GROTTA
LAVANDERIA
RAGIONE
AMBIENTALE
SPARARE

```
G X D A P S C I E N Z I A T O D F
R Z I M S E A R R E S T A R E I A
O D S B P Q R V E R N I C E Q C L
T F E I A V F S L Q D P H L L H L
T Z G E R P P D O V I T A N W I I
A L N N A C A V O L F I O R E A R
F A A T R C S I V L O T P H C R E
J V R A E X R E E I G R X O I A Y
H A E L U G E Z J N R A Q Q L Z M
S N L E U X V E P G O P K D P I V
I D V O V M N U S U Q I I B M O A
X E L H Z H I K E A F B G I E N E
R R T Q G Z M F C O P Q A A S E R
L I S Y U J U Y C C T L M D R X Y
J A T E I F I P A O W V K T K F C
```

Puzzle 129

```
F Y R W K D C I W S P A G J D A Q
R F N R R P R F U Z O T T E R U F
A A K R E B I A Y X S E E L H Q P
T G L M S Y D L N Q T A Z B Z C R
E I T N E D U C J N A L E V I A E
L O J N D A R O R D O J N H W W O
L L V E E B R S N T W D N H P Y C
I I N R V Y E Y W K O S O T S O C
N F C A S S U M E R E T P J E P U
O O H T I G H Z S N R S T K P I P
I Q J R U L X E L U O J L E V K A
P D G O Y H X Y S H R H U J N G T
L W V P C O C C O D R I L L O G O
U X N M X Q Q G B L E Q S F S V A
E V M I C E I D W R T V L P L M R
```

TERRORE
FURETTO
ACQUA
OTTENGA
COCCODRILLO
PREOCCUPATO
RIDURRE
FAGIOLI
VELA
POSTA
SVEDESE
CHE
DIECI
FRATELLINO
ASSUMERE
IMPORTARE
DENTI
DONNA
COSTOSO
FALCO

Puzzle 130

RAZZO
COLEOTTERO
CANGURO
ORDINARIA
DETTAGLIO
STORIA
BREVE
VIOLA
TIPICO
BESTIAME
PERMETTERSI
VISTA
ROSSO
DENOMINATORE
COMPITO
SINGOLO
AGRICOLTORI
PERFETTO
SALSICCE
MOTORE

```
Y S P A T S I V T N D Q C U S D D
Y E K R G X Z I M I U M H P T E E
C C O L O R W D V A P V N D O T N
I C U E M A I T S E B I O E R T O
S I N G O L O C L G B Q C K I A M
R S O W I T B S O R V B W O A G I
E L T B W P I A V L D I I Z L L N
T A T R B M E P S K T H P G O I A
T S E E G V Q C M T O O B K I O T
E E F V R O S S O O B K R H V A O
M O R E T T O E L O C V U I S U R
R G E C A N G U R O Z R A Z Z O E
E L P M O T O R E V S Z L G F K U
P O R D I N A R I A X X A O S U M
V F Y D H N P R C X A Y F S L X D
```

Puzzle 131

```
X C D H S S G J S Y O S P V Y E I
C O V Q C C E R A I C S V I V L N
O N Q Y T V T Q T U R I Q T X E D
M N I K O Q N G U E W J W T G Z U
P E C S E P O N C E S G P O U I S
L S V Y A J F P K O N T P R A O T
E S C A R A M E L L E Z A I R N R
S I U D T X Y J R I G C A A D E I
S O I Q O N I B M A B J Q L A G A
O N K O T B A B I C L T O A T G P
G E A T A N O M I L U A T L O E F
G U B D L F E L A R E S N P H R O
N D U E E M W Z G J N L J N C G M
D A O C A P P O T T O I C S U G W
I C W I M Q C J O O I E B K U U O
```

BAMBINO
GUARDATO
PESCE
SEQUENZA
TESTA
TOTALE
COMPLESSO
FONTE
CARAMELLE
SERALE
ELEZIONE
GREGGE
LIMONATA
CONNESSIONE
INDUSTRIA
VITTORIA
CAPPOTTO
GUSCIO
GLOBO
SCIARE

Puzzle 132

CASUALE
COMMENTO
FONDERE
DEPRIMERE
AUTOMATICO
PUÒ
ARIA
PANINI
SPECCHIO
HANNO
GIRO
PIEDE
PEGGIORE
GIGANTESCO
MISTERI
ECCEZIONALE
MISCELA
CRICETO
VALUTARE
STUDI

```
D U V W K P N S Q S J X H M V S H
G Q U V R U X G A B K U L I A L L
W J O Z N Ò H W I V L T Q S L R U
C A S U A L E K G G J U O C U B M
S T U D I B X N B T A G C E T V I
H A N N O T E C I R C N I L A K S
E C C E Z I O N A L E C T A R D T
R D F R C N R F I K A O A E E L E
E Z E O B I I O R V H M M D S J R
M K A I W N G N A M V M O X E C I
I E W G P A N D U R Q E T S J O O
R Y V G P P I E E C D N U Q S B S
P E S E S P Z R G K R T A B A B G
E W C P R N Q E L K U O I C K D Z
D S P E C C H I O R U F H W G U U
```

Puzzle 133

```
C P S Y M M B I Z W P C R U F R Y
F R V Z Z R O A S K L R V V T Z D
V O S G H O U F B M R C I J H E H
E C X M A K N F I A A A C I E L O
R E A K F R N O O T S N G B N A K
N S I N D C P Y L I Y T O X O D D
I S G Z E R Q J O T K A T M I U O
C O R E N O I L G A M R Y A Z L P
I H E H M Q T P I X B E S T U S P
T V N N E U Q X A D W E T E D B O
R Z E S S E R E T N I N E R O L S
M O T T U T T A R P O S S I R K T
C I L I E G I A L B A G S A P O O
G E S T I R E B E E E Z I L A P E
M M A G A Z Z I N O C P D E F M J
```

MURALE
CILIEGIA
DA
CANTARE
OPPOSTO
SOPRATTUTTO
INTERESSE
MAGAZZINO
ENERGIA
PRODUZIONE
GESTIRE
VERNICI
PROCESSO
BIOLOGIA
CIELO
STESSI
MATITA
MAGLIONE
MATERIALE
APE

Puzzle 134

CHIUDERE
SCELTA
NASCITA
EX
RAGAZZE
TUBO
PRIVILEGIO
LEGATO
MISERABILE
MEDICO
BRUCIARE
MISURA
PESO
PREMIO
CIRCOLARE
DURANTE
SECONDO
MOGLIE
UNDICI
FORCELLA

```
F Y X E R A L O C R I C M M M C O
D O E E W A T L E C S W E I C E W
V S R I G M G P B X V R D S F A N
B E A C U C G A T V Q B I E P D E
O P I I E G R P Z Z A I C R N S C
S E C D U L H D H Z X X O A X R M
Q K U N L H L L W K E A G B A O T
Q R R U G X L A R U S I M I U A Y
V I B S H L S E C O N D O L I T P
M O G L I E I Z Q O T E S E L I S
Y W G I C H I U D E R E O D X C M
L B D D U R A N T E L D P X K S M
L E G A T O I G E L I V I R P A Y
B J T I Z P R E M I O C R C X N T
M M W W I Y T J Q C K S K G W K E
```

Puzzle 135

```
T V J V A J J S H P Q V F C D C R
T I N W R H G O R O V E O M D O I
Y I M U R G L L K N K R L R I L N
D J A I A L T R O T J B C V S O V
E E C M D T C J U E R O L F T R I
L L T E D O F N W L O J O G U A A
C X B A S I C Y G I B W R F R T R
L A J N M S N V D V A C E M B A E
L E B K I O E F R A G O L A O N O
G A U R S O T N E M I T R E V V A
I F Z X S U T A Z N A T S O S D C
X L T O I D W À T I S S E C E N S
Z O M F O E J F O T A C O V V A A
C À T I N U M O C Y G L H B L K T
F E R J E O M C I G Y R E H Q H G
```

COLORATA
LAZO
DISTURBO
NECESSITÀ
ROBA
SOSTANZA
ALTRO
FOLCLORE
ESSENZIALE
TASCA
VILE
RINVIARE
PONTE
AVVERTIMENTO
FRAGOLA
MISSIONE
AVVOCATO
VERBO
TIMIDO
COMUNITÀ

Puzzle 136

CORSA
INTELLIGENTE
PREPARARE
AVVERSARIO
OCCUPATO
PERSONA
EMERGENZA
INTERO
VOLONTÀ
VOLPE
ANIMALE
SLITTAMENTO
OTTENERE
GIÙ
RELIGIOSO
LEI
ADEGUARE
FORSE
CINQUE
COINVOLTO

```
R X D P B B U E Y X H D I I X T L
E G F P T P E E M E R G E N Z A P
L O I R A S R E V V A W L T W O D
I T K Ù N S A S M M R X M B I D Q
G N Q M O E R A U G E D A T D Z B
I E L O S R A O O T L O V N I O C
O M V T R W P R C C C I N Q U E H
S A O T E F E D F V C F O R S E W
O T L E P S R I A R V U E N Q U F
R T O N L U P M K W V L P H P Y H
E I N E A N I M A L E V M A W K C
T L T R A X W E P G Q U E D T A Q
N S À E V O L P E I L D V Z Y O O
I N T E L L I G E N T E G E L U L
U V Q W P X W E G S D Q T P Q F D
```

Puzzle 137

```
A B E R E R A N G E S S A D K S I
H U R A A S S O C S T B S Y W O M
V X M T R G U H J A R S U I C S T
P A W E G C A U U Y A M F G K T Q
E D M F N D W Z Q Z D A G U I E B
G A J P E T L I Z X A U H S V N B
R T L K I Y O G X I A M J T G G R
I B P D E R X W D J W E Y A C O H
U Z B L Q N O E H Y P N P V O N D
I N T E R A Z I O N E T I A N O E
T E C N O L O G I A P A S N I L N
K U S X J B G A T T O R T F G O S
D E M O C R A T I C O E O K L C O
B U G I A P O L L I C I L B I E K
B I C I C L E T T A Y Z A T O S A
```

AUMENTO
SOSTENGONO
STRADA
ASSEGNARE
CONIGLIO
DEMOCRATICO
BUGIA
GATTO
POLLICI
INTERAZIONE
SECOLO
SCOSSA
STAVA
BICICLETTA
RAGAZZI
TECNOLOGIA
AUMENTARE
VAMPIRO
DENSO
PISTOLA

Puzzle 138

VESTITI
DISPERATA
TRATTAMENTO
CENTO
DOLCE
GALLINA
RAGGIUNTO
PRATICO
INVECE
DENTRO
COSTANTE
PRODOTTO
RITRATTO
REGNO
DOMANI
SCIARPA
SPAZZOLINO
MARTELLO
INCLUSO
FIGLIA

```
T S L K F R V D R P R A T I C O C
H J N X I A E I Y I M A K J R Q O
Y K V W G U S S D K T P H M E A S
W W A J L W T P E T N R D R G O T
V V S B I N I E N R J A A Z N N A
L P D K A F T R T A E I Y T O I N
R H P X I J I A R T S C B C T L T
G A L L I N A T O T Z S M E L O E
D F K O V H A A R A J W A N G Z D
R O T T O D O R P M P Q R T P Z O
K B M I N V E C E E V K T O E A L
G X G A V X E S T N Z F E T Z P C
T V H V N D U E E T P M L A I S E
Y H B Q A I M H O O S U L C N I I
R A G G I U N T O X S N O Z O Q Q
```

Puzzle 139

```
A I S V D M I M M A G I N A R E S
F M O C I M O T A M X D M R N B V
Y M N E C D M S Y E I G R A D O I
G E O L H S N E T P A A Z N R S L
P D F E I B B K Q R M C V G A O U
A I E T A J Q T W U A W X U B I P
S A L T R H A R F Y A I B P T Z P
T T E R A E R T C O B L U S Z N O
I A T I R D C V A L A T S E N E Q
N M K C E R E V L O S I R I W L N
A E S O I I K Q C G H F K N A I M
C N K C C R Q I W N S S Z T F S J
A T N R E S C O I A T T O L O A I
V E W H P A M M E T T E R E D M A
V C U J S A C C A D E M I C O K U
```

SILENZIOSO
MOSTRA
AMMETTERE
MIA
GRADO
SPECIE
RISOLVERE
SVILUPPO
IMMEDIATAMENTE
SCOIATTOLO
ACCADEMICO
PASTINACA
ANGOLO
ATOMICO
DICHIARARE
QUALSIASI
TELEFONO
SPUGNA
IMMAGINARE
ELETTRICO

Puzzle 140

QUALIFICARSI
SPORTIVA
CRISI
MALATO
ONOREVOLMENTE
RIDERE
DRAMMATICO
CREDERE
ARCOBALENO
TRAGICO
ABITO
DANZA
PROBLEMA
MANO
TAPPO
CATENA
SOLUZIONE
RECENTE
INDIRIZZO
GRADUALE

```
Q Y V P Z X R P R O B L E M A T I
I U D I H O N E L A B O C R A R N
N V A O W W N C C Y T P A Z N A D
Z I Z L J Q M G S E B P P Z V G I
L O B E I X K B U S N A V Y O I R
T F M L Z F W Z K Y O T I B A C I
D Q D G P E I D S E G O E J E O Z
L B H E M R O C I T A M M A R D Z
S P O R T I V A A Z C A D A E C O
E T N E M L O V E R O N O E D R C
K K Q D L Z T V S F S M Q P E I A
X I Y I X Y A I G Y C I A O R S T
O K F R H E L A U D A R G N C I E
D F Y I X W A K U C L T V Z O T N
D X L B Y U M S O L U Z I O N E A
```

Puzzle 141

```
M O D E R N O A X I B S K Q T W Q
S X P O W Q C C D Q N C D F Q D B
X U O P M I Ù I P G L U Z H S N J
F F I L A S B F N L M O V V T J C
N P T I F P N F A J W L S O N O H
O R N R G P E A U G E A Q C D J I
S E A I L L P R T S O C I E T À A
S S V G D C T Y D A Y M P U D H R
O O A G E I K A H A L G I W P H O
A D T D A T C Y S E S E T R O C S
K B E T N E M A S O L O C I R E P
P E R S O N A L E E M K J D D J G
M B L J C A M L M A A M F B W C Z
O V E I C I F R E P U S A H F Z I
Q X W N E P A U T O S T R A D A S
```

SOMMA
AUTOSTRADA
PIÙ
PERSONALE
SOCIETÀ
FILA
PERICOLOSAMENTE
PERDA
MODERNO
CHIARO
SONO
SCORTESE
SUPERFICIE
SCUOLA
OSSO
AVANTI
NATALE
RAFFICA
PRESO
PIANETI

Puzzle 142

CONOSCENZE
NÉ
DISTANTE
DISCUSSIONE
MANCANZA
MASSIMO
CIOTOLA
CORVO
ANGELO
PIEDI
SODDISFATTO
RECENTEMENTE
PIACEVOLMENTE
AUTORE
FIORI
GRAFICO
RICONOSCERE
FOTOCAMERA
SEMPLIFICARE
POVERTÀ

```
D R E C E N T E M E N T E H D S P
L I Q I T Y Z Q A Y M L A B P E I
M B S U T B O A N V D N Z S C M A
C F L C X C O N O S C E N Z E P C
G Q H P U C M N S O I E A F R L E
O T T A F S I D D O S I C I O I V
G I V O N G S P D L G A N O T F O
Q O G Q P M S I D E I P A R U I L
O V B W X L A O O G B À M I A C M
C F U U Z J M E T N A T S I D A E
I O C F T J N É S A E R H M H R N
F O T O C A M E R A Y E F V M E T
A C I O T O L A C F W V Q C B Z E
R N A X N L E R E C S O N O C I R
G H X S H P C O R V O P T T H F P
```

Puzzle 143

```
I D E N T I F I C A R E M L P H W
T U N S T C O N A S P R E I R A V
N C E I O I S E R I E A R B O X T
O K B M F G Z Y D B V T C E V O C
S E F J Y N Y H D M O I A R A H U
I R Y O B O P U T I T S T O R P G
B A L T R I B R G I O E O L E W Y
N S R A B G E H O J U T T V S W F
L S I C V E R D E G V R N T O Q T
S U P I A I R O N E R A I T Y I R
P B T L F R U T T A W E T J R C P
U N C P G H V H X A Z F S Y B G F
P H A M Y N K N Q V W E E S O Z M
N H X O R I C H I E D E R E I S R
X J C C F A W L T T T K C S S M Z
```

PIOVOSO
VUOTO
PROVARE
PROGRESSI
ESITARE
ESTINTO
ALTRI
LIBERO
SERIE
BENE
COMPLICATO
CIGNO
BISONTI
AIRONE
RICHIEDERE
FRUTTA
IDENTIFICARE
VERDE
BUSSARE
MERCATO

Puzzle 144

CHIESTO
FRESIA
VOLUTO
PORZIONE
CALZA
ISTANTANEO
COMPAGNO
PRATICA
VERIFICA
FEMMINILE
PREVISTO
CORRERE
FREQUENTE
DELUSO
FIORE
UCCELLO
SCRITTURA
TONFO
DIFFUSIONE
OFFERTA

```
S B D C B O B L U P C F I O R E M
U G A O F N O T C F F H M Y J Z P
F M D R D G B S C R B O I L S I D
R Y C R E A C C E E M J D E O E N
I F X E L P A R L Q B L E F S B Q
G S Y R U M L I L U F T L H T T C
V I T E S O Z T O E A T R E F F O
G E O A O C A T R N I M R N E J T
T I R X N N S U U T S Q B O M X S
T V T I S T E R B E E Y V I M Z I
Y F U C F J A A G R R I J Z I A V
W A N B O I O N I D F G R R N J E
V O L U T O C V E P W I A O I P R
P R A T I C A A N O B X H P L I P
D I F F U S I O N E S R O L E O Q
```

Puzzle 145

```
O V I T N I T S I D G P R G P N X
X O D N A V R E S S O Z D T M E K
I U J Y I Z S N H D V W A I R M J
P L D B I Z Q I N D H T X L T I P
O A L B L X I G G K F H S F I C O
R N S U F B B A X X A Y A U M O L
T N U R S I U M R O X T G O B T I
A U P H A T N M W E N A P C R R Z
T S P L V P R I J R Q P F O O E I
I A O Q X Y P A R O X N V A S P O
L R S Q P H E G R E P M G B J S T
E E T Q V J N T W E D E T L B E T
U O O P X C A M W G A N U O V O O
B A M W T O M B R A V G E Y A K J
A T T R A V E R S O F U F T V F M
```

ATTRAVERSO
SUPPOSTO
PANE
OSSERVANDO
POLIZIOTTO
DISTINTIVO
ESPERTO
IMMAGINE
ORE
ILLUSTRARE
FINIRE
INIZIARE
FUOCO
PENA
ANNUSARE
TIMBRO
PORTATILE
OMBRA
NEMICO
NUOVO

Puzzle 146

CAPO
GENERALE
URAGANO
COOPERARE
SOFFRIRE
LOTTA
PIANURE
CAUSA
INDIPENDENZA
CUCINA
NOMINARE
ALMENO
PERICOLO
EVENTO
SUO
POSSIBILITÀ
DOPO
CANDELA
QUOTAZIONE
CENA

```
T Q T U H D N H X N C E C S J K U
H N U I U B G V C O E V C Z G E S
A G N O C A P O G M N D F W J I N
G E O S T R L S X I A N I C U C S
G E Q J U A L E D N A C O O L E V
F R N D V O Z O Q A Y R I O W V J
P I W E X O L I G R F X Y P E E U
P R N O R J J X O E K S P E U N E
O F K H C A H Q O N A G A R U T F
K F Q F I F L C O N E M L A P O V
J O L O C I R E P G A K L R Q G B
Q S P I A N U R E Q G F D E H A H
P G O À T I L I B I S S O P K I N
I N D I P E N D E N Z A P G J Y P
S N C A U S A T T O L O O P H H M
```

Puzzle 147

```
T A R R I C C I A T O N I S A T Q
O A I M P R E S S I O N A R E R G
S D R C E C C E Z I O N E D I Z R
X E O T P R E S S A T U R A B K I
O E G M A C L T W P U F T B E N M
P M V N K R E E R E T E P I R P M
Q F P H A O U S N L E G G E M Z E
E G Z F C N V G O O D N A U Q C R
A S C Y D L O S A T I W B T L A S
S E R V I R E C M R B Z X P S R I
S N V N J M T H I O C N A T S I O
E O F N S H X E L V O G N R Z C N
T J Z X K W H R T A S P M D E A I
S A L T A T O M U T M U W G R P K
L V P B G D X A L O T I V E I L O
```

OPERAZIONE
IMMERSIONI
ECCEZIONE
SALTATO
IMPRESSIONARE
QUANDO
STESSA
LIEVITO
LEGGE
RIPETERE
SERVIRE
SCHERMA
CARICA
TARTARUGA
SEGNANO
STANCO
ARRICCIATO
PRESSATURA
ASINO
TROVATO

Puzzle 148

FATALE
NONNO
INCLUDERE
DIMENTICARE
VOLONTARI
VECCHIO
SOSTANTIVO
PREFERIRE
BRILLARE
SBAGLIATO
SOFFICE
SIPARIO
AGENTE
SCAFFALE
RILASCIARE
ATTACCO
VERSATO
BELLA
TAMBURO
GENTILUOMO

```
B V B V I K C B V S S U W O J Y G
D G N E E T N E G A O T A S R E V
D I R X L C E E L A F F A C S B I
F U W W E L C J O C F B I T U R N
O C C A T T A H R B I P F J Z I C
N O N N O X V R I Y C Q Z N U L L
Y V T A M B U R O O E U O K T L U
D I M E N T I C A R E T S W Q A D
O T V O L O N T A R I N G X L R E
E N R R I L A S C I A R E U G E R
Q A F A T A L E D P C R H T I U E
C T N G D S I P A R I O X I J L U
O S S B A G L I A T O R O Z C U K
A O M O U L I T N E G R D C M R Z
D S P R E F E R I R E J I J E V C
```

Puzzle 149

```
W Z R T I C G J H F D P Y J B D J
O E I K N O D I C U L O R O X A T
L F C Z T I N L W E X C T E E N V
I H E P E N H L R X Z H Y N L N O
E G V Q R V S P N H T I V B O O C
V I E E V O M O N D O R B D V R E
P Y R J I L C C W L T I P O E H P
G R E K S G O A P P U Z E K R A N
V H E R T E M M T T Y W G K R S E
J Q I V A R O O D T Q M F S O B G
D C V A E E D T D Q O E M I C A A
N Q U C N D O S G R U W O Z S W T
E O X L H D E N O I Z E L L O C I
L A F S K F E R B E N P I A I F V
R A F P M O F X E S S O C S B O A
```

COMODO
SCORREVOLE
COINVOLGERE
VOCE
LUCIDO
PREVEDERE
BEN
STOMACO
POCHI
COLLEZIONE
PRONTO
INTERVISTA
TIPO
SCOSSE
MONDO
GHIANDE
DANNO
ZUPPA
NEGATIVA
RICEVERE

Puzzle 150

REGOLAZIONE
CIAO
PRESENTARE
RICHIESTA
STRETTA
DIMOSTRARE
ATTENZIONE
SPERANZA
EDUCATO
ERANO
DIFFICILE
GREMBIULE
DISSIMILI
SALVA
SEMPRE
NUTRIENTI
PIACERE
COMPLETO
SOLDI
ALBERI

```
E A M C B B J E A B N D Y E R N C
R R L T T F U M T O W I D D I U O
A S A B C I A O T C I S W U C T M
T T P N E M Y U E E C S I C H R P
N R G C O R A T N S G I U A I I L
E E R E C A I P Z E R M D T E E E
S T I U U G Q V I M E I S O S N T
E T O E S A O Q O P M L A Q T T O
R A G F H R Z C N R B I L U A I U
P A B K A D G N E E I X V G W U K
X A Z C M R T Q A N U G A U R X Y
D I F F I C I L E R L I E Y W A P
Z E N O I Z A L O G E R G Y T C X
D I M O S T R A R E U P R A T P S
J H R Q R D T P X M H O S O L D I
```

Puzzle 151

```
B U P K U B C B O T T I G L I A F
H R W V W D O T T A F U N N D H B
S E D U T O N S P E S S O K C D N
A J Y X X I T A T S O R E A S A C
N S U O X J E R O C E P N S V F A
I H C S O T N N Z H G N O R A C U
L U I I Y I U D L W V T I C P F T
L P B C U X T G I F L X N E L R O
O S U N Z G O R V S C Z I T P I H
C T E O I E A L Q M T A P Z U S U
T G E E V H N M B C D A O U U I A
V Y R P U V Z N A H V X N N O B B
M A G N I F I C O N T V K Z D I M
Y E N O I Z U R T S O C Z T A L T
P A G A I S T I T U Z I O N E E N
```

ASCIUGAMANO
CAUTO
SPESSO
CONTENUTO
BOTTIGLIA
DISTANZA
COSTRUZIONE
FASE
CARO
OPINIONE
SEDUTO
COLLINA
RISIBILE
CASA
AEROSTATI
PAGA
MAGNIFICO
ISTITUZIONE
FATTO
PECORE

Puzzle 152

CULTURA
SIGNORE
CARINO
TESTO
BLOCCO
NULLI
LUMINOSO
DOVER
MERAVIGLIA
GOCCIA
CONFESSIONE
QUANTITÀ
SETTIMANA
SEDILE
SALTARE
AUDIZIONE
CORSO
EVIDENZIARE
TITOLO
PROFESSORE

```
W E A I S V Z T F Y E C Q P B T D
M V U V E R O N G I S J N N L I S
C I D À T I T N A U Q P D C O T A
H D I P T L S F T B O S R O C O L
R E Z F I O U Q U A U S E E C L T
F N I T M D B A X W T A U D O O A
R Z O T A I L G I V A R E M I J R
T I N C N I L V X K Y U N O T L E
E A E J A G C U N M W T U M W C E
S R E V O D U C M M S L L U O V I
T E C A R I N O O I W U L V Z B H
O R P Y L B I I D G N C I T X F V
C O N F E S S I O N E O L A I Y S
H G P R O F E S S O R E S O E U B
G C X E O T Y B K X H C U O H C K
```

Puzzle 153

```
G O Z N P E Y T X O H N R U T T Q
S P W K E R E C O U C G H S E J U
K P Y V R R V I S I O N E U N C A
F O R Q C A A H T N Y F D R E L G
S R U L H C G R B V X I N A R B L
C T G V É Z U G T K S L E E E B I
E U F Y E C N L R N J L P S D I A
G N D N R W E I T E E E I U R V Z
L I O Q A A K L Q U S T D C I R Z
I T B X C I R L A N R S E B T U E
E À O A L L I E V O L A I N M M H
R C X D A M R N E G D P L V O O G
E G C C V R X R E R D G R E O R N
E Y A C A C Z O T E P P A T H E U
Q L M W C N C F U S Z T G Q J X L
```

LUNGHEZZA
QUAGLIA
PASTELLI
VISIONE
AGGRESSIVO
USURA
CUOCERE
ALLIEVO
CAVALCARE
RITMO
CULTURALE
OPPORTUNITÀ
TENERE
TAPPETO
SCEGLIERE
PERCHÉ
RUMORE
FORNELLI
DIPENDE
ENTRARE

Puzzle 154

CLASSE
INCIDENTE
ANATRA
UFFICIALE
ADDIO
ZONA
MAESTRO
ME
SCHELETRO
GIALLO
LAVORETTO
CALDO
LEZIONE
PERDITA
DESCRIVERE
ATTRAENTE
CHIAMATA
URLO
MINUTO
DECADENZA

```
O L R U J T I T M B Y C K Y Q E K
I L J K O V N R N A R T A N A T K
D D L B X S L H I T E N O I Z E L
D E C A D E N Z A I G S T M E S A
A T A C I W B M O D A K T G H C T
N N Q Z H G H Q O R O Q E R P H T
O E R E V I R C S E D L R D O E R
Z D C J D C A S Q P L Z O T T L A
F I R K B Q Q M U D A Y V U U E E
D C X V J E S S A L C D A O N T N
G N A O M U P K I T G H L F I R T
Y I D Y D L N V U T A V F A M O E
I M M Q W M N H S F O V R B M Y Q
G C U I L V A Z Q S K A P K S A A
F Z I Y O W T Z U F F I C I A L E
```

Puzzle 155

```
M V R K I G T T A M F T P Y A D D
F O I P Y E P E R X D E R R C B I
U I D P Y M E G N X C R E E C I S
N C J E R O S P O D J M S A A R A
G I E A S O T E S K A I I L N R S
O F I F G T N P M C I N D T T A T
X F C T R Q O W O B C E E À O Y R
W U F D O N N O L A I Z N C T D O
P R E N D E N D O K M B T H N Y J
E L E M E N T A R E A M E E E K E
R E L A Z I O N E K C I Q H G V P
Y B C I S N T U K Y H Q C Q R E Z
T E M P E R A M A T I T E C A F D
J C H Y E Z O G Z Y N Y J A O I B
Y D W U W H P J P R I Q S W Z D L
```

ROSPO
MODESTO
DISASTRO
CAMICIA
ACCANTO
REALTÀ
FUNGO
DOCCIA
SETOSA
TEMPERAMATITE
TENDA
TERMINE
DONNOLA
PRESIDENTE
BIRRA
RELAZIONE
UFFICIO
ARGENTO
ELEMENTARE
PRENDENDO

Puzzle 156

RAGAZZA
BUIO
SELEZIONA
ADATTO
VOTO
POLLO
SQUADRA
CONGEDO
DENTISTA
PASSATO
FINANZIARIO
PARLATO
SEGA
ARRABBIATI
RE
CICLISMO
INGANNARE
SOCIALE
ARRABBIATO
GRIGIO

```
V P D I E Q V N F T P L M C T R W
B N O G N D O A I S A R D A U Q S
U D U L S B T S N B S Z K D H T C
I W W E L F O E A V S Y Z T L I A
O C J Y I O M L N B A P B A O S O
M D F Z N Y S E Z S T A I Y G L D
C G U N G G I Z I Z O R T C I A P
G O O L A B L I A P N L A O B U R
Z Q T T N W C O R R Z A I N M S O
V Q X T N X I N I X M T B G G G K
V R F O A M C A O V J O B E P R L
V A G N R D E N T I S T A D X I P
D E Y C E L A I C O S F R O O G L
C T C Z R S E G A L J L R S I I C
E Q T O T A I B B A R R A W W O G
```

Puzzle 157

```
M O M S H P C S O R R I S O F V R
U J E N V X O M A R M U M L A K V
F N D X H L L S M S I C M F X O M
F A I S I U L O C C H I O F X M R
O V C F V S A N O R T L O P M T A
L I I A A U E T N E I D E R G N I
E G N R W D O C U P I D O E G A N
Y A A I D Q I T K K C W L T B P I
C R V N G O U S A G C I M E M Y Z
J E P A R P P I E T Z I S I E H L
L W F S J Z B U N G O U S B H F A
C C F C L J K O N D N D R O G A C
P E R M E T T O N O I O X X K G O
V A T T E G G I A M E N T O L T E
R A P I D A M E N T E C X H R Y B
```

RAPIDAMENTE
DISEGNO
SVUOTATO
PERMETTONO
INGREDIENTE
SORRISO
DROGA
RAMO
OCCHIO
RETE
COLLA
CALZINI
CUPIDO
ATTEGGIAMENTO
NAVIGARE
MUFFOLE
QUINDI
MEDICINA
POLTRONA
FARINA

Puzzle 158

COMPATTO
GENTILE
ALCI
GRAVE
ANATROCCOLO
AFFIDABILE
FINALMENTE
RIBES
CAROTE
POMODORO
CONVERSAZIONE
ESAME
SPIAGGIA
SICCITÀ
GHIACCIO
FERRO
ACCOPPIANO
LA
DURATA
UVA

```
G X B V N Y A N A T R O C C O L O
G H Q I M R I B E S N E P C F F A
W R I E Z P C E S A M E U O I A F
L B A A F M L G K L W X S N N C F
S O Y V C E A T A R U D I V A C I
I O V A E C R Z X P S G C E L O D
F O J T Y K I R Q O P E C R M P A
C A R O T E I O O M I N I S E P B
J Z Q L U V K Z X O A T T A N I I
Y P Y U V M E Y V D G I À Z T A L
K R A X R E Q I R O G L P I E N E
P W V B K D X L F R I E L O X O S
N J Q X L B C J B O A E U N D Z Z
I L H M V M U V A E V J B E C N N
R Y B Y N X S D Q C O M P A T T O
```

Puzzle 159

```
E S P O R T A Z I O N E B I C S T
T Z R Y P F T N R B H L R S O T M
P A R T E C I P A N T E I P S A P
S J A H W I R N C D V U L I T N E
X P V S A N N U A L E G L R O Z S
B X O S S A R G V R N V A A S A A
K D O S M E M A I A L E N R I A R
U T N F A G M D U S C Z T E I Q E
I Q O Y X T X B I W P Y E F T D J
E V C R Z O O I L O V E P L O C L
P O S S I B I L E A B J E X I H B
P L I S E D E R S I G H P Y G J C
R X R M P I T N E I L G A T G S H
X U E R E D N O F N O C I P A N N
N O P V A Q W C I C S O O O S H H
```

COLPEVOLI
ESPORTAZIONE
PEPE
MAIALE
SEDERSI
PESARE
TAGLIENTI
STANZA
PERISCONO
POSSIBILE
SAGGIO
SPOSATO
CONFONDERE
ISPIRARE
ASSEMBLAGGIO
COSTOSI
ANNUALE
BRILLANTE
PARTECIPANTE
GRASSO

Puzzle 160

TEIERA
COMUNE
SCHIANTO
CADUTA
DIFESA
DEDICARE
MARE
TELESCOPIO
AL
MEDIO
DOMANDA
CALCOLATRICE
CUCCIOLO
CONTRASTO
LEGNO
NIDO
ANCORA
FLUIDO
PAVIMENTO
CHIAMATO

```
D H E Z C B M K Z A D J Z T M D F
O I P O C S E L E T W I F G D B L
M T F N K S D Q N U F K F T H M U
A C N G Z H I H U D E S G E V B I
N A Z E S B O Y M A V I G C S G D
D L L L M K X B O C A B O S F A O
A C V D Q I B E C O U N I D O G T
R O U P L R V R C N U B G H V F N
E L O C C J B A M T O Z Y J J K A
I A Y G S M M C P R L S K Y Y U I
E T E G X O A I L A K E Q G V M H
T R M P V T R D C S B V X L E M C
K I A J A H P E U T A N C O R A S
P C L M L G P D H O L O I C C U C
Y E D E X N O O C H I A M A T O E
```

Puzzle 161

```
R N K G Q X H Y Z E W V K M I B M
E I G O O X Z B K A P P O C N N Z
Z N T I S O T X Y V L M I H C M Z
T N H O R U C I S I E Q Z B L P R
O F S L R A I E M T E V W N U D R
R C W G R N S R K A O J F H S X K
I X E O N K O O G N U L B G A S I
F Z V W L T R I L R L A V E L L O
I O N A T S E R P E U G B S O B C
U V S X I P M E J T C N W E X P G
T U T V H T U T E L H O W A Z U U
A O I P U V N L R A E R U P P E G
R L L A V X P U E R M E L L I N O
E E E I D I S P O N I B I L E H Q
F O R T U N A T O G V M O O E K W
```

NUMEROSI
LAVELLO
SICURO
RITORNO
ALTERNATIVA
PRESTANO
INCLUSA
FORTUNATO
ULTERIORE
STILE
VUOLE
ZIO
GIRASOLE
PAESE
DISPONIBILE
RIFIUTARE
ERMELLINO
EPPURE
LUNGO
COPPA

Puzzle 162

CONCLUSIONE
EST
FISCALE
MOLTIPLICAZIONE
AMICI
CITTÀ
TRASMETTERE
DISCUTERE
VIAGGIO
INTERNO
FABBRICAZIONE
FORMALMENTE
NECESSARIA
DICE
NUMERATORE
INDICE
LATO
MENTE
ASCENDERE
AFFITTO

```
O A V J V D I C E E D O E T F F F
O J I J V À T T I C Q I N K M O A
X V A Q N D R P S R V O O C E R B
O S G Q O P A P O E C F I Y R M B
N Z G D O R S Z N E J E Z G O A R
I C I M A P M H R R K L A Z T L I
C N O I V K E R E D N E C S A M C
K S D Z Q B T T T A B A I F R E A
O A T I U S T K N K X F L I E N Z
M U G Y C N E Z I E G F P S M T I
M P Z U W E R H E P M I I C U E O
N G G U O U E A N N R T T A N Y N
N E C E S S A R I A P T L L J K E
C O N C L U S I O N E O O E M W X
D I S C U T E R E G N Y M L A T O
```

Puzzle 163

```
E N Z G A L I U Q A G F M Q D C J
D E M I C Z U T Y O G K J Q Z J J
C T F A Q Z D K E L C E L J N O W
A P X C U R I C E R C A C M T W Y
M E I E I D B U P E R A B U R C S
M F Y V S O O Q X R M C H Q Z R E
I R O A T O C I O A C I N E M O D
N L G R O R J R Q C V M A M I T G
A D G M N G L O W I W R B S N R P
R À T I V I T T A L O O J J O E F
E H C S E P T X U P W F R K R C I
Z O C C O L O U H P D V O F E W W
U R V L X L G S R A K I D M X L U
Y B P H S C Q Q J E R I R E F I R
D O L O R O S A M E N T E R H I F
```

PESCHE
FORMICA
AQUILA
COSA
MINORE
ZOCCOLO
ATTIVITÀ
PIGRO
VA
DOMENICA
RUBARE
RICERCA
DOLOROSAMENTE
CERTO
RIFERIRE
APPLICARE
ACQUISTO
CAMMINARE
FORNITURE
GIACEVA

Puzzle 164

ACCESSO
PRANZO
CUCCHIAIO
SPESO
BOXE
SENTIVANO
PARETE
DECIMA
CONFINARE
TROPICALE
COMPLEANNO
PENSI
OCCUPARE
SCIOLTO
TRISTE
ANTENATO
MIGRAZIONE
FERMO
IMITARE
FOGLIE

```
M A M K G C R P D N V Q J J T Y T
O C I I M U U D N V F S N U J A Y
D C G N D C E R A P U C C O G E K
E E R Q U C T E R A N I F N O C I
C S A B X H P R R S A O S E P S M
I S Z K E I L G O F E L P E N S I
M O I Y T A B J T P Q T J R I Y D
A V O Q S I Y H A X I O E M H O F
A S N K I O F Y N D D C L R N K W
C K E M R Z I U E O T Z A K A P V
F V H B T N P Z T W B E L L H P D
N E A U A A T C N G N X E X E B A
K E R P M R I T A I M I T A R E I
E P F M W P C E S E N T I V A N O
B O X E O N N A E L P M O C J D G
```

Puzzle 165

```
T O C S L E T I M I L T T Z V R E
Z S N T B I S B B M T E R Z R G O
F E U R J U V C M I F N K Q M B R
M R R E F U P E I B J D M E R A S
A P L G L U L N L B B O I J K L A
I R M A I C S O I L T N R Z B Q C
N O R D V P Y I Q L O O U K B R C
A S I X A K A Z N E R E F F I D H
V C V H G X R A C N A B I N F L I
I H U S C I L N D Y T X I S J M O
R I Q O Y R P R E S E R V A R E T
C P Z C T A E N O I Z A M R O F T
S R J J J D I C Y O E P Q L E U O
Q W D G N M N A P R I M A V E R A
N T Z O O A L L A R M E U G I X P
```

STREGA
DIFFERENZA
ESCI
LIMITE
BANCA
ALLARME
CHIP
SORPRESO
TENDONO
LIVELLO
SCRIVANIA
PRIMAVERA
MERA
PRESERVARE
ORSACCHIOTTO
CERCHIO
SCIA
FORMAZIONE
NAZIONE
NORD

Puzzle 166

FEDERALE
DIFENDERE
SCARPE
FIUME
OSPEDALE
PO
VENTO
INVITO
WEEKEND
MIGLIORARE
FISSARE
SCARSA
DELICATO
GOMMA
GRANDE
DECIDERE
INTRATTENERE
MENTALE
MARITO
STRUTTURA

```
S D A T W I J F U U D R H V S K D
T E H U E O E E O T I R A M K K E
R C H M U Z G D X S F U V M T J L
U I N N E L J E B X E L T O O X I
T D R F R Z L R D V N Y D C N A C
T E V M E D N A R G D F T Q K R A
U R Z Y N E O L L S E F I U M E T
R E E X E V K E C C R Q T Q W S O
A P D U T H M P F A E S C A R P E
Y X I O T I V N I R M E N T A L E
G O M M A R W N S S R Z E I H A C
O T P Q R S C T S A U O H L V N I
W N E C T W E L A D E P S O C Z I
Y E B A N A W E R A R O I L G I M
X V O R I F D N E K E E W W G U I
```

Puzzle 167

```
F A V O R E V O L E E R B A U B C
C C P J A O S I T P T Z P L A A S
V O Y P O J O A F S M D V L C S T
B D M H A Q L P E H E I I I O S O
S O D P K Z I K T I R R A L N O T
A P W V A D S I N N A Y P I T E N
W C D N U R M C A D I F W N R I E
X Y Q T Z V S T R I F T F T O G M
A K L P H V X A O V F Y N O K I I
L X O E B D D M T I O V G R N S T
Q U A R T O V M S D S L J N G Q R
A C K M R D M Q I U N F Z O O D O
S M Z M A C O R R A C P X R P H S
J A N S Q C V L E L A N G E S R S
I M H Y Y G K S K E R A G E L L A
```

ANNI
INTORNO
PRESTO
ASSORTIMENTO
SOFFIARE
SOLI
BASSO
LILLA
ZAPPA
ALLEGARE
PAIO
COMPARSA
FAVOREVOLE
ERBA
RISTORANTE
CONTRO
SEGNALE
QUARTO
INDIVIDUALE
CARRO

Puzzle 168

AUTORITÀ
VIA
FORMATO
REALE
TESO
AFFARE
CHIAVE
AZIONE
FRAGOLE
PARCO
SAGGEZZA
FRATELLO
BRUCIATO
SEDIA
APPARTENGONO
CAVO
ECCITATO
SICUREZZA
AVVENTUROSO
MINORANZA

```
A V V E N T U R O S O P Z M W U F
A F F A R E L A E R U C U G P O O
M N R E H T U Z A U T O R I T À R
M I N O R A N Z A P H O S V T P M
V E E J T A E E I M F Z F R I R A
I S T Q G A A R D T P L W H F A T
K D K C X D I U E V A I H C R B O
F R A G O L E C S E W F X B A S Q
P T T P V C C I U I N A I Z T A M
T E S O A Y A S B R Z Z B O E G Z
E D Y X C R U G Q C B I P C L G X
A U L L R C C B M G R O M D L E J
Y L Q L C V E O Z Q X N B T O Z C
E C C I T A T O S V N E D Z N Z G
A P P A R T E N G O N O P H E A B
```

Puzzle 169

```
O B A L A D E V O N K S Q O O X X
O Z P X R F L M M N S T C E M B Y
A W P P Q U L T E R A N I M A S E
A M G G N G E H E R I N U P F V W
L T I C L T P A S B G D O L O R E
T V V C F T O G E D D E T V H Y C
E H N B A L W P M A Z X R C D C O
Z H T C R J Z Q O R Z R Q E E O R
Z L G C Q W I M Q R A L Y P A L A
A Y T D A N I H C C A M K Z N A G
C O M M E R C I O T D G O X S Z G
S E N T I T O X N C C C N X I I I
C O N S E C U T I V O E M O O O O
B W Q H D E N O I Z A U T I S N S
Z A I N E T T O N A S T R O O E O
```

ZAINETTO
MACCHINA
ESAMINARE
ANSIOSO
PUNIRE
SITUAZIONE
MESE
NASTRO
CORAGGIOSO
SENTITO
EMERGERE
TOPORAGNO
PELLE
COLAZIONE
NOVE
AMICA
DOLORE
CONSECUTIVO
COMMERCIO
ALTEZZA

Puzzle 170

CARATTERISTICA
BAMBOLA
LEGALE
SCOPO
NEGOZIARE
OCCHI
CRITICA
LAVANDINO
DISTRARRE
ALTALENA
FUMO
RESISTERE
RISERVA
SANGUE
FERMATO
AFFETTO
PERICOLOSO
HA
CAVOLO
CONSIDERARE

```
P E R I C O L O S O F A R E U O C
S E C N V T H U A A E L A G E L A
E R R A R T S I D F R O H S G K R
Y Z A I V H Q V H F M B T C K F A
Y B P Q K O L H R E A M C O N C T
F U M O R T L S I T T A H P E O T
C R I T I C A O E T O B U O G N E
R D D O H Z O N K O M V T B O S R
A E R E T S I S E R K J L J Z I I
I T D X E A J V N L I E T E I D S
G O N I D N A V A L A R B C A E T
O C C H I G W D E Q V T Y Z R R I
M E E P S U F R R H H J L Z E A C
N B W N U E R I S E R V A A H R A
B Y U V G F D R Y D H F V N K E U
```

Puzzle 171

```
A S O L O T T E R F T U Z N X R B
R N E M M V D F O L U X G E D X T
E N D W E V G M Z A L L A F R A F
N E L A N O I Z A N R E T N I C L
O R R O T N E M A N R O I G G A I
T R C X C O E H T X U Z B M P I B
I S R O N E R R E T L X R T C G R
Z T S U B P A Q E I C L O D I G O
I A T T I L S H A D G C I C A O B
A L P F J U S E L D N R J M S I L
D J K D K A E R O S T A T O C P O
P R U G N E C E V F T X P M U T C
G H L A B B R O P B A U X S N V C
E L V I K H F X M Z U C K F E Q H
S F N X W L X P E Y V Z C F C L I
```

FRETTOLOSA
AEROSTATO
ERA
LABBRO
BLOCCHI
INTERNAZIONALE
LIBRO
NOTIZIA
ORBITA
DOLCI
AGGIORNAMENTO
ESPANDERE
CIASCUN
CESSARE
TERRENO
ANDATO
PRUGNE
FARFALLA
PIOGGIA
SLITTA

Puzzle 172

PAUSA
CONVINCERE
BEVANDA
AMICHEVOLE
NONNA
DIVERTENTE
NATO
CONFLITTO
INTROITO
IN
COLONI
VERSIONE
VERO
AVVOLGERE
PITTURA
ESTIVO
PRIMO
COLORE
PROCEDURA
UMILE

```
A D R Y Q U J U G Y P W V H B C P
M F N F V S X O A D N A V E B T J
I N O L O C S P O Q W C U Y B J N
C U J P B I Y I E M H F O S O Y L
H U L E G U M T L R V W R L A Y Z
E E Z S G O Y T I O E Y E G O T Y
V R H T W M A U M I N G V M R R M
O E N I W O R R U T O O L N I N E
L C J V Q I U A O G I P H O T A N
E N V O J C D F L N S R V N V D B
D I V E R T E N T E R I D N T V A
F V N H G B C Z M Y E M P A I Z A
Y N H E K M O X Y P V O Z S Y Y O
E O R A U R R C O N F L I T T O O
L C K D O N P I N T R O I T O B F
```

Puzzle 173

```
C A R O L L A N I O L T L M J D U
I N G S E G X Y X G V D A F E E C
N I Y O G R G E Z B S D T U R L Q
T M E J R A A I R U I G T N O C A
U A L K K T C T Y V J K U Z T O O
R L A Q S I A B N N N A G I T L A
A I N F C V V G M E E Z A O E L T
P R O F I T T O G R S N R N R O T
M L I E Z W A I G I S E D E I C E
A O Z O J A F M L G U R R I D I N
R N I W U Z B X L O N E O P K T T
C T D Q E T Y X F X O F Q Y P N E
H A A V V I A R E R W N K O C A Q
I N R P F V E P M V P O H W G A R
O O T V L U G P L L K C D M E R E
```

NESSUNO
FUNZIONE
GIURIA
COLLO
ANTICO
MELA
CONFERENZA
PROFITTO
RAPPRESENTARE
ANIMALI
ALLORA
LONTANO
ATTENTE
AVVIARE
LATTUGA
CINTURA
MARCHIO
TRADIZIONALE
ORTAGGI
DIRETTORE

Puzzle 174

IMPROVVISAMENTE
RIFORMA
MANGI
IMPATTO
OSSERVARE
ABILITÀ
ORECCHIO
SCOPPIO
NOSTRI
PARTICELLA
RIMA
LAVORO
STRATEGIA
VALUTAZIONE
NULLA
OLTRE
CONCORRENZA
BAGNATO
CAVITÀ
SCENA

```
Y S I M P R O V V I S A M E N T E
E C M N Z L O N Z G N I Y A S P V
M O B O K A R C L V F B H N T A A
A P J S T V E L A C U Q I C R R L
N P D T B O C L P J K Z R V A T U
G I L R K R C B A G N A T O T I T
I O A I P O H J Y O J R F V E C A
Z H B L J H I N F P L C E T G E Z
L X I S L J O X K I A T E X I L I
O L L B R U M D K Q M W R X A L O
Z V I S C E N A C I R P X E Z A N
Q B T T W N G A G F O G A M I R E
F Y À T I V A C T A F R Z T U M C
O S S E R V A R E T I U H U T F X
X I R D J Q A Z N E R R O C N O C
```

Puzzle 175

```
H P C L G L A T T A C C A N O M O
L Y H F C Y E V F B V I H I Y C J
F N A M J B P T I P T C R S B E U
C C F V O M J D T H S A Z D N T P
M A F F X U O V A O Y B A L E N A
F E R M A T A F A N I T T A M E T
A F K J Y O Q J V E G F S C O R R
M Z A F F V C D N W G O E O N A O
I N V I S I B I L E A T U R W P S
J T T I B T M U A G I O Q O B S L
C N D W X T B A L F V N S N T A L
N E R O L A V O Z C I J J A X R S
J B R A L L E G R O O M G W I T X
E Q C V I N F O R M A Z I O N I U
S Z W D I D I G E R I R E H E C S
```

MATTINA
LETTO
CERVI
UOVA
SORTA
ALLEGRO
ATTIVO
NOME
VALORE
DIGERIRE
INVISIBILE
TRASPARENTE
INFORMAZIONI
ATTACCANO
VIAGGI
FOTO
CORONA
BALENA
QUESTA
FERMATA

Puzzle 176

NOTA
ABBRACCIATO
ONDA
MONETA
LEPRE
FAMIGLIA
CANDIDATO
INGRESSO
PENNELLO
ALLUVIONE
NUVOLOSO
PROPRIETÀ
DIPENDERE
TERRIBILE
STUDIO
CON
GIARDINO
VINO
SOTTILE
GIÀ

```
Z T A Q M N F U M L T G Q N D N C
W S M O O F A M I G L I A U I O A
P C Q N N S S I F I X W B V P T N
O E H D E Z S T I N P Q D O E A D
M O N A T U U E U W I V F L N V I
W T O N A U L R R D R P S O D G D
J A C A E A V P J G I U S S E I A
G I À L L A E B Z N O O O R A T
X C V L I D L L S L I I T N E R O
N C W U B H X O U Q U W T I C D W
E A H V I K N J N L F L I V W I Y
Y R M I R D V P B N X Y L T P N K
W B H O R Z N O W Z Y M E X Z O F
M B Q N E P R O P R I E T À O Q J
K A X E T G O K O J E B E O G Y E
```

Puzzle 177

```
D M Q U N C P E D U C A Z I O N E
I I R E U M W A O R D I N A T A L
T G Q L P O P Z R H P T O T Q G A
O L A I A N W W S T E A D R L N U
V I N B A M T E N L E D T O C H T
P O Y A I J S N X A S C Ù P L D R
Q R I Z C L H O U D I V I D N I I
Q K T Z Y V X I O J C Y P P A V V
D O B I V M V S W M S I Q B A I R
À T I L I B A S N O P S E R E R E
O R D I N E Y A R U O L O R L P E
R H X T N L P P F D C S U H J B P
K J P U J Z X M M A S C H I O Z H
T W T I U F Z O G S I G I L L O P
A E M R W B B C V I S I B I L E N
```

RESPONSABILITÀ
DATI
SIGILLO
VISIBILE
PARTECIPARE
DITO
PIÙ
INDIVIDUO
MIGLIOR
SCI
ORDINE
MASCHIO
EDUCAZIONE
PORTA
VIRTUALE
PRIVI
RIUTILIZZABILE
RUOLO
ORDINATA
COMPASSIONE

Puzzle 178

DAVVERO
IPPOPOTAMO
GRANDINE
FAMOSO
BENZINA
COSÌ
ALBERO
NUOVA
RISO
MENZIONANO
LETTURA
BIANCO
INVESTIMENTO
SOCIO
CRESCIONE
CONCEPIRE
AMORE
ALBA
PROGRAMMAZIONE
OCA

```
S E L K X K Z W H V P S M A W P G
G O Z P A R U T T E L M E L R Y R
D A C O Y I N U O V A B N B J X A
Y L H I Ì S O C O P W T Z E G X N
E E I B O O C N A I B T I R P K D
I N V E S T I M E N T O O O W E I
F A M O S O R E V V A D N U T S N
Y U B N Q H K V P Q D B A B L A E
N Y Z R H S Y W A N I Z N E B L Y
K E N O I Z A M M A R G O R P B Q
C O N C E P I R E N T A C N H T G
I P P O P O T A M O Q E M A Q G B
Z O I L I O B G O U P T O O M V W
H Z K A W C O E N O I C S E R C I
H I W W L J Y I L F S K O Z Q E W
```

Puzzle 179

```
O Q P M G G P A T T A P M O C D C
S Y S L L V N E R G I T Z T O E O
F L E D O H E R N Y L G W S N T M
I A N T L T Y W S Z G Y M O T E P
G M S O U C T H I A O E C C A R L
U B I Y A T H O N Y F L L Z T M E
R I G T H R T Q I C E I A G T I T
A Z Y V P S O I S X A O R R O N A
B I P T R A R E T L X G E S E A M
O O Y E E W F K R E Y E I U R R E
W N R Q G Q G R A I Q F D D I E N
Y E M F P I C C O L E J N A N R T
L U C E H G C D G T V M A T R U E
G E N E R A Z I O N E H B O O U R
T M D S B K H S B B T B X U F P P
```

FIGURA
COMPATTA
FOGLIA
TUTTI
LOTTO
DETERMINARE
DATO
AMBIZIONE
COMPLETAMENTE
CONTATTO
COSTO
TIGRE
PICCOLE
BANDIERA
LUCE
SINISTRA
FORNIRE
GENERAZIONE
SENSI
PENZOLARE

Puzzle 180

UNIRSI
STAGNO
CIPOLLA
TOLLERARE
SFIDA
STESSO
COMPORTAMENTO
SPECIFICA
MOLTIPLICARE
GODERE
MOMENTO
CAMICETTA
ASSICURARE
SCOMPAIONO
BLU
SPADA
NOTO
FATTORE
TERMOMETRO
TEORIA

```
S T K K B J B K F Y B H K K Y N M
O P O N L T L A S T A G N O K O O
E I E L Z M U M O M E N T O A T L
D T R C L T E R M O M E T R O O T
Q I E L I E R O T T A F V G R R I
X H D G J F R U N I R S I J L K P
T S O F Y I I A T T E C I M A C L
E X G G O V Y C R J P X E H D T I
O Q X K Y Q T X A E N G A S I T C
R B G G B J P Z L D D A E C F W A
I E R A R U C I S S A E V K S C R
A L L O P I C F I M J P D R I Y E
S T E S S O L V R V R S S H E N N
P R H G C O M P O R T A M E N T O
I F S C O M P A I O N O W Q P T I
```

Puzzle 181

```
R L O P T O M N I E N T E N G Y U
I H D M C A M P A G N A C S O M E
S K O F B A Q U I L O N E G G S N
U Q I N X R C T E K O Y V H N D O
L X H A I N E R I D I T S A F N I
T M C C W D A L M V E L A T T E C
A F S Y Q M C T L T S W D J W B N
T M P B F P A A T O U S F Z E D A
O A T Y W S D J P E D R R J T U R
N Y M F A N E L L O N Y D D A G A
W O S L H M W C R T A T N A I P L
D Z S V P S D W E Z U A O H C X E
U X S K C C O P T B W T W E S E N
G K L Q N M L N O T T E T N A S T
C A M I N E T T O F U G Q A L Z O
```

NOTTE
CAMPAGNA
MOSCA
SEI
ARANCIONE
LATTE
ANELLO
CHIODO
CAMINETTO
NIENTE
INFASTIDIRE
LENTO
AQUILONE
ATTENTO
TUTTA
PIANTA
RISULTATO
LASCIATE
GUFO
OMBRELLO

Puzzle 182

OSPITE
TRASPORTO
VERME
FIENILE
ORGANIZZARE
RINGRAZIO
FORMAGGIO
RESPONSABILE
POSSIEDONO
UGUALE
CALZINO
COPPIA
BARCA
PRESE
SOTTO
POVERA
RAVANELLI
MEGLIO
FACILE
SITO

```
C H E J B O O T T O S O X G E X R
O A E S X P N R A V A N E L L I E
P A R J X B O T I S R J N W R H S
P O A C C G D V C A L Z I N O Z P
I R Z A D C E V E L I N E I F R O
A Z Z F A C I L E R Y L S H Z I N
T T I Z C U S Q X F A O E G Y N S
H R N C R P S N O O O V R U X G A
M E A P A W O V S R Y L P G I R B
X O G S B D P T P M X W Y U C A I
Y Q R C P X K S I A G T S A I Z L
D U O D K O E M T G I F J L V I E
V E R M E I R O E G M A I E Q O W
B U V J C J A T Q I X M X N U Y W
E N V Q E N J R O O I L G E M K S
```

Puzzle 183

```
A M I N A P S T E G L I A Q D M C
G U N Z R O E B B E R A S O C P E
N S C W S S L P R E F E R I T O T
E E L G V I V U S T V I C F S M R
L O I O U Z A A P R U N L W H N I
L I N R Y I G E V J F I H T A L O
O B A E G O G U Y O W B V Z V U L
R B R T F N I J L F L M J X A N O
G P E T O E A L V E G A S V C A N
T B L O P K A U A B Z B R X O Y F
P W C C K Q X C D G P G J E Y S E
F O B I E T T I V O E W A B C T H
F T L L G L U A I F A R G O T O F
A T T E R R O C P R O B L E M I J
Q E K A G T R E M E N D O M I J Y
```

FOTOGRAFIA
LUNA
TREMENDO
GELO
TEGLIA
PREFERITO
POSIZIONE
SAREBBE
BAMBINI
ELICOTTERO
MUSEO
SELVAGGIA
INCLINARE
OBIETTIVO
VOLARE
REGALI
AGNELLO
PROBLEMI
CETRIOLO
CORRETTA

Puzzle 184

TROPPO
VALENTINO
IRREGOLARE
FELICE
LASCIANDO
TRONCO
MERCOLEDÌ
RUGHE
OCEANO
DEFINIRE
RESPIRARE
MILITARE
GIACCA
MACCHIATO
BORSA
VERSARSI
FLESSIBILE
SEDUTA
MADRE
PUNTO

```
N M X C U B I O N K W M H K D P R
Y A F J S V L E R A R I P S E R U
G D T L P A F Z E C I L E F F L G
I R C U E P D H I C O I T G I N H
P E Z T D S U B U A C T T X N U E
G R B N O E S N L I E A R A I X L
F E B D T R S I T G A R O C R V A
B O R S A A Q W B O N E P D E E S
K C I Y I L R M Z I O F P G F R C
R N P T H O V P F I L Y O X R S I
Z O Y Z C G R O L L W E Y G F A A
Q R P Q C E M E R C O L E D Ì R N
L T P K A R V A L E N T I N O S D
D D L V M R A L W W V G C P Z I O
T F E Z X I F L Q J G B C H A A A
```

Puzzle 185

```
S A H U A A T O L I P P B H A G S
U P Q Z M N H E U N S P M O M J I
V W E E O A U V L F S U L C B D G
E H D S Q R T I W E P I C N I R P
L X B E A D Y S Q E V E H V E C E
O C B F M S L P C L U I G E N C O
C X O L O C C I P A J N S N T W G
E Z L Q C X Y H Q R L R I I E E T
M G L Y C P Q Y W P S A H D O A Y
E N I D U T I T L A O U P U N N S
N B R H S N Q U N C R G T T R L E
T T E Y E Q Y M O L T I D I E W L
E N E I N D O V I N A R E B V N S
I N F T R O V A R E E P D A O R E
R I S P O S T A B N T Y M K G Y V
```

ALTITUDINE
TEATRO
AMBIENTE
SCALA
PRINCIPE
MOLTI
TROVARE
RANA
SPESA
SUCCO
GOVERNO
PILOTA
ABITUDINE
RISPOSTA
INDOVINARE
CAPRA
PICCOLO
VELOCEMENTE
TELEVISIONE
BOLLIRE

Puzzle 186

PREZIOSO
ACCOMPAGNARE
CULLA
ADOTTARE
UMIDITÀ
SGABELLO
VARI
QUARTA
PARLANDO
ATTIVA
TRASMISSIONE
COLLASSO
ORGANI
MAI
PIANTO
GRAVITÀ
PORRO
LO
SEMPLICEMENTE
PRIGIONE

```
T A C C O M P A G N A R E S C O E
A R X C O L L A S S O G X H B N T
L D A G R A V I T À E E A I D H N
L K O S O I Z E R P L R L C O Q E
U L R T M S F B M M A I S Y N U M
C O R T T I N O E P K V A R I A E
M S O P U A S D N T O K F N T R C
A J P G R P R S O X G S D O H T I
N T Q A X M L E I O Z T I L A A L
P O T Q W K R Q G O D N A L R A P
H X X I S J E M I T N S F E A J M
Q N U K V H W W R N S E S B H R E
E P R W M A E U P A Q V E A G Q S
O R G A N I K F K I V G V G L U G
U M I D I T À N Q P D V F S E G T
```

Puzzle 187

```
Q W Z G B E S H O I R C C H T I U
X D R M D H E Z J G X A R Z L V T
V V B R I L E V A R E B A U Y J S
X O M O C B S L Y I L I V A L L X
F X C Z S L W P Z D F N A M G A M
U A S R O S I R M W G A T A Z M K
R K L E G D A O L O C I T R A P O
C I F S N U O T A T A N A T N O F
A L F C I G R A X I O N L E C N G
L J I I W X T I T C B M N D O E I
A D X B U K E Z G I Q H F Ì R P O
M S J B E T V I P H R U C K P N R
A I P S R R I N O R E R A T O U N
R U C Y P D T I E Y S E G N O X O
I X B I S T G À O F F E N D E R E
```

CRAVATTA
GIORNO
RISORSA
CORPO
SEGNO
VETRO
RIFIUTI
NUOTATA
LIBERTÀ
FALSI
INIZIATO
FONTANA
RILEVARE
CALAMARI
MARTEDÌ
LAMPONE
ARTICOLO
NUOTARE
CABINA
OFFENDERE

Puzzle 188

ATTUALMENTE
FINESTRA
RISPETTO
OROLOGIO
CASSA
RIPOSO
DAL
PREVENIRE
PROGRAMMA
SORGENTE
PEZZO
GATTINO
ESERCITARE
SOGGIORNO
CONCORDARE
ALCE
DIVERTIMENTO
INDIPENDENTE
MINUTI
QUI

```
P N T D H A E A F E N B K A U J Z
G R N M I A Z I O H D B U L R C V
C W E B U V W F N Z F Y H C I C H
C O T V Q I E S I K Q S S E P M O
L E N B E D A R T S E N I F O V N
H C U C E N K E T N E G R O S K R
S M Y I O E I E A I H I C E O O O
C A S S A R V R G C M M I N U T I
X Z L T R G D X E R K E J H R T G
R E T N E M L A U T T A N V X E G
P E Z Z O B A X R W L U W T S P O
P P U A O G D I K E P I P B O S S
D E E S E R C I T A R E J O K I O
O R O L O G I O A M M A R G O R P
I N D I P E N D E N T E G S Z J F
```

Puzzle 189

```
M I D S Z S B F Y Q O N I C L U P
Q A O N A T I V E U C C E L L I O
L N N B E C C A N O N A S S A P L
U L N I E J M O T R R B C O R P V
C X U J G X D I K U J I B U M B E
E L T S F L F C N D K L N X D P R
R D U O O U I L B L S A N G J E E
T J A C N L K A T K T M U V H R W
O H S E E D S C A L E P P I C I S
L Y E R A L O C I T R A P T D U O
A Y I D Z Z O B J P W D S A S N N
V I N S E W R K K O Z A I M L I G
V T P B W X Y K K F Y S T I K M A
F R E T T A K A Y O M W S N B I B
E Y D P W N T T A C K N H E F D T
```

BECCANO
VITAMINE
RINGHIO
LAMPADA
EVITANO
DURO
AUTUNNO
DIMINUIRE
CALCIO
PARTICOLARE
UCCELLI
FRETTA
MANIGLIA
POLVERE
PULCINO
PASSANO
VINSE
LUCERTOLA
BAGNO
SCALE

Puzzle 190

PROFONDA
PROVENIENTI
CASTAGNE
IDENTITÀ
FREDDO
DIMENTICATO
STRANIERA
ABBASTANZA
COLONNA
CAPPELLO
ZENZERO
ROSA
SPECIFICHE
FRIGORIFERO
MESSAGGIO
SPORCO
COPERTO
UTILMENTE
GRASSI
ESERCITO

```
D I M E N T I C A T O R E Z N E Z
C V P R O F O N D A G Z A P K E S
N A H N O R F D R R T P V C B X K
H E P L D A I T N E I N E V O R P
K Q D P D N L S J I I G T C R S H
R J T W E Y J P S N D I N O E P Q
R O D N R L E O L A V E E P F E E
C V S A F I L L Z R R N M E I C S
U O P A A O P O Z T W G L R R I E
M E S S A G G I O S D A I T O F R
J S P O R C O Y W H A T T O G I C
A B B A S T A N Z A T S U X I C I
C O L O N N A T L U B A R M R H T
I D E N T I T À I M F C C S F E O
S J O I Y V K Y H I I B N J T N U
```

Puzzle 191

```
F I A E E D U P U I G G A M R O F
O G C A M A T O R I A L E R I T C
N Z C N T R A T T A T O Y I V A I
D L U I L F R A T T U R A C E R S
A F R T S E D A N O G Y M H L P Y
M E A R D R Q V K F Q O A I A Q M
E S T E W A U W U V N K L E R W O
N C E P R N S O C U L I L S E Z N
T U Z O I O E T G S F M E T V W I
A O Z C V I R J B K M F N O O I F
L T A S E Z P D E C I S I O N E L
E E O Y D E E C O N D U C E N T E
F R Q P E P N C E L R P C E V K D
K E J E R S T T V Q C E O N L C V
P N T M E I E H Q Z B E C Z E O V
```

COCCINELLA
AMATORIALE
RIVEDERE
TRATTATO
ISPEZIONARE
DECISIONE
DELFINO
FONDAMENTALE
SCUOTERE
COPERTINA
FRATTURA
RICHIESTO
SEDANO
SE
CONDUCENTE
FORMAGGI
SERPENTE
PRATO
ACCURATEZZA
RIVELARE

Puzzle 192

GIORNALE
CLIP
QUATTRO
QUASI
PREFERISCONO
SEZIONE
PRECEDENTE
FINALE
FORBICI
TENDE
VERITÀ
PARTICOLARI
ESEMPIO
CAPITOLO
VENIRE
NAZIONALE
ESPERIENZA
ACCORDO
CALCOLATORE
VACANZA

```
P A N A C O N O C S I R E F E R P
W A Z N E I R E P S E Q T D R C R
V E R S M S O D P R A V E O I A E
D V À T I R E V R W R J N V N L C
A F P S I P K M X P C T D X E C E
Q U A S I C G S P J J L E P V O D
F G Z P C B O B G I Z H I P A L E
I I N M I R L L O J O Z Q P C A N
N O A G B H O D A W R G W L C T T
A R C N R D T O I R P Y K S O O E
L N A K O I I L E N I G Q V R R K
E A V K F O P Q U A T T R O D E L
S L Y D G K A S E Z I O N E O G J
L E T K A D C N A Z I O N A L E N
E B Y M Y K I E T G G X V C A R I
```

Puzzle 193

```
A C A N T I E R E J R B Y I H N M
R P G F P M Y H K L A V I R U N E
G O R R R P H Z F Y G G Z Y X J J
O R U D O A H F M U A S C K Y P Z
M T P I S T E R A Z Z I R O T U A
E A P G S A A V Z M Z C K L I T M
N P O E I T P W S O O T N I P S O
T E O W M A K C A C I L B B U P D
O N B T O A L Y E O L H I C Y H I
M N N S T J J P O L G S C O Z S F
T E F C C E N T E S I M I N H N I
W E M X A K R C P A F P C T A V C
R H R X P N J R E R E T T A B T A
C R X R R A P S O T C Z E R Q X S
X Z R H A V O E Z C B E Y E W S W
```

MODIFICA
CANTIERE
AUTORIZZARE
PORTAPENNE
ARGOMENTO
GRUPPO
BATTERE
STANCHI
CENTESIMI
TRASLOCO
SPINTO
FIGLIO
RAGAZZO
PROSSIMO
PUBBLICA
CORRETTO
CONTARE
RIVA
PATATA
TERRA

Puzzle 194

MUMMIA
QUALE
ORGANIZZAZIONE
PROPRIETARIO
PENNA
ELETTRICA
RIPARAZIONE
PROBABILMENTE
SOLE
MOBILI
NASO
FAMILIARE
MONITORARE
IDENTICO
MOTIVAZIONE
FINO
IERI
GARA
PROMETTONO
VEDONO

```
P S A P F W O N J Y R E R E T W P
F R A J H A R A G C N O Y N J E R
C Z O M T C M L I U R K Q O K N O
S Z N P B Z X I I D E N T I C O M
Y D I M R B P K L H L W A Z M I E
Y I F X O I L S O I J Y Q A K Z T
U K Y A N N E P Q X A N G Z D A T
M U M M I A I T L M B R H Z H V O
E O L W T R R T A A X B E I Z I N
M O B I L I J L O R T Z L N X T O
E L E T T R I C A R I W O A N O J
A L P C N E L R X B A O S G A M H
K E N O I Z A R A P I R O R S L Q
V E D O N O Q U A L E A E O O T W
P R O B A B I L M E N T E I E R I
```

Puzzle 195

```
H N L B U Z V R D V F E W B Q Y P
W H H R X D Y I U M A S E T T A R
D I C A W J M A P A R P T D P L E
M J P Z K M Y V L R R R N E A O A
C S D B D C O V I G A I A S T T V
Q V T P V D P O C H B M I I T N V
P O R T A T O L A E S E G D I E I
O Y S O S F G G T R X R G E N P S
Z L L S G F L E O I M E E R A I O
M P X Q E G E R Z T T C L O R P V
P A D R E M I E E A P O L S E U I
A K M M A I R U G N A L A O J L T
D I V E R S O E A F X E G U U R O
P U L I T O H F P G B V D H S W M
S Q G E G V Y R E V C K I X F V E
```

BARRA
DESIDEROSO
MARGHERITA
DUPLICATO
ESPRIMERE
EMOTIVO
PERMESSO
PORTATO
RIAVVOLGERE
OGGI
PADRE
PATTINARE
DIVERSO
PULITO
VELOCE
GALLEGGIANTE
PREAVVISO
ANGURIA
ATTESA
PENTOLA

Puzzle 196

PRODOTTI
POI
TRATTENERE
SFORZO
SEMBRANO
CLIMA
VOGLIONO
CAROTA
VOLT
SCHERZANDO
CAPIRE
MECCANICI
FOGLIO
ETÀ
ORTOGRAFIA
BUFALO
ERRORE
TASSO
CONSIGLIO
ESERCIZIO

```
S A T C O N S I G L I O U E H B D
I N P A K W I C I N A C C E M U E
I I V H S J H A M I L C O U U F D
S T K V E S E R O R R E I G H A A
W E P O I P O O C D N Y Z C E L Y
B S M T B F T T Z O N O I L G O V
I L V B O D N A Z R E H C S F R M
A I F A R G O T R O O Q R T O V R
W B F Z Q A Z A B W H F E Q G Z I
T R K G Q J N I O B T X S Z L C J
I O U J D U K O À H M S E D I O Z
B Q W P R O D O T T I T P T O Z S
D H G A K M C V E R I P A C H H Z
N Q R N C X N F X M F R C B J H Y
V O L T T R A T T E N E R E E Z I
```

Puzzle 197

```
H D T E N E R A M E N T E D F R V
I O T A R A P E S C Y T S B I E T
N M P N T O C N K W V Z T P O D E
V I Y I W Z O I B C F N C E R Z M
A N P G A C E T O I L B I B I J P
D A A E D X J T C H V S Y J T A E
E N L R W L M E P A Z R O F U B R
R T D T U Y U P Q O N F Q J R O A
E E T N E D I S E R T N H S A R T
H B E C O N O M I C A E E V N A U
F Y E N T R A M B I A Q V L E D R
F S O L D A T O B G Y M R A L R A
Y X F P K C S T A B I L I R E A C
V I L L A G G I O P Z L S E K U I
V O C A B O L A R I O J T R W G E
```

TEMPERATURA
STABILIRE
ENTRAMBI
ECONOMICA
DOMINANTE
CANNELLA
REGINA
SEPARATO
BIBLIOTECA
VOCABOLARIO
RESIDENTE
SOLDATO
FORZA
TENERAMENTE
VILLAGGIO
GUARDAROBA
FIORITURA
POTEVA
PETTINE
INVADERE

Puzzle 198

CANTO
TRUCCO
PISELLI
RIGIDA
GABBIA
IMPEGNO
COMBINAZIONE
TÈ
NODO
VISITA
CALCOLARE
SCARPA
SOPRA
POPOLARE
LIBRERIA
SAGGI
TORTA
OTTO
MORSO
PARLANO

```
V T K H P I M P E G N O C C U R T
I O G F I C P O R V È T Y A P S Y
S R Q O S R O M T R K N G O X H Y
I T K Q E S D M A T L A R Y A O L
T A W G L C O X B T O C P O Z T N
A M S A L A N Q K I Q A M X H I C
A D A B I R J L S B N W X X X T G
U O G B Q P R I H O M A D I G I R
E R G I Y A I B B S P R Z S B G X
I K I A E D E R I W Z R L I B U B
P A R L A N O E W S R F A M O S Y
Z S J N I G E R A L O P O P I N Z
A I L R Z Q Z I O N P C Q F U R E
V L J P C E R A L O C L A C Q K M
E Z D G E Z W W X W J V R Z K U L
```

Puzzle 199

```
J R A B B I J S E R O T T A E C M
W A D J R C E J T S I C F E K E A
X C S G U A R D O E S C F O N R T
P C F W O N A M U R L E I R W T R
A O I M C I R R F E X L N Y X A I
F M I E C P O C J T B I E D W M M
K A H G O S L F R S C R C P O E O
W N V B T N P M U I V E O O S N N
S D I W V W S A E S L E N S H T I
Y A B S Z V E M F S S U T T O E A
F O R T U N A N C A L E E I T X L
C E S T I N O Q O Q V D N N U K E
D I S T R U G G A R L D E O T K D
M K B F M Z K D V B M K R D T P E
W P I S E L L O F A H E E B O A Q
```

ATTORE
MATRIMONIALE
RACCOMANDA
TOCCO
CERTAMENTE
ENORME
DISTRUGGA
UMANO
SPINACI
POSTINO
PISELLO
CONTENERE
ASSISTERE
STELLE
TUTTO
ESPLORARE
FORTUNA
CESTINO
SGUARDO
ESSENDO

Puzzle 200

DISTRUZIONE
CACCIA
INUTILE
LUSSO
AGGIUNGERE
GALOPPO
LUPO
ECONOMICO
VITE
AFFAMATI
METTERE
SORELLA
IMPROPRIO
CALCOLARE
PANTALONI
NONOSTANTE
PROVOCATORIA
COMUNICARE
LIBELLULA
LINEA

```
L A S Y V H Y D C S B L D M Z E C
A I Z M P X E X Q X C K S V I N A
F C B H E R A C I N U M O C T O L
F C U E K T O P A N T A L O N I C
A A R R L R X V K T V P C P O Z O
M C R E U L B E O U K E Z U L U L
A P O T K Z U L C C T L L I R A
T Z I T G A Y L R K A I H I N T R
I H T E T I V L A O L T O G E S E
O C I M O N O C E R L U O I A I B
A G G I U N G E R E E N L R I D Y
G A L O P P O C A G R I X U I K J
R E K L I P Y M L L O O O D S A X
N O N O S T A N T E S H N T W S B
Z I M P R O P R I O K B I T R J O
```

Puzzle 201

```
N G O L R I S U Y A L W V B M O V
P A I M O N O C E G N F Q F O J E
G N J Y L T F Z R K T X T E N O N
G Z H J A E W A W I R E N R T Q D
P K B U G N M J N R V B H O A X I
T O N Z E D R T E T A E U C G I T
P L L E R E H P B Y A X R E N O O
E I L I E R A N C H E S X E E T R
O F R S T E S P O T N O M A R T E
D D V X X I W H R C R I F A X E C
R I C C I O C V B Y M Z A H S S J
E S A T T O V O I R P O R P A S W
M A L A T T I A P E G G X K J A B
C O R R E N T E V G B E Q A F R X
L S W Q M K S Z C Q C N Y B Q G K
```

FILO
INTENDERE
MONTAGNE
CORRENTE
FEROCE
MALATTIA
FANTASMA
TRAMONTO
NERI
ECONOMIA
ANCHE
ESATTO
REGALO
SCRIVERE
VENDITORE
PROPRIO
GRASSETTO
POLITICO
NEGOZIO
RICCIO

Puzzle 202

LUCCIOLA
ALLENATORE
MONTAGNA
LINCE
LEOPARDO
TRASMETTA
BAGLIORE
INTRODURRE
ACCIAIO
CANZONE
ALTO
TERRA
SANO
ESTENDERE
INFERIORE
PAPPAGALLO
TRASFERIMENTO
STIMA
PARTE
SETTE

```
C C Y H M Y L F I F S B X O A I W
A N G A T N O M N O T X U T K B J
N G W A J R I M F E I W N N G A P
Z G M X Y L A J E I M B C E R G O
O J M R L E I K R A A Y X M E L C
N I N Z U E C N I L L B L I S I G
E E T G C U C H O T C T Y R T O Y
S Q V K C D A J R K E E O E E R P
T A I S I S M N E R N R C F N E F
Y K N X O D R A P O E L R S D C G
L L S O L S E T T E G Q B A E G U
P Q K W A T T E M S A R T R R W T
E R R U D O R T N I G P M T E Y T
U R J O L L A G A P P A P T T R B
T S B D N B P A L L E N A T O R E
```

Puzzle 203

```
M E N L P V B Y R Q K N V Y Z Q R
O I D A M R A U R X U Z O M V F I
Z B S E Y Z X C C O M E L W A A M
E L Z E U L H R J A F J L Q N C U
R W V J R K J O A E N H E L A I O
A J J J G I Y C R K C E B X I L V
T R A N N E A E X G F O V N D I E
N B C A P I T A L E J B G E I T R
O C O R R I S P O N D E R E R À E
R V O L T A K O I C I F E N E B T
F K Q Q L O T T E N U T O I M H D
N Q L O R I N O C E R O N T E R E
O T T E G G O S U R O E D Q M I J
C D I S T R I B U I R E J J L Y D
P I A C I U T O C I U A I D P K X
```

MISERIA
ARMADIO
CONFRONTARE
CROCE
SOGGETTO
MERIDIANA
DISTRIBUIRE
FACILITÀ
RINOCERONTE
QUELLI
BENEFICIO
BELLO
CAPITALE
RIMUOVERE
OTTENUTO
TRANNE
VOLTA
BUCANEVE
PIACIUTO
CORRISPONDERE

Puzzle 204

LIMONE
BASTONE
STRANA
OTTANTA
UTILITARIA
ANANAS
ROTTO
PORTATA
GRANCHIO
GAMBE
IMPARARE
CONOSCENZA
ASSORBIRE
NETTARE
RUOTA
TAZZA
SALUTE
CANE
REPENTINO
SUA

```
A Z Z A T K Q S O Y D L I O T R W
Z S L U T I L I T A R I A T R E D
N U S A G I K K T F D H K T I P B
E E N O T S A B S Y S Y I A E E N
C T W T R N E T T A R E C N F N A
S U D T S B O G X L T U R T N T Y
O L R O E F I I U I A A G A I I F
N A J R G I H R H M G W T L R N M
O S Q V N G C E E O G S V R U O F
C E R E V K N L U N M R W M O Q X
S T R A N A A X B E W I N V T P W
I M P A R A R E T G A M B E A C X
V U K D W Z G R N Y N M O W P A E
A N A N A S J Y V N V O Z Y W N S
X L K V S W Y S U A M G V J L E G
```

Puzzle 205

```
D S K W A E N O I Z I D N O C M S
J F A N G O S O F N C Q J A T L E
A J K I U R M Y A O V I T N G U G
M A S C H E R A R E R E M D Y M U
L S U S E I Z H P A O E N A G A I
Y B P E H S W V Q R N K S T L C R
P O J P M O X R U E U O U T A A E
B T K F I L F D A D K G X O A R X
S A B A T O I B L I J W N F R U E
T R U J T C N A I S O S L A J S P
W P S T E C Z L T N P E N S A V A
B M S I G O I C À O C G W M R U F
F O E V G R O O C C O D B J A I A
P C V Q O B N N R O T R O P P A R
V Z Y F G F E E B L N M K J A F F
```

PESCI
COMPRATO
BALCONE
PENSAVA
CONSIDERA
INVENTARE
MASCHERARE
OGGETTI
QUALITÀ
RAPA
SEGUIRE
CONDIZIONE
FORESTA
BROCCOLO
SABATO
FINZIONE
FANGOSO
RAPPORTO
PRUGNA
LUMACA

Puzzle 206

PERCORSO
GHIACCIOLI
GUSTO
INSIEME
NERO
LISTA
INCURANTE
IMMAGINA
GAMBA
QUOZIENTE
TALENTO
PESANTE
CHILI
FACCIA
TEMA
COSTRUIRE
PUBBLICAZIONE
VEICOLO
MUSICA
CHIARAMENTE

```
I Q P I M M A G I N A B M A G B S
O N L U Q U O Z I E N T E W J F C
S P S P B S G W R B M U S I C A F
R G E I M B G H I A C C I O L I M
O W T N E U L N C D Y B J T E M A
C F N R E M I I G C J R M W Y W S
R O A I T S E D C T D B X H H Q U
E T S I N C D X V A V E I C O L O
P S E T A O Q I X I Z V X Y H C T
L U P D R F A C C I A I N Z P H N
I G H Q U U U O V R T U O Y B I E
B T B O C W I Z D Z S M V N Y L L
N E R O N G Q R Z K I M V E E I A
L R Y K I H R H E M L S I P C E T
T R G W C H I A R A M E N T E O T
```

Puzzle 207

```
N G U M L C O P T W A B O J W L I
L Q Y E O H L P U O M O S H V F V
C E R C A N D O F L E L W K M O U
Y R C D Z F A K O W L L G F T R B
U C B L V W V B E B B I Q Z X S V
T O K Y O Z D W R H O T Q J T N P
Y R Y N W D W P A S R O O J Z P U
F S C O N T O R R T P R K T A O N
O A R N S H R O O I S E F H K H T
R V I O L A U V L A P R E S T O A
M Q W C I L G A P B S O A N X X H
A C R O C O N R S E F X S P E S O
G L N T F Z A E E Z E Z P O E U Y
G C B H Q O C O S T A N T E G W F
I C A M P A G N A P A R E T E W L
```

BOLLITORE
CONTO
RESTO
ELFO
CROCO
CERCANDO
PUNTA
VIOLA
CANGURO
PESO
CORSA
COSTANTE
DOLCE
PROBLEMA
PROVARE
PARETE
CAMPAGNA
RIPOSO
FORMAGGI
ESPLORARE

Puzzle 208

PALLONCINI
PERDONO
POTENZA
TRE
ISOLATO
GENEROSITÀ
PEGGIORE
COMUNITÀ
VERDE
UCCELLO
QUAGLIA
SVUOTATO
DISPONIBILE
CERTO
TROPICALE
SOFFIARE
PRESE
SOGGIORNO
FRATTURA
IMPARARE

```
F E L I B I N O P S I D H M Y P R
S R G V E R D E A I L G A U Q E G
P V A D R O T A L O S I I G P G Z
Q I U T T X C Z L I H C Y P E G W
T K T O T R E C O L L E C C U I M
D D B I T U À D N À T I N U M O C
I A R Y O A R T C T O R L T P R K
C J N A H P T A I Z N X J U O E L
T S O H C Y W O N S R M C Z T S F
E H N W H I F E I L O P P R E E F
T R O P I C A L E F I R C N N R G
J L D W E F R N R P G I E K Z P V
Q W R E I U F X B R G T Z N A K U
M U E R A I F F O S O E U O E M F
I M P A R A R E P R S N A G U G Z
```

Puzzle 209

```
P E R I O D O V Z D M H E N U U T
Q Q P G H U L I N A G R O M Q J D
A G R E G G E S Y H A G Z C C P I
I R K T H V C T H T R H K Y D O S
F S R V O N O O O L T R E X C P T
S A E A Z K H L E P R E M B F O R
T N C I B S C I N T I L L A N L U
R U K C M B K C M E N T A L E A Z
A Y X M I E I L O I G A F C F Z I
N K A L V A N A S C O S S E H I O
A N Q M B N N N T J T L I X D O N
E C C E Z I O N E O R A I N U N E
K Q X Q S J A S S O R B I R E E Y
T A Q E M C C O R X R O E Z X Y A
I M P O B K E B M R K X K W X D C
```

SCINTILLA
POPOLAZIONE
VISTO
UNA
PERIODO
FAGIOLI
GREGGE
ECCEZIONE
SCOSSE
ME
ARRABBIATO
MENTALE
OLTRE
LEPRE
SEI
ORGANI
DISTRUZIONE
ASSORBIRE
STRANA
FACCIA

Puzzle 210

COMMERCIALE
ORGOGLIOSI
PROFUMATO
SONNO
RILASSARSI
MISCELA
DANNO
POCHI
RISIBILE
AUDIZIONE
INGREDIENTE
NORD
DIFFERENZA
MESE
NATO
FACILE
MADRE
ACCURATEZZA
STIMA
DISTRIBUIRE

```
A S B T A T Q M O G O R X X N P P
U E E G O N N A D S I F E E O Y R
D T T W T D W D P S Y I S L R P O
I N R J A M Y R A X A O I A D A F
Z E C E N I E E L I B I S I R C U
I I S R A S S A L I R P U C U C M
O D X I Y C Z O P G C H O R Y U A
N E S U Y E F V I E S E M E Y R T
E R W B L L A R F L O Y A M N A O
Z G P I S A G G D I G P A M I T S
A N C R A O J Y C C F O Y O Q E D
R I G T L B N T Q A Z C G C U Z C
B R X S B M J N G F V H X R K Z Z
A Z W I D O V R O P G I S T O A Y
V X Z D D I F F E R E N Z A Z D X
```

Puzzle 211

```
S C D A U N M W S L M Q V A E M I
C C S R W B O D I X E L A R O M N
O C I Y Z N S Z F I L T M E H W V
R O C A L L E T S H A N T I J O E
R M L I R F R E Z J U C C E D E S
I P O Q C E P I X F N J T T R W T
D A D A I V R Z E X N D P B O A I
O S F C A O O W F D A M Q E M N M
I S W C C A S U A L E S B F T U E
O I J E T N E M A S O R O L O D N
L O Q T M O N T A G N A O H C C T
O N A T C A R A T T E R E U Y S O
K E R A Z Z I L A E R J K C C O Y
U W B R O C C U P A R E O I K Y W
H B W E Z Z A G A R G Z Q T T L D
```

REALIZZARE
LETTERA
CORRIDOIO
CARATTERE
CUORE
STELLA
MORALE
ACCETTARE
SCIARE
CASUALE
RAGAZZE
ANNUALE
TEIERA
DOLOROSAMENTE
OCCUPARE
SORPRESO
DOLCI
COMPASSIONE
INVESTIMENTO
MONTAGNA

Puzzle 212

MAGGIORE
MAGGIORANZA
AMBIENTALE
SINGOLO
PRODUZIONE
SPUGNA
ESPERTO
DISTINTIVO
INCLUSA
GIACEVA
BASSO
ASSORTIMENTO
PROFITTO
NOSTRI
CONTATTO
RAVANELLI
CETRIOLO
TEGLIA
PICCOLO
GABBIA

```
R F V E T X W P M A G G I O R E E
Y R I J Q E Y X R E G J C C K Q P
X S A Q Z D G C P O T R E P S E I
D P H Q R Q R L G O D Z E I B E C
P R O F I T T O I J B U S F S S C
B D R F Y L N L K A U T Z M U N O
A I A Z N A R O I G G A M I Y T L
S S V B J V N I S P U G N A O N O
S T A S C E O R Z H H N Z U D N X
O I N B O C S T C O N T A T T O E
T N E I Z A T E L A T N E I B M A
Y T L T L I R C K J I N C L U S A
F I L E U G I F X X F L B B L H S
Q V I A S S O R T I M E N T O R Z
T O L O G N I S Y L E G A B B I A
```

Puzzle 213

```
T Q Z Q L O V E R A C I D E D B Y
O I L G I F I N H W H W H G N Y O
C G E O N G L K I U I T N E D U I
C L E J G A E B S H A T A T O U N
O J P O S I T I V O R P T P T F I
P E C O R E X F A S O I R T N O M
E G X O L R R W N E J O O M E R P
C E D S I R C O G R Q V P V L M O
L I S T A A Q F T A Q O U E O A R
A V V O Y R E J Q A A S E U N G T
J A M U J T Y U B R R O H C N G A
W I K F C S Z C P U D R J C O I R
X C U C C I O L O S P I A O S O E
E D L D Z D Y Y B T V M S N K P C
X Y Z L U C E R T O L A N E T B J
```

NARRATORE
SONNOLENTO
SERA
POSITIVO
DENTI
IMPORTARE
VILE
CHIARO
PIOVOSO
PECORE
CUCCIOLO
DEDICARE
DISTRARRE
PORTA
FORMAGGIO
NUOTATA
LUCERTOLA
FIGLIO
TOCCO
LISTA

Puzzle 214

SEGRETARIO
GIOVANE
PIEDE
SPORTIVA
LUNGO
GIRASOLE
RITORNO
MINORE
MINORANZA
NASTRO
AMORE
CAMICETTA
AQUILONE
MERCOLEDÌ
FELICE
VETRO
CRAVATTA
FORBICI
SFORZO
FANGOSO

```
M I N O R A N Z A T T A V A R C N
X Y J V Y C C R G A F O I G O E J
Q G L A M E R C O L E D Ì I J P C
S K E V H F E Y C E R J L O N I A
Z E C I L E F E X R U A H V C E M
R N G T B H Z E R O M A O A Q D I
D O Y R T N P L U N G O N N O E C
F L F O E X N O D I G D R E T Q E
A I D P Q T A S A M K I O T V M T
N U F S K L A A T E C N T O E K T
G Q C L N E H R L L M C I D N V A
O A A W Y U B I I C I B R O F J D
S S F O R Z O G M O R T S A N R A
O W Q V Q S I B V K C K Y T E R F
L W F P O H F H M J M R R U Z A X
```

Puzzle 215

```
D V E R E I L G E C S Z M K A R A
E U J S I A S S E M B L A G G I O
C K X E M D D E L I C A T O A T C
A E L E B N E R A R T S U L L I C
D O N Y E E L R T I I G M N Z S A
E D Y O U T I J E G R L O M D X T
N A G L R L M C L B K E A S L J T
Z K V O R M U Q P D E N D A B À A
A G T Q N X E V M O E Z B E O T R
A S X F F C J Y O I Z A R G N I R
N A R O K E R A C I L P P A O V S
G M A G N I F I C O R E B I L I A
E M A N T E N E R E U K I P U T Z
L F E R L N M J F O R M A T O T L
O N U M E R A T O R E N M H F A G
```

COMPLETA
MANTENERE
RIDERE
ANGELO
LIBERO
ILLUSTRARE
ATTACCO
MAGNIFICO
SCEGLIERE
DECADENZA
TENDA
ASSEMBLAGGIO
NUMERATORE
APPLICARE
ATTIVITÀ
DELICATO
FORMATO
UMILE
RINGRAZIO
ENORME

Puzzle 216

DETTO
COMITATO
SAPEVA
PRIMARIO
DETTAGLIO
PISTOLA
DISTANTE
DIPENDE
DICE
CONFERENZA
FUNZIONE
NOTTE
SPECIFICHE
VERITÀ
MOBILI
POI
SPINACI
AFFAMATI
VENDITORE
INTRODURRE

```
M W O P K U S V J I I P T B B X C
S O P O P B P E C I D I A Z A P O
I D B I C G I N P D R S G M V W M
F N Q I Y Y N D H E À T I R E V I
C U T U L T A I A T R O W J P X T
O G N R G I C T W T Q L A R A W A
N Z V Z O O I O J O S A Y T S A T
F A C D I D G R X E I N O T T E O
E M S K V O U E U P R I M A R I O
R G D S X T N R D I P E N D E S C
E T I G L F Y E R D I S T A N T E
N V E H C I F I C E P S G Q I G F
Z A N U T X D E T T A G L I O N Q
A A F F A M A T I M S Y U D G F W
P W D Q P A V A S T Q X H B X R E
```

Puzzle 217

```
S Y V L N N I F Z U I I D R F S D
W F O V M J P C R V K T Z I O P I
I D C Y U F A T T E R F O C T O P
C I E I R E S U M O S F M O O S E
L G U B A O T N A I P C G N C A N
M N Q A W B E I L G O M O O A T D
K L N I I E L D N R L J F S M O E
H H U R T R L H I I P K U C E N N
S H L A T A I U W V Z L N E R V T
P R A T T C J T F H E I C R A O E
X G U I D L G I S M L R A E O D S
D N Q L F A U L X X B M S T O H Z
A L L I E V O E T Q K O O I O W R
Y B E T X A F S U C C E L L I V B
M E B U A C C O N N E S S I O N E
```

UTILE
DIPENDENTE
DIVERSI
FRESCO
QUALUNQUE
CONNESSIONE
MOGLIE
FOTOCAMERA
RICONOSCERE
SERIE
VOCE
CAVALCARE
ALLIEVO
PASTELLI
SPOSATO
PIANTO
INIZIATO
FRETTA
UCCELLI
UTILITARIA

Puzzle 218

CONTROLLATO
INVIATO
PRONUNCIA
MOLTO
TIPICO
ORDINARIA
MISTERI
QUALSIASI
PIEDI
CORVO
PROGRESSI
INCIDENTE
GRIGIO
VA
EMERGERE
ORECCHIO
PICCOLE
LENTO
QUALE
INVADERE

```
Q Y F N J Q A I R L T B M R E P B
O U M W V I B N F J A L I I H R E
T Z A U H E S V U B X M S N K O M
A K V L G B J I P C W I T C P N E
L R X D S L W A W R Y F E C B U R
L E J M W I G T K W O V R O C N G
O L N S N T A O Y O I G I R G C E
R O Z T T S Q S N B L O R G R I R
T C D N O S U J I T Q C R E W A E
N C H V C W A V V K D Y N A S R N
O I D E I P L I N V A D E R E S J
C P J P P E E T N E D I C N I P I
X F P J I L H R O M O L T O Z O R
D D Q H T O R E C C H I O F W F X
B E Y H K O R D I N A R I A D X O
```

Puzzle 219

```
G L A R U D Z Z S Z F Z C A S K T
Q E N O M I L Z A X Q O L C I D Q
Q A T H Q M I O I N V U V A L I C
P N E R A L R A P P Z G M N E S W
J S N N Y W R G P U C A E T N C J
T T A H O M E N T E E R R I Z U E
V Q T E R I R P O C S T A A I S B
D D O T P Z S R D R N S U I O S N
K F G X E M E I S N I O G G S I O
U F B T K M T E C T V M E G O O T
R U I A A S P G F E O C D A M N O
S C A L A R G E Z M D L A V C E X
X S O H L M Z R S Z W I A L I N Z
M E R I D I A N A T B Y H E V C O
G L Y D I S P Q U T A P Q S N W M
```

DURA
ZANZARA
PARLARE
SCOPRIRE
TEMPESTA
CANTI
ADEGUARE
MOSTRA
SILENZIOSO
DISCUSSIONE
MENTE
ANTENATO
NOTO
SELVAGGIA
SCALA
VINSE
DECISIONE
MERIDIANA
LIMONE
INSIEME

Puzzle 220

PIETRA
RIVISTA
TERMICO
PAPÀ
CARIBÙ
DURANTE
RECENTEMENTE
NÉ
VERIFICA
ISTANTANEO
MODESTO
ERMELLINO
STRUTTURA
NONNA
LATTUGA
FLESSIBILE
CAPRA
BATTERE
CESTINO
TERRA

```
A C K E S T R U T T U R A O A V J
E C A R I V L K U K W P X O D J K
C A X M H O N I T S E C I S T Z K
W R T E C E T N E M E T N E C E R
N I C L T N P V Y X A G U T T A L
F B A L K A D A C I F I R E V R Y
L Ù P I S T H T P I Q F E H B Z A
E O R N B N N S M À W I D Q Y E C
S T A O V A G I W Z H H F H R P V
S S N M L T U V P L C C N O N N A
I E L A S S D I K R Z J J G G T E
B D Q E R I A R T E R M I C O E T
I O H H R U V H N A I A W P M R D
L M P B S G D X É B O M M Z L R P
E R E T T A B X Q Y B Z D B K A V
```

Puzzle 221

```
T P V V L C M N S F Y B R S I C B
W B Z Z J I L I B I N O P S I D U
M O T T A D A J P G W V C I Q B C
V I B J E G P O V U S X E U Y F A
M P S N I R B R T R L I T Z B O N
C M O N A S S A P A E Q J A Z R E
N E R O Z N A T U R A L E A C T V
M S S N Z F O R N I T U R E K U E
R E R I E L A U T T A P X K D N U
G E R E G N U I G G A R N D E A U
B L X U G I W G E U R X Q O N H J
B A B Y A T L E C S E V T X M C M
B T A V S T U L Q O Z E F P F E B
H O V N T U G K O T A N U T R O F
O T T E K F V I E P L J H R O V U
```

BUCO
NATURALE
RAGGIUNGERE
ATTUALE
DISPONIBILI
TOTALE
SCELTA
ADATTO
FORTUNATO
FORNITURE
SAGGEZZA
IN
NOME
SIGILLO
FIGURA
PASSANO
ESEMPIO
FORTUNA
BUCANEVE
NERO

Puzzle 222

VANTAGGIO
REGOLA
SAPONE
INVITARE
FOSSO
MURALE
TIMIDO
COLORATA
CIOTOLA
DIFFUSIONE
FREQUENTE
SALTARE
CALCOLATRICE
ALTEZZA
NULLA
MATTINA
FAMIGLIA
OMBRELLO
COCCINELLA
CONTARE

```
Q G A N B D M S Y A P K S N I R A
Y D L I E C I R T A L O C L A C L
T H O Y L X C F L Q Y F Z A S S T
B D G E H G O O F K H H X Y A C E
Y W E S P V I Z L U Y H P W L D Z
V M R J D L P M S O S S O F T Z Z
O M B R E L L O A I R I I C A I A
T I M I D O M A P F W A O W R N C
L M N D D E D B O J A F T N E V I
R A U J C R F W N V Y G R A E I O
K T L V Y A L L E N I C C O C T T
H T L S X T F R E Q U E N T E A O
K I A Y R N I P P A M V V S K R L
W N U E O O I G G A T N A V M E A
C A Q U A C B G S E J M U R A L E
```

Puzzle 223

```
Z P I B N B L C U G S M G P R I V
N G J Z K F E R O R N I C S Q L O
N A V E P I G E R A I L I M A F T
R T B N I F G S E S I A O K G H A
O U I O O I E C F S R N C E K N I
Z D L I G N R E I E C G C D X I L
A A S G G O E R R T M E L L L N G
Z C F E I W M E O T W S W C U R I
Q E J R A T E C G O Z I D H A S V
I N F A S T I D I R E D L I C Y O
M K M U M M I A R T N K Y A V H R
T A M B U R O K F P N E P M C W G
H B R S A N G U I N A R E A V U G
S P E T T A C O L O R F M T U I A
Q S Y B X A X S J A T I O O M U C
```

NAVE
SANGUINARE
CRESCERE
REGIONE
SEGNALI
LEGGERE
SPETTACOLO
AGGROVIGLIATO
INCLUSO
TAMBURO
CHIAMATO
CADUTA
PIOGGIA
INFASTIDIRE
FRIGORIFERO
FINO
FAMILIARE
MUMMIA
GRASSETTO
TRANNE

Puzzle 224

ESTERNO
ARTISTA
AIUTO
RIEMPIRE
PORTARE
PENSARE
ERUTTARE
DA
MODERNO
MERCATO
RICHIEDERE
AGENTE
COMPLETAMENTE
SCOMPAIONO
PROBLEMI
CALCIO
EVITANO
ROSA
GUARDAROBA
CANE

```
R I E M P I R E S V F M D X C F X
E O A T M E R C A T O O G P V N O
A V L Z N N N U P E O D I H V H F
R P I I M E L B O R P E P C T G I
T E J T W Y G M V U W R Y U L G I
I N C A A D N A U T E N Q W U A N
S S L M D N L S M T V O E N J W C
T A S N M R O O G A E S T E R N O
A R R K Q J S R R R N E G E R O L
U E B C O S Y S W E P O R T A R E
W E N A C O M P L E T A M E N T E
K L Q I R G U A R D A R O B A I O
Y O V U R I C H I E D E R E P J W
V J N T H E D A H G G U H T S H T
E U O O N O I A P M O C S Y J U Z
```

Puzzle 225

```
P R O C E D E R E K X F S D Z C S
C B Q T N N R V H U H I E E R X T
R O Y L T S O Q J G H N M S F D R
S O T E A O O B X Y L A B I E J U
I L S O I W V J R S X N R D S P M
T L Q S N C Y M X A A Z A E A R E
U E F M O E Z J M C C I N R T E N
A H S T U P I D O C A A O I T O T
Z G S Y O P E P T O Y R D O A C O
I I W Q F Z U W W B K I R Z M C V
O R C E C O N O M I A O A P E U T
N W M O S T R O C O K T G K N P F
E X S D E P R I M E R E O A T A F
F O N D A M E N T A L E B W E T G
I M P R O V V I S A M E N T E O N
```

STUPIDO
BOCCA
DRAGO
COTONE
RIGHELLO
MOSTRO
CARBONE
STRUMENTO
DESIDERIO
PROCEDERE
ESATTAMENTE
PREOCCUPATO
ROSSO
DEPRIMERE
FINANZIARIO
SITUAZIONE
IMPROVVISAMENTE
FONDAMENTALE
SEMBRANO
ECONOMIA

Puzzle 226

PILLOLA
DITTA
IMPORTANTE
CAPITO
EFFETTO
SPAZIO
SPAVENTAPASSERI
CARAMELLE
INGANNARE
NIDO
TRASMETTERE
COMPARSA
SANGUE
BIANCO
STESSO
MEGLIO
TRONCO
FONTANA
CENTESIMI
UMANO

```
S T C O T T E F F E R G F C P R C
P R I A N R D I T T A O O O L W E
A A M L R R O C N A I B N M D A N
V S P O L A O N A M U D T P O Y T
E M O L E Q M W C B H U A A W G E
N E R L O N B E S O D I N R A I S
T T T I P Z G R L I I C A S O S I
A T A P K Z B A S L O I Z A P S M
P E N H T H P N W G E V F S L R I
A R T V W E I N P E V U A A A D L
S E E V K N C A D M T C A N Z F U
S S T E S S O G Q U I A A G P Q R
E R W G J N S N V Y S H U U S K V
R C A P I T O I Q X W F E E M D T
I E M L B F J Z P U E J I M P O B
```

Puzzle 227

```
Z V O I R P O R P M I A P Y J S P
B O R D O A I C C A N I M L D J G
L S R Z T N D P Q K Q R C U L L T
T G N O E E O N I B M A B P H T A
T C Q H J L C E O S V F T O H W V
E O U N S A U L N O T F I S I C O
C L N O P B M I I E E R T X X C U
N L U J O O C N L E N V E R V D K
O E V P P F V I U R N T K L I E O
L G J J O O V M M E O T R I L Y S
O I Z F L T Z M C I D K E A K O W
G O R R A C Y E V T N Z H C R X P
I A R J R R D F O N T C G I F E N
A O N Z E R A N G A D A U G M L V
D Q Y V B A L T H C Z W I W L M T
```

CLIENTE
FISICO
MULINO
MINACCIA
GUADAGNARE
DONNE
BORDO
PIPISTRELLO
COLLEGIO
BAMBINO
ARIA
TECNOLOGIA
FEMMINILE
ENTRARE
CARRO
BALENA
CANTIERE
POPOLARE
IMPROPRIO
LUPO

Puzzle 228

PREOCCUPAZIONE
COMBINARE
INSEDIATI
OGGETTO
DONNA
SUPERFICIE
CENA
SOFFICE
DIMOSTRARE
PERDITA
ACCOPPIANO
COLPEVOLI
CONTRASTO
MARE
ALLARME
SENTITO
MILITARE
MAI
INDIPENDENTE
BUFALO

```
L E C I F F O S U H U A M H D P D
E N O I Z A P U C C O E R P A E J
E Z N D R Z P U G N P R S J C R Y
R M T F I L K I C J R A E C C D C
A M R Y D M T N E V T M N V O I O
N V A A J B O D N Y Z X T A P T L
I W S D L L U S A W M N I M P A P
B A T I D L D F T X A O T I I E E
M P O A K Z A K A R I J O L A J V
O U F A P M W G T L A Z X I N J O
C I N S E D I A T I O R R T O K L
B E P G O G G E T T O W E A N D I
D O N N A B E U Z V Y R D R V K K
S I N D I P E N D E N T E E P Q D
V S U P E R F I C I E V N Z A H H
```

Puzzle 229

```
V R L W M S C A B Q Q C E R Y P S
O E O D A B O R B U U P H R C G O
A S T F L G R O O I G I C D B E R
X P J P A U I K N S L I N J A V E
D I P E T Q T N Z M R I A D R E L
E N U M O C Y Q E J Q E T X I R L
R G S I M I L E P S A G W À S E A
A E Q Y S T B E F O T I P M O C M
T R B W T O W Y R I V C S H C N I
U E I M P R E S A C I M R O F I S
L X M C N S Z Y P C M X A I T V U
A I T T A L A M Y A L Y G X T N R
V X I M P C W Q N I S N C M A O A
P R E F E R I T O H T E Y G O C K
A T C O T D W L V G X N S P E Y J
```

RESPINGERE
SIMILE
TIRO
IMPRESA
COMPITO
VALUTARE
MISURA
ROBA
BUGIA
MALATO
QUINDI
GHIACCIO
COMUNE
FORMICA
CONVINCERE
ABILITÀ
PREFERITO
SORELLA
ANCHE
MALATTIA

Puzzle 230

MAMMA
RECUPERO
CAPELLI
SECCA
OSSO
PERICOLOSAMENTE
SOMMA
SEMPRE
PERCHÉ
POMODORO
FERMATO
BEVANDA
SOTTO
UGUALE
BAMBINI
SGABELLO
MINUTI
VACANZA
PARLANO
TÈ

```
H T G B O A N U D M H C M W H S P
I D H É L X A G X O I U Q J X O E
F W N V H M J U J W S N J J G M R
E G Z M Q C I A M M A M U È J M I
I I T C M Z R L K B U V V T N A C
F E R M A T O E R P M E S C I W O
E J E Z I V T D P A P Y U B H R L
A B K X L H B P O L L E B A G S O
L E C A P E L L I T A V A B H P S
B V S O T T O S S O X V M G J A A
X A V M I N Q F E H E E B S Y D M
O N A L R A P K T C K Y I C V V E
O D V A C A N Z A X C K N Z M T N
L A N Z S D N R H T F A I X O Y T
P O M O D O R O R E P U C E R Q E
```

Puzzle 231

```
Y Y O M W T E H Q A T Q O I P Q M
O L I O Z K J M Z H T I Z W A N A
E C C E Z I O N A L E T P W R T C
S Q X C O C O L O N N A O O T A C
E I C K N Q P N A N A P J W I A H
T M O Q Y Q M K T Q G R Y J C I I
R E N O I Z A Z Z I N A G R O Q A
O T T E D R E V H K B I T V L V T
C M Z Q C Q T G I N D C U S A A O
S A S J O X N G U F O S J L R Q K
Y S T J N T E R R I B I L E E Y F
U S A A T K C S U K J T C X J F L
E I N E R J E F J F O N D E R E G
G M Z D O G R E M B I U L E U V M
B O A W G M T Y R X L W A V P Y W
```

OLIO
VERDETTO
ATTO
ECCEZIONALE
FONDERE
SCIARPA
RECENTE
SCORTESE
MASSIMO
TIPO
GREMBIULE
STANZA
CONTRO
TERRIBILE
STAGNO
GUFO
MACCHIATO
PARTICOLARE
COLONNA
ORGANIZZAZIONE

Puzzle 232

ESTREMAMENTE
INFERMIERA
LONTRA
ZUCCHERO
SVILUPPARE
ODORE
ULTIMAMENTE
MEDICO
SEGNANO
CONFESSIONE
COSA
SCARPE
LUCE
COMPORTAMENTO
ACCORDO
PROSSIMO
PORTATO
BARRA
ESATTO
CORRISPONDERE

```
L G Q D H Y Q L I S N I J E V P F
K Q F W U O D R O C C A K S C R Z
G Y V D Q X D O H N K S K T O O Y
J O R E H C C U Z K T O U R R S X
U L T I M A M E N T E R T E R S M
C G V T K U U C T X P M A M I I O
N O Y U A E U U I A R E R A S M D
E H S V Z S R L A N A D R M P O O
T K C A P Z E X W A C I A E O T R
S V I L U P P A R E S C B N N A E
C O N F E S S I O N E O C T D T L
C O M P O R T A M E N T O E E R Y
A Y S E G N A N O T L O A J R O W
I N F E R M I E R A A P Q N E P F
Y C Y E C T U G T Z M K H F U W A
```

Puzzle 233

```
F I I N D I C A R E G K H I R L T
O N N A H F K L P N T F Q G E K L
T V P A R T E C I P A N T E B Y V
A E P J F E R E P M O R R E T N I
S N A T H F A E N O I S I V Z E H
S T N P E W R R S V J C M O R F D
A A M K S T A I M P D L J K E B Z
P R M G L U P R X A I D Q R A M Z
K E A P E H S F I Z R R D A L U K
U H Z N S R D F Z N H T A P T W W
P C C I B A L O B M A B E R À T E
I S C H X G L S U C G S F L E C S
P C Q Y I C O M P A T T A P L T A
L O T T O L P E N T O L A Z N O U
Q Y P J C Q I R I D U R R E D V E
```

INTERROMPERE
INDICARE
SPARARE
RIDURRE
HANNO
APE
MARTELLO
SOFFRIRE
VISIONE
REALTÀ
PASSATO
PARTECIPANTE
BAMBOLA
LOTTO
COMPATTA
RESPIRARE
PENTOLA
ETÀ
INVENTARE
CHILI

Puzzle 234

DI
RADUNO
STOFFA
GIÙ
SPECIE
ALMENO
VOLONTARI
TAPPETO
SCHELETRO
DROGA
CERCHIO
CONSECUTIVO
ANIMALI
OSSERVARE
FORNIRE
TENDE
DESIDEROSO
ECONOMICA
ECONOMICO
PESANTE

```
S E J D W G B H O I H C R E C P X
C I C D P D S S N S E G H Q C E N
H C E O B Q T U U R S L A P J S A
E E C W N Y L F D J R E T K C A L
L P O E O O Y I A E J J R U S N M
E S N O B K M M R J J U U V V T E
T R O G I Ù P I L A M I N A A E N
R L M L F M X S C A F D E X I R O
O B I K V F L O T O O T L J L X E
S M C O Z K P C L O T E N D E P V
I R A T N O L O V C F V R T I M K
T A P P E T O E E E W F J N Q O G
X V F O R N I R E G A K A G O R D
H E N T S X Y D E S I D E R O S O
C O N S E C U T I V O Q P C M S F
```

Puzzle 235

```
R F T K A U C D M G S F K F C E A
I E R A S S U B V V P Y X H G L C
N M A N E T A C O W R O Z V L I Q
V I S M N M T A E N O T S A B C U
I U P E R A G E L L A X B Q V O I
A H O V I T O M E X I W P J R T S
R P R A U T A A C I R B V U R T T
E N T I N D O V E F D I I A Y E O
V G O R I Y M C B Y O I B S A R J
O E O N O C S I R E G G U S S O P
R Y R N N A A U T O R E L A T O Z
S Y B B E R A Z Z I L A C O L L P
O I J F O M I S U R A Z I O N E U
Y G C J C O L L O T K S Z W Y I R
S D Y R C M U G R L E S Z H G F G
```

DOVE
SUGGERISCONO
MISURAZIONE
ORSO
RIUNIONE
LOCALIZZARE
VERBO
RINVIARE
CATENA
AUTORE
BUSSARE
POSSIBILE
LATO
ACQUISTO
ALLEGARE
COLLO
TRASPORTO
ELICOTTERO
EMOTIVO
BASTONE

Puzzle 236

ANNOIATO
CAFFÈ
LORO
MAPPA
OVUNQUE
VETTA
RAGIONE
FURETTO
LIMONATA
IMMAGINE
SETTIMANA
CULTURALE
EPPURE
VENTO
PROGRAMMA
SE
GARA
ORTOGRAFIA
TUTTO
CONOSCENZA

```
A I F A R G O T R O P E M R S A R
V B C È F F A C Q K V Q M X J F Y
A M M A R G O R P W X U E G G T P
C E G B M T W P A N G M N W Y Q M
L O L I M O N A T A G W I Q C S Y
M A N A M I T T E S X R G Y U E K
R P F O H H M T R G J K A X M E M
Y P E B S E N E C E D Q M Z S S M
P A A D H C G V S N I R M V N O H
B M O O G N E N A N N O I A T O T
F U R E T T O N T U T T O A Z I R
A T O Z U N U T Z R A G I O N E R
C U L T U R A L E A M P V W Q D B
E P P U R E E E Y D V E N T O H I
N P F B P X D M Z R M G I C O G Y
```

Puzzle 237

```
C N N W P N H G G F H T Z D X C R
C A L I F C E R E I L A V A C A R
S G V K S F O F P N C R A N A P H
Z U Q O B O H P M T F L P T J I E
R F U R L K Q T A O D I A P J T M
S Y G E J O O L C N E H S A Z A A
D E F I N I R E C A B C G S Y L I
H L H H O Q P F H T R C Z D A E T
K A J N Z I R L I E H O C Q N R S
O U P F N Q E A A I U L H N I D E
C T P Q R C S S M V J B C B G D B
Y R Y J O À T I T N E D I O A X Q
J I F A X X O S F I D A I N P R T
U V I N T E L L I G E N T E Q H U
I R O X O T R L H V B E B N Q R W
```

FINTO
MACCHIA
CAVALIERE
FUGA
VIETANO
ALCI
PAGINA
BESTIAME
INTELLIGENTE
FILA
FISSARE
PRESTO
CAVOLO
BLOCCHI
VIRTUALE
SFIDA
DEFINIRE
RANA
IDENTITÀ
CAPITALE

Puzzle 238

INTERAGIRE
RICORDA
SALICE
QUARANTA
SCIENZA
AUTOMATICO
PROCESSO
PIACERE
RITMO
CAROTE
FRETTOLOSA
ORTAGGI
GRANDINE
SCALE
PUBBLICA
ESERCIZIO
TRAMONTO
INTENDERE
LUCCIOLA
QUALITÀ

```
W P U B N G E S E R C I Z I O H T
R I G G A T R O D O S S E C O R P
V N I G F B F A W E T O R A C D J
O T N O M A R T N X I Q I E E V T
Q E L A C S J P R D Q C G A Z S N
U N S C J P I D I A I S A L I C E
A D P C U F Q P C U P N R O M G R
R E A T I C X E O T U C E I G M E
A R T Y E E S K R O B Y T C H E C
N E R D O D N D D M B U N C D V A
T L W T N O P Z A A L R I U S B I
A R Y V A M G R A T I L Z L T F P
Q U A L I T À T E I C F X X E I Q
O M A I C I F P H C A M H J S X C
G D A M D R H A S O L O T T E R F
```

Puzzle 239

```
T E T A I C S A L T J U X B P F P
E R A N G E S I D J F D J C G C R
Y I O N R E V N I L U U D O M K O
V L I V Q Y D B Z I T L I A N W G
S L Q K A D N O F O R P A Z M Z R
T A Y B À T I V A R G H N N V E A
I F I U U A O T A T S O R E A T M
L F L B M C D V F I R O L G Z N M
E D I M E C N J H W J A Y U N E A
G O M C V E A K A U D B U N E C Z
C L I M A S I L T A D K I Q S U I
G E S D S S C Z N U E H E D X D O
N I S P C O S S J T G G R Z V N N
H J I T S X A G I N O C C H I O E
U K D D S D L X A Z I O N E F C T
```

GINOCCHIO
SENZA
INVERNO
FALLIRE
DISEGNARE
TROVATO
DISSIMILI
STILE
ACCESSO
AZIONE
HA
AEROSTATO
PROGRAMMAZIONE
LASCIATE
LASCIANDO
GRAVITÀ
QUARTA
PROFONDA
CONDUCENTE
CLIMA

Puzzle 240

SORPRESA
ABBREVIAZIONE
PAZIENTE
MATURO
SEQUENZA
LEI
DRAMMATICO
SCUOLA
PIACEVOLMENTE
RILASCIARE
EDUCATO
TAGLIENTI
CONFLITTO
MOSCA
RILEVARE
CASSA
BECCANO
ATTESA
FIORITURA
COMBINAZIONE

```
Z A D X W A L O U C S Y S P N Q E
O T G I U R T D G D J W E I E L D
E G G R N U Y T N M M K Q A A T U
B G S M C T D L E B O C U C B A C
C O N F L I T T O S T O E E B G A
R D Y Z L R C V U P A M N V R L T
Y I R W T O A X E A S B Z O E I O
K L L A E I S G R Z E I A L V E I
J P Z A M F S O A I R N C M I N I
N F K J S M A R V E P A S E A T L
C O I A U C A U E N R Z O N Z I F
Q R E O P Y I T L T O I M T I E V
B E C C A N O A I E S O L E O W O
C U P B Z X Z M R C J N D M N E D
O J J P O J G M X E O E C N E G T
```

Puzzle 241

```
A R R E S T A R E J U Q C G U P O
H L B Q L W Z P R I N W J D T R C
P D T W X W A Z P J J G W Q O O C
T N F G K R I B L L Z D À E I V U
V E I C O L O T C H Y O T K U E P
Q W G I O T N E M A T T I L S N A
Y G L M G E C P C S R Y V C P I T
B A C I O N Z Q D R T I A B G E O
C I K Y S G W R V A C L C S M N F
G U A R D A T O I C S U G A W T O
Y W I T H T X R R S I D F W U I G
I W V W L N E R E R A T I S E B L
S U Q U V O I O B A D U L T O N I
N N W K F M V P L J U Q E R X Q A
C E T R T U P V A T A S N E S N I
```

INSENSATA
ADULTO
BACIO
ARRESTARE
GUSCIO
GUARDATO
SLITTAMENTO
OCCUPATO
ESITARE
CARICA
ALBERI
SCARSA
VIA
CAVITÀ
FOGLIA
PORRO
PROVENIENTI
MONTAGNE
VOLTA
VEICOLO

Puzzle 242

INSEGNATO
PROFESSIONISTA
CONDOTTA
DENTE
CALDA
SCIOCCO
QUESTIONE
PUÒ
ESSENZIALE
FINIRE
SEDERSI
ESCI
DETERMINARE
ARANCIONE
INCLINARE
CLIP
SPINTO
FOGLIO
TORTA
PARTE

```
N S C J L J I S K L E J V N Ò U P
S C A Q R Y R I P C W D N D H Q R
E I L K B E R A N I M R E T E D O
S O D K M R O S M S N X N A N A F
S C A I Z A R Q K R L T E B O Z E
E C T N Y N E L H E J D O Q I O S
N O T S U I P S Y D J B V Z T H S
Z I O E Z L Z C Q E Q I P F S Q I
I L D G R C Y L Z S R S K Y E M O
A G N N E N O I C N A R A E U I N
L O O A T I M P C Y T B I X Q E I
E F C T R R H V B S R X W R C L S
F K I O A Q O G R S E T O R T A T
E R W C P E T M F T I A N Y R T A
M Q I K O F I N I R E T N E D Z B
```

Puzzle 243

```
F R I M A S U C C A E T A N L R E
S A C O N T I N U A R E M O R S O
O T T K A M P T G T E L C R O R N
C N S T G V C U R A T I E T D N U
I I L T O U G N Q T U B R S H A S
A P N Q A R A J Z A C A T A B L S
L S Q D C N E D P P S B A S A F E
E Z A P P A C P S Q I O R I B W N
C Q X P V R K H Y V D R A D I F H
G Y B X J R M W I P J P G G N G P
S R A R B E C I S V C Q N M T E J
Q A O E Z U B G R D K W O E B S Q
S T C S H G A C I S U M U J W A F
P E I V S N M D N R M H S A W V L
J F G D F A V V U P I M P C Z I R
```

GUERRA
GROSSA
CONTINUARE
ACCUSA
SPINTA
PROBABILE
CERTA
RAGNO
DISASTRO
SOCIALE
DISCUTERE
ZAPPA
NESSUNO
RIMA
FATTORE
UNIRSI
PATATA
STANCHI
MORSO
MUSICA

Puzzle 244

FONDO
VENERDÌ
GIRAFFA
CIOCCOLATO
SPIEGARE
MILLEPIEDI
LATI
LEGATO
VOLPE
PREVISTO
SERVIRE
NUTRIENTI
CALDO
FINALMENTE
ABBRACCIATO
CAMINETTO
ORGANIZZARE
TREMENDO
BAGNO
RIVEDERE

```
C K H W Y C Y A P T B F V U G E N
I L F N J D Z F R O D A O H B L U
O V G G V T W F A T L I G N H X T
C C R E Z T W A P A E D C N D V R
C M X J I S E R V I R E A U O O I
O V Y V Y Y P I W C A I M K D T E
L L S M I L L G V C G P I V N S N
A A E S W A O C E A E E N V E I T
T X U G J T V Y N R I L E G M V I
O J N I A I K K E B P L T D E E C
C A L D O T H V R B S I T E R R B
M L K W Y Y O C D A P M O X T P F
P J J Y A Z M A Ì R I V E D E R E
P C A F I N A L M E N T E K N M L
O R G A N I Z Z A R E M N O T I K
```

Puzzle 245

```
C S A I W G F F O F A N F M R G B
A I O E J V E A G W A K E Y T N T
T F L L C S T A J U O K R P T E L
T E X I D S N S M A V J O T U A C
E C W B E I A Y E I I R C Z D J D
N U S A U G N H D R T L E A A G E
T F B I P I I N N O A T T O R G M
O A D R W F M A A T T L Q L S C O
B M W A X D O O I S N X E O T E C
M G T V J K D L H J E X S C Y U R
O T N E M A I G G E T T A E K J A
L A V A N D E R I A N C V S J Z T
I Z E S P A N D E R E Z T A G B I
H H V W D E N O M I N A T O R E C
R E S P O N S A B I L E E W D G O
```

VARIABILE
TENTATIVO
LAVANDERIA
GROTTA
DENOMINATORE
STORIA
SERALE
CILIEGIA
EX
SECOLO
DEMOCRATICO
GHIANDE
SOLDI
CAUTO
ATTEGGIAMENTO
ESPANDERE
ATTENTO
RESPONSABILE
DOMINANTE
FEROCE

Puzzle 246

CENTRO
CIVETTA
LOCALE
TERZO
AGRIFOGLIO
UTILIZZATO
QUALCOSA
OTTENERE
EMERGENZA
LONTANO
VIAGGI
ALLEGRO
ALBA
LATTE
ACCOMPAGNARE
RISORSA
PORTAPENNE
CALCOLARE
CANZONE
ACCIAIO

```
L L A T T E H J A Z N E G R E M E
C O I A I C C A G C I V E T T A O
V E C S J K N I R U X J Q U T A T
I O N A T N O L I Q U A L C O S A
A G K T L M C J F G B S D P S R Z
G E T N R E A T O R U F R S Q F Z
G J L B K O L N G Y Y U K N G C I
I A T N S B C M L K E U A S F T L
T C V A S R O S I R B F P L D B I
E J A B A A L I O W O T E U H D T
R Y R N E R A N G A P M O C C A U
Z M A D Z O R G E L L A C D E I M
O L J T W O E Q S B X S F Z K E S
Z T M K E N N E P A T R O P E Y R
Z A T P H C I E R E N E T T O B B
```

Puzzle 247

```
G Q P Z V T Z Q I M P A E Y B F O
S M B Q D O R B Ì D E T R A M I X
F O U A R U T T E L T E N A R E Y
P V D Q M I Y O G Y T C C A B N A
P E R F E T T O I A I C C O G I A
P S X E X J Q F O N N Z P L B L V
N J K B F P U L R E E Q Z L Q E O
L I U L C J A N N P D S T E S S I
O B C A V O R R A A W F Y V M B Z
G I D H S Z T T L H C M D I X X Z
T N Q J K M O P E H X M A L C N A
P R O P R I E T A R I O V T B B G
A E M G E N I T O R I M F C I D A
I D N J S A L I T A V L O M I T R
F A M O S O Y M Q K A L H Q K Q A
```

SALITA
MEZZI
GENITORI
PERFETTO
MATITA
STESSI
RAGAZZI
PENA
GOCCIA
VOTO
LIVELLO
QUARTO
CAVO
LETTURA
FAMOSO
FIENILE
MARTEDÌ
GIORNALE
PROPRIETARIO
PETTINE

Puzzle 248

DESERTO
MUCCA
CREARE
INTERO
MANCANZA
LEGGE
CIAO
FORMAZIONE
MIGLIORARE
AVVENTUROSO
ESTIVO
ALLORA
GIURIA
ALLUVIONE
DATI
TERMOMETRO
AMBIENTE
SCHERZANDO
PAPPAGALLO
ANANAS

```
X B G A I E Q M J I F H K R D M A
A Y I E T S S S I A Z Z P Z E U L
L X U X F N U T V G Y H O I S C L
T E R A E R C E I L L P E E E C O
C G I D A T I T S V T I N S R A R
E G A Z N A C N A M O L O O T L A
Q E G Z J J G E X D D S I R O X P
C L K O L V N I J I C D V S A E S
A D O R Q H G B G L O W U M I R H
Y N T E R M O M E T R O L N C K E
M S A T J K E A A N Z B L R H X F
U O D N A Z R E H C S C A M I Y B
H G U I A F O R M A Z I O N E Q Q
X W H J S S A V V E N T U R O S O
Q D M I D P A P P A G A L L O W Q
```

Puzzle 249

```
M W K B Z J N T I N I S A U Q C C
G E R A R I P S I G M Q Q T A B G
K E N Z G V R O C K M J Q Q M K C
S K C O L L A S S O E E A I F C A
U E S X J R R P M D R Z L E C R M
O N N A E L P M O C S D Y D H E M
S D F H N D F I V K I J Y W I D I
M P S P V N M C Q L O U V G A E N
N M A P D I P G I E N À I G R R A
K C C D O T O M Y E I F S M I E R
S I A F A S L R W D L X I Z R H E
O L M U F Z A M E T Q O B P E N V
S J U R Q S D R E O Y D I K I K T
A L L N U O V A E J T G L Q C U T
C O N S I D E R A R E I E W G G Y
```

CHIARIRE
SPOSARE
MOTO
CIELO
CREDERE
IMMERSIONI
ISPIRARE
AL
CAMMINARE
COMPLEANNO
WEEKEND
CONSIDERARE
GIÀ
VISIBILE
NUOVA
SPADA
COLLASSO
QUASI
LUMACA
TEMA

Puzzle 250

FAGIANO
CATTIVO
GALLO
ASSUMERSI
PERSONA
GRADUALE
AVANTI
LEZIONE
DONNOLA
PAVIMENTO
IMITARE
TENDONO
FIUME
AFFARE
ALTALENA
STUDIO
RISPETTO
GRASSI
ESPERIENZA
LINCE

```
D A L O N N O D C L X D R P G X A
F N T E I M I T A R E B I A P W U
A E L M Z W L M Q M G D S V E P D
G L M U P I B H I V P C P I R A H
I A E I H Y O P S I S Q E M S V G
A T T F I P Z N R T U U T E O A R
N L B S M H S U E S E S T N N N A
O A P Z X B P A M T R N O T A T D
C A T T I V O P U U A W D O V I U
W K I X S L X O S D F W V O N T A
W W E Q S D V I S I F L E C N I L
W O L L A G P Z A O A C U J R O E
E K W A R I E S P E R I E N Z A C
U Y M F G Q W I D D P M F B W T V
G Y T R E A G W H O N T S E A U E
```

Puzzle 251

```
A C L X U W K E R O S S E F O R P
U K H V R Z T V I B N W B K E B U
L M M I C U C E C O X B B A S M C
A R E R A B U R H L I N E S E G Z
N V J K T V B D I G S I R X G S Q
O L D L O I E K E L A T A F U T N
R A B E R O B T S M H Y S J I E C
O A Z U A I Z I T O N C N X R L O
C R O R C E K L A L I S S T E L R
C O N F R O N T A R E N W V A E R
U P S O R O L O G I O B N O R G E
S B A G L I A T O I D F F E J B T
L S D S N U D O L X Q G D P C Q T
L W I X Q G D U H Y G K G O O E A
N A S C I T A J L U I Z S P A F D
```

CUCE
AULA
DECENNIO
ESEGUIRE
GLOBO
NASCITA
SBAGLIATO
FATALE
RICHIESTA
PROFESSORE
RUBARE
CHIAVE
NOTIZIA
CORONA
CORRETTA
SAREBBE
OROLOGIO
CAROTA
STELLE
CONFRONTARE

Puzzle 252

GLOSSARIO
GUARDARE
ESITO
INDOSSATO
POSTA
MAGAZZINO
ACCADEMICO
QUANDO
INCLUDERE
DIFFICILE
VUOLE
NECESSARIA
APPARTENGONO
RESISTERE
CIASCUN
ANTICO
CON
TRASFERIMENTO
SANO
SUA

```
C T S C V A I N D O S S A T O I H
I R A M Y R P N E C E S S A R I A
A A N E I J B P B F Y J W Y R Z F
S S O O N I Z Z A G A M W K U U J
C F C I O M L D E R E D U L C N I
U E R E T S I S E R T N P N P Z N
N R Q Q I H Y O C I M E D A C C A
O I R A S S O L G G M G N R O S A
Y M I F E R T Y S A J U R G B O X
J E C Q F P O C I T N A T F O V L
O N Q O Y W O G H K B R S U A N Y
K T S G N C J S D Z G D T K P X O
N O F I L B T X T I B A S M T G M
I K Q U A N D O J A K R L O R B Z
D I F F I C I L E Y U E L O U V L
```

Puzzle 253

A	S	D	C	J	H	A	G	G	I	U	N	G	E	R	E	J
T	B	I	G	O	C	C	U	S	R	G	X	N	J	S	X	L
L	R	U	G	X	N	C	O	N	C	E	N	T	R	A	T	O
E	E	K	C	N	D	F	C	O	N	S	I	D	E	R	A	J
T	V	C	K	F	I	C	O	Q	B	R	U	C	I	A	R	E
I	E	N	I	T	S	F	H	N	P	J	I	Y	C	F	V	D
C	K	L	S	X	T	T	I	G	D	S	O	K	C	K	U	I
A	U	Q	C	A	X	Y	C	C	T	E	U	Q	U	X	H	V
C	I	T	T	A	D	I	N	O	A	E	R	I	N	E	V	E
T	A	S	C	A	P	Q	V	D	I	T	N	E	Y	Y	O	R
P	X	A	K	Y	E	I	O	D	B	C	I	U	Z	Q	L	S
L	I	R	Z	J	R	C	D	E	B	G	I	V	T	X	J	O
R	G	O	H	H	A	I	O	R	A	U	P	T	O	O	Z	F
P	I	S	E	L	L	I	D	F	S	J	R	D	L	T	V	R
A	E	R	O	S	T	A	T	I	Y	H	R	I	I	D	Y	X

CITTADINO
SIGNIFICATIVO
CONCENTRATO
ATLETICA
SABBIA
PERA
TENUTO
ACQUA
BREVE
BRUCIARE
TASCA
AEROSTATI
CONFONDERE
SUCCO
FREDDO
VENIRE
DIVERSO
PISELLI
AGGIUNGERE
CONSIDERA

Puzzle 254

BRACCIO
NEVE
AVVOCATO
SOCIETÀ
COMPAGNO
GENTILUOMO
STOMACO
DOCCIA
RIBES
FABBRICAZIONE
VIAGGIO
FRAGOLE
PITTURA
SINISTRA
TRASMISSIONE
MOTIVAZIONE
PROBABILMENTE
TEMPERATURA
PROVOCATORIA
OTTENUTO

D	E	T	N	E	M	L	I	B	A	B	O	R	P	L	K	X
C	O	P	I	T	T	U	R	A	R	D	G	O	T	E	V	O
O	T	C	H	I	A	I	R	O	T	A	C	O	V	O	R	P
M	A	I	C	W	F	U	J	A	G	U	C	J	C	C	X	B
P	C	T	N	I	J	O	C	P	A	K	P	C	G	A	D	Z
A	O	I	G	G	A	I	V	G	T	J	Q	R	I	M	P	D
G	V	O	J	H	Z	T	L	S	Y	R	L	F	V	O	J	M
N	V	V	K	S	F	F	B	G	N	W	S	C	S	T	O	G
O	A	N	Q	Q	P	C	S	E	B	I	R	T	Z	S	T	S
J	R	L	O	P	O	M	O	U	L	I	T	N	E	G	U	O
F	A	B	B	R	I	C	A	Z	I	O	N	E	V	E	N	C
S	I	N	I	S	T	R	A	C	K	R	G	I	Z	K	E	I
L	U	M	E	N	O	I	S	S	I	M	S	A	R	T	T	E
M	O	T	I	V	A	Z	I	O	N	E	K	I	R	Q	T	T
T	E	M	P	E	R	A	T	U	R	A	L	M	O	F	O	À

Puzzle 255

```
C P C L R L V P Q K M U R T T F S
Y Y O O I C R A M O D J I A A I T
Z W N Z L Z C E G Z G Y F R C S E
W L W L O L T D H E C P E T C C S
M O C G O H A O Z N G R R A H A S
À T I L I B I S S O P E I R I L A
T O A B U V A I D N H F S U N E L
R I A V V O L G E R E E C G O L O
E L I D Q Z T T Y Q A R O A J J F
V A R U L A H N Y H C I N M H K S
O I U R K L U P E G C S O C L A F
P H G A M A K W K C A C V E R M E
C C N T Q O L Z T X N O Q B Z M N
Q C A A R F P H V G T N C U H O P
P O N A C C A T T A O O T S R F Y
```

MARCIO
RIFERISCONO
TACCHINO
OCCHIALI
FALCO
LAZO
CENTO
POVERTÀ
POSSIBILITÀ
TARTARUGA
STESSA
ACCANTO
COLLA
DURATA
FISCALE
ATTACCANO
VERME
PREFERISCONO
ANGURIA
RIAVVOLGERE

Puzzle 256

MORBIDO
SUFFICIENTE
SIA
RAME
STUFA
PREZZEMOLO
CONTRIBUIRE
DUE
FORCHETTA
ORE
OSSERVANDO
CAUSA
STRETTA
ESAME
LAVELLO
CUCCHIAIO
TERRENO
COPPIA
CORPO
ESERCITARE

```
P D U X J F S U F F I C I E N T E
D H T Z J O G F H V G N G Q F D L
V Y Y X L R R A M E N Y I C X W E
S T U F A C C Y L X Z O F E X Q G
X A B I L H O C F K G C P G T E V
A C X P I E P O S S E R V A N D O
L U W L J T P M O R B I D O A J K
J C O R L T I B G U O A Y V D C W
C C D S Q A A T P S T R E T T A R
A H R S D O E R I U B I R T N O C
U I H O L O M E Z Z E R P O O S F
S A J M Q A A Y R A T Q S V A I J
A I M E D X S E U O N M I E U A D
P O L L A V E L L O N E R R E T U
E S E R C I T A R E C O R P O R E
```

Puzzle 257

```
C T X H F M C E S C R I T L K Q Y
Q A F I T I D L I S I M Z S U E P
D F M N R U E I P K U F O M B R A
D N V P O G N N A E T K L H N E P
Z E Q F A J S D R S I C H K Y D O
A L V X I N O A I E L R I L S N S
I A V E N F A G O S I B G B X E S
N R A O A K W I Y E Z Y P R O P I
E T R Y V B F N C R Z C B Y E I E
T N I J I W D E E C A V R U C D D
T E E W R P A G A I B A R M A U O
O C T J C B I T G T I Q Z J R Z N
M P À R S R T N M O L J Y Y G H O
C O L E O T T E R O E N E H X Y M
C V P E R S O N A L I Z Z A T O C
```

CENTRALE
DEVE
PERSONALIZZATO
ARMA
CURVA
INDAGINE
CIBO
CAMPANA
VARIETÀ
COLEOTTERO
DENSO
OMBRA
SIPARIO
PAGA
SCRIVANIA
ZAINETTO
DIPENDERE
RIUTILIZZABILE
POSSIEDONO
ESERCITO

Puzzle 258

MEMBRO
INTERESSANTE
AMARE
RIFLETTERE
ANDANDO
RITRATTO
RAGGIUNTO
DISPERATA
ESTINTO
SICCITÀ
ANATROCCOLO
CONCORRENZA
TRASPARENTE
DAVVERO
RIFIUTI
SEDANO
CONSIGLIO
FORZA
RESIDENTE
OTTANTA

```
P Y O D A V V E R O M F M R I X U
T T T R T B R N K R I O J Z N A V
O M N G A E E M K B C R B K T G D
T A U K R M S L R M O Z R C E S V
T T I H E H I A H E I A H O R W Y
A X G A P J D J Q M L D T N E J O
R M G L S K E D D N G K L C S G T
T R A Q I À N T I F I Q V O S A T
I S R R D O T N I T S E P R A N A
R O G S E N E I M Y N W Q R N D N
L F A N A T R O C C O L O E T A T
S E D A N O B B W C C N X N E N A
R I F I U T I Q C Z I H O Z P D H
R I F L E T T E R E J S W A B O I
T R A S P A R E N T E R O N T H E
```

Puzzle 259

```
E  I  R  E  G  I  D  D  T  H  Y  R  V  X  D  Y
V  C  V  M  M  G  J  A  O  M  E  G  Z  F  Y  Y  N
I  A  L  O  H  S  A  R  P  O  S  R  X  E  U  E  Z
D  M  I  D  U  Z  T  P  O  O  C  Q  R  T  C  M  T
E  M  L  E  U  B  A  W  C  E  O  C  I  O  B  J  O
N  I  L  L  N  D  N  M  S  L  N  P  H  U  R  H  D
Z  N  A  L  I  Y  I  H  M  E  I  F  Q  I  D  E  I
I  A  O  O  T  E  D  P  G  M  D  U  S  B  Y  N  R
A  T  K  F  À  S  R  E  Q  E  H  C  S  E  P  Z  G
R  A  P  R  O  Q  O  W  O  N  K  U  E  I  J  X  A
E  N  M  E  T  N  E  M  A  T  A  I  D  E  M  M  I
H  J  Z  Q  A  N  L  O  L  A  Q  L  O  J  I  F  Z
M  A  T  E  R  I  A  L  E  R  S  I  C  U  R  O  D
J  C  C  I  I  H  E  W  Q  E  O  T  O  E  K  L  X
T  W  R  N  T  L  R  F  A  F  B  R  C  N  Z  G  B
```

TIRATO
GRIDO
MODELLO
UNITÀ
CAMMINATA
TERRORE
MATERIALE
IMMEDIATAMENTE
EVIDENZIARE
ELEMENTARE
SICURO
PESCHE
LILLA
REALE
FUMO
OCCHI
SCOPO
DIGERIRE
ORDINATA
SOPRA

Puzzle 260

QUESTI
POLITICA
RISPONDI
NUMERO
AUMENTARE
DOMANI
COMPLICATO
CONGEDO
PERMETTONO
NUMEROSI
FERMO
SEGNALE
BRUCIATO
LAVANDINO
MIGLIOR
PARLANDO
DUPLICATO
ERRORE
SCARPA
RUOTA

```
W  Z  A  B  R  U  C  I  A  T  O  F  I  D  A  C  S
A  V  D  Y  K  O  I  L  S  K  Z  V  Q  N  U  O  E
U  I  O  N  P  D  T  X  J  C  K  H  H  F  M  M  G
N  D  D  N  R  E  V  W  O  I  A  L  K  M  E  P  N
P  N  N  K  N  G  R  A  V  Q  T  R  H  Y  N  L  A
F  O  A  O  I  N  A  M  O  D  O  C  P  I  T  I  L
V  P  L  R  T  O  M  R  E  F  U  C  F  A  A  C  E
K  S  R  I  N  C  Y  Q  P  T  R  Y  A  Y  R  A  M
I  I  A  L  T  C  O  U  C  Z  T  O  I  F  E  T  Z
T  R  P  R  C  I  T  S  E  U  Q  O  Q  K  F  O  S
F  W  S  V  Y  S  C  Q  D  V  N  R  N  T  X  M  N
M  I  G  L  I  O  R  A  C  I  I  E  R  O  R  R  E
V  V  N  U  M  E  R  O  S  I  R  M  U  Z  J  G  I
N  D  L  S  O  T  A  C  I  L  P  U  D  K  I  G  J
F  V  B  U  M  N  J  O  N  I  D  N  A  V  A  L  X
```

Puzzle 261

```
R M I S E R A B I L E C D V M T P
S E T K O Y Q R J T H D B I T E R
O N G C O N T R O L L A R E W C E
S A S O T E S S J K I A U Z F N Z
T I O R L P X E I D S C D Z M I I
E W T T Z A P P O C A R Q W E C O
N Y A S I W Z X F M O I T G D A S
E P I E A N X I S E G N O F I R O
R U Z A V M D S O M I S S I O N E
E T N M E F I I A N I C U C J T M
B P E P B Y J C V W E O V B S O A
J D I X U T T G A I A T T I V A L
A R C O B A L E N O D N O D O D C
Y T S G M L I D E G W U L H C L I
V H P L Q Z W S T W N C O L R U Y
```

CONTROLLARE
SOSTENERE
TECNICA
MEDI
SCIENZIATO
MISERABILE
MISSIONE
ARCOBALENO
CUCINA
REGOLAZIONE
MAESTRO
SETOSA
ALCI
COPPA
AMICA
INDIVIDUO
ATTIVA
PREZIOSO
SEGNO
NODO

Puzzle 262

VAPORE
PARTI
INTERAZIONE
SPAZZOLINO
RISOLVERE
ERANO
ARGENTO
PIGRO
ANNI
GIARDINO
RISPOSTA
LO
GATTINO
MANIGLIA
MECCANICI
SOLDATO
POSTINO
RACCOMANDA
CROCE
QUOZIENTE

```
M L H S E Y R I P T E Y P A U M R
F G F Z M C G E R A N O O R G E A
G H U F P C I M M P O R S G Y C C
Y G I S O N I D R A I G T E H C C
S O L D A T O V T R Z I I N A A O
C R O C E I W S G I A P N T G N M
Q U O Z I E N T E S R V O O I I A
M G X J N P H Y W O E K A L O C N
A Z A C E R B P D L T B P P E I D
N W A T V A N A W V N N X E O S A
I B Y A T J O R B E I N X R T R U
G X E N Q I B T O R H G O Q U P E
L Z S N S V N I G E L I K N Z R D
I F U I A T S O P S I R L Q N D D
A E L I S P A Z Z O L I N O U G R
```

Puzzle 263

```
S O S T A N T I V O D R T O Y F N
G R A N C H I O D Y I E A R U L P
Q Z K W A X F S W X X T U S K A P
S E D I A R D A U Q S E T A A Y A
C E R E N E T N O C P J Q C T W L
V H X I C I C L I S M O J C O K A
L Q I E R A N I T T A P P H M M V
F T Y A N E R O T T A Q R I I G O
X E U Q R R S U P A R T A O C M R
G V D U M A N N R F J A T T O Z O
E C S Z T G M E I L N B I T E N Q
M O O G R I D E Z H O E C O S T T
R O N E J V A I N Z K L A P U C F
P Y O C H A V U T T K L R N M T R
H A C M L N U D V W E A A T V R F
```

INSERIRE
TABELLA
ATOMICO
SONO
PRATICA
SOSTANTIVO
URLO
CICLISMO
SQUADRA
NAVIGARE
RETE
ORSACCHIOTTO
SEDIA
LAVORO
MUSEO
PATTINARE
CONTENERE
ATTORE
GRANCHIO
CHIARAMENTE

Puzzle 264

MARCATORE
ESISTONO
FERIRE
RISCHIO
TESTA
SCOIATTOLO
SOLUZIONE
PIÙ
DELUSO
CORRERE
ASINO
CLASSE
PRANZO
SICUREZZA
TESO
ESAMINARE
TROVARE
FINALE
ALLENATORE
RIMUOVERE

```
S L L T L J O D E R A N I M A S E
C O W E O B X A O R S Z X Ù S X E
P L S C N I K E R E V O U M I R F
R F A S O L U Z I O N E Z R N P H
A I R S T W U L D O E R A V O R T
N N I M S D W G E U U E C S H I Q
Z A S S I E E A Z Z E R U C I S I
O L C B S R W A C B I R O O Z I C
I E H F E I J X W R B O T I Y J N
K V I L V R E R O T A C R A M C D
C L O T R E R B R P K W A T S E T
S K T V Z F N U T X Y L W T F P H
X U U E R O T A N E L L A O U Q B
O G Z E S L N P L Q E R H L L V J
J C K A Q O S U L E D C O O W R H
```

Puzzle 265

```
R P B A R X Z S L I A S Z I L Z K
X A O F I I K O E N E P I O K Q M
P C T F N P B B P F A E W O N Y P
B I T I O T T O I O J D R M W A P
B F I D C K R X D R I I S F Z D E
G I G A E U J Q O M T Z H C T Z S
D C L B R G P Q T A N I O P P H A
N O I I O P W D T Z O O E G C T R
K A E L N P T K E I S N L I E D E
M R S E T K S K R O I E N L I N G
S E J O E P L E O N B Q X D C V H
L D B S F O N T E I A M E N T O B
P B W S K W E Q F V U P M S O E D
D G B A F E R R O X N N S P E S A
S X D T D I V E R T I M E N T O M
```

AMENTO
SPEDIZIONE
PACIFICO
BOTTIGLIE
LEPIDOTTERO
FONTE
BISONTI
ZONA
FERRO
AFFIDABILE
PESARE
ERA
INFORMAZIONI
SPESA
DIVERTIMENTO
NASO
TASSO
OTTO
NEGOZIO
RINOCERONTE

Puzzle 266

ZIA
ANNO
CURIOSO
SPESSORE
MA
CAMBIARE
TULIPANO
ASSUMERE
CINQUE
FIGLIA
CALZA
ATTENZIONE
QUANTITÀ
PRESIDENTE
ASCENDERE
MACCHINA
RIFORMA
VERSARSI
PENNA
REPENTINO

```
H G C P M C J N E U A P J C O A K
V W S Y P W J L N N N R V I Q S M
J T U L I P A N O R N E G N U C M
B S M Y M Q Z I I I O S A Q N E A
T P G C U C L S Z F D I D U B N C
E R A I B M A C N O P D T E N D C
O S O I R U C X E R A E F G L E H
V E R S A R S I T M A N N E P R I
M H T L Q T J S T A B T Q R A E N
V W Y K H C D S A M C E G O T J A
R E P E N T I N O R P T M S G E S
Q U A N T I T À E R E M U S S A H
F I G L I A R B E T U H Y E N T B
B B D I E R J F U X M U J P G N J
U B Z W M X X S D V T Q M S U E E
```

Puzzle 267

```
H P U E W X A I M M I C S Q Z F P
S Y O N S G B V O C I T N E D I O
T Z V H T C B Z F P M H H T S A S
C E A D J J O K K O I Q K I D C I
D C O F E T N A R U C N I V J C Z
P H D R N B D Z C J T M I L R H I
I I V U I A A S E D U T A O I M O
N V E E L A N O S R E P U M N P N
V O W G I A T L O C C A R N Z E E
E G B V A R E R E D N E F F O X D
R G A S C I U G A M A N O Q X Q C
S E O P E R A R E E D U Q B A U Q
A T I N D U S T R I A W Y T H V Q
C T T R T E L E V I S I O N E H K
W I N L V Z C Y G R V J U U U Q S P
```

SCIMMIA
RACCOLTA
PIEGA
OPERARE
ABBONDANTE
INVERSA
INDUSTRIA
PERSONALE
OPINIONE
ASCIUGAMANO
UOVA
TEORIA
POSIZIONE
SEDUTA
TELEVISIONE
OFFENDERE
IDENTICO
VITE
OGGETTI
INCURANTE

Puzzle 268

GIOCATORE
BURRO
BAIA
PAZZA
DIETRO
FORMA
SEMPLICE
MOTORE
DISTURBO
RAFFICA
OFFERTA
SALTATO
NONNO
CONCLUSIONE
FEDERALE
LABBRO
AMICHEVOLE
GOVERNO
COPERTO
CALCOLATORE

```
C B F V Y I L Z C Y H S G R Y G W
D A J E M I A F X V L K O A F I J
Q I L W I T B S E U F W V F H O A
B A E C Y S B R N F L C E F K C T
R B S T O T R E P O C P R I E A W
R R L D R L O X L V W F N C C T A
G K T N N O A T R E F F O A B O S
P J D O P N J T S A L T A T O R E
D I S T U R B O O Q Z H V P N E M
F E D E R A L E Y R D S O W N N P
P A Z Z A C T T K O E R O T O M L
F B N A M I C H E V O L E P N N I
Y B I X R G E N O I S U L C N O C
Q D F B O B U R R O H B E B M X E
E A G G F Y H S O G K T H F V X M
```

Puzzle 269

```
I T T U T I P P O P O T A M O L T
O D T Z U H J E G A X X K D V A Z
T F O I L G I N O C A R I N O M P
P O S N N T V I T A M I N E Q P O
I B K I E R A N I G A M M I A O T
L G V N P O T A T I C C E Q L N P
O R Y E N O I Z A T O U Q D T E A
T A Q V R E R A C I T N E M I D I
A S M Z O O E Q N Y O B E Z T L R
D S J V M N H X B I M G V C U K O
S O W A L S G L H I E M A E D E N
H F B X U Z R R L P Q N G Y I X E
A B S N L W A U S B H R T P N N V
L I N E A Q M X R Z D E R E E F I
G A L L E G G I A N T E W D S G E
```

IDONEO
CONIGLIO
IMMAGINARE
AIRONE
QUOTAZIONE
DIMENTICARE
CARINO
GRASSO
ECCITATO
VERO
IPPOPOTAMO
TUTTI
NIENTE
PILOTA
ALTITUDINE
LAMPONE
VITAMINE
GALLEGGIANTE
MARGHERITA
LINEA

Puzzle 270

ARRIVANO
PIATTO
CUCINARE
METODO
FIDUCIA
SIGNORA
COINVOLTO
TELEFONO
MONDO
SALVA
DOMANDA
GOMMA
DIVERTENTE
PENNELLO
BLU
CAPPELLO
VEDONO
LIBRERIA
CONDIZIONE
COMPRATO

```
P Q P N A O L L E N N E P C C B U
D I V E R T E N T E O Z G U A B T
A K I K T T E D G U K J E C P E L
Z Z O H I A I R E R B I L I P L N
T Z W U I I R G O B X M H N E B P
U O T A R P M O C G A O I A L L O
F I D U C I A Y N J K N I R L U R
U E G L J O V B V G Z D S E O X P
G G L M P K L Y O M I O E X D U K
X L Q K P Y A X D E V S Z U P J Z
R M G X P R S F A T T X B I Y M T
C O I N V O L T O O M V E D O N O
T E L E F O N O A D N A M O D W B
A R R I V A N O M O G O M M A A L
C O N D I Z I O N E D L K K T A M
```

Puzzle 271

```
I  P  T  I  O  L  A  P  R  E  S  O  M  K  P  B  F
N  R  U  R  I  Q  P  P  H  N  R  L  P  I  U  H  I
F  E  W  E  B  I  O  C  P  E  R  O  L  C  L  O  F
E  E  B  R  C  Y  L  O  C  R  P  T  T  I  J  L  D
R  M  C  A  G  J  I  S  O  E  O  T  T  E  L  N  E
I  S  K  D  O  L  Z  T  C  I  T  C  S  Q  B  V  A
O  C  E  R  V  I  I  O  C  L  I  D  C  Y  R  J  Q
R  B  G  O  O  M  O  S  O  G  S  E  M  I  C  G  N
E  Z  H  C  B  B  T  I  D  O  Y  C  Z  G  O  D  A
P  F  G  I  C  H  T  P  R  C  X  I  Q  K  I  S  C
G  C  Z  R  X  A  O  K  I  C  A  M  I  R  C  A  L
C  A  B  I  N  A  P  D  L  A  H  A  D  P  A  M  P
D  D  Z  T  D  M  K  O  L  R  U  Q  U  R  Z  L  J
M  C  I  L  I  X  B  E  O  M  I  T  T  E  S  A  J
E  F  F  E  T  T  I  V  A  M  E  N  T  E  D  C  H
```

RICORDARE
CALMA
RACCOGLIERE
MILLE
APPROCCIO
LACRIMA
SETTIMO
EFFETTIVAMENTE
COCCODRILLO
FOLCLORE
PRESO
POLIZIOTTO
CAPO
COSTOSI
DECIMA
CERVI
LETTO
SITO
CABINA
INFERIORE

Puzzle 272

AMMINISTRAZIONE
SPAVENTATO
UDIRE
PREZZO
ORGANIZZANO
FRAGOLA
ASSEGNARE
BRILLANTE
BANCA
INDIVIDUALE
PAUSA
ONDA
PRIVI
POVERA
IRREGOLARE
DAL
PULCINO
RIPARAZIONE
CANNELLA
PESCI

```
J  A  S  P  J  O  N  L  H  E  X  E  O  M  W  C  B
R  S  I  E  B  A  N  C  A  R  E  V  O  P  D  A  R
D  A  L  S  R  I  P  A  R  A  Z  I  O  N  E  N  I
O  L  L  C  I  X  V  S  F  D  E  F  T  U  P  N  L
R  O  K  I  Z  P  V  I  E  N  H  P  A  H  R  E  L
G  G  A  G  C  H  F  D  R  O  N  P  T  U  E  L  A
A  A  C  F  O  A  C  A  A  P  Q  A  N  N  Z  L  N
N  R  H  K  O  N  I  C  L  U  P  U  E  T  Z  A  T
I  F  H  P  Y  Q  V  O  O  E  T  S  V  C  O  M  E
Z  S  I  P  O  G  L  Q  G  O  L  A  A  D  Z  Y  N
Z  V  M  Q  E  C  U  T  E  L  H  E  P  L  O  H  S
A  A  S  S  E  G  N  A  R  E  C  R  S  P  H  T  A
N  J  E  N  O  I  Z  A  R  T  S  I  N  I  M  M  A
O  K  I  E  L  A  U  D  I  V  I  D  N  I  K  W  Z
L  W  O  A  Y  W  G  T  J  B  D  U  D  E  J  C  Z
```

Puzzle 273

```
D I M E N T I C A T O W C N N W M
F A V O R E V O L E T S O T U B O
P R I M A V E R A W I K M Z C O S
V R M U C J K A S D H Q O V A F T
N H A N S V Q C A D X A D D P G R
Y A A Y E G S P X Z C Z I E P K A
G K V O P Z Z F W Y Z I T C O A N
W R G R M O D I F I C A À I T U I
O T A R T N O C N I H J G M T M E
N E S F E A I S G C N P S A O E R
R A M U I K P E Z N J S N L R N A
O W T V C C P L L O W O K E G T Y
T S J A S I O S P B A L K W J O S
N H X G L W D N F U S I Z U M T U
I L G S G E F I O R E Q E I Z E V
```

COMODITÀ
MODIFICA
DOPPIO
DECIMALE
PESCA
INCONTRATO
CAPPOTTO
TUBO
AUMENTO
NATALE
GRAFICO
FIORE
CARO
RAGAZZA
PRIMAVERA
FAVOREVOLE
SOLI
INTORNO
STRANIERA
DIMENTICATO

Puzzle 274

SENSAZIONE
ODIO
FUORI
INTERCETTARE
CATEGORIA
IGNORARE
DOVERE
LINGUA
PERMETTERSI
VOLUTO
SUPPOSTO
INTERVISTA
BLOCCO
CALZINI
OCCHIO
LIBRO
INTERNAZIONALE
TEATRO
RIVELARE
BALCONE

```
A Z R X U A Y C I P F U O R I A S
N O I H C C O Q N E T S R I T I E
L Q V P R D R G T R U Z T N D R N
I F E R E V O D E M F Z A I I O S
N F L G X X H U R E X U E Z G G A
G C A Q H Q X X C T Z N T L N E Z
U M R M I A M D E T D D B A O T I
A I E E K X Z S T E X U Z C R A O
B L O C C O S N T R L V D A A C N
U T S Z P D J Z A S T I O F R S E
T H N X F N B C R I U W B L E Y P
N W C X J V Y E E L J L R R U O H
I N T E R N A Z I O N A L E O T M
N A T I N T E R V I S T A C P Y O
R E S U P P O S T O B A L C O N E
```

Puzzle 275

```
P G I R E S P O N S A B I L I T À
U I F M H W Q P H M K W D X G S G
N A D A P W F T O O S S U O I A Z
I L U L O O L L E N G A M O N L J
R L N T G T R L N O I T K D S U H
E O R F K I Z T H G J S D C E T V
L U M I N O S O A C D E Z E G E X
V U F N K R C N E R I U C C N E S
C W C X M T T I R U P Q T Y A R C
F A S E I N D T N R O S I R R O S
N C L K S I G K U A B O R U E I C
P R I N C I P A L E C X T E O L M
A V V O L G E R E I C C E J W G J
K E T I T A M A R E P M E T B A N
B I R R A J B C O S B N Z M H B R
```

IMPORTA
PRINCIPALE
MECCANICO
INSEGNARE
SUO
FASE
LUMINOSO
GIALLO
BIRRA
TEMPERAMATITE
SORRISO
PUNIRE
AVVOLGERE
INTROITO
QUESTA
RESPONSABILITÀ
AGNELLO
NERI
BAGLIORE
SALUTE

Puzzle 276

NASCONDERE
REGNO
DANZA
PERDA
COMODO
NULLI
USURA
INDICE
STREGA
INVITO
ORDINE
BANDIERA
ASSICURARE
GIACCA
ATTUALMENTE
PARTICOLARI
ESPRIMERE
TENERAMENTE
NETTARE
PUBBLICAZIONE

```
P K E T N E M L A U T T A D R E P
D U T N Y Q Z S O N G E R A X M N
Q N B U I A D B J Q B N U N X N A
W E S B A O U A D G I E S Z P E S
J R Z K L T B S B D L R U A A T C
D A A R E I D N A B E A B C R T O
O R Y W Q V C P O D O M O C T A N
N U L L I N J A O R G E F A I R D
J C W D J I I G Z N K N T I C E E
T I X M T K O E N I F T M G O C R
G S X R X E O R M Z O E A C L L E
K S M M Z D Z T C H R N J N A S S
J A H P V O I S C J W M E K R J N
O R D I N E R E M I R P S E I L R
O X J N I I I N D I C E I L Z U H
```

Puzzle 277

```
T A Z N A T S A B B A H F T P B E
C U P I D O E P M X T I A A R Q J
X I P A I W T E Y I H Q R G E P C
P K I U U X O T S O C I I L V L X
R D U L F E T I A L L I N I E O P
Q X T W B R L M U G A R A O D S G
L I T C K D A I U M R M R Q E J J
S P O I O L Z L G M D V P I R K E
I Q S S S M G E S T I R E A E B B
Y Q T O C E M C A O H Z Q S D N E
I V O F F Y I E R E N A M I R A N
R I F E R I R E N I M I R C O P Z
C O M P L E S S O T R N U O W X I
S E P A R A T O A E O B N C U P N
C A R A T T E R I S T I C A S Z A
```

TAGLIO
CRIMINE
RIMANERE
PIUTTOSTO
COMPLESSO
COMMENTO
GESTIRE
PREVEDERE
FARINA
CUPIDO
AMICI
RIFERIRE
LIMITE
CARATTERISTICA
BENZINA
COSTO
LAMPADA
ABBASTANZA
SEPARATO
ALTO

Puzzle 278

COSE
DIBATTITO
ELLITTICO
PAURA
CAVOLFIORE
DENTRO
VESTITI
VUOTO
TERMINE
MIGRAZIONE
FARFALLA
PROCEDURA
BAGNATO
OCA
VELOCEMENTE
DURO
ZENZERO
VELOCE
VOLT
VOGLIONO

```
Z A V D I B A T T I T O X C D D N
E N O I Z A R G I M C O S E S E I
U Y G L E P D V B G P N Q J B N V
K R L I O E T S R X T A Q T K T E
A Z I O F R S T W N D E U H O R L
T V O C J E N I M R E T S R W O O
D C N A K A R U D E C O R P A R C
S P O J D U R O C I T T I L L E E
V E L O C E B P I O Y L T A R Z M
W F V L F D V A V F O O U W N N E
O H M A Z L Y I G Y L V A P O E N
F A R F A L L A J N S O L P Q Z T
D U V U O T O A W V A G V Y M C E
O S N W H I F W D I W T O A O N U
R T W V E S T I T I P H O C C N R
```

Puzzle 279

```
C N F J I F G Y A G G U R T S I D
O T L X W C U X V W R G I E E J K
S S U U Z R I K U P U E U M L S F
T P I H P M K W E I P F S E F H A
R R D R U A K L J N P O Q S G I N
U I O S Z D W V B T O C Y P B E T
I M T E L A I A M E H A S O L E A
R O T L R L E U F R L M M J E Z S
E R O E S O L E E N O I L G A M M
E D D Z M E L F R O L O U R X Z A
G I O I P D D A U F J N P P J O A
C A R O H D D U V F O R S E B A I
W L P N Q F Y C T G N H W N V R Q
E E D E Y J L A N O G U E Q C X I
B S I B U F F I C I A L E C L X U
```

PRIMORDIALE
CAMION
ELEZIONE
MAGLIONE
FORSE
PRODOTTO
SEDUTO
UFFICIALE
UVA
MAIALE
FLUIDO
INTERNO
VALORE
RUOLO
RISO
GRUPPO
SOLE
DISTRUGGA
FANTASMA
COSTRUIRE

Puzzle 280

IRRITABILE
SESTA
PERDONARE
OVVIO
RITIRARE
STATO
MUSICALE
VISTA
ALTRO
DOPO
URAGANO
DISEGNO
TRISTE
CONFINARE
OBIETTIVO
SEZIONE
MONITORARE
OGGI
ASSISTERE
REGALO

```
U R A G A N O I V V O L Y F F K L
P G T R H Y C O N F I N A R E U B
S N S Z R E I G K R T O E T N O D
T U I A R D I S E G N O R E E E T
A G V L F U G S Z V L M A L T R O
T A S S I S T E R E I O N A S A L
O V A Q R N O D G B E N O C I R A
Q G E O K R K L O S V I D I R I G
I V F A N S I W T P T T R S T T E
Y F N U B V T X C Z O O E U Z I R
S I R R I T A B I L E R P M W R T
V E N O I Z E S A N C A X U C W H
H Z S D N P A C Z F S R M H G L S
J M P T O G G I Y M J E S V L C K
Z A Q K A O B I E T T I V O B R W
```

Puzzle 281

```
Y E Y E Y E R A L O C L A C I F S C I
F C H N S L O V P W M K N X O A S
R A X T W T H G R W L S P Z P C P
A O Y E V R V L V O L H L V R A E
T I O M A I C I D V R Z Q E A O Z
U C Q X V E Y N T I Y S L R V Y I
F C H R B O J Q À T O Y T N V O O
O I P O C S E L E T O W L I I B N
A R G U S T O P B A T R P C V M A
F H B S P O R C O F U I I E E E R
E N O I Z A R E N E G G A R R E
M Q T A T H U B A H N F Q E E A E
K T C C D A P R O G E T T O B W F
T R I A N G O L O L L E T A R F T
M U E J L I N E T K B E L U J J U
```

PROGETTO
CACAO
SOPRAVVIVERE
DICIAMO
TRIANGOLO
VERNICE
VITTORIA
ALTRI
TELESCOPIO
CITTÀ
MERA
FRATELLO
ORBITA
ATTIVO
GENERAZIONE
SPORCO
ISPEZIONARE
CALCOLARE
RICCIO
GUSTO

Puzzle 282

CURE
SÌ
DIVANO
SUPPORTO
MANGIARE
DEBOLI
CHE
OPPOSTO
LOTTA
SCAFFALE
ISTITUZIONE
TESTO
CHIAMATA
STRATEGIA
MONETA
CONCORDARE
QUATTRO
REGINA
BENEFICIO
GHIACCIOLI

```
R J F J U B R J M O N E T A G I S
L E Y Z A T A M A I H C K Z B S C
O T S I Z B E R A I G N A M J T A
Q U A T T R O S Y H I O C F N I F
T Y I L R A T J T E S R M P R T F
E C G V P R R A N O N A V I D U A
R T E J S Q O P H I T T Q A H Z L
A O T S O P P O C C L T N P E I E
D S A R F N P S I I K O P W W O C
R G R N T H U Ì Z F N L I P I N A
O I T W I V S D J E D Y J J X E Q
C G S Y Z G N J E N D E B O L I K
N E S D E M E C H E W O J O L R N
O Y M C M G I R X B O W J J A F Z
C U R E F W G H I A C C I O L I H
```

Puzzle 283

```
V P K K B G C P P P T G T C P U A
G I T M O K P Z O D N O C E S Z U
R W E Q X K M E L L E D H E K A T
T Z H N E E R A I Z I N I T X N O
O O R M E C T U F M L T G B R D R
S U L L A L U S S O G A I P Q A I
G E O I F G T T T Z I T X C M T Z
P E N Z O L A R E I M O V Z O O Z
B O R S A D V L C H A G A M B A A
A I O E Y T A D I X F F W J K I R
U E I O Q Y T G D L T B Z E U O E
X O G Q L G S R U G Y K Z G M H L
F I A X J E L A I R O T A M A J R
Y S X R P P N K G G A E J J V O H
U P S D J K D I M I N U I R E F H
```

SULLA
VIENE
FAMIGLIE
GIUDICE
SECONDO
STAVA
INIZIARE
LA
BOXE
ANDATO
PENZOLARE
BORSA
GIORNO
DIMINUIRE
AMATORIALE
AUTORIZZARE
LUSSO
POLITICO
FILO
GAMBA

Puzzle 284

LAGO
ARTICO
DELICATA
CIVILE
FRIGO
PREFERIRE
SPERANZA
DOVER
RUMORE
LEGNO
SCHIANTO
GRANDE
AUTORITÀ
CANDIDATO
SCI
CRESCIONE
VILLAGGIO
CORRENTE
ESTENDERE
FINZIONE

```
F S S O K L D H C E A F Q T R P L
X P P C H A G S R J B R A K S P C
C N R E D G Y D U À T I R O T U A
S R C E R O X P M T D G D O V E R
C H E E F A Z R O P I O N G E L G
H K D S Q E N D R C O R R E N T E
I X C M C L R Z E N O I Z N I F I
A Q W A C I L I A E I G R A N D E
N H W V A V O T R Y G G W O V C W
T I P Y I I P N C E G B S U Q H B
O L F K R C P N E G A W C M I Y A
C A N D I D A T O H L D I Q V J A
E S T E N D E R E O L P U B B U W
D E L I C A T A K I I G X B Q O A
U A R T I C O K V J V G R J I Z P
```

Puzzle 285

```
K J M N Y P N L I L H A E J P Y S
K S Y N U R T O I C R E M M O C E
M I T F G I K R M R V O U C G D J
V N V N G G F E A I N I N A P I L
Z I E T M I D N S B N G H H T S P
X E T E À O T Y A B A A T H S T B
Q R P T N T G C B V L R C G A P
B E N F I E L A U N A M L E K N R
W N W O D M R A M O S M S A I Z O
J E F R I H A I P G N B T D N A V
K T O N M U E G E C E P O T U T A
Y T N E U D U R J L P N K B G V E
K A K L O S S E P S H X P V O Q M
N R G L Y X G N P R E S E N T E A
Z T B I X A Q E N O I S I V I D W
```

PRESENTE
MANUALE
PROVA
DIVISIONE
VITTIMA
TRABALLANTE
PANINI
ENERGIA
NOMINARE
BEN
CASA
DISTANZA
SPESSO
FORNELLI
RAMO
COMMERCIO
PRIGIONE
UMIDITÀ
TRATTENERE
PENSAVA

Puzzle 286

MAL
ASSOLUTO
PAZZO
COSTOSO
GATTO
GALLINA
MERAVIGLIA
MUFFOLE
COMPATTO
ZIO
PIANTA
CALAMARI
PRODOTTI
ENTRAMBI
MATRIMONIALE
PANTALONI
SETTE
TAZZA
SEGUIRE
MASCHERARE

```
H K N E R A R E H C S A M J M A L
O Q I T W P L E M F O J Y L J D E
G A T T O R R N Z U W S L J W P S
K T R E W O P T E Q F P T A U Z T
P N P S U D W R J E G F P O U H A
C A L O C O G A I V A L O M S L Z
O I N H Y T N M E K L V V L Y O Z
M P W T T T Z B S R L U P J E E A
P A L T A I I I I I I H V H Q C L
A Z O T U L O S S A N A Q D I B E
T Z R F H B O H I R A M A L A C U
T O F Z A K H N V C P Q Y S C X C
O C E D M Q W A I L G I V A R E M
C S E G U I R E Z U E V N S O Z P
M A T R I M O N I A L E H H X Q O
```

Puzzle 287

```
A T E Z X B N C N I I H S L N F A
E G I B O J K K D W J N G P A A M
R R G V B P M H R V O B F M Z R O
Z I L R B C B N V S P I H O I R M
C C Q S E R I U G E S R E P O E E
N H K R N S E W V L O R R I N S N
L I W G I M S C T V R A D H A T T
F E B P D D D I U T P P A C L O O
A S X I U I C D V L I J P N E V X
C T H C T S K U X O L G Z X A R F
I O J B I H O T S O P A R Z F V O
L U A S B H S S O I H C C E P S L
I Z A D A A R R I C C I A T O P B
T J C N I D E N T I F I C A R E H
À Q U E U O B W P E R I M E T R O
```

FA
PERIMETRO
POSTO
ARRESTO
PERSEGUIRE
STUDI
SPECCHIO
IDENTIFICARE
ARRICCIATO
AGGRESSIVO
ROSPO
CHIP
TIGRE
MOMENTO
ABITUDINE
CULLA
RICHIESTO
NAZIONALE
PADRE
FACILITÀ

Puzzle 288

DENTIFRICIO
SALE
PRIVATO
DIECI
CIRCOLARE
PREMIO
TRAGICO
ONOREVOLMENTE
TIMBRO
COOPERARE
OPPORTUNITÀ
EST
PRUGNE
PARTICELLA
LIBERTÀ
QUI
RINGHIO
CANTO
LIBELLULA
LEOPARDO

```
L D Q O N O R E V O L M E N T E S
E Q V U B O A À I P U F W L B P A
O F À T I N U T R O P P O J S X L
P M N O I C I R F I T N E D G S E
A D I E N H A E P N Z F O B S T V
R V Q W I E S B I A P Y J U D I P
D P J C S M W I O L Z R K M N M R
O X L I B E L L U L A B U S H B I
A G F R W Z W K O E B B C G D R V
C O O P E R A R E C I N A K N O A
D F I Y K J S R O I H G N I R E T
M I M V N I Z C H T J I T S E T O
V Q E X R B S S E R A L O C R I C
X E R C T O C I G A R T Z O R L T
G L P A I H O N R P A P O L S I X
```

Puzzle 289

```
M S G E P K I I S V V B Z S H B A
S T O L E E J M O O P P U L I V S
S A T J V R M Z P C B G V K U T I
E G R Y A A B E R A T N E V I D X
R I H V R T L A A B T P H W Y A H
E O U M G U O L T O E T G L R W Z
V N U B T I Z L T L R C U U F O D
I E N Y A F I E U A R A R T J D T
R P W C W I M B T R N S L O Z K W
C O I H C R A M T I V D O V Z H Y
S Y N A F E B G O O R I P M A V A
E N O I Z A R E P O D N E S S E S
D E N O I Z A T R O P S E L C H M
V O V H O N A N O I Z N E M X Z W
X O F H G O U U R I J J F J K B K
```

STAGIONE
NON
DIVENTARE
PIAZZA
SOPRATTUTTO
VAMPIRO
SVILUPPO
OPERAZIONE
BELLA
DESCRIVERE
GRAVE
ESPORTAZIONE
RIFIUTARE
ERBA
MARCHIO
MENZIONANO
TUTTA
RUGHE
VOCABOLARIO
ESSENDO

Puzzle 290

DESTRA
PERSONALI
GRAZIE
NUVOLA
SENSO
NOBILE
AVVERSARIO
CONOSCENZE
PIANURE
PRONTO
BUIO
RICERCA
PRESERVARE
AVVIARE
MELA
SORTA
BARCA
UTILMENTE
PRECEDENTE
GALOPPO

```
M C P M W K H O I V G P Z E T S O
U T I L M E N T E G K A N F C E N
P A L S K L C N F L T R L I A N A
R V D B O I R O S Z D T X O B S P
E E L X Y B K R N V N S W S P O C
S W B Y E O A P J O E E G L R P Z
E I V U W N C E W O S D K K I A O
R P E R S O N A L I X C V M E L A
V R R N U V O L A Z V M E B U I O
A I U V P F L I T G X Y C N D K R
R C N A V V I A R E R J V W Z M K
E E A Q W Q D C O H Q A R H H E S
O R I B A R C A S A A J Z A O S K
V C P A V V E R S A R I O I L N A
Y A V T Z U F E T N E D E C E R P
```

Puzzle 291

```
P O G L P E L L E C P F V U N K O
C R S S P E C I F I C A E R O M B
O U I P I K R V F V E L R V W G B
P I F M E O O L E G A V S Y E W E
E K C A O D T N M Q H R I V U R D
R H Y V F I A E R A I Z O G E N I
T V W Z N C S L L P B R N Z T F S
I B J F O U R T E J F E E Z O G C
N U E J T L E U V E S E L G N I O
A X A N O Z V K U O Y O D L N I N
A L T E R N A T I V A N B E J J O
D F K J U M D L E N O I Z A L O C
S C U O T E R E N H Q M V C B E D
Q M C E O O N C Z A T A M R E F J
F O T O G R A F I A L C N K T G B
```

INGLESE
CAMINO
FEDELE
OBBEDISCONO
TONFO
VERSATO
LUCIDO
ALTERNATIVA
OSPEDALE
COLAZIONE
PELLE
NEGOZIARE
PRIMO
VERSIONE
FERMATA
SPECIFICA
GELO
FOTOGRAFIA
COPERTINA
SCUOTERE

Puzzle 292

EVACUARE
COLPO
OTTENGA
GIRO
INTERESSE
DICHIARARE
BENE
GENERALE
LIEVITO
SCORREVOLE
ADDIO
PARLATO
CONVERSAZIONE
MEDIO
PRESTANO
INTRATTENERE
TOPORAGNO
ANSIOSO
PRINCIPE
SOGGETTO

```
I T O P O R A G N O T E P C X S G
P N A F F K L Z R I I R V J X O E
A V T D H X W X L D C A I S F G N
R U A R Q B O J D E O R I G O G E
L N P O A U N C R M L A T F T E R
A G N X G T A B K U P I U V I T A
T K R X N B T R Y C O H O I V T L
O G K S E A S E R A U C A V E O E
A F F P T D E N N P R I N C I P E
J N B W T D R E D E T D H P L V E
K B S R O I P B J Z R J Y X K Z Q
Y D H I L O O M A L V E G B Z A Y
O Z E N O I Z A S R E V N O C O R
B N U W T S I N T E R E S S E R P
H T P Y H M O S C O R R E V O L E
```

Puzzle 293

```
T B R Y R S N E L I B A T S N I D
U S P T Y V U E O A F S F X V T E
L C G E I J A D C I V M J P I N N
U W P C R Z B Y H E F O J N G A T
O P W I C S D A T O S U R I P U I
H K L X Y K O R R U J S G E K G S
F R A T E L L I N O D K I D T Y T
C O I N V O L G E R E E M T G T A
P U L I T O R G P Q C O Z U À U O
D V G S M I A T T E L C I C I B P
P E N S I B Z A C R I S I A K L E
P R U G N A S D O J H N W E D D Z
D D L X D P O S O L O C I R E P Z
C A V A L L E T T A N Q I E R T O
A G R I C O L T O R I J J I O Z Q X
```

INSTABILE
GUANTI
AEREO
CAVALLETTA
PERSO
FRATELLINO
AGRICOLTORI
NECESSITÀ
BICICLETTA
MIA
CRISI
COINVOLGERE
LAVORETTO
DENTISTA
PENSI
PERICOLOSO
DATO
PEZZO
PULITO
PRUGNA

Puzzle 294

ORA
DIMENSIONE
LARGHEZZA
LEONE
PESCE
ELETTRICO
CIGNO
CANDELA
SEDILE
RELAZIONE
MEDICINA
NAZIONE
LEGALE
NUVOLOSO
FALSI
SORGENTE
CASTAGNE
PRATO
TRASLOCO
INUTILE

```
F G V E D D E H C D Y F F J Z P N
M E D I C I N A L E D N A C R W U
D C N A Z I O N E L A G E L N U V
R S F E S E E K K U U T Z M Q Z O
T E R N Y E L S I N U T I L E E L
Y P C O I U D R E L A Z I O N E O
P L N I X G S I S L A F R C C T S
R A O S G R G I L Z U J M I A N O
A R P N X N A C K E U I J R S E O
T G D E R H O C O L S A R T T G F
O H M M R B W M Y V S G T T A R Y
L E T I V O R A C N K A R E G O H
M Z D D T X Q T E Z L Z U L N S O
L Z L C A F M M W O U I D E E B R
Q A Y F W E D A A S I X D G S U V
```

Puzzle 295

```
Q U E V S E P H L O S O A Q N Y S
O I Q K K L V A D C À L L R Q I O
I G N A M E U O S O T W B G Z M T
G Z T P W F E C D T E O E Z V A T
E A S Y X A S E R A I A R Y L T I
L C M B O N A A L T R N O E F R L
I I B B M T E N J T P I A E Y I E
V N D W E E B O W A O G N C B M M
I E A N G O L O O R R A O Z A O Y
R M U J V U V R O T P M I S W N G
P O T N E V E O K T T M Z E G I F
V D V V U R D R L U Y I E P V O Z
C I P O L L A R C A W F L C Y N G
R I S U L T A T O F R F E Q M Q J
P Y Z L F S C O S S A E S Y Q V A
```

ELEFANTE
MATRIMONIO
PRIVILEGIO
SCOSSA
ANGOLO
PASTINACA
EVENTO
SELEZIONA
DOMENICA
MANGI
SOTTILE
PROPRIETÀ
ALBERO
CIPOLLA
RISULTATO
VOLARE
OCEANO
TRATTATO
GAMBE
IMMAGINA

Puzzle 296

CAVALLO
RARAMENTE
COLTIVATORE
FUTURO
TESI
LUNARE
MEZZO
SALSICCE
PREPARARE
POLLICI
PRESSATURA
SIGNORE
DIFENDERE
CONCEPIRE
TOLLERARE
LUNA
ADOTTARE
PERMESSO
PISELLO
SABATO

```
O T A B A S Y D M G S P S P T C Z
P F N D F P J W Q X A E E O O A A
G H U Y O U V K O Y L R W L L V X
I E L N Z T T G R P S M L L A A
M J E W Z F T U X K I E E I E L V
P E T P E T F A R I C S R C R L D
J R N J M P D M R O C S I I A O D
A E E H Z L U Z G E E O P P R P X
N D M S P R E P A R A R E M E I J
N N A A S T E S I X W E C O L S H
V E R I W A C G R I Q S N O U E Y
P F A E R O T A V I T L O C N L K
T I R N O D B U A O X Y C H A L M
I D D J R H F M R F B V Q U R O D
S I G N O R E F T A U M I N E B Y
```

Puzzle 297

```
P I T B R F P F Z E I V Z A U D I
R J A O E W O U B A M H X T P D S
O Y L L G X R S L D P A H T E G W
P H E L A O T T E R R O C R R L M
R G N I L A A I L P E T S A I N E
I O T R I E T C S U S J T E C B P
O S O E B R A V N R S D A N O P Q
M R N J Z R V W S C I E B T L R X
Z O S E I I R C C C O I I E O O J
H C D M S S C T H H N B L Z E N K
N S Z O Q E L J E I A P I H W P Q
I I P X L R A M R O R E R T C A J
N D S D L V F E M D E B E W P J V
P A E S E A H M A O A F F E T T O
O F B M Q C C A C C I A A V M R F
```

MODO
DISCORSO
PERICOLO
SCHERMA
IMPRESSIONARE
ATTRAENTE
PAESE
SPESO
AFFETTO
RISERVA
SENSI
CHIODO
REGALI
BOLLIRE
CORRETTO
STABILIRE
CACCIA
PROPRIO
PORTATA
TALENTO

Puzzle 298

CONGRATULARSI
POLVEROSO
CHIUDERE
QUALIFICARSI
AUTOSTRADA
FIORI
FUOCO
ZUPPA
COMPLETO
FUNGO
RE
PEPE
SCIOLTO
RISTORANTE
VALUTAZIONE
PARTECIPARE
MOLTI
SGUARDO
COMUNICARE
RAPPORTO

```
Y N J Y W B P Y J M P R P C Q Q V
Z X C N F N A X A B F R O O U U A
G U O W E X R A B L J A L M A E L
B D P G T I T L O M P P V U L C U
R Z W P N R E W W V M P E N I O T
S Y V J A O C R W L D O R I F M A
U M E F R I I A E O W R O C I P Z
E H U C O F P Y A D W T S A C L I
Y D L Q T N A R N R U O O R A E O
P V G Q S B R E F A T I B E R T N
I E T M I A E P X U Q X H O S O E
Z V P C R J L K O G N U F C I F U
X V Y Y E O P M F W S O T L O I C S
C O N G R A T U L A R S I U F Y I
A U T O S T R A D A O V D F B U D
```

Puzzle 299

```
T R A G E S N C D U S T A N C O P
A J D S O F M F H J P U Y C O S R
L D I R O P I A N E T I K R P L E
C D G M T I L B C S X G J E Z I S
E N I L I H Z I V U J T D M I T E
Y X R E B Z B I W C M U E A O T N
W X L O A B X S L S E G L F N A T
S C R I T T U R A E M R F A E R A
A U T U N N O V N I D K I T F X R
K V C X E K Y P R W U E N T P N E
Q S O D R J E L V G B W O O D R Y
L P U T D L A N T I S T A N T E Q
R Y S A P L G V K B W D A D Y O E
S V S Z A P U N T O V W I G G Q F
F H Z K M C Z A P K Q T S E Z W A
```

SCUSE
DELIZIOSA
OPZIONE
TRA
ANTISTANTE
CREMA
ABITO
PIANETI
SCRITTURA
STANCO
PRESENTARE
FATTO
SEGA
SLITTA
FOTO
PUNTO
ALCE
AUTUNNO
DELFINO
RIGIDA

Puzzle 300

VENDITA
ARTE
DISCESA
UNDICI
SOSTANZA
RELIGIOSO
INDIRIZZO
CULTURA
TENERE
CUOCERE
LUNGHEZZA
AFFITTO
COLONI
DIRETTORE
CINTURA
VALENTINO
INDOVINARE
SEMPLICEMENTE
POLVERE
RAGAZZO

```
V D R C L Z E R S O N Y M R L S D
V E R E V L O P C F J R O P S E I
A T N R R I O C O L O N I J S M S
L R N D D N K D K X S Q C X K P C
E A O I I E I R B L I U I V G L E
N C E R O T T E R I D M D S Z I S
T U R L Z C A Z Z E H G N U L C A
I L A K Z L Z U W P R M U E P E C
N T N B A D U C T T M E I Z D M U
O U I G G K J Z P W G P N W G E O
R R V U A C I N T U R A K E S N C
H A O N R G A F F I T T O Q T T E
C O D S O S T A N Z A Y V A S E R
Q Y N R F A R E L I G I O S O C E
T D I T I N D I R I Z Z O V E R B
```

Puzzle 301

```
C W T P A E K C N U U Z G E Y P V
J A P A R B M J S O S S Y E S T R
T L N T X R A R H L G A X U B L V
I E L A N O I Z I D A R T M C J K
N V R U R C T R A T T A M E N T O
V P Q O C I T A R P I E P I E R I
E I O L L E N A R R A B B I A T I
C N L R I B W O C S E T N A G I G
E G L B Z Z S I V W B A B P D G I
K R O C B I E N O I Z I B M A O O
Q E P C O N O G N E T S O S W G W
V S H B W R D N P M K A J F O F A
F S L F J U K N E F D J N K Z P T
P O T T O R B O T T I G L I A Y F
E L E T T R I C A F Q E E K H Z K
```

CANARINO
NATIVO
VELA
GIGANTESCO
SOSTENGONO
INVECE
PRATICO
TRATTAMENTO
PORZIONE
BOTTIGLIA
ARRABBIATI
POLLO
TRADIZIONALE
INGRESSO
AMBIZIONE
ANELLO
IERI
ELETTRICA
ROTTO
RAPA

Puzzle 302

REAZIONE
IMPIEGARE
CANTARE
TAPPO
MANO
PORTATILE
ATTRAVERSO
VECCHIO
ZOCCOLO
FOGLIE
RAPPRESENTARE
VINO
PIÙ
COSÌ
SERPENTE
PREAVVISO
CAPIRE
POTEVA
VISITA
METTERE

```
R C C O L O C C O Z F X L J P C V
A S A A I V O V S R Y H A R S R E
P E A P N D S X I R E A Z I O N E
P R T G I T Ì T N S F N R V N P R
R P T P P R A S C Q I W L E I O E
E E R O R W E R B E I T P C V T T
S N A R E B R D E P I Ù A C X E T
E T V T A X A T C K Q P O H U V E
N E E A V H G U G E S Q L I M A M
T I R T V L E J G W X K S O S Z H
A L S I I V I W C S C R N N H F D
R G O L S O P P A T E J X A P Y X
E O L E O I M J S T F P S M W F U
H F A N B J I K J U R R O R P Q K
K H H B M R X Z Y J I H N P G K V
```

Puzzle 303

```
A A C S U E T N O P D V J M H F R
X T R I N S E Q R M Q A J I L L I
X D G F K P C O L E E V M S J A C
L E R I N E V E R P O M I T P Q E
W Z E R Z R B P V K A I S E R F V
Z Q Z Q O I D Q V R W Q Z R O F E
R R M P N M N I L L E U Q O M B R
V A P G X E E R S E R A S S E C E
T P Z M T N L G D P U H D L T N N
U E E Z E T I P S O I X S F T U U
R O W J O O C I M E N A L F O N O
O E V B R O C C O L O L C A N U T
F E B O I G G A S L H W Z E O E A
N E G A T I V A M O D I F I C A R
B M O L T I P L I C A Z I O N E E
```

MISTERO
DISPIACE
ESPERIMENTO
UOVO
RAZZO
PONTE
FRESIA
NEMICO
RICEVERE
NEGATIVA
SAGGIO
MOLTIPLICAZIONE
CESSARE
OSPITE
NUOTARE
PREVENIRE
MODIFICA
PROMETTONO
QUELLI
BROCCOLO

Puzzle 304

GIOCO
PAROLA
ASCOLTARE
FRAMMENTO
PIATTI
TERMINI
ESECUTIVO
CHIESA
SVEDESE
BIOLOGIA
AVVERTIMENTO
GRADO
TITOLO
MINUTO
PO
DOLORE
IMPEGNO
TRUCCO
CERTAMENTE
BELLO

```
M T K X M Q A S C O L T A R E D H
I S R C E R T A M E N T E L C O P
N R I U V G H U H D B M P C E L L
U B F O C S N N Y Y Y G Z N I O J
T R Z O N C A K U A P V I P N R R
O B N W U D O T N E M M A R F E Z
V H B O F X O S V E D E S E D S J
T P G T M Y V M B X C P A R O L A
A I G O L O I B C C H T R B P T K
Y N T C A O T N E M I T R E V V A
B I G O X L U O N G E P M I K F J
E M J I L N C J D X S P I A T T I
L R Z G I O E C G A A B Q Z P O C
L E P F Z P S U S K R H U R I E H
O T X X V Y E E A K D G K C E X T
```

Puzzle 305

```
C X Y N U A J S M L L H L F G A B
H A I V A T T U T I O U K A E G I
X A M B I M N P P L G B Q T O G B
F J G I F X J S N L X L Q T G I L
C U D X C I P E A M P N I A R O I
O R R O P I M A S C H I O O A R O
L O N I Z L A C P D Y Q I B F N T
L N R T O T N E M O G R A H I A E
E A A R T S E N I F J B P S A M C
Z V K Z M F O N M I S E R I A E A
I I X S T D X T T C S R T H I N R
O T N D Z Y K B T R C O Z T C T T
N N Q W S P H B F Y P L S V S O A
E E T N A N G E S N I O Y S U X N
L S S V K V X I J G E C J D H J A
```

FATTA
GEOGRAFIA
INSEGNANTE
TUTTAVIA
MIGLIO
FURIOSO
COLLEZIONE
ANATRA
CAMICIA
SENTIVANO
SCIA
PAIO
AGGIORNAMENTO
COLORE
MASCHIO
CALZINO
FINESTRA
ARGOMENTO
BIBLIOTECA
MISERIA

Puzzle 306

ACCADERE
COLTELLO
SUCCESSO
CAMMELLO
SCRITTORE
RECINZIONE
DICHIARAZIONE
CRICETO
FORCELLA
STRADA
RIPETERE
COSTRUZIONE
POLTRONA
SPIAGGIA
AQUILA
PARCO
SCENA
EDUCAZIONE
MOLTIPLICARE
SAGGI

```
X V M J I T N F G Z U R G K R M C
D I C H I A R A Z I O N E H C O B
A N E C S E R S M U X R E T R L K
Y Q V D X E R E T E P I R O I T K
U L U W U I A N O R T L O P C I S
N M I I M C P D W Y A E C P E P C
I J C I L Y A W M O J D C A T L R
X U F P J A O Z J I L J A R O I I
S U C C E S S O I G G A S C W C T
E N O I Z U R T S O C V N O J A T
R E C I N Z I O N E N O V S S R O
F O R C E L L A B J Y E Z N B E R
S P I A G G I A L A W N Z S Y G E
C C A M M E L L O L L E T L O C T
K S H T C A C C A D E R E B T N N
```

Puzzle 307

```
C Q K U M D Z D F B P X Y T V O Y
S R A E R E V I R C S P I V W U J
U T I E R E T T E M M A M M P K Z
C E C T H T Y O T R X A P L A Q G
G T C K I F M M T N N D A F V V Y
G N E E S C P Z W S R I T O W A T
Z E T N E M A D I P A R T R C N T
V D R S Y E C X O N R P O M V I Z
P U O Q O D N E D N E R P A E M K
D T C H I C I N R E V G M L L A Y
C S H D G J I N O T I R A M O L T
C O L L I N A O B B X D C E C E U
S T M G H E L I B I S I V N I M Q
U L T E R I O R E O I K F T T G I
G H P B E W O K J U M V V E À K H
```

CORTECCIA
STUDENTE
PASTO
CAMPO
VELOCITÀ
VERNICI
ANIMALE
AMMETTERE
COLLINA
PRENDENDO
RAPIDAMENTE
ULTERIORE
FORMALMENTE
MARITO
CRITICA
IMPATTO
INVISIBILE
DITO
SOCIO
SCRIVERE

Puzzle 308

CASSETTO
STAZIONE
RISPONDERE
VOLONTÀ
SODDISFATTO
CHIESTO
NUOVO
INDIPENDENZA
BRILLARE
CORSO
ANCORA
DIFESA
ATTENTE
SCOPPIO
NOTA
GODERE
TROPPO
VARI
TERRA
NONOSTANTE

```
X V V G A N C O R A G Y I Q L R D
X Z O S R O C K H S O V O U N V N
C Q O L A A K D D E D W K C I A O
W W J M O Z X H S F E L U C B R N
S E R E D N O P S I R V A H Z I O
C R E Z V E T C T D E T E R R A S
O A T S C D P À C A S S E T T O T
P L O T Q N C H I E S T O E P J A
P L Y A C E T R O P P O U N S X N
I I B Z M P G Z U W F O Q F B U T
O R N I T I A T T E N T E K Y E E
N B A O I D S O D D I S F A T T O
J O P N U N G U V S S I N S H O C
D F T E N I X Z B G O E M J N W Q
W Z Z A X T E J H G F M D B D X B
```

Puzzle 309

```
G M P E R I S C O N O S X S A N Q
E X E N O R R A M W N E E E R M B
N L E S I O B G Y F T M C M T S H
T O L Y S X J U H X R P O B I V W
I S A E R A S U N N A L N R C D Y
L E M V T A G K B X S I T A O N B
E V O U W S J G T J M F E V L L V
P T E V O N C F I X E I N A O Z P
H I N C P P J O Q O T C U L J K B
J K A T T U R F R P T A T O L F F
I G P C Q Y W C U S A R O Z Z L O
C M G E I J T G M F O E L Z X U L
O X S K N U F O R E S T A U L M U
H D G O L O T I P A C N N P O Z C
U F F I C I O O I D A M R A M M C
```

SEMBRAVA
SCORSO
MARRONE
PUZZOLA
SEMPLIFICARE
FRUTTA
ANNUSARE
PANE
CONTENUTO
UFFICIO
GENTILE
PERISCONO
NOVE
ARTICOLO
MESSAGGIO
CAPITOLO
TRASMETTA
PIACIUTO
ARMADIO
FORESTA

Puzzle 310

SVUOTATO
MONTAGNA
ACCETTARE
DISCUSSIONE
SALTARE
VETTA
SEQUENZA
FEROCE
QUALCOSA
ANANAS
POSSIEDONO
UNITÀ
ERRORE
LUMINOSO
RIFERIRE
SENSO
ANSIOSO
POLLICI
SALSICCE
SUCCESSO

```
F V Z R G A G Q N O Z O C I Y J V
H L G S W R C N X A B S A N A N A
U E C U R L I C I L L O P P L U G
C L O C Y Q R F E Y Y I E J U I V
O S S E C C U S E T T S J U M T E
O A S O C L A U Q R T N C O I F Y
N L I S E N S O U V I A X W N S C
O T V E T T A E V N V R R C O V J
D A F E R O C E H B I W E E S U Y
E R O R R E H E M Q A T X P O O S
I E N O I S S U C S I D À Q T T Z
S K T Z Y G N M O N T A G N A A F
S S A L S I C C E A E C S F C T N
O N C C S E Q U E N Z A B A A O U
P X L N O S M O I I P F E X R K W
```

Puzzle 311

```
F O R T U N A T O B I J T V P D A
Y A O L C Q P O R Z I O N E R B M
E G H R G E N O I S S A P M O C B
O S C H E R M A T W E Y A P P T I
C L N R L J W S B E S H N O R R E
I N T E R A G I R E G P W N I U N
T H R L D I T T A R H L U T O C T
I E U A S L M Q O P Y M I E N C A
L A E N X C R R N M S Y A A G O L
O W W G B K I U C E I M S V E D E
P L H E Y P J A L S T R K M S O V
Y T Y S J R U K R B U S U R I W L
G R A D U A L E U E G K I K D R D
S U G G E R I S C O N O Z R X T V
S E T T I M A N A B T G H H T F W
```

COMPASSIONE
SCIARE
TEGLIA
AMBIENTALE
FORTUNATO
DITTA
SEMPRE
SUGGERISCONO
SETTIMANA
INTERAGIRE
GRADUALE
SEGNALE
TRISTE
DISEGNO
POLITICO
PROPRIO
SCHERMA
PORZIONE
PONTE
TRUCCO

Puzzle 312

PROBLEMA
RISIBILE
FANGOSO
CARBONE
CENTESIMI
STANZA
STOFFA
QUARTA
SCARSA
CARICA
LEZIONE
RITRATTO
AMARE
CALMA
QUESTA
COSTRUIRE
AMBIZIONE
VELA
FORMALMENTE
ANCORA

```
A D N Z A H L F A N G O S O Y C A
M M O B M U V T L S V O F Y X E M
C A R I C A W H E E R A M A T N B
T M I V T G F Q O A Z A U B Q T I
Z E C U P X X J T Z Q I Z D I E Z
T L S U M E C D T G F U O H O S I
C B C D T V E L A F I L M N T I O
A O A T S E U Q R R B W M K E M N
J R R A Z Y C U T F C T F M Z I E
A P S L T M A A I C A R B O N E X
Z N A X N V L R R V R N S L E R A
N O C E G C M T R I S I B I L E Q
A F F O T S A A S Y Z T S D H H P
T F U W R F O R M A L M E N T E R
S T U P Z A C O S T R U I R E O W
```

Puzzle 313

```
G S S S V T L A L L E C I T R A P
S E T T A L E J Y L D X A R I T E
C T O E U H A V G T V P G K U A F
H N N G L D K L O Y V F G Q T R L
E E A S R L I C N R E V I P I U H
R R T B L A E O A E R A O M L D I
Z R E S X V F O L S N J R P I Y E
A O I T U I F I R P I M N B Z R O
N C V D U Y H N A I C M A F Z S P
D H K U G O Y N P R I E M F A J H
O H J C W A I E Y A B N E X B U B
F I E N I L E C P R L T N H I M D
F O R B I C I E Y E W A T P L I X
I C I V S C N D L J W L O E E G R
P E R I S C O N O W C E Y V O U V
```

MENTALE
FORBICI
PARLANO
RESPIRARE
VIETANO
LATTE
FIENILE
SCHERZANDO
STUDIO
STELLE
DECENNIO
DURATA
RIUTILIZZABILE
RIFIUTI
CORRENTE
PARTICELLA
AGGIORNAMENTO
GEOGRAFIA
VERNICI
PERISCONO

Puzzle 314

CROCO
PROFUMATO
NASTRO
PIANTO
SERIE
SAPONE
CANE
RESPINGERE
SPARARE
STANCHI
PROBABILE
PENA
DELUSO
FERIRE
MACCHINA
OFFENDERE
TERMINE
INTRATTENERE
CIGNO
SABATO

```
O A T S N R D E L U S O U V X D M
T U Z P D E M C W C M N A O C K H
E F O A U S S C C H A G E I R E S
K F V R Z P A G A Z C I I H O N O
P X K A T I J H N B C C N C C A F
M E P R W N X E Z Y H F T N O S F
L T N E C G S N C K I E R A T T E
U E S A A E B A T U N R A T A R N
W C N Y N R E A B D A I T S M O D
F B W E E E N O P A S R T P U P E
P R O B A B I L E V T E E I F A R
A Q D B E W M E X I L O N A O U E
C M X V G U R E I Z O L E N R L O
N P T R D C E U V X M B R T P T R
D O F O X N T Q T W O F E O J V C
```

Puzzle 315

```
L G O N L I A L O T R E C U L F P
H C Y Q E H C S E P Z C A M U U R
V P U S B G S S A V X O L A V R O
N O F C L H A O R R P M C G A E M
C U A A H F E T E J Z P O N N T E
A U M C Q G Y A I G R L L I D T T
V T J E D T J S M V W E A F D O T
O K X T R B J O R O A T T I W B O
L L Z O A O Q P E S M A R C X P N
F R P I R G S S F E U F I O G C O
I L O L L E B I N D W R C D K M S
O I O B I S X Q I U O D E G N O C
R K D I V A R I U T C U L L A V C
E M I B Q F I T T A T I C S A N O
E C C E Z I O N A L E C T L M O Q
```

LUCERTOLA
MAGNIFICO
COMPLETA
SPOSATO
CALCOLATRICE
ECCEZIONALE
INFERMIERA
FURETTO
NASCITA
PESCHE
NUMEROSI
CONGEDO
SEDUTA
CAVOLFIORE
CULLA
PROMETTONO
NEGATIVA
BELLO
BIBLIOTECA
VARI

Puzzle 316

AFFAMATI
PRIMARIO
SCOPRIRE
COCCINELLA
DONNA
CONTRO
SE
RILEVARE
LEGATO
OTTENUTO
ISPEZIONARE
VERNICE
FAMIGLIE
PRODOTTI
ALTERNATIVA
SENSI
SEMPLICEMENTE
DIRETTORE
INGRESSO
COSTRUZIONE

```
P S E M P L I C E M E N T E O Q P
R L J N M F R U D R U G A G S W Q
O R T N O C L W R Y L G B L A E R
D C O S T R U Z I O N E Z C V U B
O D I R E T T O R E N S S M I J S
T A J Z G C I U Y C R K H C T E B
T I H Y X S I S P E Z I O N A R E
I O T A G E L S D I P V A I N I R
D F T I C N H O R L R E F N R R A
S O I T Q S H N N G I R F G E P V
X Z N W E I H M P I M N A R T O E
O Q R N I N Y T U M A I M E L C L
J W B M A T U O V A R C A S A S I
U F N S G R S T L F I E T S Q M R
A L L E N I C C O C O I I O V E W
```

Puzzle 317

```
M I Y D G S R B F I F I S C A X X
S N P I O O L E U Y W V R O N C A
L J R F D P G L L M Y Y Q R N S R
Q D I E E R U O C A T E A S I P E
R F S S R A K V H I Z X A A G L N
B R P A E T C E N T O I W L I J M
A M E X P T V H S J G R O O Z P O
I P T G H U O C S N S P X N H E B
A E T O T T O I Z I L O P R E N I
R N O Z X T Q M D A J L S O N Z L
C S B E R O T A C O I G U T E O I
V A O B B E D I S C O N O N L L Q
W V P M I S E R A B I L E I F A W
U A E S A T T A M E N T E K N R K
A V V E R T I M E N T O A B I E I
```

CORSA
MOBILI
ESATTAMENTE
RISPETTO
CENTO
MISERABILE
ANNI
AMICHEVOLE
BAIA
GIOCATORE
POLIZIOTTO
INTORNO
PENZOLARE
PENSAVA
SOPRATTUTTO
OBBEDISCONO
RELAZIONE
AVVERTIMENTO
GODERE
DIFESA

Puzzle 318

PARETE
APPLICARE
PROCEDERE
UGUALE
DI
RIUNIONE
QUARANTA
GOCCIA
MEZZI
GIURIA
IMITARE
FREDDO
SPAZZOLINO
SPESSORE
OFFERTA
INFERIORE
QUATTRO
AMATORIALE
STAVA
RAMO

```
A V A T S J S P E Z T Q P S G H A
T M L C L N R M L C M V R P O M Z
R P A T N A R A U Q K Y V A C A C
E C C T Y B N M E Z Z I D Z C P Q
F Z J F O E N O I N U I R Z I P H
F E T M R R F R E D D O B O A L D
O R L A T E I Z C G M L I L Z I W
J Q X T T D I A A T I B Y I N C N
F C J P A E V M L O H U H N E A Y
S I P J U C I D I E E J R O Y R S
Q Q T Z Q O F E Z T L C Q I F E N
C U Z O Y R P C L E A E O E A D E
A D A A N P K W J R U R D G W W L
I N F E R I O R E A G C E D K V L
S P E S S O R E R P U R A M O C Q
```

Puzzle 319

```
D I P E N D E R E S V R O G H N S
A J W H D I N C L U D E R E M O T
T V I C P A I F D E O P D M P E U
A E A S Q U A D R A S A W D R L P
M P M N G I L M X Y A S O A E O I
A P F A T D C N A L L S T S V C D
I Q V C H I T H T F I A U F I I O
H D M U F F O L E R C N T F S P J
C K E B U E T N E M E O T Q T O P
I Y S A R J A N A P L S A A O L E
B A B A C B I L G P H J V I T L S
O N B S G R O U W U I E I F S A A
A I R O N E N A B I X L A C E S N
S Z L O R H N P S F D C U P R E T
Y D W S L D A X Z T A P R T P U E
```

MENTE
PASSANO
STUPIDO
PESANTE
ANNOIATO
PRESTO
SALICE
PREVISTO
TEMA
AVANTI
INCLUDERE
DIPENDERE
CIBO
SQUADRA
TULIPANO
AIRONE
CHIAMATA
MUFFOLE
CIPOLLA
TUTTAVIA

Puzzle 320

GIACEVA
UTILITARIA
SUPERFICIE
GREMBIULE
SOFFRIRE
MUCCA
SBAGLIATO
TEMPERATURA
SOPRA
SEGNO
RACCOMANDA
PIGRO
INVERSA
URAGANO
MERA
CACAO
SECONDO
FOTOGRAFIA
AFFITTO
STUDENTE

```
H T O M J A G S S T U H I I R A T
S L Z H I X I U B O N G E S H F Q
A Z U Y J J A P R D F C Q S W F X
H O M Q K L C E G N J F L G H I L
N N V W R Q E R T O Y M R B B T R
Q A R P O S V F S C O R L I R T A
C G J C F S A I P E M E R A R O C
U A V L Z J X C A S R E V N I E C
M R C X R R A I F A R G O T O F O
W U J A S O H E L U I B M E R G M
C M C R O R G I P B I R G V W Q A
T B S C T E M P E R A T U R A A N
P Z I B A I R A T I L I T U P V D
S Z S B A G L I A T O L S G W B A
V J F H Z A J S T U D E N T E I E
```

Puzzle 321

```
C C F P D I S C U T E R E S H C C
O N A X A O P O P O L A R E H E N
M N X L S S P O P O L A Z I O N E
P T D A D O T J S O D M Q E W T B
L Q A F E O Q E E S I S T O N O P
E R E I T N A C L S A L T A T O D
S S O Q J K T A P L S T R E T T A
S P O X C V S U L J I G Q A K D N
O T S O P P U S K L B F Q Y G I U
T W Y H Z J X E R O I L G A B C O
C O N F E R E N Z A I E O B P I V
I N T E R R O M P E R E V K F A A
E S A M I N A R E Z Y Z N O X M S
M A T I T A B B B G G T O E F O E
R A P P R E S E N T A R E B M X R
```

POPOLAZIONE
CONFERENZA
PASTELLI
ALLIEVO
POPOLARE
CANTIERE
INTERROMPERE
DISCUTERE
CALDO
MATITA
NUOVA
STRETTA
ESAMINARE
ESISTONO
SALTATO
SUPPOSTO
BAGLIORE
COMPLESSO
DICIAMO
RAPPRESENTARE

Puzzle 322

INVADERE
PIEDI
PIETRA
EDUCATO
TERZO
RIBES
DOCCIA
STUFA
TELEFONO
FIORE
SALUTE
NETTARE
OCA
GHIACCIOLI
LEOPARDO
DIVENTARE
INSTABILE
PASTINACA
TOLLERARE
VINO

```
I H S Q H T T I N S T A B I L E D
T N C T Q K W O O O Z R E T U R O
I D V K U T X A T Y E T Z M J A C
P T Y A B F S E R A R E L L O T C
B M W X D Y A J W R O I I C G T I
E R A T N E V I D Z I P H C H E A
V O R R T G R M O Y F B S R I N T
S N B A I E X E C D S A E V A A E
X J K R Q W Z G A E A C Q S C Y L
T Q C K U V I N O D L S W M C M E
P A S T I N A C A U U D A J I T F
I W X A R K Y Z L C T C X F O H O
Z C K N R Q A U U A E K Y X L K N
F H N J W X Z Q J T T Y Y P I R O
P I E D I R Y H O O D R A P O E L
```

Puzzle 323

```
I  V  Y  Q  W  D  R  L  X  B  H  W  V  S  W  Q  F
Y  N  J  R  E  R  A  I  V  V  A  B  A  S  S  O  K
W  F  D  R  E  O  D  E  S  T  R  A  X  F  A  S  L
Z  G  A  U  I  G  T  D  N  Y  T  E  S  A  K  E  A
V  R  T  X  S  A  E  B  Y  G  O  J  S  A  A  N  Z
B  A  H  Q  M  T  J  T  D  T  R  S  R  R  M  S  O
X  N  S  O  I  S  R  E  T  T  E  M  R  E  P  A  T
S  D  I  T  T  A  C  I  M  M  C  X  Y  C  W  Z  T
S  I  Q  Y  R  L  A  Q  A  F  C  Q  V  H  I  I  E
E  N  Y  Z  G  O  T  N  E  V  H  L  N  I  A  O  G
T  E  P  A  B  U  N  Y  H  T  I  D  G  P  A  N  G
T  L  N  G  Y  C  Q  C  P  O  O  N  D  J  T  E  O
E  W  K  S  M  S  O  B  O  P  P  U  L  I  V  S  W
J  O  X  M  D  R  E  C  I  N  Z  I  O  N  E  F  I
E  D  I  V  I  S  I  O  N  E  S  E  C  O  L  O  C
```

BASSO
ORECCHIO
TRONCO
OGGETTO
DROGA
VENTO
GRANDINE
SCUOLA
SECOLO
LAZO
INDUSTRIA
PERMETTERSI
SENSAZIONE
DIVISIONE
SETTE
CHIP
SVILUPPO
AVVIARE
DESTRA
RECINZIONE

Puzzle 324

PIOVOSO
CONTROLLATO
TERRA
CAPRA
FAMILIARE
OSSERVARE
LATI
CALCOLARE
CATTIVO
CONCORRENZA
ALCI
VERO
PENNELLO
NERI
PREVEDERE
VOGLIONO
MONITORARE
ESPORTAZIONE
PELLE
SOSTANZA

```
O  A  P  H  I  Z  T  C  V  C  C  A  P  R  A  T  Q
V  V  D  E  G  J  O  D  C  A  R  R  E  T  C  X  F
O  I  B  P  N  L  O  B  R  T  B  G  W  L  J  O  F
G  E  R  T  I  N  R  H  G  T  N  N  C  C  L  A  U
L  S  Y  A  L  O  E  V  O  I  T  A  L  O  C  E  U
I  P  E  Z  I  G  V  L  K  V  D  C  A  N  A  R  P
O  O  G  N  E  R  I  O  L  O  D  J  N  C  L  A  P
N  R  O  A  G  R  Y  N  S  O  F  L  E  O  C  I  R
O  T  L  T  D  J  Z  D  B  O  Q  A  B  R  O  L  E
D  A  O  S  S  E  R  V  A  R  E  A  G  R  L  I  V
X  Z  F  O  X  G  M  T  Z  L  G  L  M  E  A  M  E
E  I  K  S  Q  X  T  Z  G  K  C  C  G  N  R  A  D
T  O  Z  Q  D  Q  V  J  D  J  M  I  C  Z  E  F  E
Z  N  C  O  N  T  R  O  L  L  A  T  O  A  D  W  R
M  E  H  R  Z  E  M  O  N  I  T  O  R  A  R  E  E
```

Puzzle 325

```
O R I G B J R M N I T A D M D F O
K G W R R N Q K L M G C A O Y H S
Y Q N M D R R A O P A G A J D V P
N K M Y W X Q O S O T S O C H W E
O T T A N T A N E R E C S E R C D
I I P L D I K I L T R L M D R U A
H T M L A L I T E A A I Z I B J L
L N K E R L N N D N N T P E W R E
I K V X R E D E E T O A E T B Q B
S C U S E P A P F E D I S R R B Q
T E O R I A G E R H R D C O U E W
S O G O C C I R J G E E E G B J J
M L K P K J N G P U P S V A R G B
I N K W P C E G D R T N G O V E Q
X H V P M K G A L K Q I F M D H R
```

CRESCERE
IMPORTANTE
INSEDIATI
CAPELLI
DATI
INDAGINE
OTTANTA
REPENTINO
TEORIA
DIETRO
DOVERE
OGGI
PERDONARE
COSTOSO
PREMIO
RUGHE
OSPEDALE
FEDELE
PESCE
SCUSE

Puzzle 326

ESPLORARE
CUORE
QUALE
INCLUSO
FONDAMENTALE
BALENA
SGABELLO
RISORSA
SALITA
SINISTRA
ARMA
ATOMICO
FIGLIA
GOMMA
STATO
FINZIONE
TIMBRO
GRAZIE
SAGGIO
RICEVERE

```
T D W I C G B F P H P V I G A K O
B I V C N T R O C I M O T A R T I
M E M L C I I N W X O A H C M I D
A S S B E A S D A S C G O E A Y F
O P G K R L O A Z E E Y O P E E I
F L A X E O R M N G R L I M G U N
K O B D V A S E I Z A R G G M H Z
B R E T E Z A N S D J N G B D A I
A A L O C Z Y T P I U U A B A I O
L R L S I D D A R Z N Z S W D L N
E E O U R W K L Q U J I P L I G E
N S A L I T A E L A U Q S E A I Y
A H C C S C U O R E Z A U T K F O
A F G N S T A T O H S M P K R C Q
S E B I K E W P N O D M R Q U A P
```

Puzzle 327

```
R P B C P H J Q S N Q F V N F D F
B E G L Q A B A I L G I M A F D I
X S B E U Q V D G V A C A N Z A C
F C Y A K H X N V I S I T A E W
W I S N V T T B O L A F U B A C E
G I A L O T I E R E I L G E C S S
Y V C B C R R L E L A N I F I V D
F Q L U I D H L U P Q U N D F Q B
H I J D M T F H B O G T U E I H J
K J G C R Y U S Q B M A A B C Q G
H S R M E Q M D O M V O L O E V S
K P M Y T L K T I X M V B L P D B
B O T T I G L I A N K T A I S X U
T E N E R E E N S C E R A S S E C
X O A R A S S O R T I M E N T O O
```

ASSORTIMENTO
SCEGLIERE
TERMICO
BUCO
FAMIGLIA
BUFALO
VACANZA
ALBA
GENTILUOMO
FINALE
BLU
PESCI
DEBOLI
ABITUDINE
SPECIFICA
SIGNORE
TENERE
BOTTIGLIA
VISITA
CESSARE

Puzzle 328

SUONO
PERCORSO
QUAGLIA
MADRE
POCHI
DECADENZA
NOME
RICHIEDERE
CLIMA
AMBIENTE
WEEKEND
POVERTÀ
AGNELLO
NASCONDERE
CITTÀ
NEGOZIARE
CONVERSAZIONE
SPIAGGIA
CRICETO
DICHIARAZIONE

```
E N O I Z A S R E V N O C N V L L
P O L L E N G A M Y E D N Y X C U
E H A K N J A K O R G C J O K Q N
R H E O O G A W N Q O U C N U H Y
C À T T I C P Y Y Z Z Y P R A S J
O B N E Z I B K L A I G G A I P S
R D E C A D E N Z A A M S M K X Q
S P I I R W M C I W R R A Z O F U
O O B R A E L C B M E D V D P N A
I V M C I E K L L P O C H I R K G
A E A L H K C K J I A O F F W E L
O R E D C E K E A E M Q T H Y L I
S T E P I N N F G S O A B B H B A
J À L J D D S R I C H I E D E R E
N A S C O N D E R E Y V C U I J W
```

Puzzle 329

```
B R S T Z L H A P N J P N L L X S
I A U K F S E U F R N G K H T I P
R Y J O C Z N P N Z O G P E P W A
R G O V T W V M I E R B N W B D V
A U N K J A F K P D K Z L R J R E
V A L E N T I N O L O K B E A E N
B A S T O N E M F H V T V T M T T
T A S S O I L F J Q K F T N Y I A
D P A V I M E N T O C A S E U P P
B I Y A R U T A S S E R P P R S A
C A L C O L A T O R E F I R C O S
E A C P A F F A T T O A N E A P S
C O L A Z I O N E F W L A S L P E
I M P R O P R I O E E L C L Z L R
S T R U T T U R A K D A I E A I I
```

SPINACI
STRUTTURA
PROBLEMI
SPAVENTAPASSERI
IMPROPRIO
BASTONE
PAVIMENTO
RUOTA
TASSO
LEPIDOTTERO
CALZA
CALCOLATORE
BIRRA
FARFALLA
COLAZIONE
PRESSATURA
FATTO
VALENTINO
SERPENTE
OSPITE

Puzzle 330

UNA
MAGGIORANZA
BACIO
APPARTENGONO
RIAVVOLGERE
ACCANTO
TARTARUGA
ERA
QUANTITÀ
COMPRATO
TENERAMENTE
GIACCA
PRESERVARE
BUIO
MATRIMONIO
CORRETTO
ATTRAVERSO
INVISIBILE
CORTECCIA
ANNUSARE

```
D Q V M A G G I O R A N Z A A C A
B T R X K P S K T P I Y I G P O N
O I U B G E U I T R C V W U P M N
I R V X C C A A E E C B M R A P U
N N I E R A Y D R S E E S A R R S
O Q V A H O C O R E T T A T T A A
M L Y I V A C E O R R N C R E T R
I S V I S V Y Z C V O E C A N O E
R W J K N I O Y F A C M A T G I U
T J D A A N B L V R A A N U O C S
A G I A C C A I G E F R T Z N A H
M W C C K G S T L E V E O I O B T
R D B T E A E R B E R N L E N V Y
A T T R A V E R S O K E B N X D Z
J Y S O M V X L À T I T N A U Q D
```

Puzzle 331

```
C K T C Y A B C O I N V O L T O W
P B A X M C U R B X W F I O P C X
N A K O M I S S O R P N C W I I T
K Y R À F T S X K N I P C H V S U
B H W T X I A Q P T C W I U R I X
J D T E I R R J S H N H R G C F Z
R O S I R C E P R E C E D E N T E
S Z A R T R O L L E R T S I P I P
E O P A S J S L P E R S O N A L E
D C C V O U S B A C E G S Z X V U
T M F I N Z E T O R G I A L L O A
B W A T A R M E Q D I I T N N Z M
H F T Y Z L R L E S O S S X V G I
Z M T Q S K E R N N P R A Y X V C
K X A F M T P A O P F Z E N A X A
```

NOSTRI
PIPISTRELLO
FISICO
PROSSIMO
ODORE
BUSSARE
SOCIALE
VARIETÀ
AMICA
PERSONALE
COINVOLTO
GIALLO
PARTICOLARI
RISO
RICCIO
PRECEDENTE
PERMESSO
TRA
FATTA
CRITICA

Puzzle 332

DOLCE
GABBIA
BATTERE
LUPO
OLIO
APE
ELICOTTERO
SFIDA
TROVATO
VENERDÌ
ALLEGRO
MEMBRO
PILOTA
SITO
BRILLANTE
OBIETTIVO
SPESO
INSEGNANTE
SODDISFATTO
RISPONDERE

```
I N S E G N A N T E A A L T G S E
G K L V J M B R W Z D L X O N O Z
E R E D N O P S I R I E L D A G A
L G A B B I A H O Z F L B E P A P
I I R C R C X I H L S D Q O G Y E
C Y O Y H G C Z C B I Z R B B R U
O T A V O R T V H T Z O R I R X O
T G Y J T G V E N E R D Ì E I A P
T U Y Z I U B O H J X A A T L F U
E M I T S P I L O T A A X T L M L
R Y N J Z P M E M B R O H I A V U
O D O L C E E R E T T A B V N D J
P G K A U R N S D I G I X O T N U
P U U V C H Q Y O W J M L T E R V
Q E Z Y F S O D D I S F A T T O R
```

Puzzle 333

```
A R T I C O L O P Y E V E D E E T
Z D C Y B E L A I D R O M I R P I
N Y N F O R O S C Y E O I N E L T
U W N W N A X N C C T W P L G H O
K O Y K R U V F O T S O C F G O L
U I J F O N U C L F I D F V E O O
W D Q U G I Q C E Q S B P O L A F
A U M E N T A R E B S L F T A N I
Z G D X W N T J T G A L L I N A M
Y Q M N H O H S U I I Z Q P G T M
K H Y E D C A S P D M Z U M A G A
R A C C O G L I E R E I X O P Z G
A V F O R M A Z I O N E D C M W I
B F M A R G H E R I T A I O A C N
I M P I E G A R E N E Z I T C I E
```

CAMPAGNA
PICCOLE
TIMIDO
LEGGERE
COMPITO
IMMAGINE
FOGLIO
CONTINUARE
FORMAZIONE
DEVE
AUMENTARE
MARGHERITA
RACCOGLIERE
COSTO
PRIMORDIALE
ASSISTERE
GALLINA
IMPIEGARE
TITOLO
ARTICOLO

Puzzle 334

POTENZA
PALLONCINI
NATO
NORD
ANGELO
IN
INDICARE
AUTORE
OVUNQUE
HA
SIPARIO
NODO
INCONTRATO
INTROITO
TESTO
COMPATTO
PERIMETRO
STAGIONE
ELETTRICA
COLLEZIONE

```
P E R I M E T R O B V R C O J P J
Q N U I M F Y E E C P U O N Z J Z
F K M I E U Q R N A J O M T H P H
R Y E N O I Z E L L O C P J R J K
A E X I P O T E N Z A X A H Q S C
C U O C D P S W H I R W T L O T E
I Q T N X K P A W G H D T O T A N
R N I O T S E T Q E X P O D A G U
T U O L R Y W D H Z P I M A R I E
T V R L O E R A C I D N I N T O R
E O T A M B V D B F B L D G N N N
L D N P N O D O T N U R N E O E D
E Q I U Q L F N V T A D A L C R G
D R S W H S I P A R I O Y O N N V
L D B L D A M M Q E I J Q M I L S
```

Puzzle 335

```
P V E G S M E E E U U Y F Q K P P
E E P C C P A L C R I M I N E X E
N T P S E I L R E J V K Z T F N S
S R U C N A O B I T P A T K T S O
A O R L A Z V W A T T E H C R O F
R V E C Y Z U U T A O R T B F C M
E S H U I A N U T I L E I R E I E
P O C O R E A Z I O N E Z C K E C
E O S C S C O R R E V O L E O T C
Z E E E B R H R E P E B K E U À A
T P R R S O P R A V V I V E R E N
I E S E Q U E G L X Y N Z P P P I
E L L I T T I C O V B M S Q W D C
L J P M B R X D U U N I C Z W B O
F Z Y Q T J D E Z P L O C I B Y U
```

PESO
VETRO
UTILE
PENSARE
EPPURE
SOCIETÀ
FORCHETTA
MECCANICO
CRIMINE
ELLITTICO
SOPRAVVIVERE
PIAZZA
NUVOLA
SCORREVOLE
ELETTRICO
CUOCERE
IERI
REAZIONE
SCENA
MARITO

Puzzle 336

ORGANI
STIMA
DETTAGLIO
DECISIONE
CAPITO
ARIA
DIMOSTRARE
CERCHIO
POSSIBILE
RANA
RILASCIARE
FONDO
CURVA
MEDI
CERVI
INTERNAZIONALE
PIANTA
TRAGICO
PRINCIPE
INUTILE

```
R I V R E C X O I H C R E C N R D
N I N C Q O Z B D U U I W N X D E
P F L T A H L F E Y R N Z K I D C
I S A A E M X E M G V U A T O X I
A T Y Z S R O I L G A T T E D P S
N I L N Q C N Q W G C I C Z U Q I
T M E B S J I A Y P E L A N A R O
A A G E M F N A Z N P E P T J S N
P R I N C I P E R I A A I H P Z E
P O S S I B I L E E O D T A P O U
T R A G I C O U O O D N O F R C T
D I M O S T R A R E I J A J J I H
V L W C E J R U N K Y A B L X M A
N O R G A N I B Y N B F X C E V E
U Q E L D V E D H X Y V Y W X Y E
```

Puzzle 337

```
F C E M X E O K D U D I N S T F D
O A R R E T N A H P S N M F A N O
R M L Z V S R G U E J I U A Y A V
M B P L U O O Z Z D V Z S D M P E
A I S K E R T J Q A S I E F G J P
G A R Q A C I T E L T A O G L Z I
G R I M F D R Z B Z C R V D X X E
I E G F O B D O T E O E S O L D I
F S I L D U O T F N D N S U C C O
A I D L N Q T A M Z D O T P K Y O
M C A Z E Q R L Q E A I M N Q P O
O M S V M T M A D R D G Q B Y U R
S K F E E P T M J O T A V I R P N
O Y I F R T Y O T S E R R A I B G
L L C O T G Y E Z P W X Y Z Z Q Z
```

FORMAGGI
RITORNO
MALATO
DOVE
RAGIONE
TREMENDO
SOLDI
FAMOSO
SUCCO
ATLETICA
MUSEO
CAMBIARE
LETTO
ZENZERO
INIZIARE
ARRESTO
PRIVATO
RIGIDA
FORCELLA
TERRA

Puzzle 338

SEGNALI
ROSSO
TRASMETTERE
SIMILE
BAMBINI
SOMMA
PARTICOLARE
MACCHIA
MUSICA
RESPONSABILE
LIVELLO
RAGAZZI
TESO
GALLEGGIANTE
COMODITÀ
ASSICURARE
SUPPORTO
CALAMARI
LIBELLULA
MANO

```
S X O T R O P P U S K O Q S C G C
N O N Q V E R A R U C I S S A N O
Q Q M U V Y S X V K N E F Y K R M
J Y W M W F T P S F K Z N S S O O
I R A M A L A C O I K D F I E S D
M A C C H I A D N N M H A M G S I
Z D I Z F Y T D A X S W F I N O T
R A G A Z Z I T M S E A Q L A G À
E T N A I G G E L L A G B E L I L
E R E T T E M S A R T D J I I R I
H X D I F Q H O N O T Q G A L W V
M U S I C A L U L L E B I L F E E
P A R T I C O L A R E Y G B Z R L
X L Q U I E B A M B I N I G I S L
E U B T V Z C W V C I Y L F J H O
```

Puzzle 339

```
E C I S M O N T A G N E V A F H E
U S B Z I L V F A E Z L O N I S A
S L P K K G M H C T A A L E E L U
M P D E H L N R I N I U T P N T S
C M E W R G A O M E N T Y X Y D A
O I O D R I I T R M E R R D L C M
N N U X I C M N O A T I A K A M I
T O T Q L Z M E F V T V E I V G C
R R D K V X I L N I O J P T K X I
I A U B X H C O O T A I H C C A M
B N H W S V S N N T O L L E C C U
U Z D S B Q P N A E F R E S I A G
I A A R D U D O K F B P C R Z D W
R T U V J K Z S H F Z N S E W X P
E B P T P O J O X E R M Z G N T L
```

UCCELLO
SONNOLENTO
MINORANZA
FORMICA
MACCHIATO
VIRTUALE
MONTAGNE
SUA
CONTRIBUIRE
ZAINETTO
LO
ASINO
SPEDIZIONE
SCIMMIA
SIGNORA
EFFETTIVAMENTE
AMICI
VOLT
FRESIA
ESPERIMENTO

Puzzle 340

RAVANELLI
DIFFUSIONE
INVITARE
COLLO
PROFESSIONISTA
DOMINANTE
OTTENERE
CONSIGLIO
INDIVIDUO
FONTE
INTERNO
UFFICIALE
MAL
VOCABOLARIO
PENSI
NAZIONE
ELEFANTE
FIORI
ARMADIO
NOVE

```
R A C F I S N E P L Y A S M E A B
H T O I T N A R M A D I O A T K F
X S L O L P T F B B Y D P L N X T
P I L R J Q R E U F F I C I A L E
V N O I F Z W J R H E F I P N C R
W O N P N I K H L N N L N E I O A
K I C A C W U I C R O T D L M N T
Z S F A Z D N L C H I O I E O S I
R S O L B I X L W O S T V F D I V
J E N B U O O E C L U T I A J G N
C F T A H P L N A R F E D N S L I
Q O E Q S E M A E R F N U T S I P
N R Z M A S V V R F I E O E V O N
Y P Y K R R U A A I D R G Q I Z S
U U V B S H L R W M O E O N Y G D
```

Puzzle 341

```
S T R A D A T R O P D F J Y Y Y P
D I C E R A N N A G N I Y I I C C
N S T E L J J K K L K U R H L H Y
U R G R D O P P O R T Y C Q P Z W
L E A O O Y S F I N T O S S A R G
L M T I T V K P A E N O C L A B X
I U T G N B A E R B Y P D G I I U
X S I G E E Y R P Q D B Q W R L C
N S N A M Z R W E G F Z H J A O P
C A O M O K Y N C L H F T K S T M
C E F N M A Z Z B Y V U H N S T C
A G F O R T O G R A F I A X E A M
D R A M M A T I C O B Q G N C E K
Z R V D J X I G K K V L I G E G A
G L U H C L K B E B I G I V N W Q
```

MAGGIORE
PORTA
DICE
INGANNARE
ORTOGRAFIA
FINTO
DRAMMATICO
ASSUMERSI
CIASCUN
NECESSARIA
GATTINO
TROVARE
GRASSO
BALCONE
NULLI
SOLE
LOTTA
MOMENTO
STRADA
TROPPO

Puzzle 342

CARATTERE
PROFITTO
FREQUENTE
MINACCIA
BUGIA
SEGNANO
PIACEVOLMENTE
TRASFERIMENTO
OCCHIALI
MORBIDO
COPPA
CUCINA
PARTI
CRESCIONE
COPERTINA
GENERALE
STANCO
LUNGHEZZA
SOSTENGONO
ANATRA

```
H C F B E E W D J L W T P R N G T
J A M R U Z D I B D F R I O X Y Z
G R V O E G Q H L R S A A P P O C
A A S N R Q I P R I M S C C U X U
C T T A U B U A D H E F E O O L M
P T A N M P I E E A A E V P M O P
Q E N G H W U D N R Z R O E I C K
I R C E A F X B O T Z I L R N C M
C E O S N Z E Y I A E M M T A H P
P R O F I T T O C N H E E I C I A
M Q C B C M J L S A G N N N C A R
H A K K U P U K E U N T T A I L T
I B U W C B C T R T U O E X A I I
X E P Z T Q S E C E L A R E N E G
S O S T E N G O N O C G C V J N Z
```

Puzzle 343

```
D D B D C O L H I R I E S D D C X
O O V E I E V V Q E T F C E E J Y
L H Q T J S J W U G U X R S L W F
O W S N D E P K Y A Q B I I I Y C
R O K E C A I O S L V D T D Z Z B
O J S M U P I R N I Q Y T E I E N
S S E L I B O N T I S R O R O M L
A L C A C I N C E T B Z R I S F F
M K C U L S W E Z I O I E O A P V
E C A T V O I H C S I R L N F H R
N N S T V T T N E R A N G E S S A
T C W A E S C O N C E N T R A T O
E B F F L O A G G I U N G E R E Y
H G L B Z C V I A G G I Q I M P S
C O N D O T T A T I B R O N F E E
```

DISPONIBILE
DOLOROSAMENTE
DESIDERIO
SECCA
CONDOTTA
VIAGGI
AGGIUNGERE
CONCENTRATO
TECNICA
RISCHIO
COSTOSI
ASSEGNARE
ATTUALMENTE
ORBITA
ZIO
NOBILE
REGALI
PAESE
DELIZIOSA
SCRITTORE

Puzzle 344

ASSORBIRE
SINGOLO
UMILE
SCOMPAIONO
COLLEGIO
INVENTARE
TUTTO
ANTICO
CAMPANA
REGOLAZIONE
ALLENATORE
BANCA
RESPONSABILITÀ
SUO
SÌ
LIBERTÀ
GIGANTESCO
PREVENIRE
ASCOLTARE
PRENDENDO

```
U Q T R E S P O N S A B I L I T À
M E U R O F Y J V O B I L L Q O H
I R T Z F M R G H C T Z A I F R S
L X T Q P E S T E R I R N B G J A
E Z O G E R I B R O S S A E W M E
N V U E R A C N A B U X P R C A N
B O S J O C Y P V S Z G M T R Y X
M D D T T X J P J E C I A À Y C R
O N O I A P M O C S N O C I T N A
H E R I N E V E R P Ì T L A G H V
R D W O E C S N D E R V A T P J C
H N C O L O G N I S I A J R A J I
R E G O L A Z I O N E K Q L E R O
K R P D A G I G A N T E S C O X E
W P U C O L L E G I O I V R U H K
```

Puzzle 345

```
N K A D M L Z V S R U P E X D C G
J X Y G F Q F U A T C Z J I D H R
S X H B G F B O V X N U O V O I A
T S Z J Y R K L I H S M T I I E V
F E E R D A P E G W O E A Z N S E
O R M I S R E V I D G C M D D T L
E A C P I X N R X D G C A C I O I
E R I R E F E R P C E A I V P A S
T A M O X S R B B O T N H Z E Y T
W P G Y V R T M A U T I C T N C A
M M E D U C Y A C G O C Y I D O D
Z I Q U A N D O S V N I H W E V K
P U U I E R O T A R R A N P N U L
D I G E R I R E T O E I T V Z J C
V F D K Z Q R W Z K P Y J O A N K
```

IMPARARE
SEI
LISTA
NARRATORE
DIVERSI
TEMPESTA
CHIAMATO
VUOLE
QUANDO
TASCA
DIGERIRE
MECCANICI
BAGNATO
PREFERIRE
PADRE
GRAVE
SOGGETTO
INDIPENDENZA
NUOVO
CHIESTO

Puzzle 346

RIVA
PRODUZIONE
EMERGERE
INVIATO
OMBRELLO
STRUMENTO
TAPPETO
FISSARE
ORTAGGI
BAGNO
GHIANDE
RISOLVERE
RIVELARE
PERDA
ESTENDERE
AGRICOLTORI
TRATTAMENTO
SCIA
PASTO
FORESTA

```
E A G R I C O L T O R I V T O P X
F S S T W L B E Z T T B G A M R L
D O T V Z J L A M N S Y X P B O N
R M Y E Z L D F Q E U H T P R D U
C P P I N V U T C M R M F E E U N
X N A T A D R E P U R G O T L Z A
S C I A A X E A S R B G E O L I Y
L Q I G G A T R O T W O K R O O R
L R I V A D J F E S U S K U E N I
F I S S A R E D O T A I V N I E V
P F Y F U B L Y A R L K K O C U E
A G H I A N D E H W E T K N I J L
S R I S O L V E R E K S E X O B A
T U K N T O T N E M A T T A R T R
O N G A B H J W L U B R G A Q P E
```

Puzzle 347

```
B L O C C H I A T C K G S F G S H
U A Z W F U E O R J A O R S Q C C
D W D H F S N J A D G N L X F A A
Z W C M V S O T S S M I D L A L P
P E R A E N I V L X L F M E T E O
C R S B J R Z H O H T L H S L Z T
O R T Z J R A L C X S E F A O A I
L U A J C I C V O R A D W L W U L
E D Z B A D I Z I S A U Q V D Y U
O O I I W E R P L G Z G F A C I P
T R O S Y R B R L V L L A Q Z W Y
T T N O S E B Q E F Z I N Z Q X Z
E N E N N E A C C L U B A O Z S S
R I B T F I F L C D I T X A M A F
O X U I X K F B U D G O B M M B W
```

RIDERE
INTRODURRE
UCCELLI
BLOCCHI
SCALE
QUASI
PERA
FABBRICAZIONE
COLEOTTERO
BISONTI
SALVA
CAPO
RAGAZZA
LA
MERAVIGLIA
PULITO
TRASLOCO
CANDELA
DELFINO
STAZIONE

Puzzle 348

CHIARO
GIRASOLE
ASSEMBLAGGIO
NATURALE
UMANO
ABILITÀ
TAGLIENTI
MARTEDÌ
VISIBILE
NOTIZIA
CAMMINATA
SETOSA
RISPOSTA
LAMPADA
TRIANGOLO
SCAFFALE
CIVILE
LIEVITO
AFFETTO
PO

```
V G L W A Y I I P M C C L I K G I
C H I A R O O P I R L J E W J C L
G Q X N J E D H E T Z V P H U A T
A I T N E I L G A T X À O Q U M E
T S R W D W R H E S E T O S A M D
S A S A L I E V I T O I A R U I J
O T F E S W G Z R M S L L C Ì N C
P R V F M O X Z D E Q I H N D A H
S I I U E B L P U V O B A A E T F
I A S P L T L E Y E L A R U T A N
R N I Q I I T A I Z I T O N R F E
M G B M V U X O G S C A F F A L E
S O I W I P H A M G N R G W M Z R
A L L Z C U M A N O I R V F C A O
H O E L A M P A D A G O Y L X T U
```

Puzzle 349

```
R W Q L B H L P J X W I A E F R S
T I H J W O R I X Z E M N U E N C
P E C P R E S O H R F F W D R Y M
I R C E V I T N X À T I D I M U I
S U K N R U Q E M O T A S S A P N
E T F N O C A N N O L O C W T X T
L I G O T L A T Z Z Q G P T O Q E
L N B G P E O C R D O N N O L A N
O R U H N T U G N O D R O C C A D
O O E R A R I T I R P V D K N R E
F F O H A P A G K A K M R L X U R
T R A B A L L A N T E R I D U G E
E D I M E N T I C A R E I F G I O
C M Q U A D O T T A R E P N K F F
R F O T O C A M E R A U B J S S Q
```

FOTOCAMERA
FIGURA
FORNITURE
TECNOLOGIA
FERMATO
COLONNA
ACCORDO
PASSATO
INTENDERE
DONNOLA
DIMENTICARE
PRESO
UDIRE
IMPORTA
RITIRARE
UMIDITÀ
TRABALLANTE
RICERCA
PISELLO
ADOTTARE

Puzzle 350

NUOTATA
MINORE
PIEDE
NULLA
CLIENTE
CAROTE
RICORDA
STILE
ESSENZIALE
PATATA
SPIEGARE
PROBABILMENTE
PREZIOSO
SONO
SOLI
GRUPPO
BOXE
PRUGNE
POLLO
CANTARE

```
P O L L O P L Z Z E S B Z Z D W C
I W C A H R P L K B O G R U P P O
A M M X J O Y S M A L L U N F I S
M W L Z Q B Z U T O I G I I X S O
P I E D E A E R A G E I P S F T I
O G R I X B T V D F M R I L Y Y Z
B Q A F O I O S R J M T U C K G E
X W T M B L R A O N V X E L S R R
O T N S P M A K C N L E K I D Z P
F D A N S E C B I P O T D E I W W
O D C I E N G U R P A Z W N R U H
H J P N A T A T O U N T P T U K F
I A V X I E S T I L E J A E R K A
E S S E N Z I A L E U J U T Z U S
O H W D K L M I N O R E T T A T R
```

Puzzle 351

```
E R A T T E C R E T N I O O C V Q
B E I S E L E Z I O N A N X H P U
K X N P A T T E N Z I O N E I U O
G Y C N A R J D Z C T E U C O L Z
F I L A C R Y I L C Y Q T S D A I
L A H C O H A G E R O M U R O O E
V A I J J J E Z C T R H A O U R N
W G T X Z E N O I Z A R U S I M T
L J Z O F O D I D O C H I E S A E
Z X Ì C F Y V L N C N C X L G K V
S C S Y O L O C I E V E N E I V F
R C O L T I V A T O R E D O D Y V
U C C B O I Q E I A Z S A K M G Y
V W W M U R U L Z M E S H A A X Z
T V Y G V T M O D I F I C A L W N
```

LATO
MISURAZIONE
FILA
VEICOLO
QUOZIENTE
ATTENZIONE
RIPARAZIONE
TUBO
INTERCETTARE
INDICE
VUOTO
VIENE
RUMORE
SELEZIONA
COLTIVATORE
CHIODO
AUTUNNO
COSÌ
MODIFICA
CHIESA

Puzzle 352

IMPORTARE
MUMMIA
FEMMINILE
GUFO
PORTATO
COMPORTAMENTO
SCIOCCO
LUMACA
AL
CONFONDERE
FISCALE
MISSIONE
POSTINO
SOLDATO
IRRITABILE
CASA
ARRICCIATO
STUDI
SCOSSA
ANTISTANTE

```
S Y J C Z N V L N G P K R F A A L
O T N E M A T R O P M O C E R W I
Y D U Y J H B E I Y A U K M R B R
X Z S D I M P O R T A R E M I L R
I Y H Y I Z U Y N E A G N I C A I
K F V J J M U U P F L E O N C N T
C O N F O N D E R E X Q I I I T A
Z F S C A S A J H O M M S L A I B
Y U L O N I T S O P U U S E T S I
U G H T L L J Y Z J Z M I L O T L
W D A A X D X S F L A M M U O A E
C F D T E L A C S I F I F M W N U
K H Z R L Q Y T S C U A Q A L T N
Y A O O V L P J O C C O I C S E I
D Z T P S C O S S A G E W A O X W
```

Puzzle 353

```
O D Z C T C D X U L C G X R P E U
P S O C O F A X X A A M T O I W Z
P I H V S M L A O M V I K F A E Z
F O Q C E X O Q Y P I C E B N K G
M K F J E R B D Q O T E P E U V S
Z D T V R F M À O N À T R O R H Y
P P A R A G A T M E R O P V E Z W
V L Z M N R B I Y F O S R E P T C
T E R R I B I L E V T H V F S E G
Q R O A V R D I N O T M I C L R F
K O F Q O U C C L Q O X Y Q U M V
E L S I D K A A O P E R A R E I B
X A R Z N X X F L M W A I O L N Z
Z V C N I C U L T U R A L E X I L
N A V E P E C O R E P A B E U L Y
```

PECORE
NAVE
TERRIBILE
BAMBOLA
GARA
CULTURALE
CAVITÀ
FORZA
OPERARE
LAMPONE
LACRIMA
COMODO
VALORE
DOVER
FACILITÀ
PIANURE
PERSO
INDOVINARE
ROTTO
TERMINI

Puzzle 354

ELFO
ESPERTO
DEDICARE
GIOVANE
RICONOSCERE
LUCE
FUGA
ESERCIZIO
DISASTRO
CAVO
COMPLEANNO
OROLOGIO
POSSIBILITÀ
INTERESSANTE
ELEZIONE
ALTRO
TAZZA
AVVERSARIO
FUOCO
ANELLO

```
G I N T E R E S S A N T E C I F R
C I C O M P L E A N N O T J O I P
X T O I Z I C R E S E F A G U F N
Y V F V M N J Q F L F U Z X G P A
R Y L X A O V X T W I O Z E J J O
A I E J D N U M B S V C A R S F P
V E C D H M E J L F S O V A C W F
V S B O I G O L O R O Q L U C E Q
E P D L N S P O S S I B I L I T À
R E L L A O A M R D X E U L C Z Z
S R M E K Z S S E L E Z I O N E D
A T E N K X H C T T H G J O I Q Q
R O H A E I Y T E R A C I D E D A
I J M O B R U N L R O E F N J Y U
O T S A Q T I K D T E A L T R O D
```

Puzzle 355

```
N Y J I V Z J B R È C U P E R O M
K E L I V W X R E I P I M R P T A
E L I J O P W A T S O P A A I N R
L A T T U G A C E S F X T N A E E
A I C Z I T U C S E A T R I C M U
U C E Z A O G I Z R F B I L I I G
N R C S C B N O A G D T M C U T E
A E E O O R I O I O I E O N T R K
M M O G P R L H D R N N N I O E J
W M K Y B P T P D P Z T I P Q V S
Y O E B J C I A H H N A A U D I B
A C C I A I O A T X I T L T F D K
J P E N W V M F N D U I E D O F M
Y B O O M S K H Z O I V G Y T U J
K H C N P H E O T A L O C C O I C
```

COMMERCIALE
VILE
PROGRESSI
LATTUGA
MARE
ACCOPPIANO
RECUPERO
INCLINARE
CIOCCOLATO
TENTATIVO
ACCIAIO
POSTA
BRACCIO
DIVERTIMENTO
LINGUA
MANUALE
MATRIMONIALE
SORTA
FOTO
PIACIUTO

Puzzle 356

TENDA
FUNZIONE
DEPRIMERE
BIANCO
SOTTO
COMPATTA
GINOCCHIO
ALBERI
MILLEPIEDI
STORIA
LETTURA
DOMANI
SPESA
INSEGNARE
CANDIDATO
NOMINARE
MEDIO
SCRITTURA
FRAMMENTO
ULTERIORE

```
K C D E K J S I N S E G N A R E H
B O E K O X A C T E N D A S E P S
U M P R A S K P R E U T I Y K L G
L P R L Q J M T O I H C C O N I G
T A I N F I V N Q N T D B V W I A
E T M N S X U M S Q O T Z T Y X K
R T E J K H C Z X Z T M U X P R B
I A R R S W A M B G O A I R O T S
O I E Y L E N O I Z N U F N A H L
R M R N L Y D D O M A N I Y A T M
E Z E P H X I B I A N C O L D R J
E D W D D I D E I P E L L I M K E
L W R G I C A A L B E R I Q F O T
F P Z Z B O T T O S L E T T U R A
Y P M M A U O F R A M M E N T O E
```

Puzzle 357

```
A T T E M S A R T W C Y F M C K H
L Q E Z F O R R O P R Q D L X T J
P L T E E N L I M O N E X O L Q S
H O V I T N A T S O S A F I G N I
L N L R N O E R V N Q U G F I W T
E A L V I A I C C A C G I À R A U
S C G K E I O N J F U V O C E S A
P C X O R R P D T C A N T I L S Z
R A X T A I O T R E S E D X A U I
I T R T N Z K S K W R T R Z C M O
M T C Z U T B G O T R E M Z O E N
E A W B L D C Z X S V D S L L R E
R Q N Q K J Y V X U W U L S D E U
E I O L O H Y B F R X X H U E P T
C R O S H A M M P K D K V X Q E K
```

SONNO
POI
VOCE
LIMONE
CANTI
SITUAZIONE
PORRO
LOCALE
DESERTO
GIÀ
ATTACCANO
SOSTANTIVO
ASSUMERE
ESPRIMERE
LAGO
INTERESSE
LUNARE
CACCIA
POLVEROSO
TRASMETTA

Puzzle 358

OLTRE
POSITIVO
SAPEVA
VERIFICA
SPETTACOLO
ESTREMAMENTE
PROGRAMMAZIONE
CIAO
FATALE
TENUTO
CAUSA
RAME
IMMEDIATAMENTE
NAVIGARE
RIMUOVERE
MONETA
VILLAGGIO
PANINI
PERSEGUIRE
CINTURA

```
E X D Q N J S C O F G X F P I N E
J E R E V O U M I R K J O R M A S
Y C I Q T E M F G A O V O O M V T
R A F E S X L F G T O E Q G E I R
A U Q A S J W I A E V R F R D G E
M S L W T C C W L N I I N A I A M
E A F Q B A J U L O T F E M A R A
G B R V D C L A I M I I P M T E M
Z J O T M U L E V H S C A A A R E
P G N E Z N A I N E O A M Z M T N
O R I N I N A P I Z P A X I E L T
N U Y U T C I N T U R A E O N O E
D Z U T O H H J W W J I S N T Q P
N P K O L O C A T T E P S E E O K
P E R S E G U I R E G E Y O E H M
```

Puzzle 359

```
M S T O Z O L Q C V L U A E J L F
O I K I E N E T T O N E Q B P U O
A O S H L R G O P E R A Z I O N E
I P S C À P A P V V O L U T O P G
N O C S E Y L C L Z I T Q W N H T
V M I A R L E R V E H K T G I L D
E O N M A S A F I N C M K A T X C
R D T O C C R O C E R L C Y S K A
N O I O L U S U R A A C R D E E P
O R L Q A R A P A E M T G G C A I
F O L Y V S L I T T A M E N T O T
N X A U A N V W E O D W W F J H A
C W A N C Z W R L S R A R O F M L
F X R A J Z P P K S O Y K H S F E
P R I G I O N E M T I C X F T A J
```

SCINTILLA
MISCELA
NOTTE
CAVALCARE
CESTINO
PAPÀ
POMODORO
ESATTO
CAPITALE
INVERNO
SLITTAMENTO
CROCE
VOLUTO
USURA
PRIGIONE
MARCHIO
OPERAZIONE
LEGALE
RAPA
MASCHIO

Puzzle 360

GREGGE
AIUTO
IMPROVVISAMENTE
GHIACCIO
SCIARPA
TENDE
SCHELETRO
PROFESSORE
CENTRALE
RAGGIUNTO
FAVOREVOLE
INTERVISTA
PRESTANO
NUVOLOSO
LEONE
QUALIFICARSI
ABITO
NATIVO
BIOLOGIA
COLORE

```
C G B J F T K Q B O I C C A I H G
C E R O L O C H T I M A I U T O P
Z S N E E V S Q F A P R A I C S R
Z C N T G T E N D E R W I S Z J E
D H M A R G N O Z I O B G R L P S
U E T H X A E V N H V N O A E R T
N L J Z B E L G C F V U L C O O A
I E A B I T O E B V I V O I N F N
A T S I V R E T N I S O I F E E O
R R V B Y X S T R G A L B I N S T
S O T N U I G G A R M O X L A S B
F A V O R E V O L E E S C A T O T
G Z O R G A E J R P N O N U I R U
V C B H S L S H N Z T W W Q V E P
D D H O V M X Z L A E D R Q O U V
```

Puzzle 361

```
F P O I W V A A L D B B T M F M Q
L C Z A F T T K H C X I W C R E U
Z R O M I R P X Y X O N I O A N E
Y N L S K D E E O P C V T T G Z S
W S E E E Z I Q P H D I O O O I T
A N A T R O C C O L O T N N L O I
K X D N E S S A L C O O F E A N O
G P X M V B Q L X D I V O R B A N
C D W V L C L N H C C I U I E N E
L P Q X O S D O Y Y S D M U C O O
J K U M P Q E L C H U I I G C V N
R A P P O R T O Q C G V S E A O D
S Z U O H J X U I F O A U S N V P
M O X J W T O S X N T N R H O R F
Q Q G L P R G I X Q D O A E W O B
```

COTONE
MISURA
BECCANO
GUSCIO
QUESTIONE
VOLPE
EX
ANATROCCOLO
CLASSE
FRAGOLA
BLOCCO
INVITO
COSE
DIVANO
SEGUIRE
MENZIONANO
PRIMO
TONFO
RAPPORTO
POLVERE

Puzzle 362

PERDONO
ILLUSTRARE
DIPENDE
ATTUALE
TRANNE
COMUNE
GIÙ
GLOSSARIO
URLO
BOTTIGLIE
PACIFICO
SEDUTO
FRATELLO
GAMBA
GIUDICE
PRESENTE
ROSPO
MANGI
NEMICO
NOTA

```
E M J R C I W A C J R M D U O Z W
G J M O D E L K A Q O N E M I C O
G H Z E Z F H L L B S G N V R P N
Ù I G A M B A D U P P R U F A R O
G G U T U V J P W S O G M K S E D
J N T D O E I L G I T T O B S S R
H A U Z I O H W T E U R C W O E E
B M S X W C V U X L D X A Z L N P
N O T A W I E H P D E G U R G T I
I A K T B F N D O V S F Q Z E E R
C Y Z J L I N V N F R A T E L L O
E N V X Z C A O R E U R L O L I K
N M Z D N A R E Y N P S T C Z D C
Q E V G J P T Z A M V I U Z S Y L
A T T U A L E I M T I S D E H S R
```

Puzzle 363

```
G L N U D V N B E S P A N D E R E
Z U O E M K L O D M K C M C N Q R
W C A C C J A C U E A S P D C Z I
V A O R A E V C Z G S O D I O D P
Y N C Q D L S A L L P M M K J I E
O Z O W F A I S N I T S E U Q S C
N O Z V O U R Z I O P O C S T T N
I N Z I P N S E Z T T C A K Z R O
Z E A C C E S S O A À N M S D I C
Z Z G Z D M R I U V R N I Z W B F
A H A I B B A S W Q L E N E K U P
G G R L B V N J F L P M O O D I D
A M M I N I S T R A Z I O N E R S
M I D E N T I F I C A R E L N E L
G J N F B S H T A P P O T M K G V
```

DISTRIBUIRE
BOCCA
MEGLIO
LOCALIZZARE
ACCESSO
MOSCA
ESPANDERE
CANZONE
MAGAZZINO
GUARDARE
SABBIA
SCOPO
QUESTI
AMMINISTRAZIONE
IDENTIFICARE
CAMINO
NECESSITÀ
CONCEPIRE
RAGAZZO
TAPPO

Puzzle 364

PERIODO
TEIERA
REALIZZARE
INIZIATO
CIOTOLA
ARTISTA
FRETTOLOSA
FINALMENTE
SAREBBE
NEVE
INFORMAZIONI
PRESIDENTE
GRAFICO
STRATEGIA
CANTO
EVACUARE
EVENTO
RE
DISCESA
ZOCCOLO

```
I G B B W A R T I S T A E T L Q J
O S E R E T N E D I S E R P G W Y
U E F Z V B D E X I C I O T O L A
I N I Z I A T O V V S U T P T P I
A M O V U Q X G C E A F N N E G
Y J Z L J T E I E R A K E E A R E
H C F Q Y S A R E B B E V R C I T
I N F O R M A Z I O N I E A D O A
Z D I S C E S A C N E Y E U N D R
I O B R B I B D G R A F I C O O T
I W C Q Y S E R A Z Z I L A E R S
R E Z C M X S D E L Z L K V R J K
O K T H O L Z C P R E V W E A X I
B N R D N L F I N A L M E N T E Y
U E P Q L U O F R E T T O L O S A
```

Puzzle 365

```
F D A W S E Q E H P Z J C F U H K
C E R N E D G N X R A N I M A L E
I R R A C K I E O O I H T B N C R
R E O M G H A R Q C I X A H G O A
C D H N A O E G R E O B I C S O T
O N X Q X T R I D D R H B J Y P N
L O Z T I B A A P U E M B H J E O
A F S M W O I E O R T V A E P R C
R A D D I O G P R A S R R M V A Z
E F E R E D N O P S I R R O C R M
T O T D F P A A G B M F A K H E I
E S M L D A M N O T L Z M M C L I
O S P R M E T V H V J C T S F U J
T O T S O P P O H R I M A N E R E
R A P I D A M E N T E M A C D O R
```

CONTARE
FOSSO
DRAGO
ANCHE
FONDERE
CORRISPONDERE
RIMANERE
PROCEDURA
OPPOSTO
MANGIARE
SCI
ENERGIA
COOPERARE
CIRCOLARE
FERMATA
ADDIO
ARRABBIATI
MISTERO
RAPIDAMENTE
ANIMALE

Puzzle 366

ACCURATEZZA
ESEMPIO
PAZIENTE
CLIP
CALDA
GENITORI
MANCANZA
ESTINTO
ELEMENTARE
TIRATO
SEDIA
ASCIUGAMANO
TUTTI
CARINO
CARATTERISTICA
UVA
BENEFICIO
NAZIONALE
FUNGO
QUELLI

```
Y L Y A Z N A C N A M E O F H L C
N X N I N A E L E M E N T A R E A
R V A D F Z P C A W Z J N V W V R
A X N E Q I A A T U T T I U J C I
G S B S U O T C Z G N P T C A A N
K H A L E N A E C I E Y S X Y X O
N Q A D L A C I B U E N E H T B A
O C L B L L R V F F R N I U W U A
B T Z F I E S S V O I A T T R X D
T I R A T O Y P W M X Q T E O T Z
E S E M P I O I C I F E N E B R M
C A R A T T E R I S T I C A Z O I
F U N G O N X P I Q E G V J B Z C
A S C I U G A M A N O C L I P X A
W T Q D J P Y M R X F H C C Z T H
```

Puzzle 367

```
P E R M E T T O N O D Z F E M D T
P R L G A C C U S A T F Y G P E C
I R D C A T E N A C O G C Z S F H
N A O A T T I V A H F V Y W O I I
G R L P T U A D L H A M O R E N A
B T T E R R A L L E G A R E S I R
ì S B W M I V E V T J H I F R R I
D I B C B I E O R L V Q T R O E R
E D A J O X T T X M A I L D F G E
L L W W B U O B À L E Y V A L L L
O E L A C I P O R T Q L Q M D J L
C O C C O D R I L L O F L P H U P
R A L T E Z Z A B K Q U E I V E K
E P I P R A T I C A D W I F N B G
M G D S M Z Q G O X Y G K W Y O Z
```

TROPICALE
DISTRARRE
MERCOLEDÌ
AMORE
ERMELLINO
ALTEZZA
TIRO
ALLEGARE
CATENA
DEFINIRE
ACCUSA
CHIARIRE
SIA
PERMETTONO
ATTIVA
PRATICA
COCCODRILLO
FORSE
PROPRIETÀ
POTEVA

Puzzle 368

MORALE
FELICE
CAMICETTA
MATTINA
SOFFICE
SCARPE
SPECIE
GLOBO
INDOSSATO
FRAGOLE
SEDANO
TABELLA
RAFFICA
DOPPIO
CALZINI
PEZZO
CAVALLETTA
AEREO
CERTAMENTE
SCRIVERE

```
S O U W O K P O C A N X D F P S U
N C P P B O G N A G L O B O H O N
D M R S S R M K V D W C B J T F D
C A N I T T A M A Y T E N H Q F T
X A F P V N O Y L J S R P N O I J
O G G S B E C I L E F T R R N C O
D O P P I O R X E X C A N D A E T
T H E O F B K E T N A M Q H D C A
C A L Z I N I R T A M E I C E P S
Z X O Z Q D H A A M I N D E S D S
N A L E I S U F M O C T W J W B O
Q K D P P D T F B R E E J M E L D
F R A G O L E I T A T R K M J R N
T A B E L L A C S L T Q E P U N I
S T Z C I Y M A K E A O N A D U G
```

Puzzle 369

```
W C Q X M M L S G L U D I H M C Q
P R E S E N T A R E E H L X A G M
M I O D I R P D T D C G P X N E A
A P I V N P P A P U Z K G Z I N G
P M U A E I I J W Z S G E G E L
P Q C M A E R A T U I F I R L R I
A T A R O L O C E T C K M E I O O
V E D O N O O K C M U O A N A S N
D J K F W U Q L O O I R U E R I E
N V I I A X W T N D Z U A T Z T I
G W E R K I H N O E H G S S D À C
B J Y G Q C Y J M S R N X O B C H
F K I C D G Q M I T O A O S B U G
B E L L A F Z N C O N C D N D P R
P R A T I C O O A I R O G E T A C
```

CANGURO
GENEROSITÀ
MODESTO
COLORATA
DA
ECONOMICA
MAPPA
LEGGE
PITTURA
SOSTENERE
MANIGLIA
RIFORMA
VEDONO
CATEGORIA
MAGLIONE
RIFIUTARE
BELLA
NON
PRESENTARE
PRATICO

Puzzle 370

INFASTIDIRE
LIMONATA
CAFFÈ
PROCESSO
AEROSTATO
VOLTA
ESITARE
CHIAVE
AEROSTATI
STOMACO
RIFERISCONO
VAPORE
DIBATTITO
FANTASMA
CONFINARE
CURE
BENE
OCEANO
CAVALLO
IMPRESSIONARE

```
C R D C W U L L X J U Y K E O H M
O I I P A S O M U J X J T I P F L
N F B U T V T P C L X B R G H A L
F E A D A T A E R A T I S E R U C
I R T Y N F T L I O V I Q E Z V W
N I T V O H S S L O C L B U H O T
A S I O M O O E T O F E V A I H C
R C T L I F R A C O G I S A E J N
E O O T L A E I Z L M E P S R T V
N N E A O N A E C O P A N L O S K
E O F P Y T U X L Z W Y C T P H X
B Y O I T A T S O R E A Y O A C B
C A F F È S N H G R R W K D V Z S
G P S A I M I N F A S T I D I R E
V T Z E R A N O I S S E R P M I K
```

Puzzle 371

```
P S Z Y D Y I I P F A G I A N O N
O A N N I E N O I N I P O F H V W
I J R C O R S O E R I N E V H R X
S F P L Z P G G G V I T T I M A S
M P R O A R K A A E F U P U H P D
A C O O T N E M A I G G E T T A P
T O Z R D B D V A N T A G G I O E
E M U G C Y A O C U R I O S O R R
R M P T F O D K L H S S V L M E F
I E P J Y N R B P A V Z W C H N E
A N A B B B H O B R G N T D J B T
L T P M B P H H Y S F E S S K Q T
E O T A Z Z I L A N O S R E P G O
Q N M I G R A Z I O N E O H B K V
T S D L A V A N D E R I A B D S R
```

NERO
VANTAGGIO
ATTEGGIAMENTO
LAVANDERIA
PERFETTO
FAGIANO
VENIRE
PERSONALIZZATO
MATERIALE
PARLANDO
CURIOSO
OPINIONE
PIEGA
COMMENTO
MIGRAZIONE
REGALO
SPORCO
VITTIMA
ZUPPA
CORSO

Puzzle 372

STRANA
DISTRUZIONE
ME
RILASSARSI
CRAVATTA
ADEGUARE
EVITANO
LOTTO
RITMO
SORPRESA
ZAPPA
ESPERIENZA
GIARDINO
REGNO
ASSOLUTO
ONOREVOLMENTE
SCUOTERE
OTTENGA
FALSI
ARTE

```
M C V P V M W F O J S S J R X D C
V B M S V E A R T E C O P I T I K
W A O N J D Q W U V U R G L V S G
J R I X C E B F L Q O P A A B T X
N Z I U J R D D O U T R D S H R P
V A S T J P A S S T E E E S Q U B
H P L B M L J V S G R S G A J Z G
O P A D C O W L A S E A U R P I I
M A F N T Z Z S O T M I A S G O A
E E K G I I O G N Z T W R I F N R
N O Q S V S T R A N A A A E X Z E D
T N G U O Z T Q T O T T E N G A I
H G G S B R O B I B J Q A G H V N
C E T N E M L O V E R O N O Q F O
A R E S P E R I E N Z A X C O G X
```

Puzzle 373

```
A T T E V I C P R I V I A R H Q V
I Z T R A T T A T O S S O W M X I
C A I Z I A S R O B E N O R M E S
U N T O L L E T R A M H E W P N T
D V Q I N Q T E R M O M E T R O A
I G X A U E U E A S Z S H P A N E
F V E R D E T T O K A C X L F B R
L C O N O S C E N Z A N O Y F R A
A S C E N D E R E O Z D G E C E R
L V U G A G S K O C K W H U J V A
Z W N M V M F T C C R K S R E E I
E Y W L I M C V O H Z A X A T Z H
X W R B E V L S L I S D R Y J I C
E J O I C U N D B O J E O L X N I
O V T F V G Z J N V S G L S E U D
```

ENORME
SANGUE
OSSO
VERDETTO
MARTELLO
CONOSCENZA
AZIONE
CIVETTA
TERMOMETRO
BREVE
ASCENDERE
ZIA
FIDUCIA
PRIVI
OCCHIO
VISTA
BORSA
DICHIARARE
TRATTATO
PANE

Puzzle 374

MOGLIE
ADATTO
ROSA
SEMBRANO
FONTANA
SPAZIO
BARRA
ACQUISTO
PIACERE
PUÒ
SPINTA
MIGLIORARE
ESERCITO
LAVORO
RETE
METODO
PRIMAVERA
SALE
ESSENDO
PARCO

```
T M A Y H H I W L I S O B W T U U
D I C C G U X A M R W J Q E A I W
N G Q R A A X T E K Z P W R R Q G
S L U I R A U A R R A B N E W B X
P I I W E R L N D E S E R C I T O
I O S H V O H A H A K X R E R K Z
N R T W A S B T J W T W B S P S D
T A O O M A R N X F I T V S K N J
A R W N I R V O L U P V O E O Q L
P E P A R C O F X Z B X R N E G S
U U F R P M E T O D O Z O D E Y M
O D Ò B S P A Z I O Y G V O Y F Z
L W W M O M O G L I E L A S V A P
R E T E R E C A I P O B L M N H F
P S T S C U S Z Q B F O E X F G H
```

Puzzle 375

```
S D I P E N D E N T E L J D E B B
P M I U R R M H S O À A J W C B E
A D A R T S O T U A T S V Y O S S
V L E G H B C A J L I C F T N V T
E O K N H O B P R Z C I R I O I I
N V O T S A R T N O C A I C M L A
T U L Y M O I U L O I N G A I U M
A W B V E L L U B R S D O A A P E
T G L G H C L T R A M O P Z F P H
O K X S A P A A E B Y E B N N A M
T O T A L E R U N S P N T A A R N
L K Y J Z M E N X L T O C T N E A
U D E C I D E R E C K A J S E G N
D B R I V P R I V I L E G I O R M
A Q U A L U N Q U E U D N D T N E
```

DECIDERE
QUALUNQUE
DIPENDENTE
TOTALE
ECONOMIA
CONTRASTO
SVILUPPARE
BESTIAME
LASCIANDO
ADULTO
DENSO
SICCITÀ
TESTA
SPAVENTATO
FRIGO
DISTANZA
PRIVILEGIO
AUTOSTRADA
METTERE
BRILLARE

Puzzle 376

CASUALE
RINGRAZIO
GRASSETTO
FINO
COLPEVOLI
VOLONTARI
LASCIATE
ACCOMPAGNARE
ALLORA
DIVERSO
DECIMALE
LIBRO
PUBBLICAZIONE
STREGA
ALTO
ATTIVO
MASCHERARE
MELA
VERSATO
DIMENSIONE

```
B L C Z R L Y Q C S E L A U S A C
Q M A S C H E R A R E P H P P Y O
E I R A T N O L O V X Q H E R A L
N G O V I T T A A G R E T X F L P
O Y L M I G K L G M M O N U B T E
I M L M D R S E E U I R A X F O V
Z U A X G I A M R S J C J T L S O
A U F L U Y M O T T V S E Q I R L
C K J F U B B E S E W E D D B E I
I U N Y M O R H N N C H R R R V M
L A S C I A T E P S W A T S O I T
B G R A S S E T T O I I I H A D N
B Y X E R A N G A P M O C C A T A
U E H Q R K T V F I N O N C D O O
P R I N G R A Z I O O W U E I Q U
```

Puzzle 377

```
T D D U Q M J Y X O T N E M A N I
X E U I O L H T J T B H T Q H W N
C O M U N I T À J A H R R X W I C
V N Y U G S W Y I Z S U E J Q L I
L I B F A R W A K Z D V N V P L D
L R F A P I G I L I O I C L A C E
A A H U M N R I F L E T T E R E N
V N N Z O U O N P I Z O N B O S T
O A C H C E R T A T Z I V O A E E
R C S N K N S W T U A L L O C D I
E O C A J O X O R C G G J R T E K
T T U Q P I W L O A A I V R R V X
T Y L D I Z X C T H R N V E U S B
O B N D X E T J G K Q O K F M D W
R V H R G S D G N O A C Y J C Y S
```

CONTO
COMUNITÀ
RAGAZZE
INCIDENTE
CALCIO
VERBO
TORTA
UNIRSI
CERTA
UTILIZZATO
COMPAGNO
COLLA
RIFLETTERE
FERRO
AMENTO
CONIGLIO
SEZIONE
LAVORETTO
CANARINO
SVEDESE

Puzzle 378

FACCIA
TOCCO
MURALE
PIOGGIA
CARRO
CONVINCERE
TIPO
EMERGENZA
ALTALENA
DIFFICILE
PISELLI
CORPO
NASO
ZONA
INDIVIDUALE
DENTRO
PRONTO
CRISI
MODO
FINESTRA

```
E M E R G E N Z A N I D L Q U Q Q
H E N L E L C T G L G E K Z A X Y
D Z I Z L A D P I O T N O R P E W
T I A P A R A I I P S T N Z K R Z
J Y F V U U F O Q R O R L P U E T
U Z W F D M L G U O D O M I T C N
C Q H R I J I G F C J H O S A N T
A B P B V C H I V A R T S E N I F
R V Y C I V I A L N W L E L E V V
R G M F D C O L E O E Z H L L N G
O V M S N K R V E Z P B U I A O A
C R B E I B K I N Y Y A U Q T C J
C F A C C I A X S B L M K W L D Q
O E D U T I F U C I K D M T A Q W
T U C Q F C S Q F D F R X Y K G Y
```

Puzzle 379

```
S  N  B  T  I  P  N  M  K  E  R  A  T  I  L  I  M
V  T  T  B  A  R  S  E  N  I  T  T  E  P  Y  U  P
B  E  E  X  K  O  U  Q  P  E  D  T  N  R  D  B  C
O  D  T  K  F  V  F  O  L  O  U  R  D  J  J  V  Z
G  A  M  B  E  A  A  L  V  M  H  A  O  N  G  A  R
I  Q  I  F  N  R  L  O  Y  O  N  E  N  X  H  J  Y
T  S  G  V  M  E  L  C  D  I  W  N  O  M  P  F  W
T  I  P  D  I  S  I  C  E  P  H  T  D  P  N  O  K
A  U  C  I  E  S  R  I  W  E  M  E  I  S  N  I  G
I  C  L  C  R  N  E  P  F  Q  U  D  U  W  S  D  I
P  I  H  H  W  A  T  M  X  F  U  N  L  Q  Z  H  P
G  R  O  T  T  A  R  I  A  X  R  A  F  Y  K  S  Y
G  O  V  E  R  N  O  E  S  E  D  R  D  P  W  G  L
J  J  O  B  M  Q  P  W  H  T  A  G  H  Q  C  N  O
D  I  S  T  I  N  T  I  V  O  A  I  B  X  Y  N  K
```

PROVARE
PICCOLO
DISTINTIVO
INSIEME
MILITARE
FALLIRE
RAGNO
GROTTA
PETTINE
ISPIRARE
TENDONO
GOVERNO
RUOLO
FLUIDO
GRANDE
DENTISTA
GAMBE
ATTRAENTE
UOVO
PIATTI

Puzzle 380

SCELTA
TAMBURO
MODERNO
STESSO
VISIONE
FUMO
MODELLO
RISPONDI
NEGOZIO
AFFIDABILE
INCURANTE
COPERTO
BURRO
CUCINARE
MODIFICA
AVVOLGERE
ORDINE
BARCA
RARAMENTE
GENTILE

```
N  M  M  A  P  G  R  A  C  R  A  B  G  S  N  F  I
L  O  O  Q  P  E  M  V  Z  G  I  A  E  G  G  I  N
S  D  D  H  A  N  T  V  A  V  H  T  N  P  X  O  C
Y  E  I  F  K  T  U  O  R  I  S  P  O  N  D  I  U
O  R  F  Y  R  I  L  L  A  W  O  Q  I  M  D  X  R
O  N  I  B  S  L  K  G  F  T  R  G  S  R  U  K  A
N  O  C  H  I  E  X  E  M  H  U  O  I  V  Y  F  N
S  E  A  Z  Y  I  O  R  R  U  B  X  V  S  K  B  T
F  C  G  S  O  L  L  E  D  O  M  J  I  U  G  L  E
B  D  E  O  D  E  Z  N  D  W  A  N  W  Q  X  N  Y
C  X  C  L  Z  R  C  I  P  S  T  E  S  S  O  B  X
S  V  Z  W  T  I  R  D  R  A  R  A  M  E  N  T  E
Q  F  N  J  X  A  O  R  C  O  P  E  R  T  O  W  D
V  G  U  J  D  P  S  O  C  U  C  I  N  A  R  E  C
L  B  R  Z  E  A  F  F  I  D  A  B  I  L  E  L  Y
```

Puzzle 381

```
N U M E R A T O R E G J J A C R C
J U K R P A Z Z A X R U S I A C O
L K P W S G A L W O A D U O V O N
U P I M F U E S N I V Q M J A L G
A Z N A R E P S O N I L U M L P R
S U G O D R T A E Q T V B X I O A
F V C H E R E N Z G À P X N E T T
G J O V R A R O E F U Z F P R O U
P R E P A R A R E I L I X T E N L
M X M H T H N T M I C P R P Q E A
A T C F S K I L A Y J I R E I R R
G U Z K E Y B O T Z G Y F E O N S
V B Z S R T M P U B P A T F Z O I
V Z J Z R T O N R M H J L G U Z Q
W X E D A U C B O G R O S S A S O
```

NUMERATORE
VINSE
NOTO
MULINO
COMBINARE
CAVALIERE
GRAVITÀ
MATURO
ARRESTARE
GROSSA
GUERRA
ESEGUIRE
SUFFICIENTE
PAZZA
PREZZO
SPERANZA
COLPO
PREPARARE
CONGRATULARSI
POLTRONA

Puzzle 382

DANNO
ATTACCO
PRONUNCIA
MOSTRA
CARIBÙ
RECENTE
ZUCCHERO
COLLASSO
ACCADEMICO
ESERCITARE
LAVELLO
DUPLICATO
MA
ALTITUDINE
PESCA
FORNELLI
DESCRIVERE
RISERVA
DOLORE
CAMICIA

```
R P M F X U S Z C A M I C I A Z H
I D U P L I C A T O M L K G M U P
S A L T I T U D I N E L R R O C R
E R A T I C R E S E O E T V S C O
R B E W Q L D P P U C N P R T H N
V W L V T P H D Ù B I R A C R E U
A C O L L A S S O J M O C N A R N
J J C M L C Z P Q P E F N S G O C
S H C O A C R L E P D S R N P N I
Z S A P V G X H T S A E O U A Z A
N H T Q E H S U N J C O M M Z D X
N X T J L I I D E H C A A O M T P
N R A T L G F S C M A B X G F Z X
U Z Q F O E F D E D O L O R E N C
E S W O Y A G E R E V I R C S E D
```

Puzzle 383

```
O H L A W V P A N T A L O N I S X
P W T X D V Y T N U T L T X N T P
Z P I L L F V L C G N W T J D E I
C O N O S C E N Z E U A E N I L Ù
L I L L A N M S Z A P P D G X L M
D K E Q H Y I T A Q I O S Y I A M
R E S T O G R E Y W P F W Z U R B
J R V T R M P K N A N G O L O K O
V G Y W E H H N J T I I T K R L P
M I X D T J D L O W E J S V A N J
J T V O N I C L U P U O I M D P G
E R A C I F I L P M E S V M Q B F
Z E O N H V F I D E N T I C O N F
O L R J J E V O M G U A R D A T O
D W U Y D O O U X N W I A G C E D
```

PUNTA
RESTO
VISTO
STELLA
SPUGNA
DETTO
GUARDATO
INTERO
LILLA
IDENTICO
LINEA
NIENTE
PULCINO
PANTALONI
TIGRE
CONOSCENZE
GIRO
ANGOLO
PIÙ
SEMPLIFICARE

Puzzle 384

CORAGGIOSO
ECCEZIONE
DIFFERENZA
VERITÀ
PISTOLA
SILENZIOSO
ERUTTARE
CENA
ALMENO
VARIABILE
ORDINATA
BRUCIATO
FERMO
BENZINA
GELO
PERICOLOSO
OPZIONE
PORTATILE
IMPEGNO
UFFICIO

```
O S I L E N Z I O S O V D U P X L
T P C C J B F F Q X R A I F E W D
A I Z Z M J A C V P W R F F R V O
I E L I T A T R O P L I F I I B B
C H E F O S Z I M R I A E C C S A
U P L Q Z N J L U B Q B R I O V L
R X A O N G E P M I K I E O L P M
B H E R P I S T O L A L N L O A E
A V B D F B P N R H Z E Z E S X N
A E K I E E S N Q Q Q A G O U O
T R P N R M V N G K B N U G D H U
Q I K A M U I L Z Q T E Y E Q B J
A T P T O J O S O I G G A R O C D
E À H A N E C K Q W N S S E U Q N
E C C E Z I O N E E R A T T U R E
```

Puzzle 385

```
P D I A M U S I C A L E C X S Z E
T E X Y P C A R O M G C A G E K Z
A N G L J P A M J I G H D S G P X
M O Y G Z V R N I R J E U Q R T L
K I M U I S M O Q D S Z T C E X O
W S L E F O H Z C P W N A O T I U
R S F W Z Z R I G C O O D L A Q N
Z E P O R E C E V N I R A L R P N
V N I N S E N S A T A O P I I U G
N N M A N T E N E R E T S N O N R
J O S O I G I L E R Q M V A Q T F
J C A D E M O C R A T I C O U O T
F C P L E N T R A M B I U O V N R
U M K J C Y J M O Q Q H B A G U B
A W G M E E T N E M E C O L E V R
```

PEGGIORE
SEGRETARIO
MANTENERE
CONNESSIONE
CADUTA
INSENSATA
RIMA
DEMOCRATICO
SPADA
APPROCCIO
CARO
VELOCEMENTE
MUSICALE
CHE
ENTRAMBI
ALCE
PUNTO
RELIGIOSO
INVECE
COLLINA

Puzzle 386

SOFFIARE
ISOLATO
DENTI
MOLTO
SELVAGGIA
FLESSIBILE
COMPARSA
GUADAGNARE
PERCHÉ
ULTIMAMENTE
QUALITÀ
OCCUPATO
EVIDENZIARE
ATTORE
LIMITE
PIUTTOSTO
TAGLIO
DENTIFRICIO
CHIUDERE
SLITTA

```
Q N M I L A L X U U L I M I T E A
U U P B S E V I D E N Z I A R E V
L D A E O O G S E L V A G G I A X
T E T L Z T L G U A D A G N A R E
I N T I I A I A X V M L N S S V R
M T I B X T T O T L O O T W R M A
A I L I Z X À T N O L C T C A R I
M F S S M S A S O E T C A X P K F
E R C S V P M O P R O U G G M O F
N I Y E D E N T I E E P L D O Y O
T C N L X U H T E D V A I A C T S
E I P F D A E U Y U H T O B R O S
W O T E Y W Y I U I Z O V B D P I
N P X Z B C G P É H C R E P V M
Z K U J Y W H L X C R W B J U O B
```

Puzzle 387

```
S R U B L Z F Q Y L W Q H M V L Z
P T E N O I Z I S O P R I P O S O
V R R A Z J Q I L X Q E F M A T W
H I I A D H X P V U O T L O I C S
M G R A N K J O H E N V A U Y G S
K H E T W I E X C N R A L I U Q A
R E S A A U E L E O O N O V U A E
I L N Y S Q Z R I I I N L D F Y V
V L I E C V Q Q A Z G E L I D E S
I O R I D U R R E A G P I U I N D
S E N O I Z A V I T O M P R Y M C
T S E N T I V A N O S G W S K A G
A W E Q R G K E P U P V L U B U O
U T I L M E N T E Q O T J H L F R
O R G A N I Z Z A Z I O N E Y B D
```

RIPOSO
SOGGIORNO
RIVISTA
RIGHELLO
PILLOLA
ORGANIZZAZIONE
RIDURRE
MOTIVAZIONE
INSERIRE
PENNA
POSIZIONE
QUOTAZIONE
STRANIERA
QUI
UTILMENTE
SEDILE
LUNA
SCIOLTO
SENTIVANO
AQUILA

Puzzle 388

MESE
INGREDIENTE
CUCCIOLO
REGIONE
GUARDAROBA
PUBBLICA
MARCATORE
FORMA
RICORDARE
SESTA
RINGHIO
FRATELLINO
GUANTI
SOTTILE
COMPLETO
MINUTO
ARGOMENTO
EDUCAZIONE
AMMETTERE
MESSAGGIO

```
M I F J U F W P R G Z E X C Q J C
E N O T B R L J G S U M W D U O U
S G R C W A U E I L O A E Z Q R C
S R M D E T O S E A Y T N S Y A C
A E A E R E T T E M M A T T E A I
G D A R O L M I N H Q I Q I I Z O
G I R A T L P U B B L I C A L O L
I E G D A I C O M P L E T O V E O
O N O R C N E D U C A Z I O N E I
E T M O R O R S N X A P V M Z M H
S E E C A H G E N O I G E R Z I G
N G N I M Y C S Q P B M K G V N N
R M T R A U G T M N I W D L A U I
Q R O S P E M A Z I S G I Z B T R
R G Z K N G U A R D A R O B A O J
```

Puzzle 389

```
V S M N J A U G X C A H V X Y D D
A C P D I Y T I K O R E V V A D E
L I S U B I W O I M T B I S I F T
U E F B A I Z R U P F T Z F W R E
T N A S J K K N I L J A A S H I R
A Z Z S P O Y O F I F D T I A G M
R I M O S T R O R C A Y T L P O I
E A N U O T A R E A E R U C R R N
U T W P E V Y J S T W K T Z A I A
S O L R E R E G L O V N I O C F R
Y E R O L C L O F S O Z B P S E E
L J R M M M J U O S B I F Y P R O
R I Q A S U A P L U U W X J P O A
S D F I G L I O E L A N R O I G Z
T O D I S P E R A T A F C B X V T
```

FIGLIO
SERA
FRIGORIFERO
MOSTRO
VALUTARE
DETERMINARE
GIORNALE
DAVVERO
DISPERATA
SCARPA
COMPLICATO
SCIENZIATO
PIATTO
FOLCLORE
PAUSA
LUSSO
GIORNO
TUTTA
COINVOLGERE
NUOTARE

Puzzle 390

BUCANEVE
SAGGEZZA
MASSIMO
COSA
PARTECIPANTE
FORNIRE
LORO
CONDUCENTE
FIORITURA
CONFLITTO
RIVEDERE
ATTENTO
GRANCHIO
TELEVISIONE
VITAMINE
VESTITI
CALCOLARE
ISTITUZIONE
GALOPPO
IMMAGINA

```
C P R H J B V N Z J Q P R F A I C
O O I X W O U I H Y Q F P O W M A
S I K W K G E C T I S I Q R C M L
A A A N V R L N A A N F D N O A C
C O N F L I T T O N M W O I N G O
C M Q M T N P N H I E I T R D I L
Z I G R A N C H I O Z V N E U N A
W S R I V E D E R E I U E E C A R
R S F I O R I T U R A Z T P E S E
I A Z Z E G G A S X N D T I N S A
Y M H B A O V C E C T S A M T J M
V E S T I T I G A L O P P O E S G
V R J V S B L O R O S L I J B X I
T E L E V I S I O N E C I O A C L
W D I K T P A R T E C I P A N T E
```

Puzzle 391

```
T Q R X K V E C H D N O A A D X A
T A I A T A T R O P L T Z K Y Y V
S V S Y J M Z H R R J A Z Z I K V
C S T G N P T A Y A R N Q T R S O
I D O T N I P S K L L E A F V E C
N R R A C R U H X D N T T X D N A
O S A P B O F M N S Z N P T M T T
Y H N C O N S I D E R A A A A R O
Z Y T V O L O N T À E L R Q G A A
V A E L A R E D E F W O O U F R X
Y U N U N X L S E S L I L I S E T
C U M Z D S Q D Z S C V A L A C S
F Y Y I A D N A V E B F I O O J B
X N H B H R H O T U N E T N O C A
F T F S P N A I U G W R L E O I A
```

VIOLA
AQUILONE
SCALA
ANTENATO
ZANZARA
ENTRARE
BEVANDA
SPINTO
CORRETTA
CONSIDERA
AVVOCATO
DUE
FEDERALE
VAMPIRO
TESI
PORTATA
RISTORANTE
PAROLA
VOLONTÀ
CONTENUTO

Puzzle 392

FORMAGGIO
FINANZIARIO
RINVIARE
IDENTITÀ
LUCCIOLA
VIA
NUTRIENTI
SERALE
AGRIFOGLIO
TRASMISSIONE
REALE
ARCOBALENO
PATTINARE
PESARE
ANNO
ABBASTANZA
FARINA
GESTIRE
TELESCOPIO
DOMENICA

```
A G R I F O G L I O A N N O L K N
S M I S D F I N A N Z I A R I O U
J E P E S A R E R A G F N T B V T
X T R I J Z W V I C E G I R T T R
L Y J A Q G Z F N I S R R A M E I
R U P V L V K O V N T G A S P L E
Z N V W T E H D I E I Y F M A E N
G W B N O I G G A M R O F I T S T
L D X D F H I B R O E U G S T C I
L U C C I O L A E D J N L S I O W
R E A L E I D E N T I T À I N P O
A R C O B A L E N O V I A O A I G
A B B A S T A N Z A G B X N R O X
U S W H K W R Q G R A C E E E E A
N X L Q O C N M T E I L X S W R E
```

Puzzle 393

```
R  E  I  E  T  O  P  F  V  A  L  L  E  N  N  A  C
I  T  S  M  U  L  V  Y  R  S  S  X  H  A  Q  T  Q
C  N  R  C  P  L  A  S  S  E  T  S  U  U  B  T  T
H  O  E  I  M  A  K  Z  X  A  T  P  I  T  O  E  Q
I  R  D  C  D  G  T  N  Z  Y  X  T  W  O  T  N  A
E  E  E  L  E  A  K  T  G  Y  L  C  A  M  A  T  G
S  C  S  I  T  P  M  L  O  T  S  U  G  A  C  E  G
T  O  W  S  D  P  Q  T  N  B  O  X  U  T  I  R  R
O  N  U  M  W  A  C  B  U  O  R  E  U  I  T  A  E
J  I  C  O  P  P  L  Y  D  S  H  U  W  C  N  T  S
P  R  O  G  R  A  M  M  A  A  V  W  T  O  E  R  S
S  X  K  R  I  Z  Z  Z  R  Z  D  T  J  S  M  O  I
M  O  L  T  I  P  L  I  C  A  R  E  V  T  I  P  V
E  C  O  N  O  M  I  C  O  S  I  T  C  V  D  D  O
W  I  A  P  W  V  W  R  U  T  D  Z  D  V  X  V  A
```

FRETTA
PORTARE
ECONOMICO
RADUNO
PROGRAMMA
AUTOMATICO
SEDERSI
PAPPAGALLO
STESSA
CICLISMO
RINOCERONTE
DISTURBO
CANNELLA
DIMENTICATO
GUSTO
RICHIESTO
AGGRESSIVO
MOLTIPLICARE
IMPATTO
ATTENTE

Puzzle 394

FAGIOLI
LETTERA
CONTATTO
ISTANTANEO
AGENTE
INTELLIGENTE
DISSIMILI
LEI
STESSI
ALLUVIONE
CREARE
LINCE
GRASSI
CUCCHIAIO
SEMPLICE
BANDIERA
PRATO
UNDICI
MOLTIPLICAZIONE
MISERIA

```
W  A  M  I  S  E  R  I  A  G  K  N  D  U  X  I  M
F  L  N  R  C  B  S  T  M  C  R  S  B  T  O  S  O
L  L  D  I  S  S  I  M  I  L  I  A  H  V  Z  T  L
Z  U  S  L  W  H  O  D  B  E  I  R  S  R  D  A  T
J  V  W  P  E  S  S  F  B  X  N  E  F  S  F  N  I
E  I  C  N  T  I  S  S  E  T  S  I  A  O  I  T  P
L  O  L  V  N  D  M  A  J  A  L  D  G  O  K  A  L
S  N  T  X  E  P  R  L  J  P  X  N  I  T  A  N  I
E  E  P  T  G  C  G  I  D  J  B  A  O  I  K  E  C
M  R  J  I  A  U  U  N  P  J  T  B  L  C  R  O  A
P  A  F  A  W  T  Q  C  U  J  K  A  I  H  U  P  Z
L  E  J  O  E  T  N  E  G  I  L  L  E  T  N  I  I
I  R  X  H  L  C  X  O  T  A  R  P  M  F  I  M  O
C  C  U  N  D  I  C  I  C  L  E  T  T  E  R  A  N
E  C  D  Q  Z  C  U  C  C  H  I  A  I  O  R  R  E
```

Puzzle 395

```
I Y S P W C I O Z F T S A A Q F G
S N E E D X N L K N T Y G B F F E
V N R R H L M J M Z E R G B K T Z
J C V S P K W S M B F H R R E L T
H A I O O W O M J O F A O E N Q W
V E R N T A L C I M E T V V O R E
M E E A N Y I F H A T S I I I H B
D J R Y E E J U M R T A G A S D W
L F T S L D W K O R O F L Z S U Z
L E Q V A A N O R O C F I I E Z P
D J G D T R S C S N F A A O F J D
M O N N F I S E O E Z R T N N K P
Y B S F O A N I G E R E O E O S G
C O R R I D O I O A R U X T C H I
S S I C U R E Z Z A I R E R B I L
```

CORRIDOIO
AGGROVIGLIATO
EFFETTO
CONFESSIONE
ALCI
ABBREVIAZIONE
MORSO
SERVIRE
AFFARE
PERSONA
CORONA
ORE
SICUREZZA
VERSARSI
LIBRERIA
REGINA
LEGNO
TALENTO
SEGA
MARRONE

Puzzle 396

FRATTURA
DISTANTE
COMITATO
NÉ
FORTUNA
CHILI
CONSIDERARE
SPOSARE
FIUME
VERME
CONTROLLARE
CAPPELLO
NATALE
TEATRO
FUORI
SCHIANTO
DELICATA
CREMA
CALZINO
SAGGI

```
S C S O D L V K X B C T J K R P O
M C H A E Z E R A S O P S I X Q I
E T H I R O U F D L N X D N P G J
P P S I L E I G E F S É E M R E V
I K Z F A I L W L Q I N R Y Z T S
B E T D B N B J I J D D A M E R C
J A Y G J L T M C A E I L T U B X
C A L Z I N O O A J R S L D A O T
S A G G I Y T R T R A T O X N L X
L X I C M X A T A K R A R V U L E
O C A R U T T A R F E N T P T E L
N R V Z W F I E J E Q T N T R P Y
W V W C J O M T H F C E O G O P D
P M B G O A O F I U M E C W F A O
X J K J O F C O E X S H T H S C Y
```

Puzzle 397

```
P P A Y Q N P I F Z E P F J C G H
A R N Y E P A V V S H R R I X Q Q
G E D Z O T A P U C C O E R P S E
I F A R S E K J N V I D L X O Z T
N E N D A O K U N B F O I U N B N
A R D S À T R O U V I T E S A M E
M I O I T C Z P W O C T Y J T B D
Z S X C L Q Q O R V E O U A N P I
L C V U A B E N N E P A T R O P S
E O L R E C Z L B F S P A C L O E
W N K O R R Q À T I C O L E V X R
V O R I K Q B U I N S E G N A T O
H A N N O G M A A N Y D C T E Z G
P E R I C O L O S A M E N T E N U
M I S S S T A B I L I R E R A C N
```

SORPRESO
SPECIFICHE
PREOCCUPATO
PERICOLOSAMENTE
REALTÀ
HANNO
PAGINA
INSEGNATO
PORTAPENNE
LONTANO
ACQUA
PREFERISCONO
ESAME
RESIDENTE
ANDANDO
SICURO
PRODOTTO
ERBA
STABILIRE
VELOCITÀ

Puzzle 398

BOLLITORE
RECENTEMENTE
CARAMELLE
SCORTESE
GIRAFFA
QUARTO
ESTIVO
SCRIVANIA
ARGENTO
OTTO
LABBRO
IMMAGINARE
ONDA
TEMPERAMATITE
DISTRUGGA
PROGETTO
GATTO
PARLATO
PAIO
MIGLIO

```
I D N V F W P H A S T R G M U H N
L A B B R O G F Z S B D W I M D I
P R O G E T T O A V N V D G Y T T
I M M A G I N A R E X J H L Y M A
D I S T R U G G A I N A V I R C S
S Z C O I A P A R L A T O O I Y Z
C V J A T R E C E N T E M E N T E
O Z C O R T E G A T T O O F Q L R
R E K N C A O S E G B R W A V U O
T U E D P U M Y T A F F A R I G T
E N W A Y G H E T I Y S T G F X I
S Q U I Y G H F L R V U I E Q T L
E Q U A R T O D F L G O P N E E L
N T J A L M G Q Z I E S F T R J O
T E M P E R A M A T I T E O Z J B
```

Puzzle 399

```
R N I A X L O A C I T I L O P M S
A E P C Z I T R C O T A D H L A O
R N S O R D A E O L N Q G D B R R
R O O I A X R V R O M T C L F C R
A I C Z S Q A O R C Y G E V T I I
B Z F H D T P P E C L W E N M O S
B U L J Z S E J R O I H C C E V O
I L C P A K S R E R Z U Q X U R N
A O U A G O R I E B P M A C L R E
T S M E R I D I A N A I K Z F J P
O I G N O R A R E S E T T I M O O
Y O P I A N E T I D R Y U S J Q S
C P Q E P X Y R M C E I M E V W T
Y Q X C A M P O T T E N I M A C O
K G Q K U K R J R W W G N F B G A
```

ARRABBIATO
MERIDIANA
CAMINETTO
RESISTERE
MARCIO
POLITICA
CONTENERE
CORRERE
SOLUZIONE
SETTIMO
POVERA
IGNORARE
SORRISO
SEPARATO
POSTO
DATO
PIANETI
VECCHIO
BROCCOLO
CAMPO

Puzzle 400

LIBERO
NONNA
ESTERNO
INDIPENDENTE
PENTOLA
SENZA
CENTRO
CIELO
RUBARE
CITTADINO
ABBONDANTE
IRREGOLARE
AUMENTO
PAURA
ARTICO
COMMERCIO
DIFENDERE
FUTURO
BOLLIRE
CASSETTO

```
P O X N Z C Z C C I U H M Y R L I
E C O S C E D V O R U T U F S I N
N X X G D N T J M S S T B E P B D
T L Z Z V T C G M Y E Q L I R E I
O X J H V R B G E K V N G B O R P
L G U L Z O I U R T Q G Z I N O E
A G P S E N A Z C R G L M A I D N
B O L L I R E N I K K G Z W D V D
Y C H M J E A G O T N E M U A Y E
N I E E O T A B B O N D A N T E N
W T U L F S A F U Z C P K H T R T
E R E D N E F I D R I G A V I K E
A A N N O N Y I C O E W K U C F A
L Y U I U Z A E R A L O G E R R I
C A S S E T T O R E O V V D K A Q
```

Puzzle 401

```
T E R O T O M P O N Z S M S J S G
S R C N W A R S H T Z V A S R A W
J A A O R E B L A R K Z F S C M Z
U Z T S L H M P W I B P E P E R T
G Z I F P O D R A U G S S L M E F
A I D K K O N T G X X N D J V H J
M R N N P B R I F X G J F S X R T
J O E Z K U D T A C X E G U F S H
S T V S S X K Z O U A L N N U C H
G U T Q R O G U Z P H D N T Z O X
X A C U C E M S A I L Q N S B S P
T E R R O R E G F D X I F A I S Y
F E C C I T A T O O G J E N M E Z
B R A C C O L T A S R E M O T O V
E S I T O J Y L A N G U R I A U D
```

SCOSSE
TRASPORTO
VOTO
CUCE
SANO
ESITO
ANGURIA
TERRORE
RACCOLTA
MOTORE
ECCITATO
DOMANDA
CUPIDO
AUTORIZZARE
FA
ALBERO
SGUARDO
PEPE
COLONI
VENDITA

Puzzle 402

CERCANDO
CERTO
ORGOGLIOSI
GRIGIO
ORDINARIA
SENTITO
DESIDEROSO
TRAMONTO
AVVENTUROSO
BRUCIARE
CINQUE
AUTORITÀ
DIECI
CASTAGNE
MEDICINA
CAPIRE
FOGLIE
GRADO
CAPITOLO
SCORSO

```
C M E D I C I N A L W E X L Q T O
G A I R A N I D R O M S D A U E R
M G P H A P K G H B S D C E J E G
X R P I C A S T A G N E P G Z B O
H I A C R I K T R A M O N T O M G
D G F E M E C I N Q U E C H I E L
E I C I J R R Q S H F O G L I E I
S O O D N A C R E C S Q T G O W O
I K E B V I G G H O C I X R C W S
D A S W L C R Z Q C O E T E E T I
E J Z Z V U À T I R O T U A C R
R O F H Y R D Z L F S X W G O F Y
O Y U J F B O H C Q O V E T R N C
S C A P I T O L O S E N T I T O U
O A V V E N T U R O S O R Q U C W
```

Puzzle 403

```
I  H  F  H  Y  G  G  P  D  M  K  X  D  Q  A  H  H
V  Q  W  R  I  S  K  R  E  O  S  R  O  C  S  I  D
N  M  C  S  F  C  C  E  C  T  E  U  F  N  U  T  U
S  P  I  D  C  I  I  Z  I  O  W  N  X  G  L  V  M
N  O  Z  N  A  R  P  Z  M  S  C  E  O  M  C  E  P
W  V  C  K  U  G  X  E  A  S  G  Z  N  D  N  L  R
I  T  V  I  B  T  G  M  P  E  Z  E  A  W  I  O  E
L  A  X  E  O  I  I  O  B  P  D  F  R  N  I  C  A
G  A  L  L  O  A  U  L  C  S  G  X  E  K  X  E  V
C  A  B  I  N  A  F  O  D  E  L  I  C  A  T  O  V
P  R  E  O  C  C  U  P  A  Z  I  O  N  E  J  H  I
R  C  A  P  P  O  T  T  O  T  A  D  N  A  N  H  S
G  T  L  V  H  A  C  S  W  È  T  K  A  M  F  A  O
E  U  S  F  T  O  G  F  G  N  Y  R  I  J  Q  W  E
Y  S  Q  K  W  G  V  F  K  Q  D  A  R  F  K  F  W
```

INCLUSA
DELICATO
PREOCCUPAZIONE
TÈ
MINUTI
MOTO
GALLO
PREZZEMOLO
ERANO
PRANZO
IDONEO
CABINA
DECIMA
CAPPOTTO
VELOCE
ANDATO
SPESSO
DISCORSO
PREAVVISO
SOCIO

Puzzle 404

OCCUPARE
QUALSIASI
NIDO
BAMBINO
MAI
QUINDI
ANIMALI
FATTORE
IMMERSIONI
TACCHINO
OMBRA
TRASPARENTE
MIGLIOR
IPPOPOTAMO
CONDIZIONE
ODIO
CONCORDARE
TRATTENERE
PROVA
PERSONALI

```
W  Q  R  A  J  M  R  T  X  I  J  F  P  R  O  V  A
H  R  X  S  S  H  X  D  K  V  O  N  W  P  I  Z  R
H  E  R  E  N  E  T  T  A  R  T  R  V  V  D  A  B
C  R  O  I  L  G  I  M  K  M  Y  E  B  M  O  Z  M
T  O  M  A  T  O  P  O  P  P  I  C  H  S  U  E  O
R  T  N  W  B  A  M  B  I  N  O  Q  V  Z  I  B  X
A  T  A  C  I  M  M  E  R  S  I  O  N  I  Y  S  G
S  A  N  C  O  A  Q  U  I  N  D  I  S  A  C  D  D
P  F  I  U  C  R  N  M  J  O  C  C  U  P  A  R  E
A  C  D  C  N  H  D  I  S  A  I  S  L  A  U  Q  I
R  V  O  U  S  S  I  A  M  Q  F  H  U  V  R  A  J
E  M  A  I  R  G  U  N  R  A  A  Y  P  X  W  I  D
N  U  Y  C  Y  J  E  P  O  E  L  X  Q  S  R  O  U
T  C  O  N  D  I  Z  I  O  N  E  I  A  G  Q  K  S
E  Q  X  L  P  E  R  S  O  N  A  L  I  B  Z  T  L
```

Puzzle 405

```
C H I A R A M E N T E A D S R T O
W I L Z W N E G L E S U E I I N G
A E R Y I O R C A L E D N G C K G
N X P B O R D O U A R I O N H Q E
Z T M Z N L B B L P P Z M I I R T
Q G L F S N I U A I F I I F E O T
L P Q B P J E W X C X O N I S V I
V A L U T A Z I O N E N A C T P A
E N T V G S M G K I E E T A A A N
Q V K O L I N L N R C B O T D R V
E U Q H R J E A I P A S R I X L Q
O V V I O A J O D D U N E V D A K
F N F G Y G C O S B T D H O N R E
S C O I A T T O L O O W A A S E D
G E N E R A Z I O N E R P E L N F
```

PRESE
LEPRE
AUDIZIONE
VA
PARLARE
BORDO
CAUTO
DENOMINATORE
CAROTA
RICHIESTA
AULA
SIGNIFICATIVO
CHIARAMENTE
SCOIATTOLO
OGGETTI
PRINCIPALE
OVVIO
GENERAZIONE
BEN
VALUTAZIONE

Puzzle 406

COSTANTE
MISTERI
DURA
RAGGIUNGERE
ROBA
ETÀ
CONSECUTIVO
ARANCIONE
NESSUNO
ORGANIZZARE
PROPRIETARIO
CAMMINARE
NUMERO
VITE
CAMION
VERSIONE
MIA
RISULTATO
CULTURA
ACCADERE

```
R C N F T K Z Q N E J Z A P G O R
A A B O R I Q P U T L W R R T R I
G M C M J K Z P M À J T A O N G S
G M S U I L E L E T I V N P A A U
I I Y N L S Z R R L B K C R P N L
U N V O H T T Q O W Q M I I A I T
N A R U D B U E C P N L O E K Z A
G R C S Y D Z R R R D A N T M Z T
E E M O I G N Q A I K L E A I A O
R H Q F S V E R S I O N E R A R O
E A O V I T U C E S N O C I G E X
V D J S T G A M R J P I Y O P N U
N E S S U N O N A O M M K G P I G
A C C A D E R E T B C A F G A T K
X B M E M X V U G E Y C W O V Y R
```

Puzzle 407

```
N S E G U O F A T S K S H P S K F
R O D I C U L B D B X A R E O Q R
I X N P I W H B D O P O G R R W U
Y Y J N N A H R I B Q S K I G H T
I K Y I O T J A L N K W L C E H T
F A L C O T G C M E G J H O N Y A
L M R S P O T C C V N L J L T D M
S O R E L L A I H J U T E O E U U
B F A I B L Q A Q S H S O S Z R N
T X P A T M À T I V I T T A E A R
Z M X E L A N O I Z I D A R T N A
P A C R E D E R E L W P P X V T C
O M P R O V O C A T O R I A O E Q
V M G H X O P P O R T U N I T À L
Y A Q I S F Z Q G J Y U L O W D U
```

ATTIVITÀ
LENTO
DURANTE
SORELLA
MAMMA
ATTO
ESCI
ABBRACCIATO
CREDERE
PROVOCATORIA
FALCO
NONNO
DOPO
OPPORTUNITÀ
LUCIDO
INGLESE
SORGENTE
PERICOLO
TRADIZIONALE
FRUTTA

Puzzle 408

TRE
SPORTIVA
TIPICO
COMPLETAMENTE
STAGNO
PROFONDA
DISEGNARE
PROVENIENTI
VIAGGIO
ORSACCHIOTTO
MONDO
MILLE
FASE
MAIALE
FILO
ORA
COMUNICARE
MOLTI
PARTECIPARE
RAZZO

```
K B W B Z G O X L M U F U K G G I
K X R G X P R R W O B J B I T A Y
S P O R T I V A A N A D I R X L U
P J P Z L F N X B D F I O M J A O
A T P V E S E V R O Y X D L V S T
R E D I S E G N A R E R T Q B T T
T P E T N E M A T E L P M O C A O
E P R I I C O M U N I C A R E G I
C X Q O O P L B M O L T I G S N H
I M J I F D I M I L L E Z A A O C
P D S G U O F C H Q Y L H O F N C
A M E G G Y N S O R B A H T S T A
R K E A T F P D T M R I I I V P S
E F V I N F C W A V X A W C N C R
P R O V E N I E N T I M R A Z Z O
```

Puzzle 409

```
C Z P C O L T E L L O C X J G X C
D E N T E J S I Z W A M P R H Y O
V F Y X H U T L L R S H H I Q R M
C O N C L U S I O N E M C G L Q B
G Q I I U J S B N S T Z B L L Y I
C R H P I E W I O A T Y D A D P N
E C I V P E W N N N A R T N O L A
T A Q D G O B O O G S Z O O I T Z
R M A N O T C P S U S T G C H D I
I M A R P A A S T I A V F Y C F O
O E I I N M K I A N C Y C L C R N
L L N L Z R R D N A Q O L U E R E
O L O I T O K H T R K X R E P A E
E O F I D F F X E E D R E V S Q P
C O N F R O N T A R E V N D O V C
```

VERDE
CETRIOLO
FORMATO
CORVO
DISPONIBILI
SANGUINARE
LONTRA
COMBINAZIONE
ATTESA
CASSA
DENTE
CONFRONTARE
CON
GRIDO
CONCLUSIONE
SPECCHIO
CAMMELLO
COLTELLO
NONOSTANTE
SCOPPIO

Puzzle 410

DOLCI
ANNUALE
SFORZO
PERDITA
MALATTIA
MEDICO
CAVOLO
PARTE
COPPIA
LAVANDINO
MAESTRO
DIVERTENTE
PUNIRE
VITTORIA
PAZZO
EST
BICICLETTA
LARGHEZZA
INDIRIZZO
GIOCO

```
L H I N D I R I Z Z O M L V J N B
Y A Z Z E H G R A L G U P I I H I
J I V J R P L L H Y U T A T S E C
N P K A P A Z Z O A B D R T Q L I
F P J P N D O L C I R I T O R A C
P O F C C D C G I O C O E R W U L
Z C I Z M N I P V H Q Q R I M N E
P L V T F S D N J X M J I A M N T
S F O R Z O E F O X S X N I A A T
E R Y S U M M M I O H P U T E V A
G Z U E U M Z T U E V P P T S L W
V F Q M U L G P I Y W P W A T E A
P E R D I T A C A V O L O L R G W
N D K M J D H P T Y Z D A A O V J
D I V E R T E N T E G X Q M H R B
```

Puzzle 411

```
V D P H T O P O R A G N O V W O N
E I U D M H Z Q J G X M R P G J L
N S Z G D W I J S Q J K A A N Z F
D P Z S A N G U R P G H A Z K V U
I I O H N R K V O S L X Q F O O R
T A L I Z H Y L P N Q L A Z R L I
O C A M A D X E S L G L Z I G A O
R E Q Q A P L S F Y S A N M A R S
E L I N T E R A Z I O N E P N E O
I P X V Z M E R I P M E I R I D B
S C B J E R P W R L B M C E Z G J
A R R I V A N O T M G S S S Z J H
H U G Q P L X P L S N O X A A M F
C J O I E L I C A F X A F R N T E
D A L J H A M E R C A T O M O K T
```

FACILE
VENDITORE
MERCATO
RIEMPIRE
ALLARME
IMPRESA
SCIENZA
FOGLIA
INTERAZIONE
ARRIVANO
DAL
ORGANIZZANO
DANZA
ALTRI
TOPORAGNO
PRUGNA
VOLARE
DISPIACE
FURIOSO
PUZZOLA

Puzzle 412

INVESTIMENTO
LUNGO
FRESCO
SIGILLO
REGOLA
DONNE
EMOTIVO
FINIRE
CILIEGIA
TERRENO
OSSERVANDO
PAGA
OCCHI
UOVA
DURO
DIMINUIRE
SULLA
MEZZO
ESECUTIVO
RIPETERE

```
Y C K Y Q A O S R B V B A F N C Q
H A L H C O S I I C I L I E G I A
N I Y O E O S G P Y S U L L A D E
W P F D U T E I E T E R R E N O S
W P K V D N R L T W X P O O C J E
P D O N N E V L E M F R E S C O C
L A V O U M A O R I E U Y T D V U
X U G N S I N O E P V Z F Q I I T
E V N A T T D O C C H I Z R M T I
X E F G W S O A W K R N G O I O V
L W O K O E N L A Y F O G K N M O
A J Y B M V P O F A J U R I U E D
F R J I G N M G Y D K N L R I D D
B V G K P I P E J R O F D J R H E
Q D M F I N I R E D U R O U E O L
```

Puzzle 413

```
Z M B B Z K A R U U C K O R S A O
V B W M F F R B M G O L P I A V S
O Y Q S A M Y O V M S P I L B V P
B L Z T V X J H U Q T A N A A O O
Z H O T U I C A I P O H I S T L C
D M A S A C L X V G S T O S O G B
I N I B T A F U W F I P N A I E C
G L G V B F L U P R F L E R D R V
R Z E S E D U T A P Z D J S D E S
B U I O N A V I D J O V E I A B X
Q I L M A S C H E R A R E S W Z C
O S I R I S P E T T O L S D T I C
Y K C M U F F O L E L M Z S V R L
R E S P O N S A B I L E I B X B A
C D B H G Q N C K H V B O E R L Y
```

SABATO
SEDUTA
RISPETTO
MUFFOLE
DESTRA
SVILUPPO
BUIO
RISO
RESPONSABILE
ZIO
COSTOSI
CASA
PIACIUTO
DIVANO
ADDIO
OPINIONE
RILASSARSI
MASCHERARE
AVVOLGERE
CILIEGIA

Puzzle 414

INTROITO
INDICARE
NATO
PIANURE
INVERNO
GAMBA
ARTISTA
FOSSO
NAZIONALE
CALZINI
VENIRE
CIVETTA
MODO
TIPO
IMPEGNO
VITAMINE
NATALE
VERME
SORPRESO
PROFONDA

```
C T T M A V Z G P V C C W J Z F B
I A D N O F O R P F O S S O P I T
F N L T Q C T R O S E R P R O S N
N W V Z V L A R T I S T A F D K A
I S V E I E N T I S G S X K O I Z
N U Z R R N S V O U Z I M L M W I
L E J A W N I D R R Z M F X R O O
P P X C X A O Y T I E P C G I Q N
W G V I D Y G R N C W E M R E V A
Z U O D X N L A I H Q G B H R N L
A T T N X F C V M V V N R I U I E
P D O I N Q H O B B N O U U N P V
A V E N I R E A J O A R R C A V T
H W D I V I T A M I N E Q B I D W
N A T A L E C I V E T T A H P F R
```

Puzzle 415

```
R Z H K A K D O G F C V S A H G P
A I C H A I T L L U Y A Z C E D R
C C C A L U L L E B I L P A N C O
C Q M O N Q D T H M H O A I G U B
U K A V N D B N J A R T N R T L A
S D N I B O I M B I C S C A U O B
A O I T V T S D U G C I A T I T I
Z M G U H A V C A G B P F I B A L
N I L C E L O E E T P G I L Z S M
A N I E U R Z P S R O H G I F O E
T A A S Q A B L S C E K U T N P N
S N B N U P R C A U L Z R U W S T
I T U O A J N F L L Z D A G G I E
D E Y C S N Z G C P A S T E L L I
L F B N I I N F A S T I D I R E C
```

SPOSATO
UTILITARIA
PASTELLI
CAPITO
LIBELLULA
DOMINANTE
BUGIA
QUASI
FIGURA
PROBABILMENTE
RICONOSCERE
CANDIDATO
CLASSE
ACCUSA
MANIGLIA
INFASTIDIRE
DISTANZA
PISTOLA
PARLATO
CONSECUTIVO

Puzzle 416

MEZZI
AIRONE
VENTO
TENERE
DICHIARAZIONE
NEGOZIARE
PRIVATO
AVVERSARIO
MANGI
BOTTIGLIE
TIRATO
GENEROSITÀ
ADATTO
CALCIO
PORTATA
BEVANDA
CHILI
LUCIDO
RAZZO
TOPORAGNO

```
N O I O X J L C B B V J X S L P K
E N O R I A V H R O T A R I T R R
G M A T D Z Y I A A T K R M K I E
O E V E N T O L C O Z T M R D V A
Z Z U R U G O I I C X Z I Z T A D
I Z C E C A L C I O X B O G R T N
A I T N A D A T T O H B M W L O A
R M H E P O R T A T A V B A Y I V
E I À T I S O R E N E G O E N R E
L U C I D O N G A R O P O T B G B
D I C H I A R A Z I O N E N E J I
N I R U X Q E G J Y V D G V C I Z
T C C F B F W B W M S J R B K U J
A V V E R S A R I O P O J X W R X
P D J Z X S M L V R I L B D L D V
```

Puzzle 417

```
P P I Y I X A A I J K S B M T N P
A I L Ù V O S G Z Q R G W I R H R
P U L C I N O I G I R G O S R N O
T L O A U P L T M Z L I W E A N F
E I D G U J O R T S E A M R M W E
M B E L Z W T S P U Q Y R I Z X S
P R B C Q Q T L R V T V S A G H S
E E N V P Z E R A N I G A M M I O
R R P U I E R E T T A B A D T W R
A I H T A N F F A R F A L L A N E
T A V O U V O Z K V U A N G U K R
U M O L T I P L I C A R E X R O P
R T R A D I Z I O N A L E Y N T M
A C H I A R A M E N T E P X X K E
P E R I O D O T I R E F E R P X S
```

PREFERITO
PIÙ
SEMPRE
TEMPERATURA
VINO
FARFALLA
BATTERE
TUTTO
PROFESSORE
FRETTOLOSA
PERIODO
PULCINO
MOLTIPLICARE
MISERIA
LIBRERIA
IMMAGINARE
GRIGIO
CHIARAMENTE
TRADIZIONALE
MAESTRO

Puzzle 418

COSTRUIRE
TEMA
STUPIDO
SEGNO
TERMICO
SPIAGGIA
ALLEGRO
CAMPANA
AL
ESERCIZIO
PROGRESSI
TENDA
VOLPE
ACCESSO
DEFINIRE
CAMICIA
ALMENO
VESTITI
BAMBINO
FOGLIA

```
R N N M D E F I N I R E B B Z J J
G F G B X O O C A M I C I A R Y P
H P Q E Z I S S E R G O R P U A A
E I Y R O Y S I T L A J C D O Y R
O I Z I C R E S E A I G G A I P S
N L Q U I O C X N V L A L D V F M
G S O R M C C M Q O G M B E E R T
E N L T R W A S A L O L E A M T X
S Z T S E A S M G P F D Q N A S M
J T W O T F Z W P E F J V C O K F
X M U C V L F P X A V E S T I T I
N M M P Y K X G A D N E T E M A S
S V F M I L D L F K Q A G W W V B
E K I R B D A L L E G R O H F H B
O S M G Z K O N I B M A B L H T E
```

Puzzle 419

```
P T O B E Z B N H À K M N S A U C
W W F S E P G O E T I P S O T R O
M B O S K O X Q I I B R J V L H N
Q E N O I Z P O T T I L F N O C T
Z A M S A T N A F N L N A S T A R
T C J B A X F F Q E I W R I O L O
L W I E R V K D L D B J D N T L L
T M V F Q O J K A I I K Y G A U L
O S P E D A L E C F N B G O L V A
I N D O S S A T O C O S E L E I R
U Q I E I C I F R E P U S O A O E
R B I S O N T I M O S S E P S N E
S C R I T T U R A Y I G G A S E A
Y W F I F A A E F P D S A P O N E
K H H G D K O U F F Y P G U C K E
```

SAPONE
SUPERFICIE
OSPEDALE
OSPITE
MEMBRO
SINGOLO
BISONTI
SCRITTURA
COSE
INDOSSATO
FANTASMA
TOTALE
OPZIONE
CONFLITTO
IDENTITÀ
ALLUVIONE
SAGGI
CONTROLLARE
SPESSO
DISPONIBILI

Puzzle 420

SEGNALE
CALMA
SQUADRA
SOPRA
SCUSE
MADRE
TIMIDO
PRINCIPE
MAGGIORE
BAGNO
UCCELLI
UMANO
NUOTATA
FATALE
RAGGIUNTO
RETE
UOVO
PREAVVISO
BEN
SCIENZA

```
E S O W P N N B S H Z G V I X W A
X X Q P L E V A V E S U C S J C Q
W H X U K Z V G C L G A T B B E L
M P R F A X Y N Z U B N B A J P S
F T T L R D U O V O U P A M G R S
F P X Z P L R N T X W R T L D I R
Z W E S O E Y A P T E E A Q E N A
S L R E S Q C M G I V A T J L C G
P C O D X R H U I M G V O M A I G
B P I L L E C C U I Y V U A T P I
E S G E H Z T F M D E I N D A E U
N C G X N Y C D Q O O S G R F E N
P U A J I Z Q Q Z U N O K E I W T
F O M V T H A M L A C U L R P K O
L Y Z O E H T F Z O Q R E T E N S
```

Puzzle 421

```
R  Ì  D  R  E  N  E  V  V  B  T  L  S  P  N  T  C
B  G  A  S  C  I  Y  S  D  P  S  M  Y  I  O  H  O
A  Y  L  L  O  P  H  R  E  M  Z  B  G  L  T  H  C
R  O  O  J  L  I  M  A  R  C  H  I  O  J  I  Q  C
L  E  T  Z  L  G  T  R  Z  N  U  F  A  K  Z  E  O
U  P  T  O  A  R  U  A  P  R  O  S  U  Q  I  V  D
W  Q  E  T  N  O  R  E  C  O  N  I  R  M  A  A  R
T  O  R  A  C  U  T  E  D  A  N  C  O  R  A  C  I
A  Z  R  I  H  B  G  N  S  I  E  T  F  B  A  U  L
T  J  O  B  O  I  Y  X  E  E  V  M  L  D  B  A  L
F  M  C  B  O  X  P  W  X  M  M  E  M  T  E  R  O
S  Q  W  A  T  T  I  L  S  Z  O  P  R  R  Z  E  G
T  Y  W  R  D  A  V  V  E  R  O  G  I  S  Q  P  N
R  U  E  R  E  C  S  E  R  C  J  G  R  O  O  I  Y
S  A  I  A  Z  N  E  R  E  F  F  I  D  A  K  A  P
```

ANCORA
PIGRO
CRESCERE
CORRETTO
VENERDÌ
NOTIZIA
MARCHIO
EVACUARE
ESEMPIO
COCCODRILLO
DIVERSO
COLLA
DIFFERENZA
SLITTA
ARGOMENTO
DAVVERO
RINOCERONTE
ARRABBIATO
PAURA
DAL

Puzzle 422

CHIAMATA
MATITA
TEORIA
NOSTRI
LISTA
CHIESA
COMODO
VILE
SITUAZIONE
CIAO
PRIMO
ACCURATEZZA
REGNO
LIBRO
MATURO
VISTO
SCIENZIATO
PROGRAMMA
ARGENTO
FASE

```
H  R  H  A  C  U  C  I  A  T  S  I  L  R  W  U  I
B  Q  Q  W  E  L  X  O  X  R  K  D  P  O  A  F  Q
M  A  T  I  T  A  X  X  M  E  G  C  H  O  P  A  F
J  Z  S  T  V  H  F  Q  S  O  Y  E  Q  P  K  S  P
E  E  V  B  M  N  R  J  Y  R  D  C  N  H  E  E  R
A  C  C  U  R  A  T  E  Z  Z  A  O  J  T  N  F  O
I  S  W  D  P  R  I  M  O  R  U  T  A  M  O  C  G
R  O  E  O  G  T  V  G  R  D  L  A  Q  Q  I  H  R
O  S  T  I  L  I  B  R  O  R  K  I  Q  Y  Z  I  A
E  K  F  S  H  S  J  B  T  E  V  Z  A  X  A  A  M
T  W  L  H  Q  C  L  L  S  G  C  N  I  M  U  M  M
N  O  S  T  R  I  E  J  I  N  K  E  W  V  T  A  A
O  X  N  R  P  V  X  Z  V  O  A  I  C  I  I  T  P
N  A  E  W  E  M  E  T  M  T  F  C  V  L  S  A  Z
V  J  N  Z  F  O  K  G  G  H  N  S  O  E  Q  U  F
```

Puzzle 423

```
V M U K I U R G Y J A U R B O S N
S B A N C A G U N F B S Z N X E A
U F Z R B P J A N I L L A G Y U T
G V O A Z N A R O N I M V H O A I
G E S R O H D D G U A R D A R E V
E T O B T A I A T O L I P V O F O
R R G Y A U À T I N U T R O P P O
I O N C T I N O A J V E Z I I I S
S O A T O T O A A I I O P M L Q P
C T F C U R P K T G B Y K E N O E
O L D L V F O I G O E B U R O P R
N V D M S C G N B J A C A P A R A
O S N R S N Q N A J C M P R N C N
C O M P O R T A M E N T O K R K Z
R K X E D O M K G T Z U H E Q A A
```

SVUOTATO
SUGGERISCONO
FORTUNATO
FANGOSO
ANNI
PREMIO
PILOTA
GALLINA
VETRO
MINORANZA
BANCA
COMPORTAMENTO
RAPA
NATIVO
GUARDARE
ARRABBIATI
SPERANZA
GUARDATO
CORONA
OPPORTUNITÀ

Puzzle 424

SPAZZOLINO
DI
FOTOGRAFIA
DIVISIONE
INSEDIATI
MINACCIA
AGRICOLTORI
COLTIVATORE
ACCIAIO
COMMERCIALE
EX
VOLONTARI
COLPEVOLI
VERBO
CAVALIERE
LINEA
CENA
CREMA
FUTURO
COMUNICARE

```
C V L T A B V D B C L F J S R V K
O S O H C M D F Z R V I U V T N M
M Z T C V W P Q E E O I N T Q E C
M J S S C Y D A I M L N M E U S W
E N O I S I V I D A O S P R A R K
R B X D T S G F Z A N E C E I C O
C A C C I A I O S G T D N I F O N
I R O T L O C I R G A I B L A L I
A C A G M C A R U N R A L A R P L
L Y K T B G V V K A I T V V G E O
E R A C I N U M O C U I E A O V Z
C D R T Y V V Y E Y K E K R C T O Z
M I N A C C I A X C F Q B Z O L A
C O L T I V A T O R E Y O W F I P
N F M A B C Z C N Z Q Z K E H F S
```

Puzzle 425

```
C S T D A O L A Y G V I M U Q S I
C A G T E T I L E H I A C G X L L
I N P U V T S F I J K U P Y A P L
O O H P A O D L P T M I R J X H U
C S Q V O R T K E O S R O I Y A S
C R X H L T D R R N Q C V H A L T
O E Z D O V T O M F S F T V P C R
L P L Y V W V O E O P C L A X E A
A Y W Y A C V À T I D I M U P D R
T C S K C T I B T P A G I N A N E
O E D U C A T O O R T N C T Q E D
I T H O N I V R N Y X V V L G T U
R F X E D N T Z O U Z N N T F J S
O P E R A Z I O N E L E G A L E V
B E N Z I N A T A S N E S N I M H
```

ORSO
GIURIA
EDUCATO
UMIDITÀ
CIOCCOLATO
LEGALE
OPERAZIONE
TENDE
TONFO
ILLUSTRARE
PERMETTONO
BENZINA
ALCE
INSENSATA
PERSONA
PAGINA
OTTO
SGUARDO
CAPPOTTO
CAVOLO

Puzzle 426

DECENNIO
INTRATTENERE
MENTE
PIETRA
CAPELLI
QUANTITÀ
NOVE
INVENTARE
BOXE
NULLA
FAVOREVOLE
GRAFICO
TABELLA
PERFETTO
SPAZIO
CORPO
PORTATILE
QUI
DISSIMILI
CAROTA

```
F Y P Z D G Q U A N T I T À P A D
A Y O T G H R P H T M P N G I I E
V H R V S K K A L L E B A T E N C
O Q T T G C R C F O R L Q S T V E
R O A L L U N L A I W Z Q Q R E N
E O T T E F R E P P C J U X A N N
V P I A O E P V I E E O I Y S T I
O R L Z I R P O I D H L A L P A O
L O E M I Q A N U F T B L I A R J
E C C V Q W S C I M Q Q X I Z E W
D I S S I M I L I E J V O V I B L
U H T B F O D Q H N C C G E O K Q
W R U M M N C G A T Z S F K Q P X
M O I L L H G E O E R A O Q F K L
B O X E R E N E T T A R T N I M F
```

Puzzle 427

```
A  S  M  G  G  U  V  A  R  I  X  N  L  T  Z  C  W
B  M  H  E  C  I  L  E  F  J  S  E  H  A  M  Q  N
B  R  M  N  L  J  H  S  F  J  J  O  R  F  Z  G  W
R  V  L  I  A  S  O  C  L  A  U  Q  U  G  T  B  S
E  H  E  T  I  V  N  N  O  T  T  O  D  O  R  P  D
V  R  N  O  R  V  O  I  D  S  L  O  F  V  O  T  I
I  A  O  R  O  M  O  U  L  I  T  N  E  G  P  P  F
A  G  I  I  G  I  D  J  O  H  B  E  H  B  I  O  F
Z  I  Z  J  E  L  V  K  R  I  C  V  I  V  C  R  U
I  O  A  G  T  G  P  V  V  K  Y  X  O  T  A  R  S
O  N  K  C  A  O  R  E  O  T  R  Y  Z  M  L  O  I
N  E  Z  O  C  C  O  L  O  J  E  F  D  N  E  G  O
E  E  V  I  T  A  N  O  D  T  B  S  T  Q  X  B  N
D  D  F  G  H  J  P  H  Y  G  X  S  T  K  Q  T  E
I  U  F  K  U  T  I  L  M  E  N  T  E  O  L  L  Y
```

QUALCOSA
GENTILUOMO
TESTO
RAGIONE
DIFFUSIONE
PORRO
ZOCCOLO
GENITORI
TROPICALE
FELICE
CATEGORIA
EVITANO
AZIONE
MA
UTILMENTE
ORE
ABBREVIAZIONE
PRODOTTO
OVVIO
VITE

Puzzle 428

MISERABILE
TRONCO
NERI
CALCOLARE
ODORE
SFIDA
SPEDIZIONE
CONCENTRATO
TEMPESTA
DELFINO
RUMORE
COMPATTA
ATTACCANO
BLOCCO
COLORATA
RISTORANTE
ABBASTANZA
DISTANTE
SICURO
NONNA

```
D  C  R  U  M  O  R  E  J  I  R  M  N  C  E  C  Z
C  O  C  C  O  L  B  C  X  C  I  I  K  E  W  Q  C
A  N  N  O  N  U  M  S  S  C  S  S  L  R  R  M  A
C  C  S  A  M  W  Y  B  B  U  T  E  V  O  B  I  L
O  E  I  C  T  P  P  S  T  C  O  R  D  D  C  P  C
L  N  C  P  C  Q  A  I  H  P  R  A  L  O  P  K  O
O  T  U  I  A  R  D  T  Z  D  A  B  O  V  M  D  L
R  R  R  D  M  J  I  A  T  O  N  I  F  L  E  D  A
A  A  O  C  I  I  F  D  A  A  T  L  A  E  N  S  R
T  T  C  O  R  S  S  K  C  C  E  E  A  U  E  T  E
A  O  H  M  L  R  T  T  R  O  N  C  O  M  V  J  D
Q  A  X  H  Z  Q  S  A  Z  N  A  T  S  A  B  B  A
O  N  U  N  H  H  L  E  N  O  I  Z  I  D  E  P  S
T  E  M  P  E  S  T  A  Y  T  W  H  T  I  H  W  B
A  T  T  A  C  C  A  N  O  N  E  A  I  K  F  X  P
```

Puzzle 429

```
T M S N I X J F L P A N N E P J C
M R A T G O C C I A C F W R O O A
M D A F R Y V H S R A P F N Q K R
J O T S O P P O N O L U I A U M A
I X R M P T L L W F C L M V R N T
L N I V W O R V O R O I P K S E T
A O D N A C R E C E L T R T G I E
V T K O N W G T Q Q A O E F V P R
A E B T V F V Y O U T G S G Z Z I
N L B A U I A S J E R W A L M M S
D P V M A S N B E N I G A M M I T
E M Z R R T H A M T C C J V G D I
R O G O P G T I R E E V A I H C C
I C M F X Q I S R E M U S S A K A
A F A L L I R E N A S C I T A W O
```

NASCITA
CALCOLATRICE
GOCCIA
IMMAGINE
ASSUMERSI
FREQUENTE
PULITO
INDOVINARE
OPPOSTO
CARATTERISTICA
CHIAVE
LAVANDERIA
FALLIRE
PENNA
COMPLETO
AFFARE
TRASPORTO
CERCANDO
FORMATO
IMPRESA

Puzzle 430

NETTARE
NUVOLA
FRESIA
UCCELLO
ELEFANTE
INTRODURRE
RICORDA
COSÌ
POI
SCHELETRO
ROSPO
ALTEZZA
LIMONATA
ROSA
GRANDE
GROSSA
PEGGIORE
RICORDARE
DISPERATA
COSTANTE

```
T Z N R L A E P Q A Q M V U W E U
Z M W I E I O P J C O S T A N T E
A I U C A S M Q Y K P G Q D Q N R
B B N O V E V O U O S W L I S A O
N G A R Q R E R N Y O U B S U F I
B R O D F F L S O A R P D P T E G
I O P A Z Z E T L A T U J E A L G
K S O R R I C O R D A A U R L E E
H S Z E D N A R G B Z L C A Q L P
L A V A A R Q I C R D I C T L O B
O R T E L E H C S O W Q E A V G F
I N T R O D U R R E S Q L R U N V
X E Z G V P G Q V A U Ì L Q O Y T
Z W O X U N E T T A R E O N L S Q
M M Y M N I S V M S V J Q C P N A
```

Puzzle 431

```
M Z O J H Y K S M J A R S C S G C
Y E T N E A R T T A L M X O V X O
L U D E X O O H O N B F U L O T S
V X R I O E B E J U E E T L S O F
O N I Z L A C B H J R D P E G R P
E U Y S O C E A E X I E Y Z C T I
T M N A T I D I F D A L L I L A A
O E J L I M S Q V Y I E Y O Q V T
C R U A P A C C X O T S E N Q P T
C O R E A W I O A Z W C C E O X I
O S P E C P A G U E R R A O I W O
W I Z A F H S A O L L Q P I N D R
C C I F X X C K Y L R J M V O O H
A I A N Y L U B O L L I T O R E G
X O L E B E N S T A B I L I R E S
```

NUMEROSI
OBBEDISCONO
FEDELE
UNA
AMICA
COLLEZIONE
MEDI
CIASCUN
ALBERI
FERRO
TORTA
TOCCO
PIATTI
ATTRAENTE
GUERRA
LILLA
CALZINO
STABILIRE
BOLLITORE
CAPITOLO

Puzzle 432

SECONDO
CITTÀ
AGNELLO
STRUTTURA
FOGLIO
SUPPORTO
VOLT
POSTINO
LUMACA
QUESTIONE
ESTINTO
RIFIUTARE
SORPRESA
FIDUCIA
STREGA
CONNESSIONE
TALENTO
INDIPENDENTE
AUDIZIONE
ACCADERE

```
F Q U E S T I O N E Y A B W F L T
A O R I F I U T A R E D X B O R E
O N G R X L A E S K W M K L O K O
N R O L L E N G A T A L E N T O T
I O T N I T S E N O I Z I D U A C
T À E E N O I S S E N N O C M K F
S T R U T T U R A V Q L U M A C A
O T E E P R X M S I O Q L X G K D
P I D V F O S S E Y C L B P E V H
S C A N D P O M R T W U T I R L M
E Y C B G P Z X P M I O D N T O G
N M C I O U G V R R P Q D I S G F
S R A M P S D D O P H Z L F F E T
Y T O D N O C E S V M S A H T L A
I N D I P E N D E N T E R G X N A
```

Puzzle 433

```
I  R  W  X  F  M  E  P  E  M  K  X  A  C  T  P  W
N  K  F  P  O  G  M  J  S  G  K  S  I  O  E  A  B
V  Q  S  J  U  G  E  R  U  M  A  C  Z  N  N  N  U
A  T  T  E  N  Z  I  O  N  E  E  S  Z  C  D  T  L
R  S  R  F  N  O  S  A  N  Z  R  O  S  L  O  A  À
U  T  V  K  H  O  N  I  W  I  E  V  T  U  N  L  T
T  E  R  A  I  L  I  M  A  F  O  U  O  S  O  O  I
L  A  T  B  H  E  P  S  E  R  Z  N  M  I  L  N  N
U  M  E  L  L  E  M  A  R  A  C  Q  A  O  C  I  U
C  A  S  P  Q  J  C  B  I  E  F  U  C  N  V  U  M
W  R  T  G  X  Z  P  E  D  I  V  E  O  E  N  M  O
W  E  A  I  N  T  E  R  E  S  S  A  N  T  E  I  C
W  W  Z  M  Y  V  L  K  U  V  E  N  I  M  G  L  P
C  O  N  I  G  L  I  O  Z  Z  A  G  A  R  P  E  X
Q  K  Y  L  P  P  L  B  Y  I  M  D  A  H  Q  V  C
```

AMARE
FAMILIARE
OVUNQUE
UMILE
ATTENZIONE
INTERESSANTE
RAGAZZO
AEREO
NON
STOMACO
TESTA
CONIGLIO
COMUNITÀ
TENDONO
INSIEME
PANTALONI
CARAMELLE
CULTURA
VERSIONE
CONCLUSIONE

Puzzle 434

AMBIENTALE
VERNICI
FERIRE
INGRESSO
PESANTE
QUAGLIA
ATLETICA
EFFETTIVAMENTE
FACILITÀ
TAZZA
INVITO
GLOSSARIO
FORSE
RIFORMA
ATTEGGIAMENTO
DENTRO
RIMA
SELVAGGIA
GUANTI
CONTENUTO

```
A  M  B  I  E  N  T  A  L  E  Z  G  W  P  V  L  Y
T  R  N  I  P  P  Q  I  O  V  H  Q  Y  E  E  J  Q
H  M  I  O  O  P  A  I  N  C  F  F  V  S  R  P  E
T  S  A  F  A  O  B  Z  B  V  E  E  H  A  N  D  Q
M  O  O  H  O  R  T  N  E  D  I  F  T  N  I  Y  U
E  S  S  E  S  R  O  F  U  L  A  T  E  T  C  K  A
S  S  Q  V  D  W  M  N  I  M  A  K  O  E  I  X  G
V  E  E  T  N  E  M  A  V  I  T  T  E  F  F  E  L
G  R  L  A  T  T  E  G  G  I  A  M  E  N  T  O  I
U  G  U  V  A  T  L  E  T  I  C  A  M  I  R  H  A
A  N  B  W  A  J  G  L  O  S  S  A  R  I  O  O  Z
N  I  C  H  H  G  C  O  N  T  E  N  U  T  O  K  Z
T  C  L  A  W  M  G  F  A  C  I  L  I  T  À  G  A
I  R  W  J  H  S  W  I  P  Y  F  W  F  R  W  U  T
D  C  R  L  L  L  X  H  A  F  E  R  I  R  E  J  G
```

Puzzle 435

```
L S Z H O F J Z V B H S E M K C T
S E N G V O P E P F E M O G I J E
H M C F O N I R A N A C O P V C L
A P K Q O N R R E I V L C M V X E
V L U U P M S V R S S H F A N S S
I I S L A F X Z I R I R T E N C C
E C D O Q H B H G E O D I R G O O
L E À W S I W N A T S F E A T U P
I M O T N E M U R T S I A N S I I
C E M O E N M S E E E N V I T U O
I N C V U X X F T M M E P B S E Z
F T B I I H G O N R R S T M M S U
F E L I T U N I I E E T K O Y F N
I C L A L N A Z K P P R S C A V O
D I S A S T R O K E H A Ì J I T O
```

INTERAGIRE
SEMPLICEMENTE
PERMETTERSI
PERMESSO
INUTILE
SÌ
STRUMENTO
CAVO
DISASTRO
BECCANO
PRESIDENTE
FALSI
CANARINO
FINESTRA
DIFFICILE
COMBINARE
TELESCOPIO
ALCI
ETÀ
GRIDO

Puzzle 436

RESPINGERE
INFERMIERA
LIBERTÀ
CHIODO
POSTA
SPESA
BIANCO
CINTURA
AMMINISTRAZIONE
ASCIUGAMANO
COPERTO
RESTO
PILLOLA
CUCCHIAIO
FORTUNA
RUBARE
AUTORITÀ
MOTO
DURA
MERCATO

```
A M M I N I S T R A Z I O N E I R
I L M E R C A T O L U R U Z Y N E
C I N T U R A A R C O X I M R F S
L O X G E I H J M V D D D O U E P
L I I U O P M S P H O H W T B R I
T W B O D A U T O R I T À O A M N
P O H E S A X S C U H E W T R I G
F I H D R P B I A N C O E R E E E
C A L T O T E B M I I J I E Z R R
L I J L N Z À S M P A R D P J A E
P H F Z O J P D A R E S T O A I G
M C P G L L I P W T G J L C O F U
H C P O O N A M A G U I C S A F D
I U F O R T U N A P V N D T O X T
F C D U R A P O S T A M J H Z C V
```

Puzzle 437

```
D Q P A I G R E N E C S F S M P P
I J R N D Y D X W I T W C V J W E
B Y E N F O L L A V A C B O B D S
K S Z O M E T N E V E S M W S X C
L X I D Y R G T V U M G M J D S A
V B O N X K H E A V I A N E C S A
W C S G L O B O S R X P A R B I D
U C O E R M G A L L E U F E P N I
C U L T U R A L E C P N R C S R F
A U T O R I Z Z A R E Y E A I I E
E P T D K H A U T Z I Q E I M A N
K C V N X W U P C C F S Q P V T D
I N G A N N A R E T N E I Z A P E
N A E U P A L L O N C I N I X C R
S Z P Q M K G E F G S M M O K B E
```

DONNA
PALLONCINI
SCENA
INGANNARE
QUANDO
ADOTTARE
PREZIOSO
VIENE
SCOSSA
CULTURALE
NEVE
ENERGIA
PAZIENTE
GLOBO
CAVALLO
PIACERE
PESCA
VIA
DIFENDERE
AUTORIZZARE

Puzzle 438

DISEGNO
SERIE
CROCO
DIFESA
BAGLIORE
CAPRA
LUPO
FONDO
SELEZIONA
CAUSA
ESPANDERE
ANIMALE
SPECIE
SCUOTERE
DETERMINARE
BUCANEVE
ZANZARA
SERVIRE
RECENTEMENTE
PROVENIENTI

```
F A E B E Z M Y Z J D X M A M R P
O N E R A N I M R E T E D B O Q V
N I D O M G P R O V E N I E N T I
D M P N G P L C A P R A C F B S R
O A W Z A C S I S P E C I E T H E
P L C F E C N K O R A F E O A H C
U E R W T E K B E R I V R E S L E
L P Q S X W U O E V E N A C U B N
Z I K B N Z K N D Y W T L K A Q T
A A C R O C O G B I B X N A C K E
N X N K V C U E P A F H D R J I M
I I E Z A Q N S G U P E I R E S E
L X L I A N O I Z E L E S N K A N
J R D S E R E D N A P S E A M J T
W X O Y S J A S C U O T E R E K E
```

Puzzle 439

```
L M O M F F F G E K M F O R G P D
D A K X Q S D B F T A O P I B V V
E C M R S X V P N S G N O S A A B
C L G P H M V X O U L D L O C D Y
I T R M O L A F U B I E T L I C G
M Q A U T N D H E Q O R R V O O O
A U D V N I E F N H N E O E Q R R
X A U R E S K O O M E H N R L S G
P R A W T V F N I S D K A E U A A
U T L P T G B U C B J V X O Q I N
P A E E A M T F N N S K O P T C I
K O J B N S E R A N O I Z E P S I
I W Q A G L D R R F A N Q B P E C
P I P R Y Q I L A M I N A G W P R
P R O M E T T O N O H N C D N Q K
```

GRADUALE
QUARTA
PROMETTONO
ISPEZIONARE
CORSA
MERA
PESCI
BUFALO
BACIO
ORGANI
RISOLVERE
PO
LAMPONE
FONDERE
MAGLIONE
POLTRONA
ATTENTO
DECIMA
ANIMALI
ARANCIONE

Puzzle 440

STANZA
DIPENDERE
STUFA
BASTONE
SUCCO
MONTAGNE
PORTA
PARTI
AGGIUNGERE
ASSORBIRE
PECORE
VILLAGGIO
ACCOMPAGNARE
ALTALENA
ARRESTARE
COLLINA
TESI
IMPATTO
COMITATO
DENTE

```
I C O L L I N A P S I E L F M A I
C O M I T A T O E E T E S I O G M
N G Q A X F B B C G T T E C N G P
Y D Z F L U Q D O F P N R F T I A
R P N K M T U X R I L E A P A U T
S U C C O S U I E P G D N J G N T
A L T A L E N A R O P G G G N G O
K X Q Y M B L F E R S W A W E E J
P A R T I A F H D T U X P L B R F
Y Z V A M S X S N A G O M D L E D
Q N R Z U T P N E S V N O Z F I S
E A Z Z T O Q A P G M D C N N P V
J T N P U N M E I K K J C H P B W
C S U R O E Z K D C A G A Q A N E
A S S O R B I R E R A T S E R R A
```

Puzzle 441

```
F Z E D P R O S O R E V L O P S P
O K T Z V A I L O Q À H I H D C O
R S E M B R A V A L T Q W K Z O S
N E R A R E L L O T I A Q X K R I
E I A B A I A E T A L B S A K R Z
L U N O T T E G G O I R W W K E I
L U I K E B V R J K B O S U M V O
I P F L L A D O A X A T P Y N O N
F E N I F Z Y U H T S A I R A L E
V P O L K S W E M F N N Y E E E H
N S C O S E P T P S O E W W X S S
A T T R A V E R S O P T M J R F E
L F I N I Z I A R E S N F E C B C
S O C I E T À P C S E A Y X L E A
I N C I D E N T E O R E P U C E R
```

SEMBRAVA
BAIA
TOLLERARE
OGGETTO
ATTRAVERSO
SCORREVOLE
SOCIETÀ
INIZIARE
RESPONSABILITÀ
SOLI
RECUPERO
POLVEROSO
ELEMENTARE
CONFINARE
INCIDENTE
FORNELLI
POSIZIONE
ANTENATO
PRESE
PARTE

Puzzle 442

POSSIEDONO
GREMBIULE
DECADENZA
CAMPAGNA
PERA
ALTRO
FRAMMENTO
INTERVISTA
GIUDICE
INFORMAZIONI
INIZIATO
SIA
PITTURA
LASCIATE
COMPAGNO
SEGRETARIO
CAPPELLO
TEMPERAMATITE
SANGUINARE
VITTORIA

```
A T S I V R E T N I V M Z V W I C
G D E T A I C S A L I F I S U N A
R E G V F B X O N O D E I S S O P
E C R S G O N G A P M O C A H I P
M A E C A T G C C N R O M T Z E
B D T A I N M I S A J T G I E A L
I E A I R E G F U V S L P W I M L
U N R J O M J U D D E A Z Y P R O
L Z I B T M S Q I I I G G U K O K
E A O H T A Y I N N B C W W N F I
J O M A I R T S A L A R E P H N R
F U T S V F K K M V A R U T T I P
C A M P A G N A L K B R E C A O U
X X W E I N I Z I A T O N A L V A
T P T E M P E R A M A T I T E N X
```

Puzzle 443

```
L S A P G W I N R I T I R A R E W
S A Q E G Z N T I R Q S Y V F S X
R L O R L L P N Z D T E X R F I J
R I P I O M B S U G O T N E M O M
Q T M C N E R E M I R P S E P T D
S A Z O T R O S S A L L O C R A I
L T O L A Y C S T C V I M N I S C
K H R O N Q C E E E X O O R M R H
I J D A O N O S L T P U U E O E I
K A O T N E L A A O F F A Y R V A
B L R X A I O A U I O G Z W D K R
M A I A L E E D N L V A S M I S A
X B L X M Y H R N B B Q J O A S R
S G A B E L L O A I S C H N L L E
S P O R C O F E N B A N Q U E C E
```

BIBLIOTECA
SALITA
SGABELLO
PRIMORDIALE
MOMENTO
RITIRARE
ESPRIMERE
SPORCO
DICHIARARE
VERSATO
COLLASSO
STRANIERA
LONTANO
BROCCOLO
NIDO
PERICOLO
LENTO
MAIALE
ANNUALE
UOVA

Puzzle 444

SENSI
SPESSORE
IMPORTANTE
SUONO
FONTE
LUNGHEZZA
BLOCCHI
CIVILE
ASSEMBLAGGIO
POTEVA
FRAGOLE
CANGURO
REGALO
FLUIDO
PETTINE
BURRO
RECENTE
PEPE
MOTORE
DOLCI

```
E W L C R Y U Z X I P O T E V A Z
F M U S E A I C N P E T T I N E A
O R N U C P G T V Y O V O N O U S
N R G Z E T E K M O T O R E U R S
T P H Q N W O P S X K F U F E B E
E T E K T B U R R O Z I G M U G M
R U Z R E Q N C T V I S N E S Z B
O Q Z Q E F I M P O R T A N T E L
S B A K L G L Z B O C I C Q J W A
S W L P O E A U D L O H B S C N G
E O N E G F E L I V I C M Q D E G
P M X A A O B H O D J C U G D M I
S Q T P R D O L C I O O M Q I R O
Q N B O F R D X D C O L F U O Y Z
L W Z V X O X U Q I X B F M T Y A
```

Puzzle 445

```
C H U D A G S G M F W F X R U L J
C A L L U C L C O N D O T T A E Z
O R V O N N A E L P M O C I K Z S
N R Y A B O S O I S N A N I U I I
D A T Z L L O O R E H C C U Z O C
U B R N I L M M G I B K M Q I N C
C C O A F E E E C G M W S O T E I
E Z P D G H B T W Q P U B L G U T
N T P G M G Z Z T O S T O F Z L À
T V O K P I O S S A B P O V O E W
E C O G M R A R A M E N T E E T I
O N M W X V E C C H I O E P D R R
X C P O L L I C I P G E N O C M E
C O N T R I B U I R E O I E V M H
B A W O D G M T S R L B F X H V W
```

POLLICI
ANSIOSO
LEZIONE
CULLA
BASSO
CONTRIBUIRE
TROPPO
CONDOTTA
COMPLEANNO
RIMUOVERE
CAVALLETTA
BARRA
SICCITÀ
RARAMENTE
ZUCCHERO
RIGHELLO
CONDUCENTE
LEI
VECCHIO
DANZA

Puzzle 446

SE
ESPLORARE
FISICO
FORMAZIONE
ANGELO
MECCANICO
FOTOCAMERA
BAMBOLA
NOMINARE
FUNZIONE
LIMONE
POMODORO
FRATELLO
FACCIA
STESSO
ACCADEMICO
SEDILE
REALE
TRASMISSIONE
STAGNO

```
F Q S F T E W L D F F Q L K M E P
O Y F R I R S C O K R I R S H T O
T N U A Y A A V C M F K S G G W M
O K N T U R V S I O W R L I B O O
C D Z E J O M A M C O S P X C K D
A H I L K L V V E I U L E I C O O
M T O L E P A Y D N S Y V J E L R
E O N O R S O C A A L S J D M E O
R N E L A E R A C C I R I J C G O
A G I V N L S Z C C M G F O O N V
F A C C I A O C A E O W L B N A Q
I T R N M O R B A M N P F O C E W
A S Q F O U X G M T E S T E S S O
M S F D N I P D N A S E D I L E U
F O R M A Z I O N E B K C S N S N
```

Puzzle 447

```
S F P Y L P B N Y M N P T U C G G
N W I L A N O S R E P R X M H A E
P I E D I E Z C P E E I S X I L N
S O F F I C E L H P R V F I A L E
G I N O C C H I O I A I K Z M E R
V E D Z V O Y Q R V Z U S I A G A
M B S R N L U X E D Z F S T T G Z
R E Z E E M Z O T U I P C A O I I
E Z D T O P X V T U N E A M U A O
A E R I P E C N O C A R B A J N N
L Q A B O R T I E R G S I F E T E
T W X B F K L M L E R O N F J E U
À T F G E Y Z H O J O D A A G Z A
U A X S C M J D C D U N U H O X J
J N C L N B A U T O M A T I C O B
```

AFFAMATI
TERZO
PIEDI
POCHI
GALLEGGIANTE
CHIAMATO
COLEOTTERO
PERSO
MEDIO
GINOCCHIO
CONCEPIRE
SOFFICE
PRIVI
PAUSA
AUTOMATICO
REALTÀ
CABINA
PERSONALI
GENERAZIONE
ORGANIZZARE

Puzzle 448

ESATTAMENTE
DROGA
BUCO
PERCORSO
PIPISTRELLO
BRILLANTE
CUOCERE
MUSEO
DIGERIRE
FABBRICAZIONE
BRACCIO
SONNO
SEDANO
MURALE
PREZZO
ANNO
RINVIARE
EFFETTO
ODIO
CONFRONTARE

```
C O N F R O N T A R E V T B P E U
P W F W T Y D M G C B U C O R F M
I B S S I M T U W E U B N I E F B
P B R A C C I O O N N O S D Z E R
I B S E T A S D R O P Z C O Z T I
S M G B Q V R B I I T C L E O T L
T S Q O N H L A B Z O Q I A R O L
R E T N E M A T T A S E O U P E A
E D L N T F A C S C M V S B V R N
L A M A D I G E R I R E R U W A T
L N H G R A V Q B R M U O S M I E
O O L O D U Z C K B E W C H Z V Q
M J P R E X M M W B Q T R Y P N M
R H Z D U G H Q J A A D E N I I I
L U C P X W E V K F I C P G C R C
```

Puzzle 449

```
E K C O M M E R C I O J F O J A U
P E R S O N A L I Z Z A T O T H R
R R W I C C O N T R A S T O B P L
O E Y P S A R C O B A L E N O T O
A M S A E F A N A T R O C C O L O
V U B C T E R I R F F O S E G M L
A S E I N Y S A P E N Z O L A R E
N S T N A Y V Q T X B F Z I M V C
I A S C G E B F N T L R S B A W O
G F S E I T S E U Q U N X A N Z R
A N F T G S A L V A U R K D G C C
M R D E E N X T K K H Z A I I J V
M G K A K L A P D K R V F F A K K
I N P G Q B L R T G S A F F R V K
B U X K Q U G A E M H X Q A E U M
```

PENZOLARE
SOFFRIRE
ASSEGNARE
TECNICA
GIGANTESCO
SALVA
ASSUMERE
CROCE
ANATROCCOLO
URLO
QUESTI
MANGIARE
PERSONALIZZATO
CONTRASTO
AFFIDABILE
STELLA
IMMAGINA
ARCOBALENO
FRATTURA
COMMERCIO

Puzzle 450

PRODOTTI
COCCINELLA
RAPPRESENTARE
SALUTE
OTTANTA
TENERAMENTE
ELICOTTERO
VIAGGI
DIMENTICARE
LUNARE
IMMEDIATAMENTE
RAPPORTO
SCARPE
RIFERISCONO
ADEGUARE
GROTTA
RIVISTA
AVVOCATO
PAIO
SIGILLO

```
I R Z D Q K F I D I Z K C A R T H
W M I S I G I L L O E F E C G J A
D X M F J T G A F O T A C O V V A
I V B E E P R A C S N T K C R C B
M K D T D R O L F K E T T C A F V
E K J U K I I T D A M O V I P G R
N D P L X N A S N C A R C N P U P
T X E A F C P T C I R G G E O P R
I I B S P N H B A O E L L L R Z O
C A D E G U A R E M N V L L T Y D
A R I V I S T A R M E O I A O P O
R O T T A N T A P G T N F A Z D T
E L U N A R E Y U E O X T A G J T
L N P Z O R E T T O C I L E S G I
R A P P R E S E N T A R E C C U I
```

Puzzle 451

```
O R E C C H I O A I A A W B T I C
U H R F O O F P K M R X Q Z R M A
Q Z A S A H E M I V M I K R I I N
C E N O E M X A A A W E O D S T T
H M O N Y L I C Z D P G T O T A I
I Y D O E C C G Y D R P A T E R E
E E R R A K Y M L S P E D W E E R
S L E F C Q O F O I O K N C S R E
T F P C A T T I V O A A A E E A E
O O L L O P O S Y T X U G P T B P
I À T I L I B I S S O P B G T K I
L W S T I N V I S I B I L E I O B
G G V V A G J D Y J I Q O R M W C
I I N T E R R O M P E R E M O P C
M I M E O Q U O T A Z I O N E Y J
```

TRISTE
IMITARE
INTERROMPERE
CANTIERE
ORECCHIO
CATTIVO
PERDONARE
FAMIGLIA
INVISIBILE
CHIESTO
POLLO
POSSIBILITÀ
ELFO
QUOTAZIONE
AMMETTERE
MIGLIO
CAMPO
SETTIMO
ANDATO
ATTO

Puzzle 452

POLITICO
CIBO
TELEFONO
ABITUDINE
PIAZZA
GRAVE
GRUPPO
USURA
GREGGE
TAPPO
BOCCA
CIRCOLARE
MATERIALE
LAVELLO
UFFICIO
SERA
LABBRO
BRUCIARE
LAVANDINO
PAGA

```
L E G G E R G X T U M K M M D B T
K A E R A L O C R I C B E A Y R Q
K R B B U E P V A O C C O T L U K
T U P B R P H B T B M U Q E A C X
N S G M R Q P V A Q N M O R V I W
U U E D O O N O S V Q S N I E A G
F U F K I P S B V S V W I A L R R
Q A S D C P Z I M N E Y D L L E C
E E O M I A C C O B P R N E O C N
Y K N U F T J Y K U N L A V D I V
T E L E F O N O T V A E V A Z X L
A B I T U D I N E P A G A R E R F
P O L I T I C O Q Z T S L G M N S
T F D W T K H P I A Z Z A B H S Q
Y P N J F C J J E K M R Q J H E X
```

Puzzle 453

```
M C E N T R A L E Z H L V D U M E
T A B R E T W A Z G N Z V D E O N
I F N S U L L A W E O U A I R S O
U M F U S S D T A O F N T C E T I
Y N A N A M I T T E S A H O D R Z
A R P S E L S O P X L N G C E O U
L Q K R R E E J E U R G C I C F R
O P O D E H C A S Q P A A R O S T
C G Y R C S A À A G S F V T R L S
A L E O N E E T R X V M W T P B I
L L L J I Z O N E H O T Y E J O D
E I K N V V V O T A Z Z I L I T U
M R L Q N S A L H E Z T N E K N S
Y O X V O T G O D V I N I B M A B
R Q R A C S L V Z H O I P S X C K
```

SETTIMANA
PROCEDERE
ELETTRICO
BAMBINI
MANUALE
LOCALE
LEONE
CENTRALE
PRESENTE
CANTO
DISTRUZIONE
UTILIZZATO
CONVINCERE
MOSTRO
VOLONTÀ
PESARE
FAGIOLI
ERBA
DOPO
SULLA

Puzzle 454

OTTENUTO
APPLICARE
SETTE
PESCE
RISORSA
VIRTUALE
NECESSARIA
PAESE
TAPPETO
AUTUNNO
VOLUTO
ZIA
PRIVILEGIO
DENSO
SVILUPPARE
PICCOLO
CALCOLARE
VERSARSI
ACQUA
OCCUPARE

```
Q S F S V I L U P P A R E A A O R
P E S C E L A U T R I V R U P T V
R I S O R S A D E N S O A T P T O
U I C C G Z I O S O R D P U L E L
P M W A A C Q U A M A M U N I N U
Y C Z O L S O W T H S M C N C U T
U M Q I P C Z A S J R J C O A T O
D J C G A A O T Z E E P O T R O P
W A B E R B E L E K V I N E E K S
B U C L Y E T S A J X C N P V I U
J I O I A E T U E R M C D P U T N
T M V V N U E C F I E O J A Z F G
Z X H I L Y S A E G D L W T V N R
N A I R A S S E C E N O R X J Y K
P Z O P B P C Q O V H N Z V D B P
```

Puzzle 455

```
X F L P A R T I C E L L A O J Q E
Z E T N E M A S O L O C I R E P R
C R S W R X I R G W H G S P R V O
J E P A X B M V R A S P I N A C I
J D D S G Y V J I O L P T J V D F
M U C C A G I P C B F O S S O C L
J L P X V A I N E I C A P F R M O
C C Y P E B O O V E V O D P P Z V
T N L M R V J C E T K Q R D O T A
H I X O A A N O R T F O G L I E C
S A P G C G T M E I R E G I N A U
W O S I I Y F I W V X I A U P S V
T V Z Y D Y G S C O H G F L R Y K
X L I T E H R P H A S E C S I D Q
T L L U D G C E R V I K G D Y V S
```

PARTICELLA
CAVOLFIORE
INCLUDERE
MUCCA
RICEVERE
SAGGIO
SPINACI
OBIETTIVO
CERVI
DOVE
DEDICARE
DISCESA
PRATICA
OSSO
PROVARE
GALOPPO
REGINA
PERICOLOSAMENTE
FOGLIE
MIA

Puzzle 456

TEGLIA
URAGANO
ASSORTIMENTO
SPESO
OLIO
VOCABOLARIO
PROFESSIONISTA
LOTTA
SCRITTORE
SECCA
FORESTA
SCIARPA
COTONE
TEIERA
CARINO
GAMBE
DUPLICATO
NUOTARE
MAMMA
VIAGGIO

```
H P B V R U E W S T N E H F Q Y R
V S R I V G L J L C E R A T O U N
B E Y A T T O L X E I I S P E S O
Q C D G K M E O Y Q X A E H D E J
R C V G R G J Y C B O U R R C R C
E A L I Y L P G Q D M D B P A M A
A N S O I R A L O B A C O V A G Z
P R O F E S S I O N I S T A B K S
M L P T S C R I T T O R E Q R E S
A V D C O T N E M I T R O S S A I
H U B D Z C C A R I N O O L I O F
T E G L I A H M A N U R A G A N O
A W N U F G J M D U P L I C A T O
G A M B E F V A F O R E S T A C M
K J E R W I U M K N P I J A T E F
```

Puzzle 457

```
I  E  N  K  J  D  D  T  M  O  L  X  D  D  L  M  Q
S  N  C  I  N  J  G  K  Z  X  O  T  L  U  D  A  U
O  O  D  S  E  R  E  N  E  T  T  A  R  T  M  G  E
D  I  D  I  W  N  S  Y  C  R  C  J  N  T  X  A  S
D  S  I  H  P  O  T  E  R  F  M  N  Y  N  E  Z  T
I  S  S  K  Z  E  M  E  D  A  V  O  R  P  L  Z  A
S  A  C  V  V  R  N  D  I  T  O  T  L  E  I  I  Y
F  P  U  H  A  A  S  D  D  G  G  T  V  T  B  N  Z
A  M  T  P  R  S  H  X  E  N  Q  A  V  N  I  O  F
T  O  E  B  I  N  C  J  F  N  X  I  A  E  N  R  D
T  C  R  F  E  E  V  X  Y  V  Z  P  C  R  O  U  E
O  S  E  L  T  P  M  N  T  A  T  A  A  R  P  O  X
A  U  Z  Z  À  C  G  X  Y  S  G  G  N  O  S  T  D
I  N  C  U  R  A  N  T  E  O  I  X  Z  C  I  A  K
B  U  O  A  Q  C  K  T  H  C  O  K  A  M  D  C  O
```

DITO
COMPASSIONE
QUESTA
CORRENTE
DISCUTERE
VACANZA
RUOTA
VARIETÀ
SODDISFATTO
PENSARE
DISPONIBILE
INDIPENDENZA
MAGAZZINO
ADULTO
INCURANTE
NIENTE
PIATTO
PROVA
TRATTENERE
MOLTI

Puzzle 458

SPARARE
NASTRO
MOBILI
SENSAZIONE
ARRESTO
SONO
PATATA
IRRITABILE
TERMINI
FUGA
CALDA
FRIGO
ALLORA
UNIRSI
CRISI
ESEGUIRE
SOGGIORNO
CONFESSIONE
INCLUSA
SCOPPIO

```
P  A  T  A  T  A  C  U  P  K  Z  G  R  I  L  A  E
J  H  A  X  D  J  E  F  R  I  G  O  O  N  K  K  S
Q  X  E  Z  H  I  N  I  M  R  E  T  A  C  Y  U  E
R  K  R  U  M  M  O  L  P  V  Q  Q  X  L  J  M  G
D  E  Y  N  H  Q  I  S  I  R  C  N  H  U  X  G  U
Y  A  X  I  R  S  S  L  P  X  M  C  M  S  O  L  I
E  R  A  R  A  P  S  F  I  O  G  U  N  A  W  V  R
L  R  C  S  N  S  E  L  I  B  A  T  I  R  R  I  E
Q  E  B  I  X  M  F  S  F  S  O  R  N  R  W  K  M
S  S  U  V  U  W  N  R  J  N  E  M  J  X  G  O  Y
O  T  E  T  T  R  O  W  C  U  T  A  L  L  O  R  A
N  O  I  P  P  O  C  S  F  A  N  A  S  T  R  O  F
O  G  P  U  C  E  G  K  V  U  L  B  U  J  E  U  Z
S  E  N  S  A  Z  I  O  N  E  G  D  R  C  Z  T  T
S  O  G  G  I  O  R  N  O  Z  N  A  A  H  D  R  X
```

Puzzle 459

```
F E H C S E P G P C E K K P Z K A
D R P R E O C C U P A T O R O R N
M E E D A N E L L O E S T I N A J
U V R T A T T S N L N M R N A Y T
C O A A T T G I V E O Y E G Y K L
R D R M E A I J H T I M C H Y B B
E D A P E R O Z H T C Q J I D B G
G O P L T R O I C O S J C O E C T
M B M S G V Z S I T E X S W R R O
K X I T E D Y S T L R U O X E F C
C A L Z A B Q Q D A C W R X Z K Q
R E G O L A N L I D T H T I Q G E
T E R M O M E T R O O I A O A A W
X E A M O R E R E D U I H C Z F J
I S E O B S Y S D T A U S D U J H
```

PESCHE
DOVERE
DATI
CALZA
LETTO
CRESCIONE
IMPARARE
ANELLO
SORTA
AMORE
AEROSTATI
TERMOMETRO
ZONA
CHIUDERE
RINGHIO
FRETTA
PREOCCUPATO
CERTO
SOCIO
REGOLA

Puzzle 460

SENSO
ACCETTARE
SOPRATTUTTO
DIETRO
STATO
RITORNO
ARMADIO
GUFO
FOTO
MISTERO
TRATTATO
VISTA
ALTO
PUBBLICAZIONE
CERTA
PRONTO
EVIDENZIARE
STESSI
SENZA
FURIOSO

```
H E M R O T T U T T A R P O S D B
N O T O M Q T A I N R I G N T I D
P F B X M I P L Q D F A E R P E Z
K U O Q L Y R T A Q I K T O Q T I
K G B T I R O O V W D C R T R R O
Q P O B O S N O S E S Q A I A O H
N A M N L I T X B S S S E R T T X
P T K S T I O F Q L N B N N S A O
E R A T T E C C A J U C S J I H I
S E N Z A E R A I Z N E D I V E D
L C Q T Q B X S Z S T E S S I S A
V E N Y B J Y T Z I J S A D A E M
F U R I O S O A V M O O G D Z N R
T A L E N V J T I L G N O E Z S A
M I S T E R O O J V Y B E D M O L
```

Puzzle 461

```
D T Y B J T S L M W Y O G P G A P
E E O G I D I W N G V C I U R M R
C L N N A R E I H W C M T G F B I
O A R T D J R M I K Y V C G I I G
T S E M I D I A T L K Y O D S Z I
Z R T T R S Q P C Q Y M N S S I O
S Q S U O T T E N I A Z O O A O N
H J E T I N U A P P A M S S R N E
L Z P T F E N P A X I L C T E E S
E M O I Y P K R R K W Ù E A W Y I
E S S E N D O A Z M C Q N N A Z G
A S O W R H O C X F R R Z Z U J N
E G X X F O M S D B E A A A L O O
B E L L A S T A N C H I U H A T R
K K O I J I P E U M B T W X R S A
```

AMBIZIONE
STANCHI
SOSTANZA
BIRRA
SIGNORA
ZAINETTO
FIORI
FISSARE
PRIGIONE
TUTTI
BELLA
MAPPA
CONOSCENZA
ESSENDO
SALE
DENTISTA
PIÙ
SCARPA
ESTERNO
AULA

Puzzle 462

ARMA
SINISTRA
LEPIDOTTERO
CUCINA
CHIARO
ULTERIORE
GIÙ
SPINTA
INDIVIDUALE
DISTINTIVO
DOLORE
MOLTO
FRIGORIFERO
RADUNO
SEGA
CENTRO
VALUTAZIONE
PRINCIPALE
ABBRACCIATO
DIVERTENTE

```
D P U F F H Z Q B S V C V O Q Z U
X I R R D E T N E T R E V I D V J
F F S I C H I A R O K N R X Z A A
S A G T N B J P Q K N T I I T L K
Q P A N I C U C Q W H R A L U U L
Y Z I U N N I V K E S O B P L T F
F V C N D H T P G R G T B A T A Y
K A I G T F D I A O D L R R E Z Q
L D G M O A S J V L X O A M R I Y
S E G A N G Z A F O E M C A I O N
L E L A U D I V I D N I C G O N Q
L E P I D O T T E R O R I I R E Z
K F S G A R T S I N I S A Ù E F M
E K R L R G D E T V R X T J H L D
F R I G O R I F E R O M O V X E X
```

Puzzle 463

```
F Y L S S O S T E N G O N O I I P
E X O Y A N I C I D E M F O N O I
L V Y Y E R A R O N G I M T D W O
J K I N X W N N A X B P H N I W G
I V Y B D B N E R I N E V E R P G
C A S S E T T O E I Z P X L I H I
C E N U L E L W Z V J N S O Z X A
M R P L A A N D A N D O A N Z G D
I O I B C I S P I R A R E N O X A
E R D C S P O L I T I C A O I K T
D R H E E O R G O G L I O S I F O
G E B W R T I N C O N T R A T O T
M T V X Z N O B R U T S I D R B V
L F J C J C O A B T Y E L G N U U
Z P A X M P A L X L Y C E Y K A V
```

ERRORE
CRICETO
INCONTRATO
SONNOLENTO
SOSTENGONO
PREVENIRE
SCALE
PIOGGIA
ISPIRARE
MODERNO
FINANZIARIO
DISTURBO
ANDANDO
DATO
IGNORARE
POLITICA
CASSETTO
MEDICINA
ORGOGLIOSI
INDIRIZZO

Puzzle 464

VARI
AVVERTIMENTO
INVERSA
PREVEDERE
DEVE
CRIMINE
DELIZIOSA
SEI
MERAVIGLIA
OROLOGIO
OCEANO
CAFFÈ
RINGRAZIO
DANNO
GELO
OCCUPATO
SESTA
PUBBLICA
FEDERALE
MALATTIA

```
F M R O L E G B Q M A L A T T I A
M E E T P U B B L I C A O P J D S
Y N D N O I Z A R G N I R R G E R
K I J E B O H E D Q I B O E G L E
P M E M R T M Y A H N F L V H I V
M I V I R A V K N M B I O E Z Z N
E R Q T R P L T N S Y F G D E I I
R C E R J U J E O R E D I E S O L
A V N E L C V B P W I S O R Y S M
V B N V J C O C E A N O T E O A L
I E J V Y O C M E C K K P A L S D
G X B A G V A V U V R R W Z I W F
L Z A E Q F F O R T Z A K F Y I K
I C D E V E F V K I M Z G S R G S
A O W U I J È P P Z D J G Z F E M
```

Puzzle 465

```
P T N P P D Q R W S D O M S S A R
R M I G L I O R A R E T I W N Q I
E L I B I S I V D O N N E R S B T
S A L C I Y S O C L P A S C F P M
E T C S N Y J Z U O I I S C Z O O
N N J D P X P R C T V H O U C S M
T S A L T A T O C I O C C U R T A
A T T V L U G B I T H S S L Z O R
R V T H V U B O Z B K Y B A T A
E P E N J T C S L F X Z G N P C D
I A V T V A L C O X I L L R P N R
V E R I T À M H I Y O I S Q A E P
N U T R I E N T I O B H K I B P X
G V T S D M U H D B L Z A L O D W
V B F X Y L Y V M Z T A Y M L R K
```

VETTA
TRUCCO
RAMO
SALTATO
ALCI
BLU
TITOLO
VISIBILE
PRESENTARE
ZAPPA
RITMO
MIGLIORARE
VERITÀ
CUCCIOLO
NUTRIENTI
LUCCIOLA
SCHIANTO
POSTO
SCOSSE
DONNE

Puzzle 466

DURATA
CESSARE
BALCONE
TROVARE
DIVERSI
CAPO
MISSIONE
GHIACCIO
POLVERE
RAGAZZE
GIRO
SILENZIOSO
QUALITÀ
COMPARSA
FLESSIBILE
PRATO
CONTATTO
BORDO
CAMMINARE
SORGENTE

```
G O P A C B X H I O X Y L W Y D X
Q I S R E V I D E Z Z A G A R U F
B C R J B R V T R O V A R E H R L
S C R O A O O O E O X O R T F A E
M A O W N T R D V H W L Z N G T S
H I A X X T T D L H T U T E M A S
M H S J À A E N O C L A B G L H I
U G Z S T T B P P A N J K R U X B
R J O J I N C E S S A R E O V P I
U Q J L L O N H V T G G V S T E L
B E V C A C N P S D F P R A T O E
G L M W U X G E C A M M I N A R E
A G J T Q C O M P A R S A J Z E S
S I L E N Z I O S O W A A T N E I
J T S Q G G S S V H Y R R J N E W O
```

Puzzle 467

```
D C V I J G W D L P N P A N G F U
V E R O N I M U D K L U L D G A V
V L S W A O K Z O B F D O O P R D
B B S I T A V E P A S A T V A I V
A E R X D L E C A R B O N E A N M
L R Q N M E U X F Y W H E J M A E
O S R O C M R M J S L D P X N J R
T K R F S E N O I Z U T I T S I A
R E O T A N G E S N I T B G R R N
E H D G A Q U Y V O O B T A I A O
C C O N F O N D E R E S P T I Y Q
U N S W R P I A O W X Q O T H N M
L A V O R E T T O H Z X L I V F C
S V T U B O Q O O N Q R V N W Y B
C O M B I N A Z I O N E L O B M V
```

LUMINOSO
CARBONE
LUCERTOLA
NUOVA
GATTINO
MINORE
TUBO
CONFONDERE
SAPEVA
ANCHE
CORSO
MELA
LAVORETTO
ISTITUZIONE
FARINA
INSEGNATO
PENTOLA
DESIDEROSO
ERANO
COMBINAZIONE

Puzzle 468

CONGEDO
VERNICE
BUSSARE
IMPIEGARE
GENERALE
ALLENATORE
TRIANGOLO
INCLINARE
QUELLI
PROPRIETÀ
NASO
ALTITUDINE
SEMPLIFICARE
SCIOLTO
DOMENICA
CANNELLA
STESSA
SEPARATO
IPPOPOTAMO
GIOCO

```
I B S E M P L I F I C A R E M S T
P B U Z A L T I T U D I N E W E R
P X P S S E R O T A N E L L A P I
O S A N S Q D B U D L H À K F A A
P B J N E A U P X V O L T K A R N
O Y V N T C R E C O N G E D O A G
T I H M S I Y E L T N P I N F T O
A M P K B N Y G B L F I R H N O L
M P S Q I E F Y C O I Q P Q J A O
O I S O U M W M H I L D O E I Q C
C E E O E O Y S E C I N R E V A O
D G D C M D K P N S V U P R T W I
L A Q I N C L I N A R E V P U A G
K R S X U N D W X S F O B E G F B
M E L A R E N E G N G F E F J Q M
```

Puzzle 469

```
C E C C E Z I O N A L E O B X A C
O V E L O C I T À I I X M E U K O
N S U X T V H D H H D S V F Y M N
G P K C R N Z V P W Q V A U L D T
R E E W M K F E R O N G I S B K A
A C M L C W E R I R E S N I H L R
T I E B Z Z I A A L O Z Z U P A E
U F P B T W L T S T Y O O Y F G G
L I Z E F Y G I R V E L Y G X O V
A C M S R E O V O C H L G L E O Z
R H Y A V D M N B F U E L U P W P
S E C E V W A I F Y I T U I F I R
I I N F E R I O R E Q L N F N C O
M I S U R A Z I O N E O O F E O A
S C I N T I L L A U O C I G A R T
```

RIFIUTI
ECCEZIONALE
INFERIORE
SIGNORE
TRAGICO
INVITARE
PERDA
MISURAZIONE
LAGO
SCINTILLA
CONTARE
BORSA
MOGLIE
CONGRATULARSI
INSERIRE
FRATELLINO
VELOCITÀ
SPECIFICHE
COLTELLO
PUZZOLA

Puzzle 470

RIFERIRE
TERMINE
GODERE
FONDAMENTALE
NOME
COMODITÀ
LATO
DOVER
MASCHIO
BENEFICIO
ESITARE
VITTIMA
ACQUISTO
CONOSCENZE
SERALE
MOLTIPLICAZIONE
ANGURIA
DELICATO
ARRIVANO
OCCHI

```
M C O N O S C E N Z E D X C D W G
A A T E C A Q B V G V M O T A L C
N M S D E L I C A T O W N V K Z O
G I H C C O Y C Q E E L A R E S N
U T G U H N X W I L L V O O R E
R T O T S I U Q C A V A I B V Z S
I I X M I O O A D T U T R T H J I
A V L F I E U V E N I M R E T C T
L Q P M F H F S F E P H A R Z O A
L A A L C C Q N Q M K L B T P M R
M O L T I P L I C A Z I O N E O E
G O D E R E N X F D C K U Z M D O
L F N O I C I F E N E B R F O I C
W V N N C T V I K O U G C E N T I
R I F E R I R E V F G D L M R À S
```

Puzzle 471

```
V F W Q Y O S O T S O C O U U A I
H G H I J R L P Y P J E H O L C N
E R E D N E T S E L A N I F T O T
P R I M A V E R A C G I I U O N E
Q C M E W J R U P H I P U S M S R
U O X I V P O R O L F F J F W I C
C A C C I A U E L Z R V I V J D E
G L Q H Q T C F D Y E U B C L E T
Y E R A N G E S I D D P V Q A R T
A O S L V U W W X N D S L I U A A
X B E T A O K E Q H O D Y G L Q R
Q C G O I H C C O N G I C J E R E
U J F E W R N Z B M O T U Y G H W
C U C E T N E G A J A T X K G J E
M A T R I M O N I O R A S L E N P
```

CIGNO
FREDDO
VERO
COSTOSO
CUORE
SPECIFICA
FINALE
MATRIMONIO
ESTENDERE
INTERCETTARE
CACCIA
LEGGE
OCCHIO
PRIMAVERA
LORO
CONSIDERA
GESTIRE
AGENTE
CUCE
DISEGNARE

Puzzle 472

COMPLESSO
SCUOLA
MONITORARE
TERRA
CORTECCIA
IN
STIMA
PENSI
SCIA
RIVELARE
ORTAGGI
ROTTO
CAVALCARE
PARLANDO
ARTE
PUÒ
DECIDERE
SEZIONE
SEDERSI
PARTECIPARE

```
K P F K B A S C O R T E C C I A R
S A T R J Z C C O M P L E S S O I
V R C E F U I S N E P N A R T E V
M T L K R M A M I T S U U Y G C E
S E G D S R D E C I D E R E H A L
G C I Y A J A O V S Z C X L F V A
C I G G A T R O H R Q E D C N A R
P P L Z W K I Q D E S P A E M L E
A A E X I K K A B D U E S R Y C O
R R J A O Y G R N E H B Z P E A Q
L E I N L G I K X S Q J F I Y R V
A U P S M O N I T O R A R E O E N
N W S W P Ò U P D I J V N K M N W
D J K M C S C C X A H C B A D K E
O T T O R K M T S D T U V L K Z Q
```

Puzzle 473

```
U E R D V O A A S A C I P I M E O
R V X H H T I P B R A M R H E N J
T A M H H T B M E T M M E Q T V W
O E F C O E B Z Q I B E F S T P W
T R W V L N A S A C I R E Y E Q S
A A D T L G S V E O A S R A R R D
T N K I E A V R Q N R I I N E F I
L I C I N A C C E M E O S X J Q F
U T F G N A V C S B P N C A D I L
S T L G E F T O N T L I O C I T L
I A D O P M Y A S M U K N L I C E
R P J T N Y M C V T V D O P R G D
C E R T A M E N T E W A I C C O D
I R Y A R I L A S C I A R E Q D D
C L X G P L G D G M I N U T I M I
```

DOCCIA
PENNELLO
OGGI
APE
RILASCIARE
CAMBIARE
MECCANICI
STUDI
SABBIA
CERTAMENTE
OTTENGA
METTERE
ORDINATA
PATTINARE
PREFERISCONO
GATTO
ARTICO
MINUTI
IMMERSIONI
RISULTATO

Puzzle 474

UNITÀ
PRIMARIO
ANNOIATO
VALENTINO
PRESSATURA
PROBLEMI
LEGGERE
POTENZA
CERCHIO
COPERTINA
MARE
GRASSETTO
MODIFICA
TAMBURO
ATTACCO
TAGLIO
PERCHÉ
MESSAGGIO
ONDA
COMPLETAMENTE

```
L P T K A Q H G M P P S V Y T F Y
Z R M A C O Y R D E R E G G E L Z
O E M B Q K F A A U S W V J G J A
N S T T Q B O S T N T S Y M J K C
D S A Y K O I S F I L A A M F A I
A A M É H C R E P T P Z G G Q F F
N T B T R G A T L À H N I L G J I
I U U G C P M T S W L E S J I I D
T R R M I Y I O C C A T T A M O O
R A O S C P R M E O E O P X E V M
E F X Z A G P E A E N P R N L E T
P C E R C H I O L R O G H V B G N
O A N N O I A T O C E N B A O X C
C O M P L E T A M E N T E X R N Q
V A L E N T I N O O D B W K P M E
```

Puzzle 475

```
P K C P Z L T W M S T B G P P M Q
P R D S Z B P B L O A L I R R Q V
E A O R E M U N V R C C R E E U F
R X S C M S X V B E C E A O S D E
A N W T E Q P E G L H T F C E W D
T M Z J I D M U M L I R F C R X F
I C X O G N U L G A N I A U V R J
C A T E N A A R G N O O G P A K P
R D I C E V B C A X A L E A R V P
E I J C Z I A V A B K O R Z E X I
S C H B V T G V T Y Z L A I H I I
E X Z V O R N G M U X T Y O Z U O
P A P À Y O A M A N E I B N O P C
U V W O N P T H L D O N R E T N I
P N G K K S O A S S I C U R A R E
```

PASTINACA
PRESERVARE
ERA
ASSICURARE
INTERNO
DICE
BAGNATO
PAPÀ
PROCEDURA
CATENA
ESERCITARE
SPUGNA
GIRAFFA
PREOCCUPAZIONE
TACCHINO
NUMERO
SORELLA
SPORTIVA
CETRIOLO
LUNGO

Puzzle 476

STRETTA
INDAGINE
FATTO
COMPITO
PESO
MUSICA
SIMILE
MACCHIATO
MAL
LA
STORIA
MISURA
FERMATA
AEROSTATO
PIEGA
ME
TIGRE
ECCEZIONE
CORAGGIOSO
CUPIDO

```
G M Q D I O Y J L S F F S V E V T
Q I C O R A G G I O S O I N C H W
U S I U P G K S J W P C M O C V X
P U X O D E A J M F Y F I B E H B
C R F U A F S Y L A M P L A Z S J
S A T W Z A F O K L C Z E R I I H
S T O T A T S O R E A C W W O I Q
T A X H Q T P I E G A Q H D N B Y
O M O G M O E M U S I C A I E F I
R R N P V Q M N D N W E T R A D V
I E N I G A D N I Z F G W I T T L
A F E U P W T I Z W Q L D N G J O
U S T R E T T A W X K V S V I R T
V T T Q C U P I D O T I P M O C E
M U E V S S M B A O Y S C H M Q N
```

Puzzle 477

```
T I V U F P Z Q K M Y E I P F E R
D R N F E I N O L O C O N G K N V
I S A R Q E N A V O I G T U E O O
S G Z T E D I F O A T S O P S I R
P L O T T E N I M A C Y R C R Z P
I D N H N A Q A S X K W N U E A R
A L A Z E L M B B U X N O Z R L O
C I T P M I V E S B P U W Q A O D
E R S E A U A B N L O P K K U G U
E T E P D Q E G O T V N O C N E Z
W Y R I I A T L O V O A D S I R I
Y Y P F P C O L O R E R T A T G O
B G E L A I N O M I R T A M N O N
R S K V R M E N Z I O N A N O T E
R B M A Y G O M A M Q S K X C Q E
```

INTORNO
SUPPOSTO
CONTINUARE
REGOLAZIONE
TRATTAMENTO
PRODUZIONE
RISPOSTA
PIEDE
GIOVANE
MATRIMONIALE
COLORE
PRESTANO
MENZIONANO
RAPIDAMENTE
VOLTA
AQUILA
CAMINETTO
ABBONDANTE
COLONI
DISPIACE

Puzzle 478

AMATORIALE
STUDENTE
COLLO
SOLE
SOGGETTO
PORTATO
FEMMINILE
CESTINO
STRATEGIA
RISPONDI
NUMERATORE
PRONUNCIA
DETTO
ATTENTE
UNDICI
SCORTESE
PRANZO
NONOSTANTE
VERDE
BICICLETTA

```
S R E L O S P S T Y S K P C R Q F
T N L N B V R R K T G B R E I S S
U L I Z V B U Z A X R W O S S P O
D M N J J G V N Z N H C N T P Z G
E A I O G O F Q D E Z D U I O U G
N C M T N G Q S B I M O N N N E E
T R M A Q O C I Q Q C S C O D R T
E W E T H W S U E V D I I G I O T
G W F R E S E T R O C S A K I T O
T G U O D G E L A I R O T A M A I
Q X F P V E R D E N U T K G W R K
A T T E N T E X S P T T S Q Q E L
H D S T R A T E G I A E Z S K M M
C O L L O J Z N W J F D J H G U X
B I C I C L E T T A N W Z A S N M
```

Puzzle 479

```
I N D U S T R I A G A J E E O F I
K O A Y G E U Q S C I A R E N E Y
E N Z D J Q M E V A V T I N O R M
G D N B S Z V G A T A T U O R M A
S W E D T S O B H T T E B I E A N
Q Y I V F V O X E I T R I Z V T T
M A R C A T O R E V U R R N O O E
R P E E C U Q P A A T O T I L N N
B C P B S J M H A V C C S F M A E
L H S M O J O H Y S V O I H E P R
Q E E W M G Q M V S S I D S N I E
R Y G A R G W B J R L A A J T L Q
U C K A S E M P L I C E N R E U F
H Y A O T A I L G A B S D O E T P
G Y W Z P O G U A D A G N A R E O
```

SCIARE
LEGATO
TUTTAVIA
TULIPANO
PASSANO
SBAGLIATO
AVVIARE
INDUSTRIA
FINZIONE
FERMATO
MOSCA
DISTRIBUIRE
ATTIVA
ONOREVOLMENTE
ESPERIENZA
MANTENERE
GUADAGNARE
MARCATORE
CORRETTA
SEMPLICE

Puzzle 480

PREVISTO
FIORE
CHIP
OCCHIALI
ANTICO
VUOLE
INVIATO
SOLDATO
FISCALE
FRAGOLA
MEGLIO
MANCANZA
QUALUNQUE
MOSTRA
PERICOLOSO
MASSIMO
AGGRESSIVO
CORRIDOIO
PORTAPENNE
DURO

```
M V A L O G A R F W J Q V T M J A
C U G G C Z G C O R R I D O I O Z
X O U S C I G M A K B N Y F C O Y
G L Y I H N R S O L D A T O X N K
P E N B I V E L A C S I F C H I P
M E M L A I S P O R T A P E N N E
A M R Q L A S L C Q V J S O H E A
N A J I I T I Y I V M Y I V O Y X
C S E N C O V G T U M O S T R A G
A S K S E O O S N V M Y L J C B K
N I D U R O L F A P R E V I S T O
Z M P R V K X O I L G E M Y O O I
A O C W Y F P Z S O C O G C E V P
Q U A L U N Q U E O R Y Z J O J O
K N M J X Y G W C M G E P R F Y I
```

Puzzle 481

```
V C Q W X L C T X P D F L N P X J
Q K B Q O X L R D I T T A R O F A
X D J N D G A A P H X N G Y S R M
F O T E C R S S D A F Q C D I T I
P A N I N I C P J O D Z S W T C C
W Z K E D W I A T N T R N Y I Z H
I N R I F R A R E I O F E E V C E
M E Q W S N N E W T U M L P O U V
P R Z Q O D D N E N O L I U Z R O
R E V U R O O T S E D U T O Z I L
O F U A R R E E S P S P U L E X E
P N K K I Z F D U E P O E F M G I
R O O J S P R O P R I O L L R H Y
I C T X O A L T R I U V D D L W K
O A I L E P R E L A I C O S I E T
```

PROPRIO
DITTA
AMICHEVOLE
CONFERENZA
PELLE
REPENTINO
IMPROPRIO
SOCIALE
UTILE
SOLDI
PADRE
PANINI
POSITIVO
SEDUTO
LASCIANDO
SORRISO
TRASPARENTE
LEPRE
ALTRI
MEZZO

Puzzle 482

FEROCE
QUARANTA
APPARTENGONO
PERSONALE
TENTATIVO
NUVOLOSO
REALIZZARE
SCRIVERE
DA
EMERGENZA
MODELLO
FUMO
GUARDAROBA
COMPLICATO
TELEVISIONE
PARTECIPANTE
LINCE
VELOCE
DURANTE
CASSA

```
F Y A Z V K U F V V P V I V A E L
K E C N E A D E C N I L Y C A E P
B J Q A L P I R E F T W P C Z Q A
X O Y B O P B O S O L O V U N F R
F U M O C A F C Q C E Q F A E A T
Q P T R E R L E T Z S I R U G Y E
U E E A M T R E A L I Z Z A R E C
A R N D O E N O I S I V E L E T I
R S T R D N T C A W R I B Q M Q P
A O A A E G C A S G F F C Q E N A
N N T U L O J S D U R A N T E Y N
T A I G L N W S W V Y N W I Q W T
A L V K O O F A A O X H R D N B E
J E O X D C O M P L I C A T O Z M
B S C R I V E R E X Y V U I D L J
```

Puzzle 483

```
E S N U J D Z A F Q J E I T Z J M
B S C S X U S M O I C C O R P P A
F R E A V I T A N R E T L A O R U
I I R C F F E R A G E I P S R U G
O G E R U F B A R C C F C L D E F
R I S E F T A Z S A S A O O O C Y
I D P C Z D I L D N C U M C V O O
T A I I F U B V E D O T P O C N E
U W R R N O I J O E M M R S C O V
R H A F A L C O D L P D A R O M B
A Y R I D K G Z A A A R T O M I M
M U E Y R O S W G Z I W O C U C E
P R O S S I M O H Y O N F S N O S
P O R Z I O N E P W N P F I E E G
U W B E L S E Z V B O C Q D R C P
```

PORZIONE
RESPIRARE
ALTERNATIVA
COMPRATO
PROSSIMO
RIGIDA
SCOMPAIONO
CANDELA
TRASLOCO
SCAFFALE
RICERCA
SPIEGARE
COMUNE
APPROCCIO
FIORITURA
ECONOMICO
FUORI
DISCORSO
FALCO
ESECUTIVO

Puzzle 484

VIETANO
CANE
COMPLETA
INSTABILE
TIMBRO
TRASMETTERE
RIPARAZIONE
ABITO
QUALIFICARSI
FAGIANO
NOTO
VARIABILE
DEMOCRATICO
MOTIVAZIONE
GRANCHIO
CREARE
ESTIVO
ESITO
CAUTO
PRUGNA

```
G U E P G E R E T T E M S A R T V
B R N P N E H J I E N O T O C G A
A O A N G U R P M S A T B T R A R
L O A N A R N I B T C U R I E H I
C I J D C F I H R I P A K B A L A
C D C J Q H A P O V H C O A R O B
O W D U T N I G A O V B N A E F I
M Q N S O X S O I R B H A M M H L
P E S E M F O X X A A D T X E K E
L T X S X G T V V G N Z E S I T O
E L I B A T S N I B D O I S Q P A
T M O T I V A Z I O N E V O N T B
A Q U A L I F I C A R S I U N X D
D E M O C R A T I C O Z J D Z E H
N Z Y D X H M C Y R E U V O Q Q B
```

Puzzle 485

```
I P Z T Z S E F C H R B Y E I V D
O D N E M E R T W O N V M A N O E
U M E L A U S A C K J Y E I S D C
C H U N C F J Y M R A O H G E I I
N V E T T A L G L Y N A Q O G P S
K O C I F I C A P T A N V L N E I
S T A N C O F A L L R A L O A N O
P O V E R T À I O B T I V N N D N
F L O J S S D O C K S D B C T E E
A O C Y I E B I D A L I M E E N G
P B S O A R O Q E B R R R T S T O
M S Q G Y P T A X J D E Z L S E D
U S I A F I N T O I J M K R A Y E
P E R S E G U I R E M U M X N T O
B X W N V M P G I O R N A L E S J
```

LATTE
PRESTO
CACAO
RIBES
POVERTÀ
INSEGNANTE
DECISIONE
TREMENDO
FINTO
STANCO
TECNOLOGIA
PERSEGUIRE
PACIFICO
IDENTIFICARE
STRANA
DIPENDENTE
CASUALE
PUNTO
GIORNALE
MERIDIANA

Puzzle 486

SCHERMA
STOFFA
ROSSO
AMICI
VUOTO
AIUTO
LOTTO
CRAVATTA
ATTORE
COINVOLGERE
ISTANTANEO
DELICATA
RESIDENTE
QUARTO
MARCIO
ECCITATO
SCORSO
DENOMINATORE
MONDO
FRESCO

```
I U C R W R S R E S I D E N T E M
S X O C Y A T T A V A R C U A U O
T H I K F C O T A T I C C E K W N
A N N E U A F T F R E S C O F Y D
N P V V Q H F S U V U O T O L P O
T D O Q K U A I C I M A M B E B Z
A W L Q F T A W S H A M A R C I O
N D G O G A P R Z X E C L W U H S
E M E O W B A K T L M R U D Q I S
O G R F D D O G H O K Y M I C J O
J V E D E L I C A T A S L A L S R
B E N R T R N D S C O R S O O U P
D E N O M I N A T O R E R O T T A
U I J X Z X X T J W U O F O T K J
E L M R F S A U S Z D R N N O P A
```

Puzzle 487

```
K A A I P J K U G Z H X I K N K C
Z D V R R R D R A G O V I T O M E
M P C R H D O G L C C S L F N L A
E G M W B F X V S X D P L O O A U
L A T T U G A Q O C P S U R B R W
O M P J Z X D P C C A H N M I G R
C I A Y K X Q C H O A L U I L H W
C L R F E I C D A N R T A C E E A
I C C E R I U N I M I D O A B Z T
P T O G X N R B R Z P N Z R L Z T
S E C O L O V T G N O Z M P I A E
S P O L D P A V Q P S V X L L A S
T A G L I E N T I J O S I L W J A
J F T Q G L K Q R N R I S C H I O
M I N U T O H G X S O Q O M B X E
```

SECOLO
CLIMA
PICCOLE
CURVA
FORMICA
NULLI
NOBILE
RISCHIO
TAGLIENTI
LATTUGA
DRAGO
PARCO
RIPOSO
MINUTO
SCALA
PROVOCATORIA
ATTESA
LARGHEZZA
DIMINUIRE
EMOTIVO

Puzzle 488

VOGLIONO
ASSISTERE
COSTO
STRADA
PREFERIRE
CAROTE
PROGRAMMAZIONE
PRATICO
ESERCITO
SPAVENTATO
ATTIVO
RAGNO
PUNTA
DENTIFRICIO
FORMA
LUSSO
IRREGOLARE
GRADO
PARLARE
FRUTTA

```
S P C V C S P W W S N E A G X L V
J R V K A A T X B E R A G N O U D
D O D L R M I R S X Z T N R V S Y
E G U U O C R R A I W N G S I S B
N R P I T L U O R D X U J X T O F
T A Q R E Y D T F E A P U T T T R
I M D T R J B S H O G Q C R A I U
F M W J I O N O I L G O V O A C T
R A P J R G E C P Y D C L D I R T
I Z L P E R E T S I S S A A P E A
C I J F F P R A T I C O U R R S O
I O C G E B K X E Q A T G G O E R
O N C Y R X S P A V E N T A T O L
C E T I P P A R L A R E Z R L C Z
Z R K S E T R C U C A L V Z D K T
```

Puzzle 489

```
I M P R E S S I O N A R E Z Y N C
N V I K R G Q E E R O L C L O F K
R Z W L T Q X T F B M C X N I M O
P K X D L U L T I M A M E N T E H
K I Y M O J Z R I S P O N D E R E
E L E Z I O N E M C C S S N O E S
A K R S A K B B I O U O P S R U C
T U A W C J O N G R A V E A A À O
I O T A I C C I R R A O R S T T P
D A L O M E S E A E H I D E T I R
N A A J R M W A Z R J P I N A V I
E K S B R E V F I E Q X T T C A R
V F M Y L M U T O C H E A I A R E
U K L J G B G U N D A F D T K G S
A K P D A X S Q E L U N V O P V Z
```

SALTARE
SCOPRIRE
PIOVOSO
TASSO
RISPONDERE
AUTORE
ARRICCIATO
ELEZIONE
OLTRE
IMPRESSIONARE
MIGRAZIONE
GRAVITÀ
ULTIMAMENTE
MESE
FOLCLORE
CORRERE
VENDITA
SENTITO
CON
PERDITA

Puzzle 490

FORMALMENTE
SCHERZANDO
PROFUMATO
POLIZIOTTO
COLAZIONE
CRITICA
STAGIONE
REAZIONE
RANA
FAMOSO
COPPA
CAVITÀ
PANE
ENORME
RIDURRE
RESISTERE
CAPIRE
IDONEO
PAZZO
INTERAZIONE

```
P O L I Z I O T T O C A P I R E U
M T S T A G I O N E O J K Z C R Y
À K P R J F D B N M Q I O Y U C G
T T V U R N N V J W Q I S R K C P
I U V K E A E T N E M L A M R O F
V D Y V R L N R A C S R J S F S S
A N O E Y L O A E N A P A P P O C
C C Z N Q D I H R S E L O F V M H
S X Z O E L Z K R C I K B N S A E
O Q A I E O A L U C S U K U F R
E Z P Z D L R U D T F I T L L M Z
R Y P A S Z E Y I N P S P E G I A
E M Z L H G T C R I T I C A R Q N
E M R O N E N O I Z A E R N T E D
N T R C K G I P R O F U M A T O O
```

Puzzle 491

```
I R Z N J O O R I F L E T T E R E
M I T H R I S E R V A T N N E B J
P P V L W R O L H R V N J R U D R
O E C I Z E R I W Q I E C A V M V
R T I I O D U B G A R G A N N X Z
T E P X C I T A I M G I O A O G D
A R O A I S N Z A E Z L W T L C J
R E L S T E E Z L N K L U R F S W
E I L C T D V I L T X E I A X P V
A Q A I I T V L O O R T M B R E N
L W N M L P A I S C D N N T D U W
W N G M L I Q T U Z R I P P B I L
O Y N I E M O U L I M I T E X E G
P X O A G P Z I P E N S A V A T F
W E E K E N D R B R U C I A T O K
```

RIUTILIZZABILE
PENSAVA
CIPOLLA
WEEKEND
GIALLO
ELLITTICO
SCIMMIA
ANATRA
DESIDERIO
RIVA
IMPORTARE
AMENTO
RIFLETTERE
RISERVA
BRUCIATO
LIMITE
INTELLIGENTE
AVVENTUROSO
ESCI
RIPETERE

Puzzle 492

SALSICCE
DISCUSSIONE
MAGNIFICO
RELAZIONE
GIOCATORE
GHIACCIOLI
ARTICOLO
RACCOGLIERE
LACRIMA
INSEGNARE
CANTI
VOCE
ESATTO
LOCALIZZARE
FINALMENTE
COOPERARE
BENE
VELOCEMENTE
LUNA
RICHIESTO

```
C V O C E S U S F B W G L I G D L
Q O C I F I N G A M N I A N E I O
I L O I C C A I H G A O C S T S C
L W C P Y K B T M E R C R E N C A
Q D N G E N E B X S T A I G E U L
L V Z Z F R T Z L A I T M N M S I
C L L Z R Q A C W T C O A A E S Z
W A U E S W R R I T O R K R C I Z
N R N N P T Q P E O L E I E O O A
C W Y T A S V V I W O F B R L N R
M Q C A I F I N A L M E N T E E E
X L S A L S I C C E I H F W V I X
G V Y M X D K G R I C H I E S T O
R A C C O G L I E R E O D R I O A
Y U H N A Y Q E R E L A Z I O N E
```

Puzzle 493

```
R W T Z S C I S T A Z I O N E B P
V C M U U C O N T R O L L A T O I
T X W Q O Z T Z Q G L F Z E P A A
O Z J V G U P I X G I U B F R U N
P R E C E D E N T E V N M A J L T
R I C H I E D E R E V G W L I L A
K H E N T R A R E B L O F I U M E
F O R C H E T T A P H O R T N O C
C A P I T A L E A S N M S I N V O
S Q O Z D P Y J F Y T N I A A W N
C O S T R U Z I O N E U L Z R Y A
V E F R O A O C I T N E D I B I N
J V M O S Q G E S E L G N I M V G
O W D I N C L U S O Y C V M O J E
H G X B D N X Z E R E N E T S O S
```

STUDIO
COSTRUZIONE
CONTRO
CONTROLLATO
INCLUSO
RICHIEDERE
PRECEDENTE
FORCHETTA
PIANTA
SEGNANO
STAZIONE
GIRASOLE
CAPITALE
FUNGO
SOSTENERE
IDENTICO
ENTRARE
FIUME
OMBRA
INGLESE

Puzzle 494

PENA
CENTO
SALICE
MAGGIORANZA
MANO
DONNOLA
LUCE
SEDIA
PEZZO
RUOLO
MULINO
FORNIRE
GRASSI
LIBERO
FA
TRAMONTO
PREZZEMOLO
SIGNIFICATIVO
ATTIVITÀ
VENDITORE

```
M O M R F A I Y Z G A N V O T S U
T V A L O N N O D R C E N T O V P
S M G N V V S C K A F R S T S Z F
W N G W E C U L U S Q O I R D F O
F A I J I P F N B S N T G A S O R
R Y O L I B E R O I G I N M E T N
Y Z R N V O B L F Q P D I O D R I
T Y A C I Q D G A E E N F N I A R
Y T N D P L O R J M Z E I T A Q E
C Q Z Y G D U U U V Z V C O Q G S
D I A L L P Z M M O O M A L F P M
S A L I C E K V M K L Q T Z M Q A
I A T T I V I T À L M O I B L I N
O R P R E Z Z E M O L O V K P E O
H Z W N W W P M E D D B O Y G A R
```

Puzzle 495

```
A P W F G P D E C I M A L E A R D
F R F A O R I T E T Q W I Y L A I
P E N T V O H A T P R D M C L V N
I C L T E S G L N O I M A C I A D
U I Y O R E H L A T J B C E E N I
T N O R N S T E T G O M D S V E V
T Z C E O A A C S A F M K C O L I
O I Y L B M K R I C Q J R Z W L D
S O Y Z Q I K O T R I A T E R I U
T N P U D N C F N O E C C B F M O
O E J W E A P Q A A R X B A M G F
N E S R D R I Q U L I P B M R I I
L L H Z K E I S P O S A R E Z I Q
P A V I M E N T O I G N U H I B P
O T N E M I T R E V I D K E T O D
```

PIANTO
ESAMINARE
ALLIEVO
RECINZIONE
PAVIMENTO
IERI
FORCELLA
INDIVIDUO
RAVANELLI
ANTISTANTE
DIVERTIMENTO
TIRO
DECIMALE
GOVERNO
FERMO
PIUTTOSTO
VIOLA
SPOSARE
FATTORE
CAMION

Puzzle 496

STELLE
PROBABILE
STAVA
FIGLIA
AMBIENTE
ANNUSARE
COINVOLTO
SITO
PERIMETRO
NORD
ASINO
IMPORTA
STILE
ASSOLUTO
SUFFICIENTE
GIORNO
SPINTO
GALLO
SPECCHIO
TERRENO

```
J V F G H A N S A V A T S J T U S
C R X A C V X P M Z H N R A R W E
P A H L E S Z I B O L K M Z R K S
G R N L M T Q N I O N R O I G F U
O V O O T I S T E R A S U N N A F
O O O B Y L A O N T L L T C P Y F
T I E A A E J S T E A S I N O Y I
L B M H S B J K E M F I I Q S G C
O S O P J A I L G I F M R H D F I
V C H F O A W L S R S G L W L H E
N Z I R D R O N E E H T M F X W N
I D P F F I T I F P O N E R R E T
O T U L O S S A T E S C H L W X E
C S P E C C H I O D P R V H L W Q
E T M W I S Y A G W H T L Z P E W
```

Puzzle 497

```
D M G I O N Q S E T M F S D T A S
Y E E R E D N E T N I C U H R Z C
O T S D R A A P A R L A N O A N R
F T M C I N A R R A T O R E S E I
F O I C R K E L A I C I F F U V
E N G J P I O T N A C C A A E Q A
R E L U O A V N G L R O D N R E N
T M I X Q G A E O T D O N T I S I
A Y O Z L G B P R B T J A D M I A
J O R V Y U Y R O E W X M T E N I
Q U A T T R O E V V D Y O H N V Q
R U G H E T F S A Q A M D T T N O
M H D L X S O Z L L L L Y C O D T
O O A S H I C A L C O L A T O R E
F U S P A D S Q K W D I R O V Z J
```

SEQUENZA
PARLANO
QUATTRO
OFFERTA
RUGHE
SERPENTE
CALCOLATORE
ACCANTO
UFFICIALE
TRASFERIMENTO
NARRATORE
INTENDERE
NOTTE
LAVORO
DESCRIVERE
DISTRUGGA
SCRIVANIA
DOMANDA
MIGLIOR
MEDICO

Puzzle 498

GRAZIE
DOLCE
ELETTRICA
MACCHIA
SOMMA
SEGNALI
PASTO
COLONNA
RAME
IMPROVVISAMENTE
NERO
BREVE
ORDINE
VINSE
PIANETI
TÈ
QUINDI
QUALSIASI
OGGETTI
PROPRIETARIO

```
M U R A M E A C G O A E Z Q Q O L
C E K O F A J A H V Y T Y U U G A
V J O Q K S D R Z Q I M È I A G W
N I C L Y E I Z A R G S B N L E M
R A N N F G Z A T R B B S D S T M
G U D S N N T Q O Q E W M I I T A
O R E N E A C I R T T E L E A I C
T R Z U T L R N B D P L H G S J C
S H D Y N I T E N A I P E P I P H
A R L I P R O P R I E T A R I O I
P Q Y Y N C S S Z I U J B W P E A
B S L H M E V E R B C O L O N N A
I M P R O V V I S A M E N T E R O
M P K Z K W P G M D O L C E Y A N
K S O M M A W A V R Y U C U U B G
```

Puzzle 499

```
Q V U Z Z G V W K Q B P G U M Y B
N I R Z A O F N J J S P F J A U O
C A O R G A N I Z Z A N O F R D L
A O T S S U U O U B Q D E O R I L
E L R U S A O P B F D T A R O R I
V Q B R R A B I L I T À Q B N E R
D J N E I A K C C D M O U I E K E
H K B L R S L E E R A N I C U C S
R W H A M O P E T H E U L I N U E
C I O T O L A O I O Q S O Y I E M
B A N D I E R A N O W S N J S P B
S C A R S A I G J D M E E S Y E R
C O N T E N E R E T E N W U R O A
K X E Y C O N O C S I R E P G C N
P R E S O O N O T S I S E I Y W O
```

SCARSA
PERISCONO
FORBICI
ESISTONO
ABILITÀ
NATURALE
UDIRE
PRESO
CIOTOLA
CORRISPONDERE
SEMBRANO
CUCINARE
AQUILONE
BANDIERA
MARRONE
CONTENERE
BOLLIRE
ALBERO
NESSUNO
ORGANIZZANO

Puzzle 500

RISIBILE
LAZO
COMPATTO
POSSIBILE
CAMMINATA
ACCORDO
INTERESSE
TRANNE
NECESSITÀ
CANZONE
ECONOMICA
MODESTO
ZUPPA
VERDETTO
METODO
CARRO
PREPARARE
SAGGEZZA
FORMAGGIO
CREDERE

```
I T E L I B I S I R H M Z Z H N M
J C P C S K À T I S S E C E N S Z
U R E N O Z N A C O T T E D R E V
W E A I E N N A R T I O H J H H J
Z D B H A R O B G Q S D A E I F T
L E O I G G A M R O F O F E H A G
A R A T S R Y C I S A G G E Z Z A
Z E T W T E O X I C T A C S R B P
O P R E P A R A R E A C A S L Y P
Z Y Z M V I P I B S N C R E S V U
M O D E S T O M L Q I O R R H D Z
D E L I B I S S O P M R O E Z J B
H R I C F H U X S C M D T T J I C
X G T G F V E X R Q A O Z N G G H
G X K U J H Z E H Q C V T I F A L
```

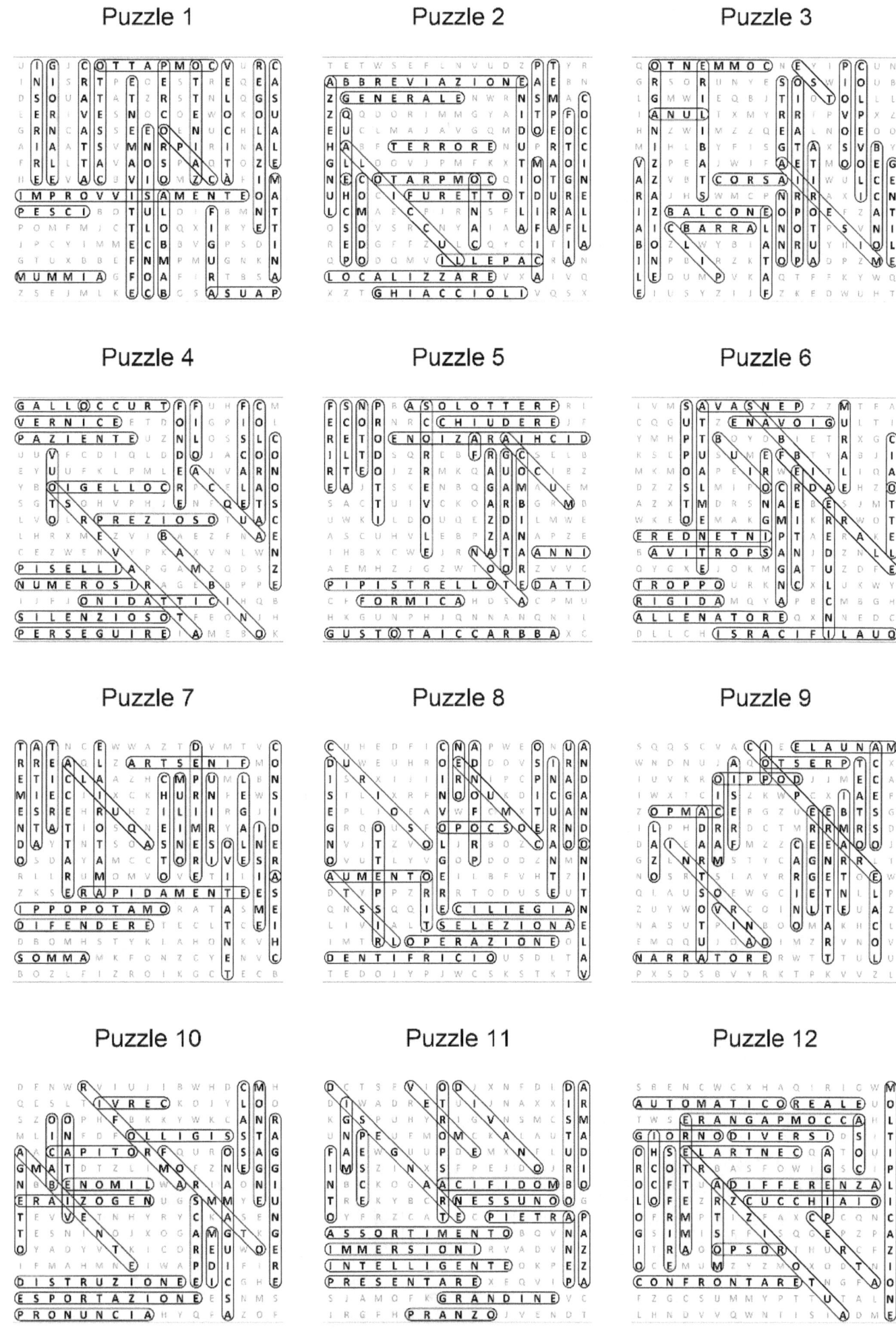

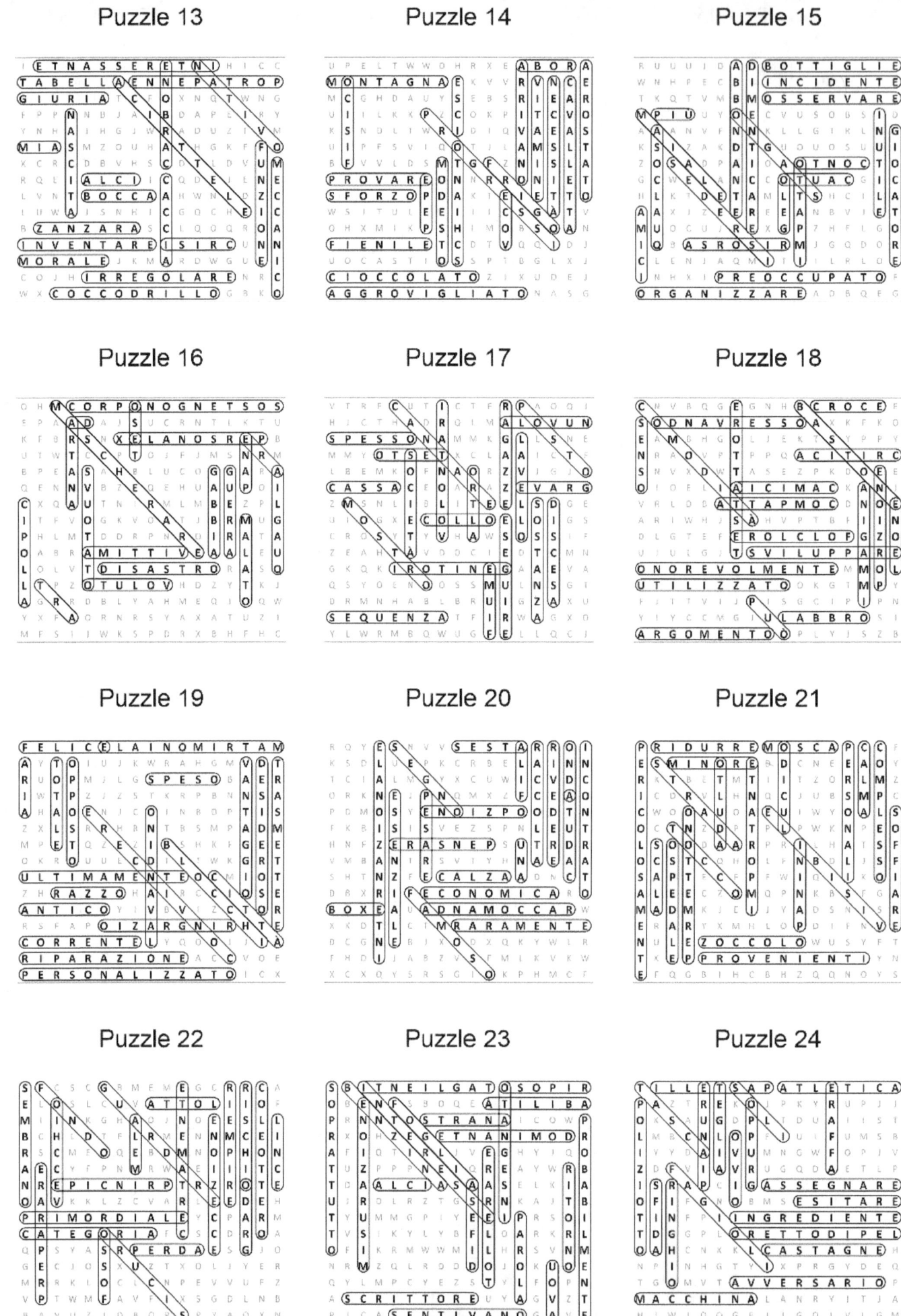

Puzzle 13

Puzzle 14

Puzzle 15

Puzzle 16

Puzzle 17

Puzzle 18

Puzzle 19

Puzzle 20

Puzzle 21

Puzzle 22

Puzzle 23

Puzzle 24

Puzzle 25

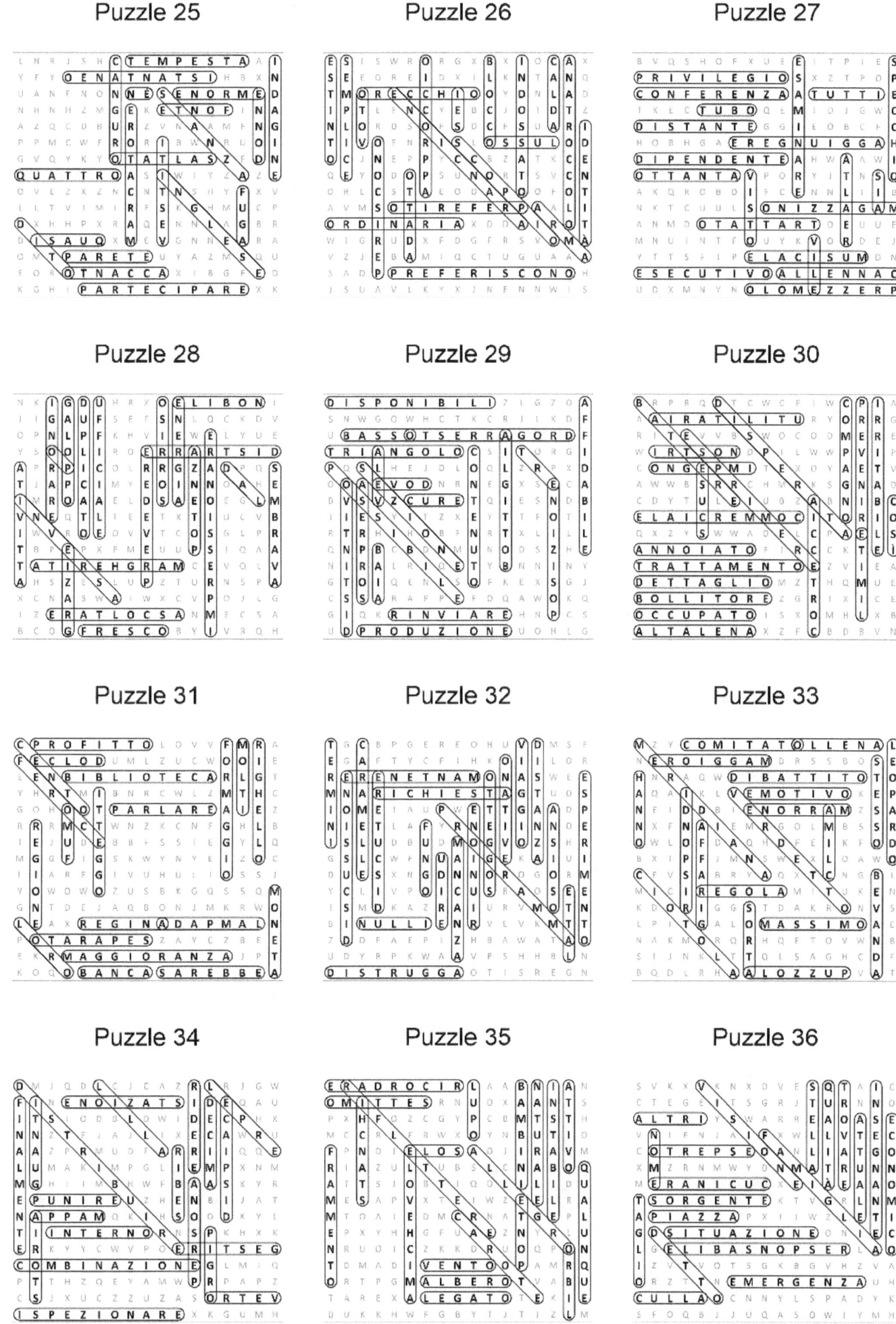

Puzzle 26

Puzzle 27

Puzzle 28

Puzzle 29

Puzzle 30

Puzzle 31

Puzzle 32

Puzzle 33

Puzzle 34

Puzzle 35

Puzzle 36

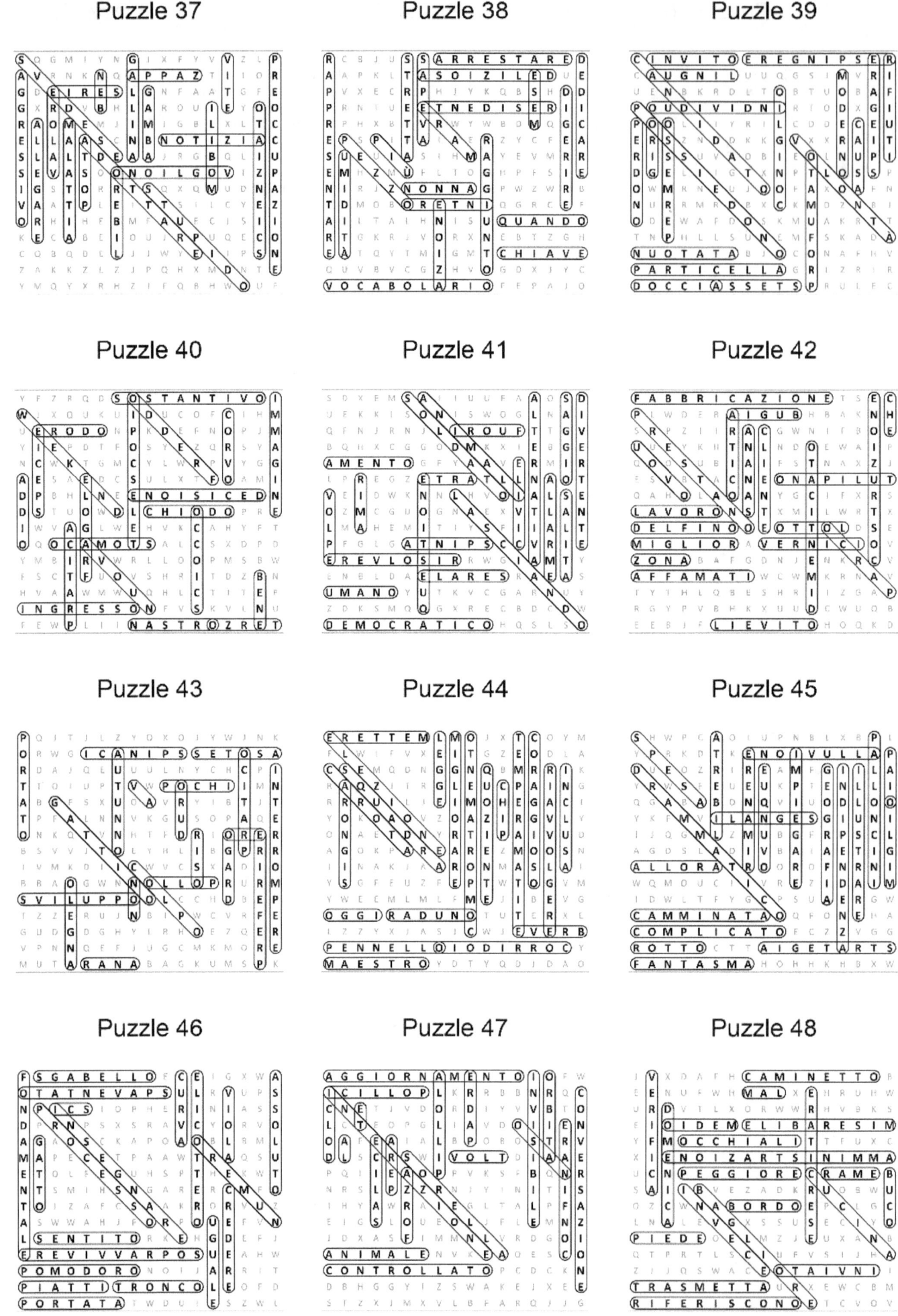

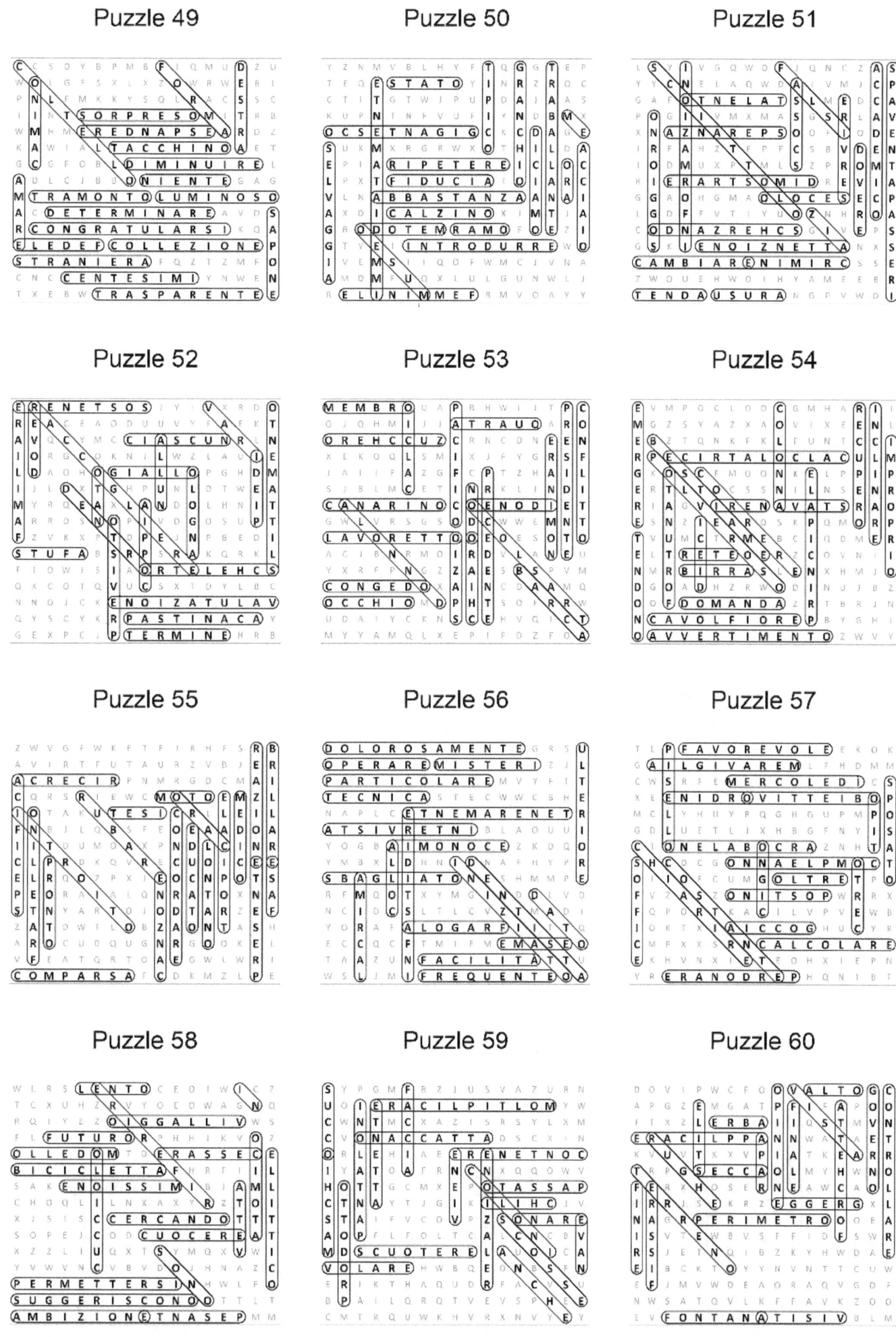

Puzzle 49

Puzzle 50

Puzzle 51

Puzzle 52

Puzzle 53

Puzzle 54

Puzzle 55

Puzzle 56

Puzzle 57

Puzzle 58

Puzzle 59

Puzzle 60

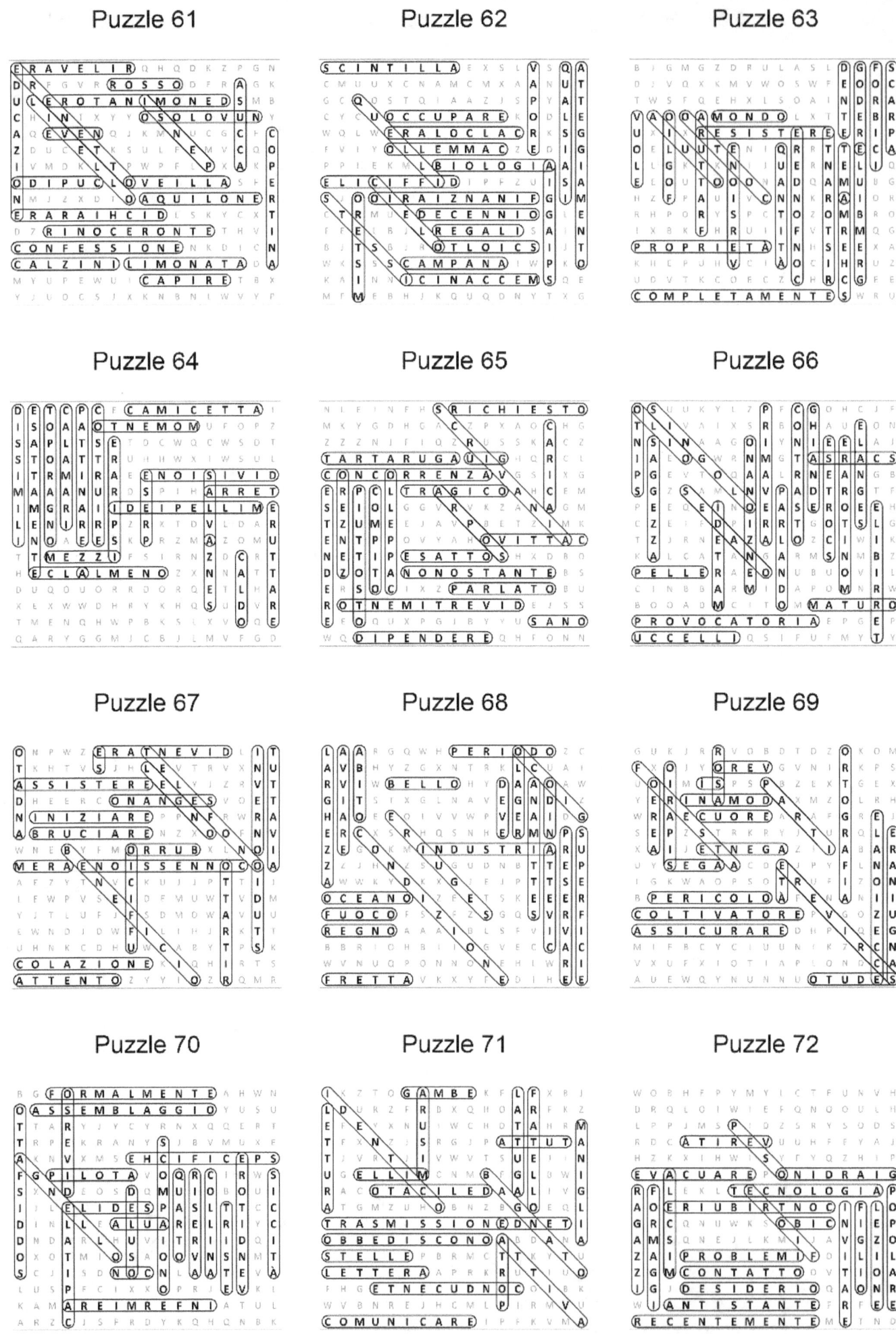

Puzzle 61

Puzzle 62

Puzzle 63

Puzzle 64

Puzzle 65

Puzzle 66

Puzzle 67

Puzzle 68

Puzzle 69

Puzzle 70

Puzzle 71

Puzzle 72

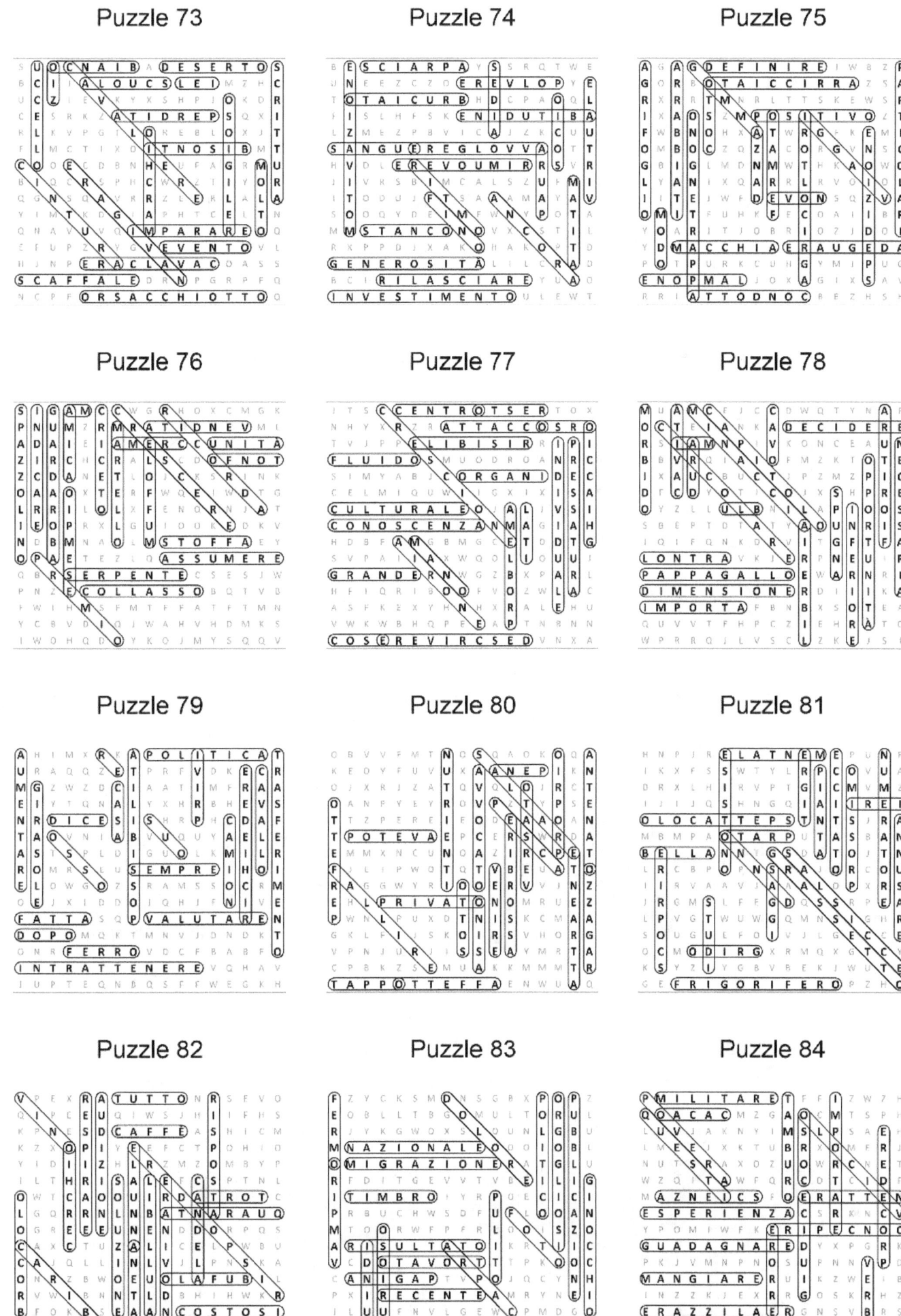

Puzzle 73

Puzzle 74

Puzzle 75

Puzzle 76

Puzzle 77

Puzzle 78

Puzzle 79

Puzzle 80

Puzzle 81

Puzzle 82

Puzzle 83

Puzzle 84

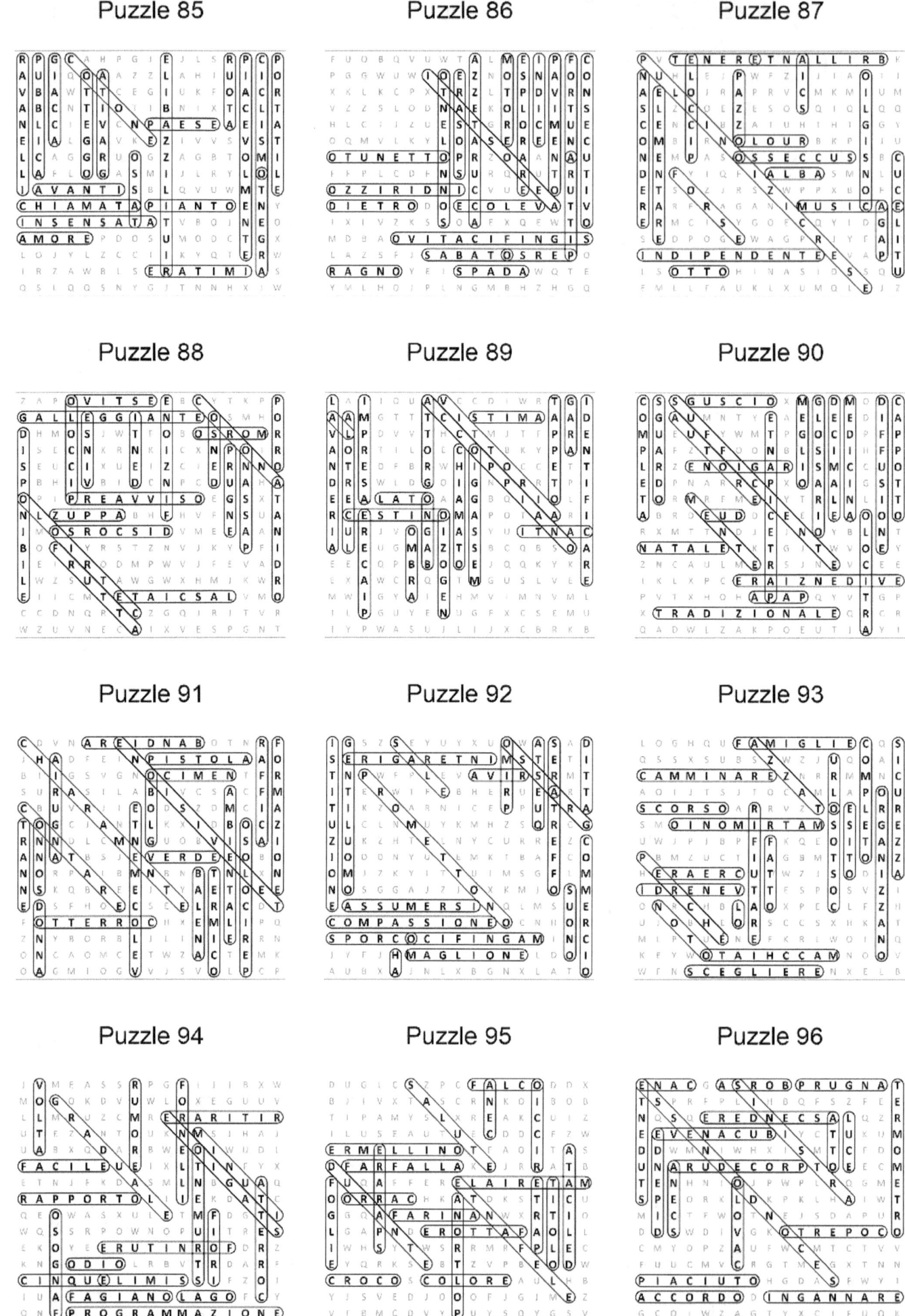

Puzzle 85

Puzzle 86

Puzzle 87

Puzzle 88

Puzzle 89

Puzzle 90

Puzzle 91

Puzzle 92

Puzzle 93

Puzzle 94

Puzzle 95

Puzzle 96

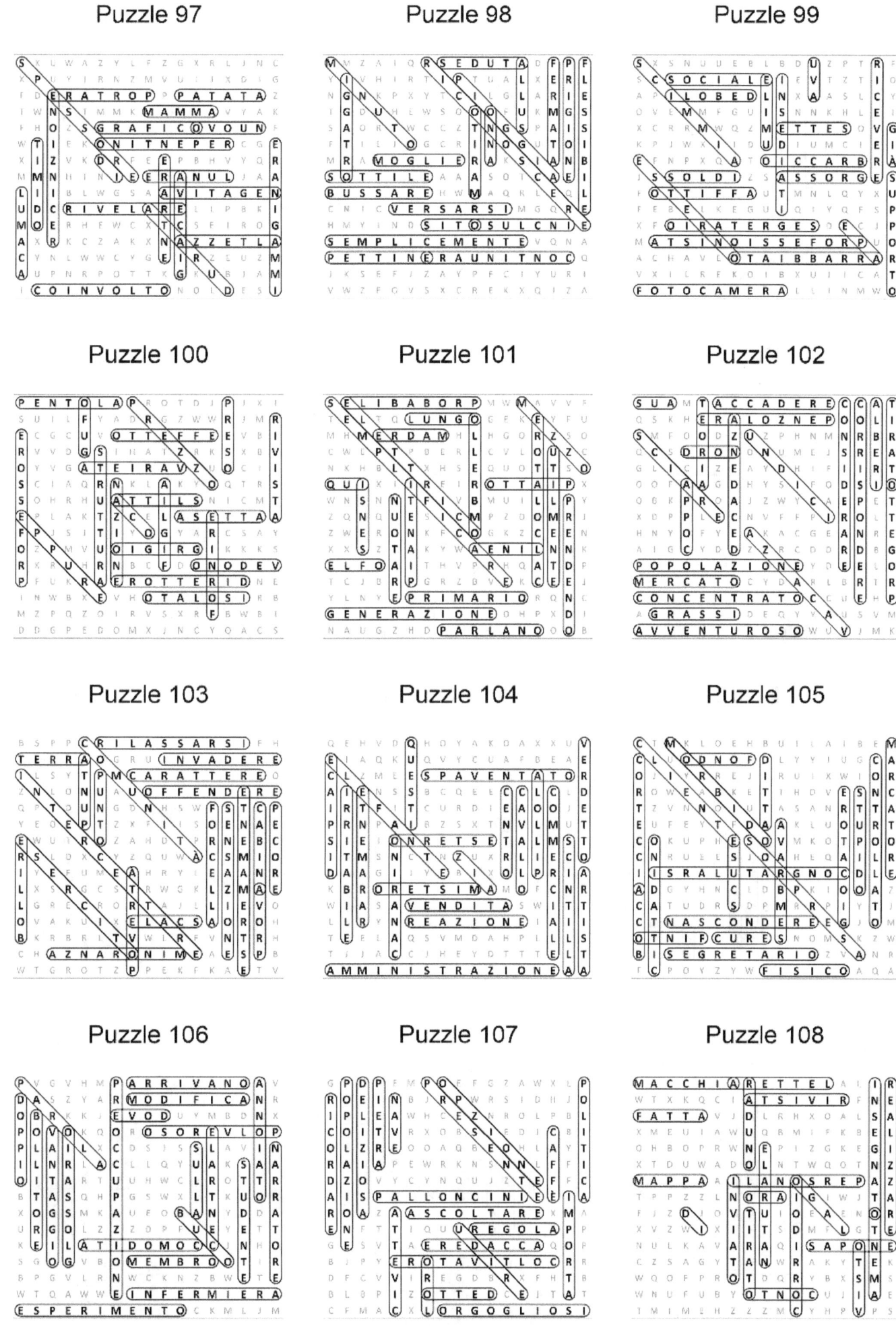

Puzzle 97

Puzzle 98

Puzzle 99

Puzzle 100

Puzzle 101

Puzzle 102

Puzzle 103

Puzzle 104

Puzzle 105

Puzzle 106

Puzzle 107

Puzzle 108

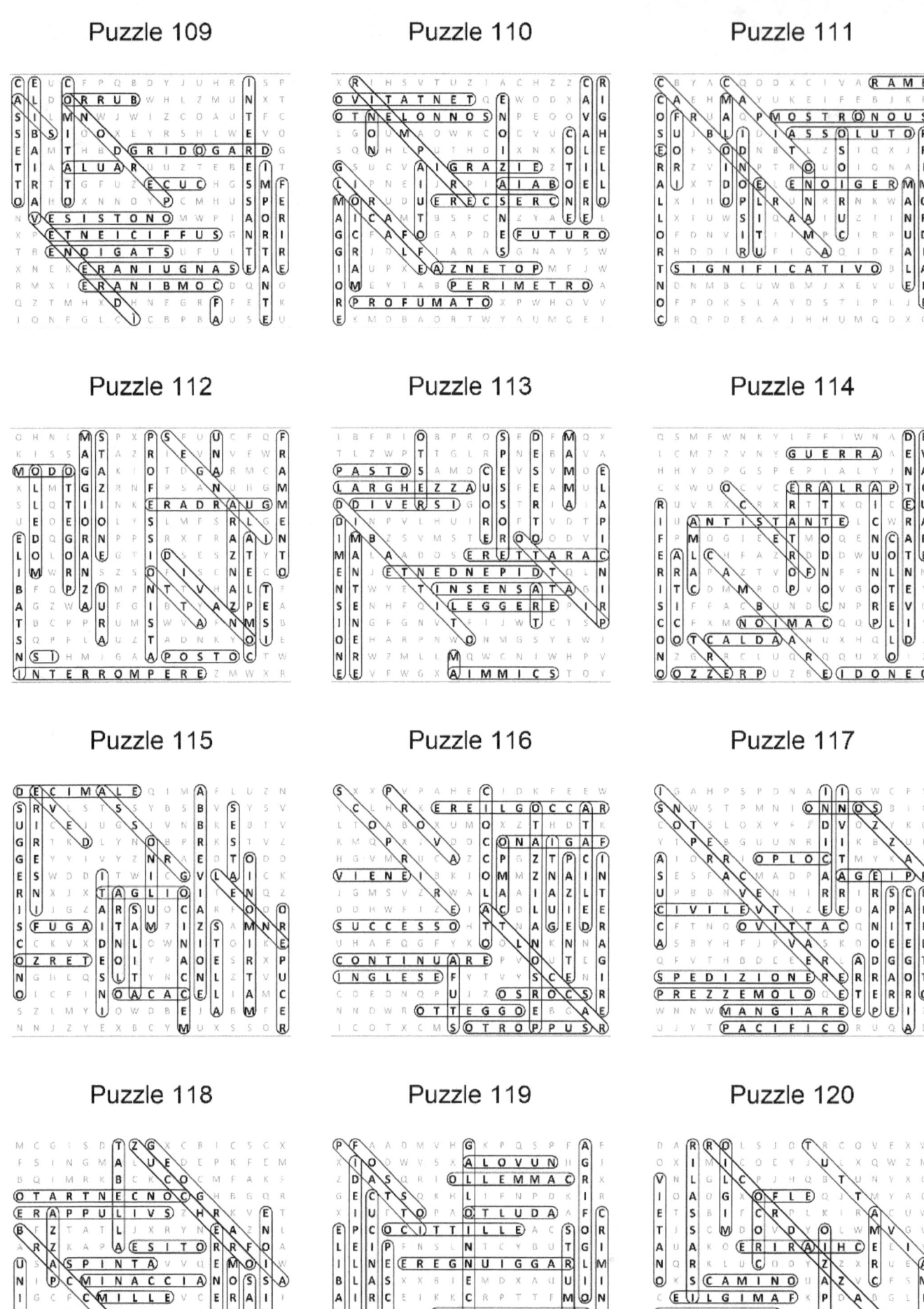

Puzzle 109

Puzzle 110

Puzzle 111

Puzzle 112

Puzzle 113

Puzzle 114

Puzzle 115

Puzzle 116

Puzzle 117

Puzzle 118

Puzzle 119

Puzzle 120

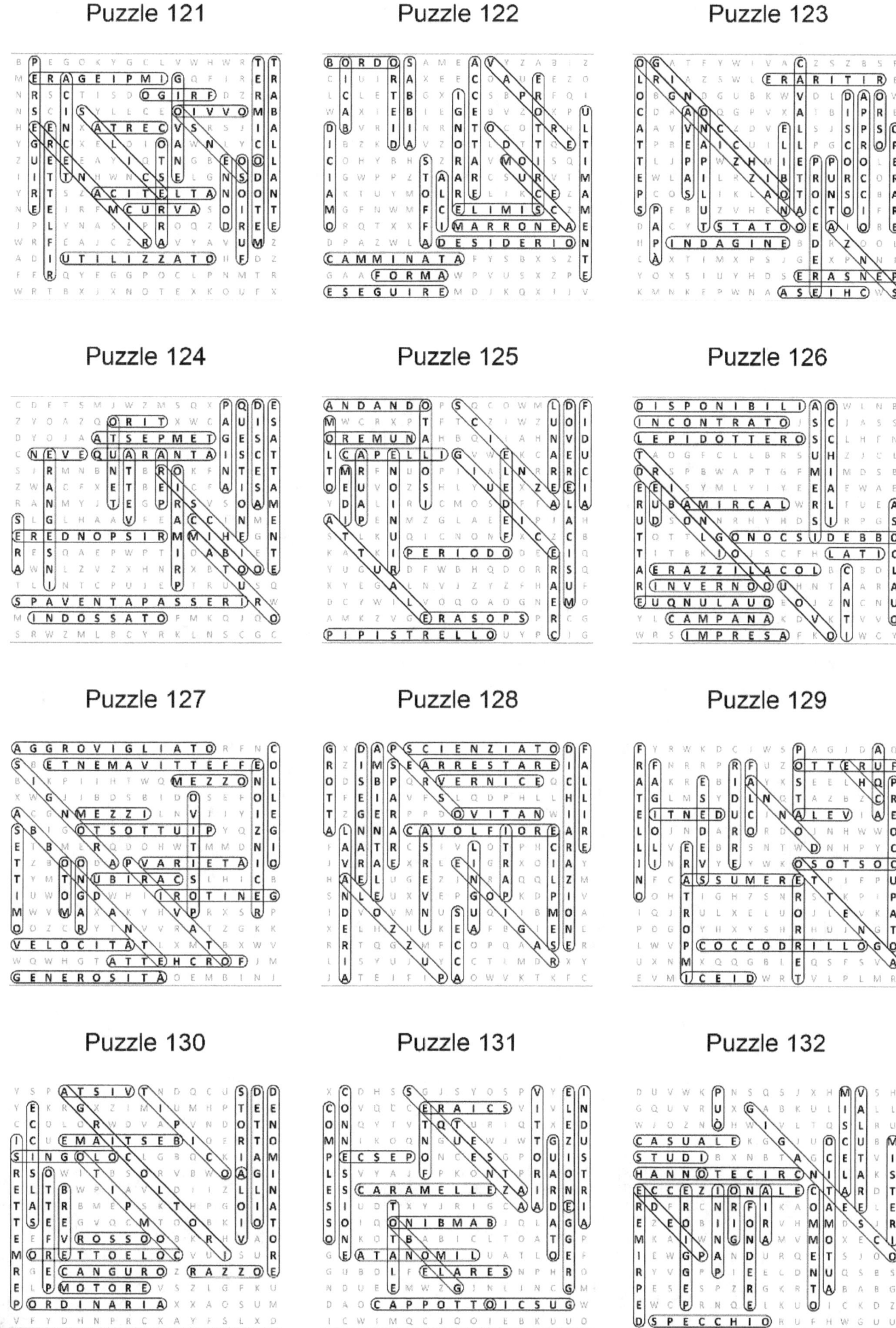

Puzzle 121

Puzzle 122

Puzzle 123

Puzzle 124

Puzzle 125

Puzzle 126

Puzzle 127

Puzzle 128

Puzzle 129

Puzzle 130

Puzzle 131

Puzzle 132

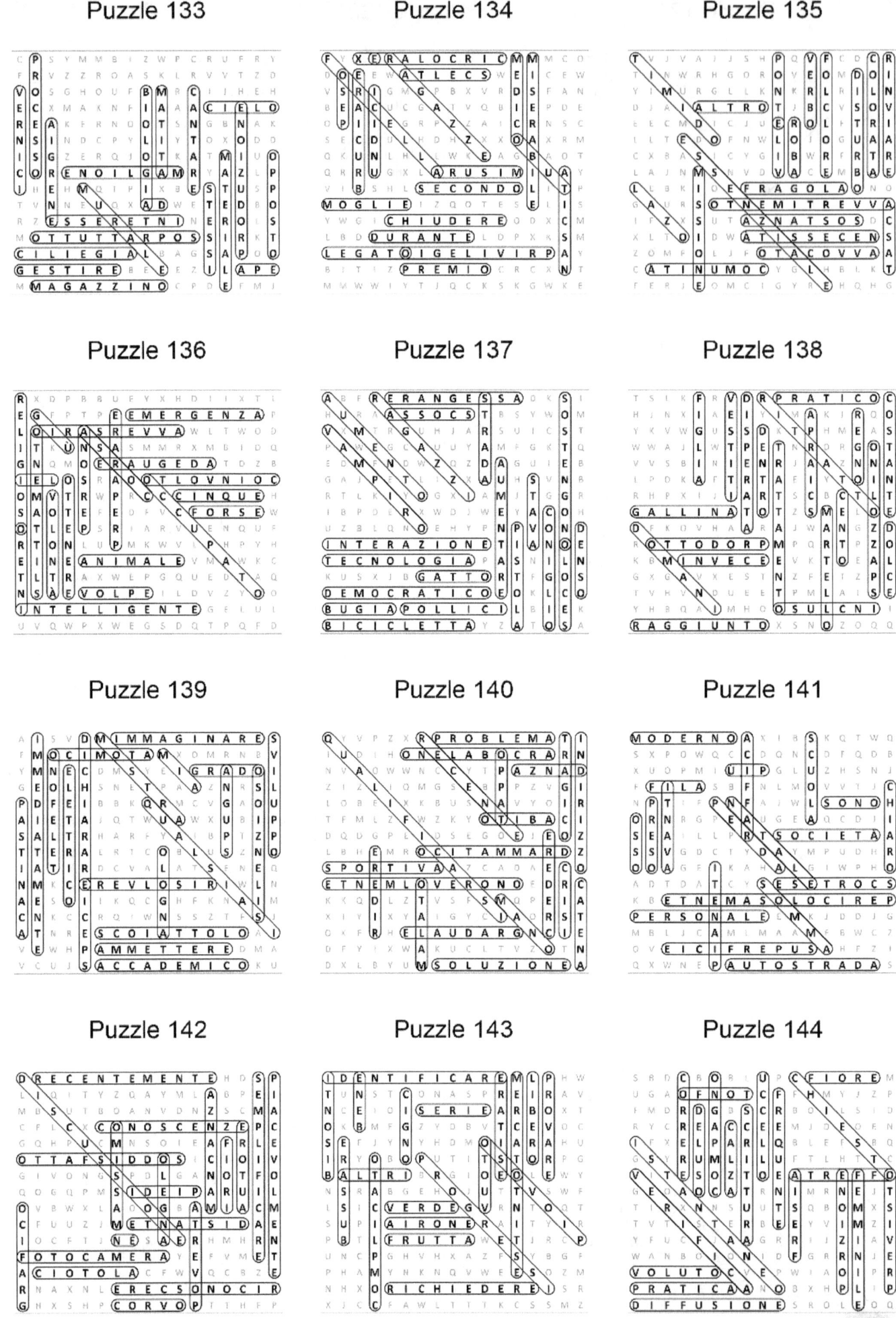

Puzzle 133

Puzzle 134

Puzzle 135

Puzzle 136

Puzzle 137

Puzzle 138

Puzzle 139

Puzzle 140

Puzzle 141

Puzzle 142

Puzzle 143

Puzzle 144

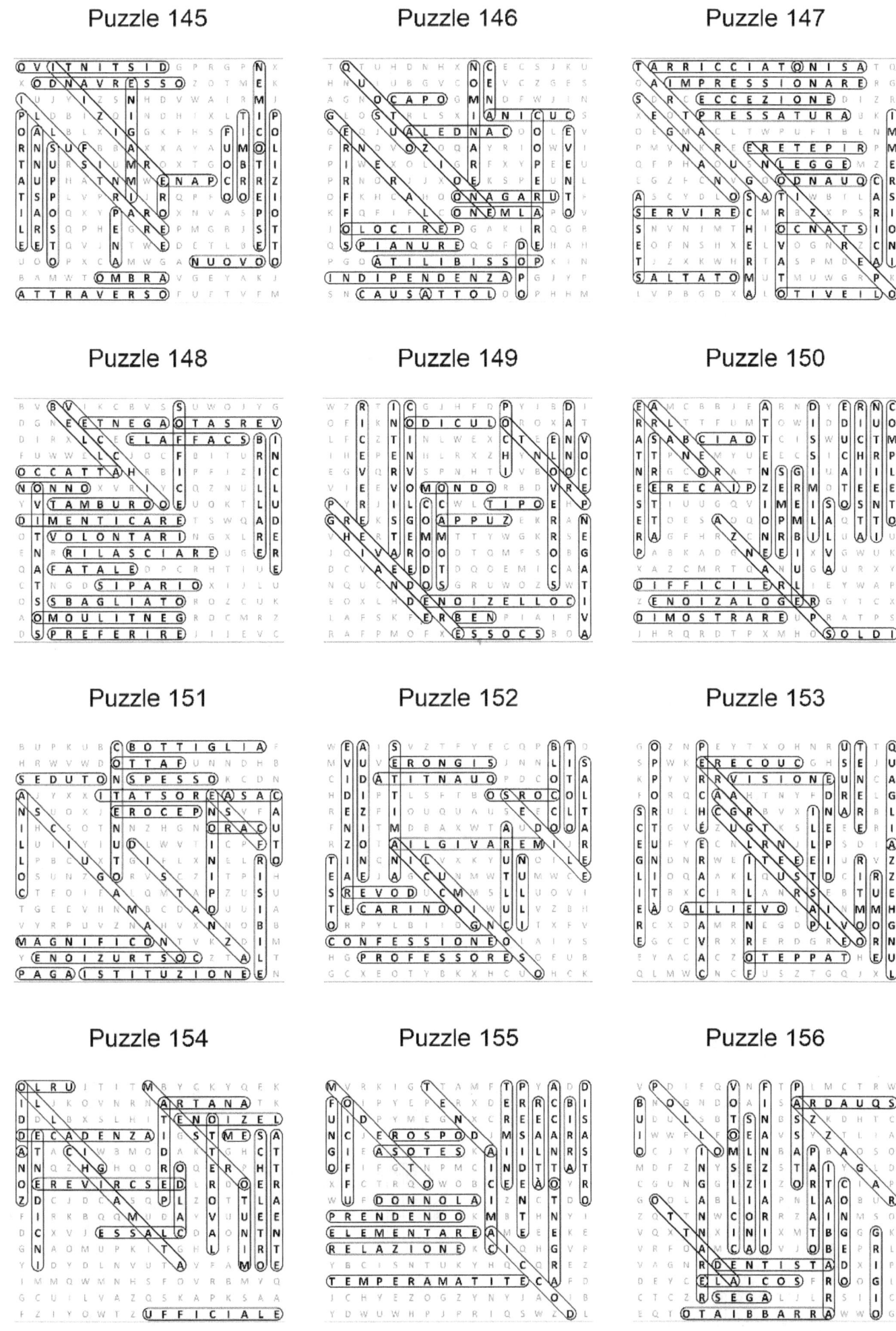

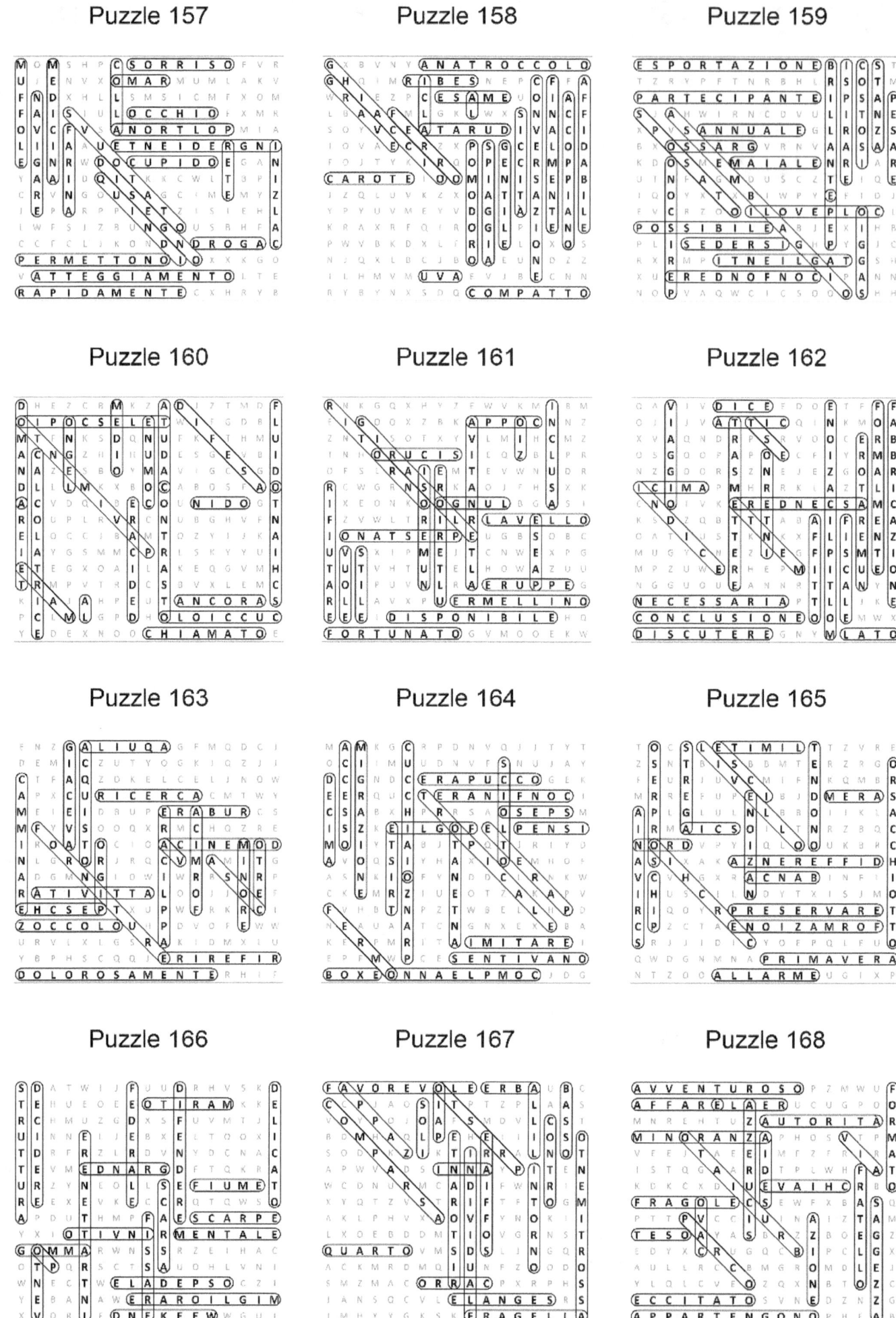

Puzzle 169

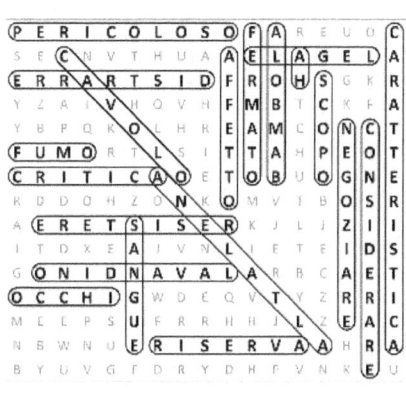

Puzzle 170

Puzzle 171

Puzzle 172

Puzzle 173

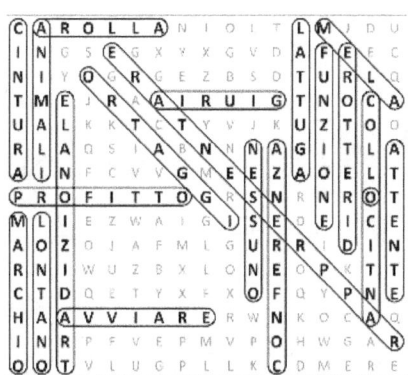

Puzzle 174

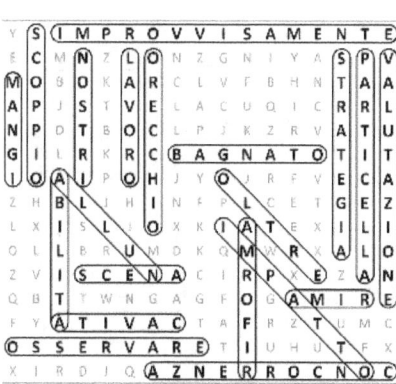

Puzzle 175

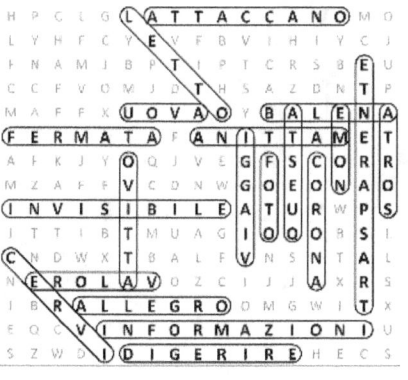

Puzzle 176

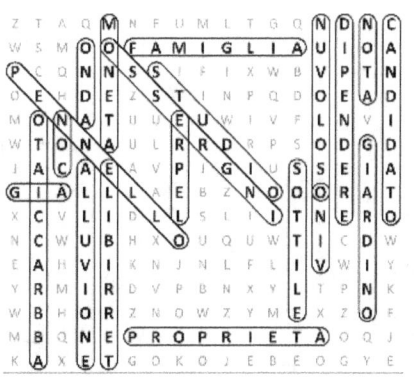

Puzzle 177

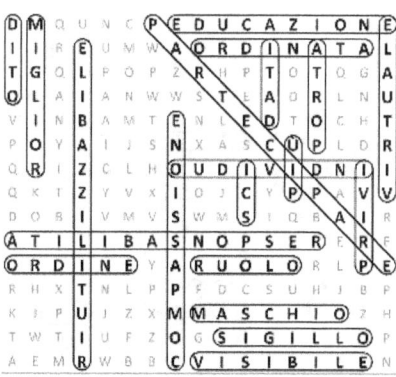

Puzzle 178

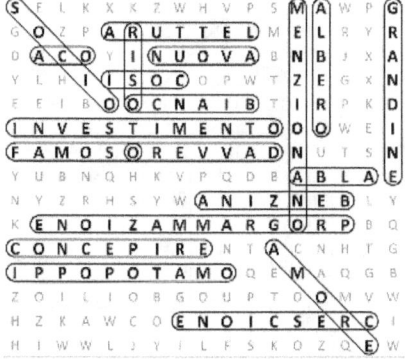

Puzzle 179

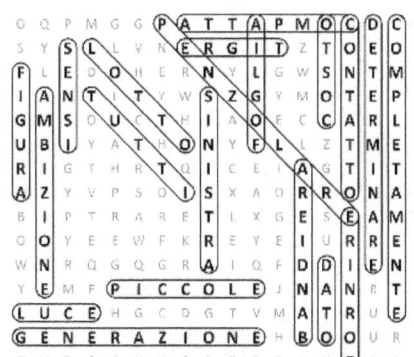

Puzzle 180

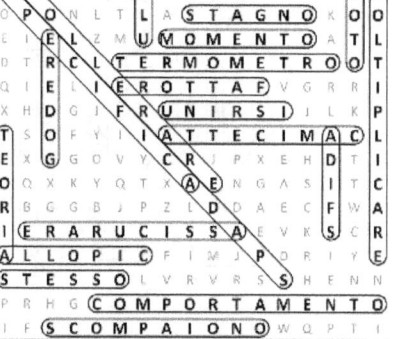

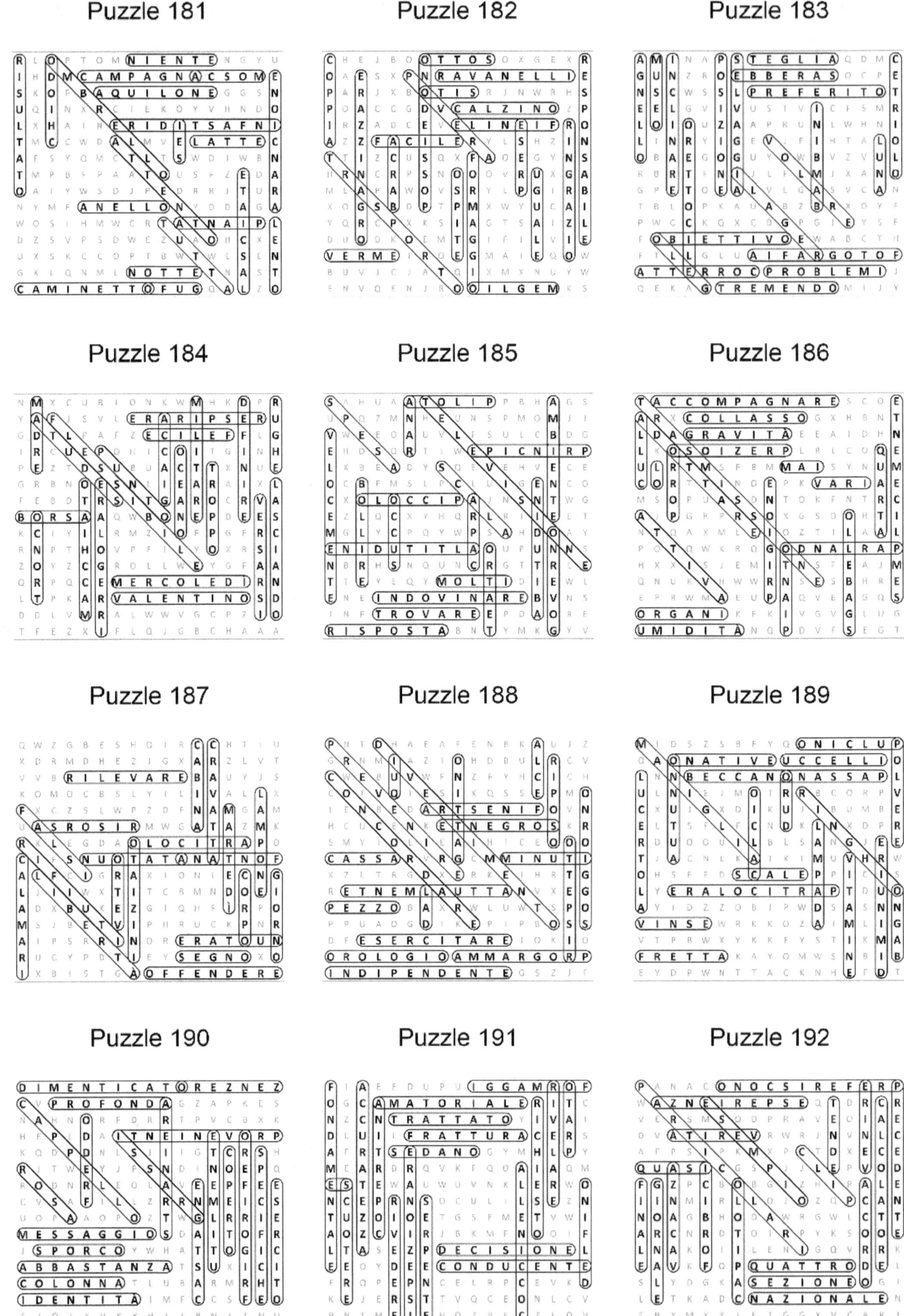

Puzzle 181

Puzzle 182

Puzzle 183

Puzzle 184

Puzzle 185

Puzzle 186

Puzzle 187

Puzzle 188

Puzzle 189

Puzzle 190

Puzzle 191

Puzzle 192

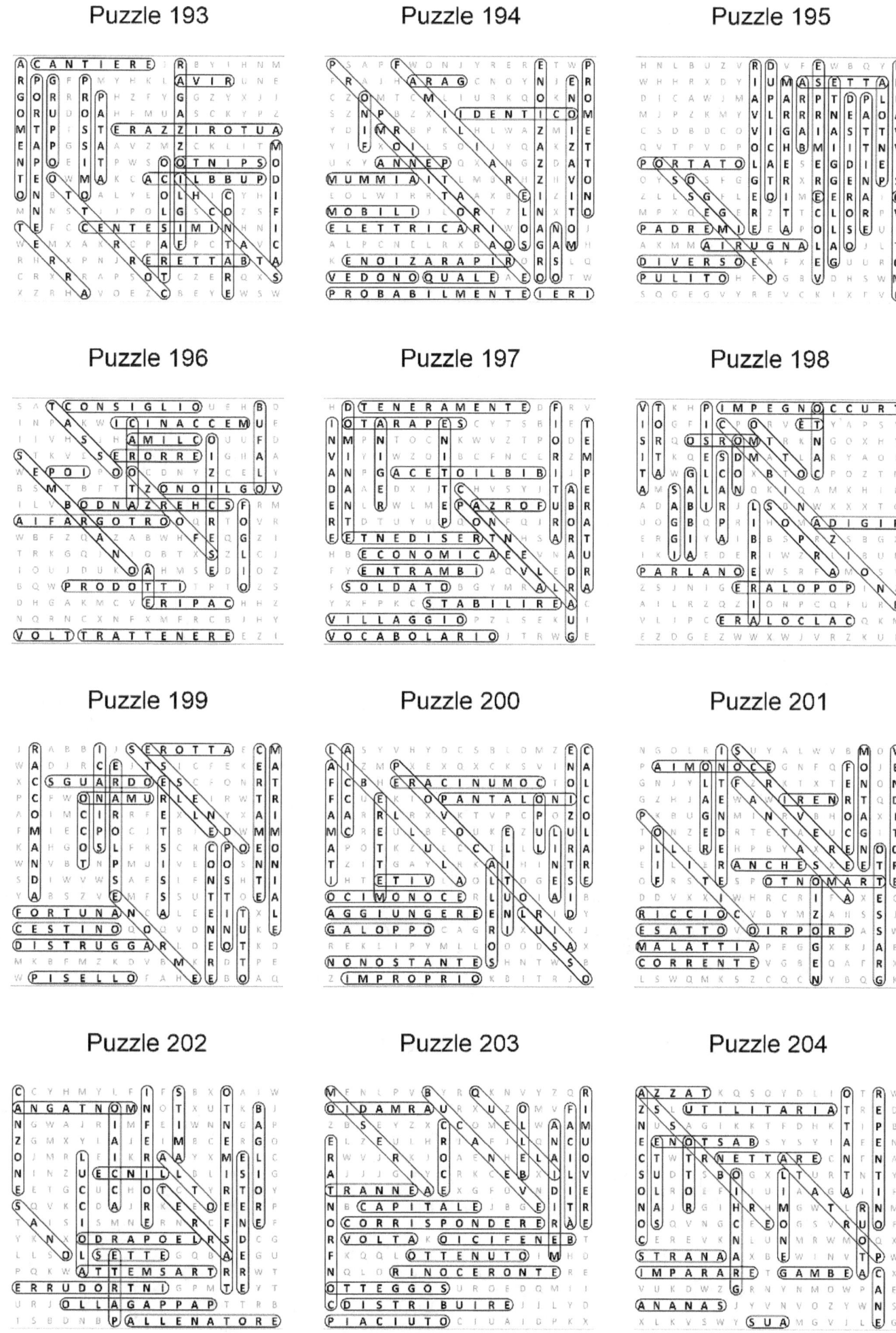

Puzzle 193

Puzzle 194

Puzzle 195

Puzzle 196

Puzzle 197

Puzzle 198

Puzzle 199

Puzzle 200

Puzzle 201

Puzzle 202

Puzzle 203

Puzzle 204

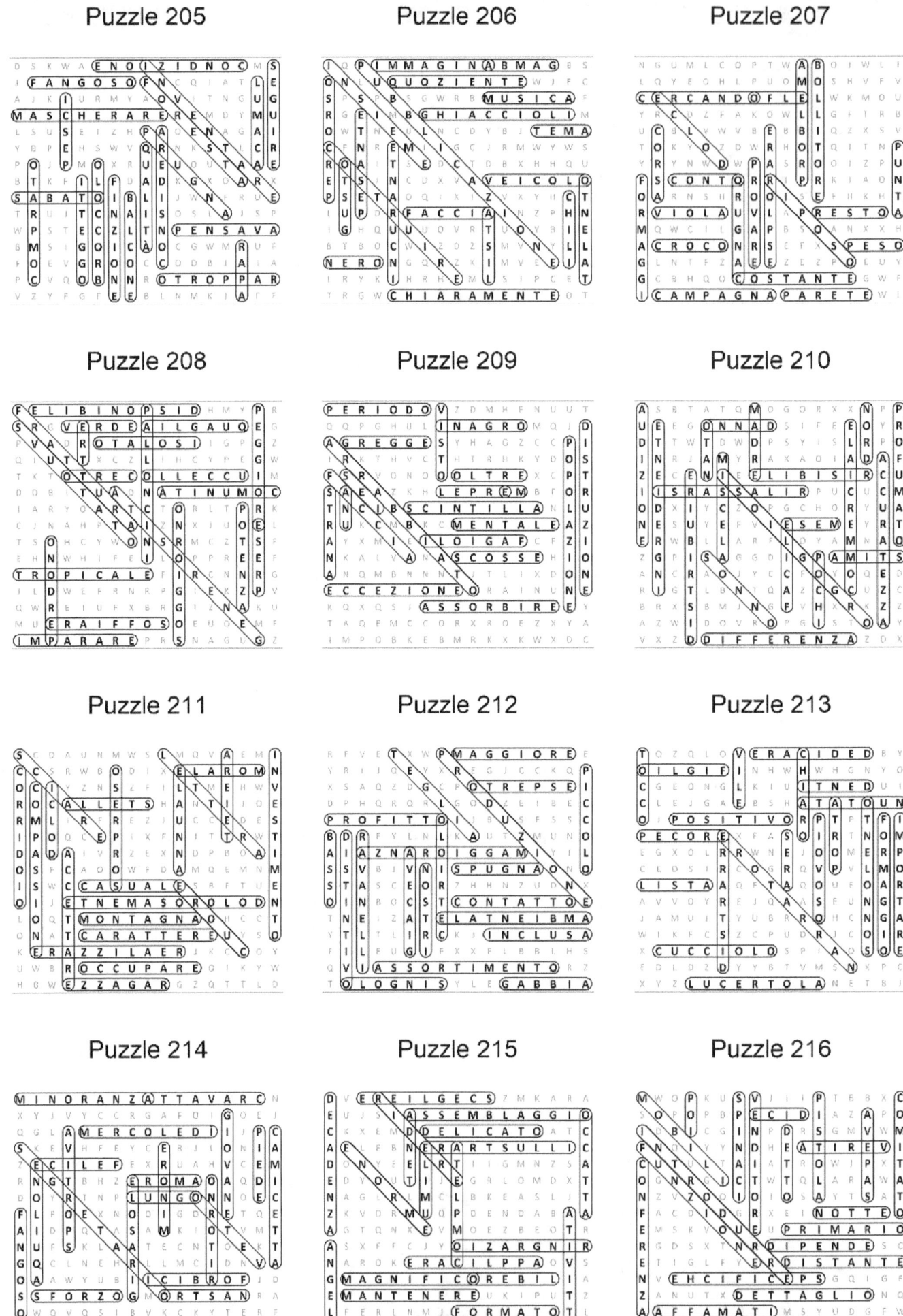

Puzzle 205

Puzzle 206

Puzzle 207

Puzzle 208

Puzzle 209

Puzzle 210

Puzzle 211

Puzzle 212

Puzzle 213

Puzzle 214

Puzzle 215

Puzzle 216

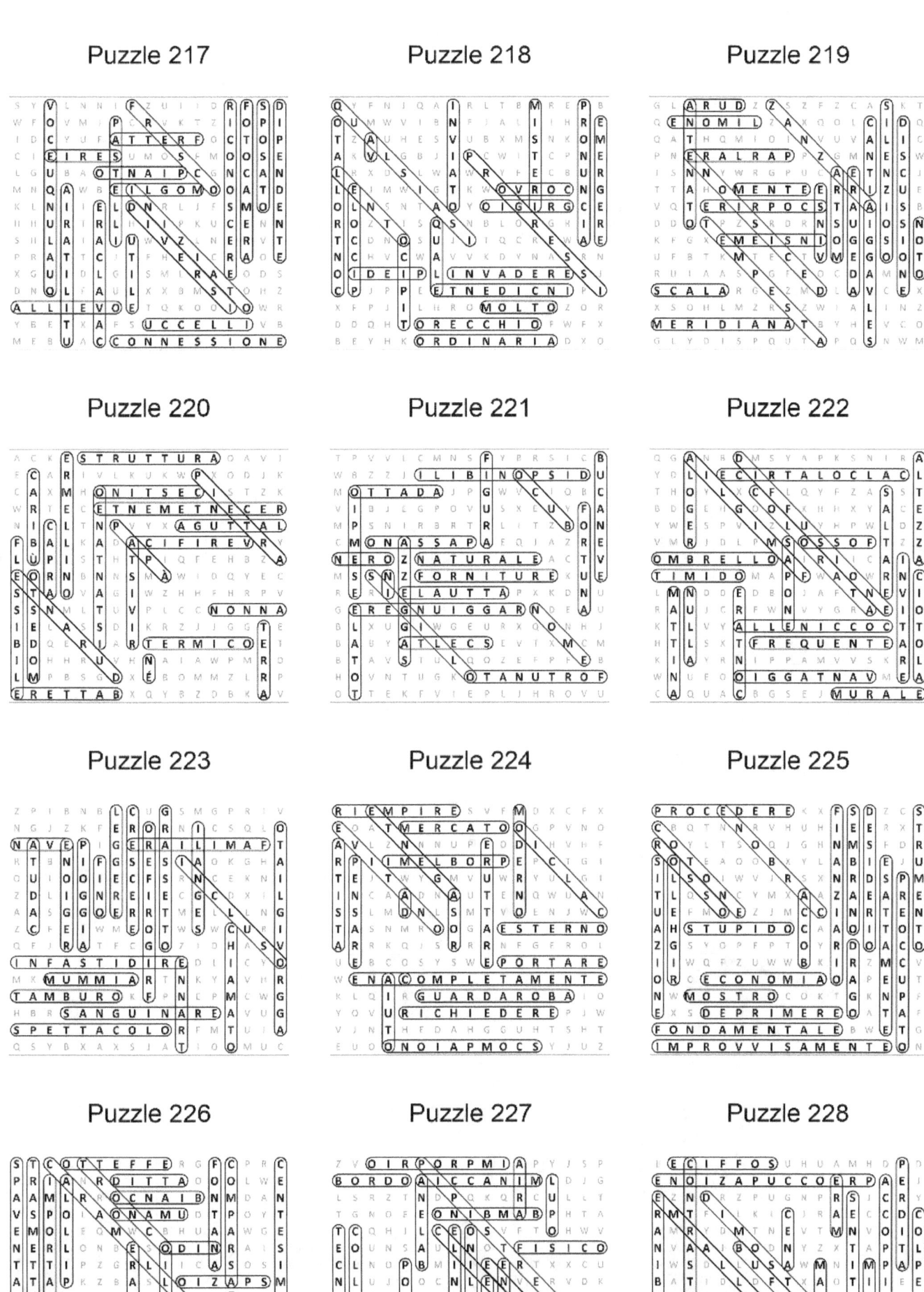

Puzzle 217

Puzzle 218

Puzzle 219

Puzzle 220

Puzzle 221

Puzzle 222

Puzzle 223

Puzzle 224

Puzzle 225

Puzzle 226

Puzzle 227

Puzzle 228

Puzzle 229

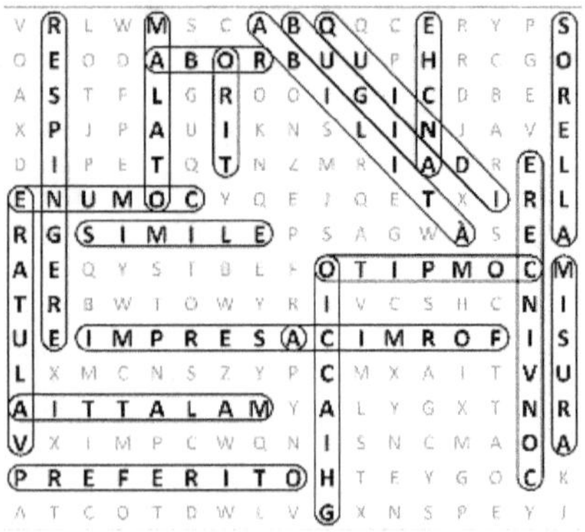

Puzzle 230

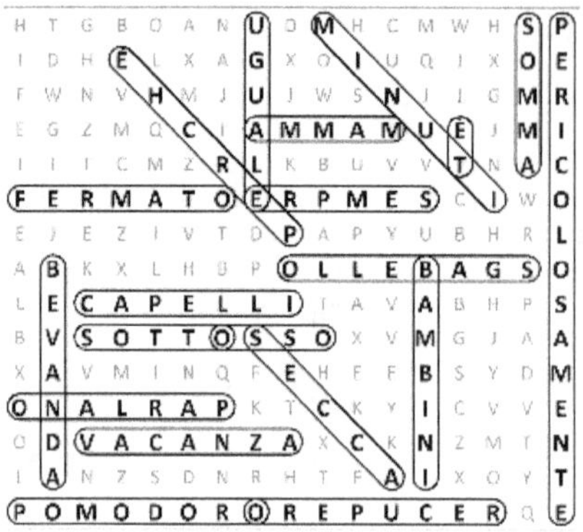

Puzzle 231

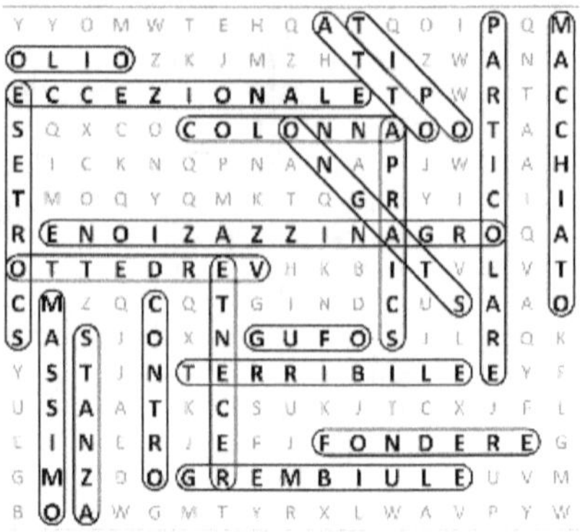

Puzzle 232

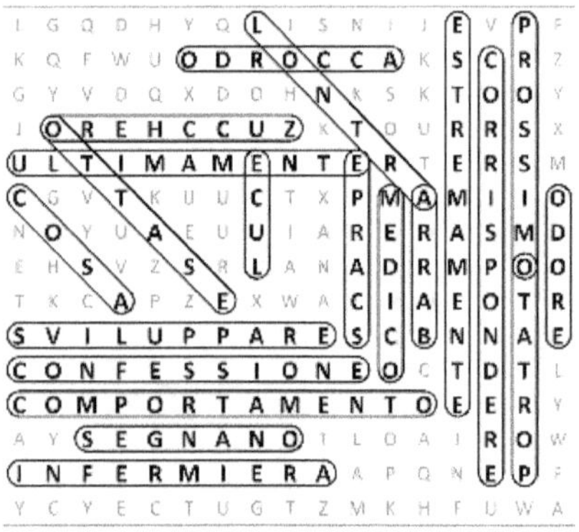

Puzzle 233

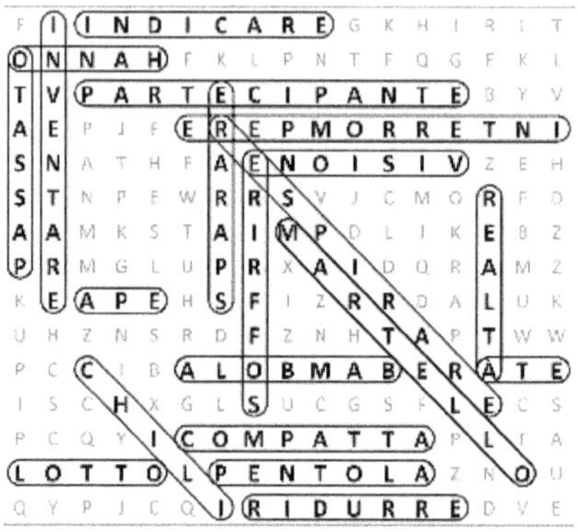

Puzzle 234

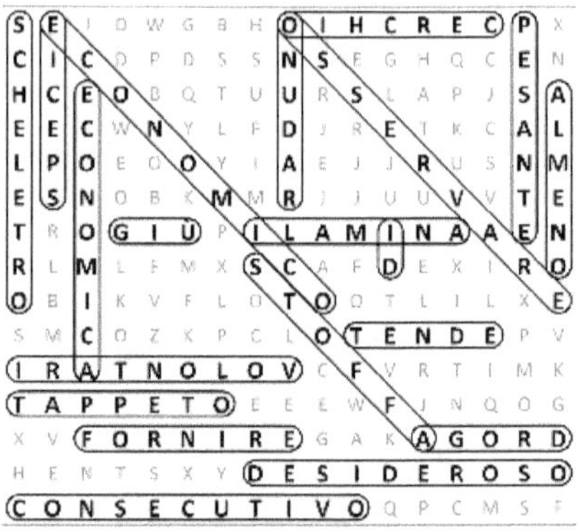

Puzzle 235

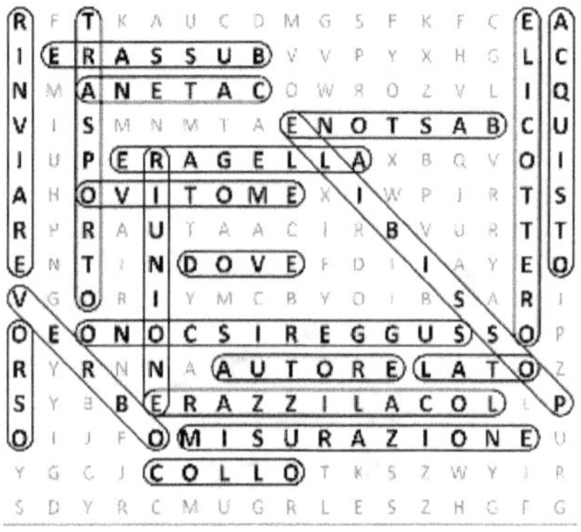

Puzzle 236

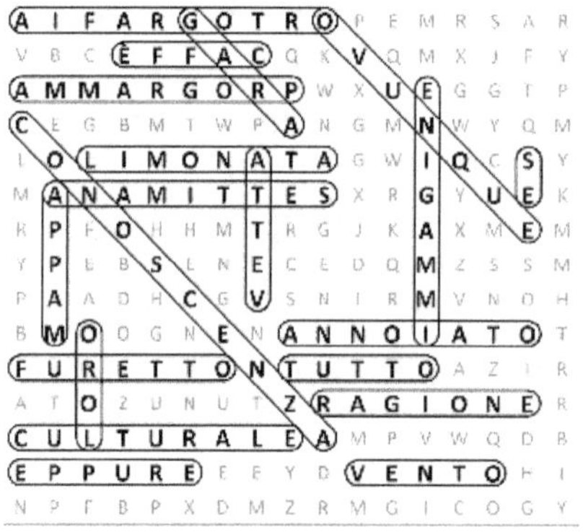

Puzzle 237

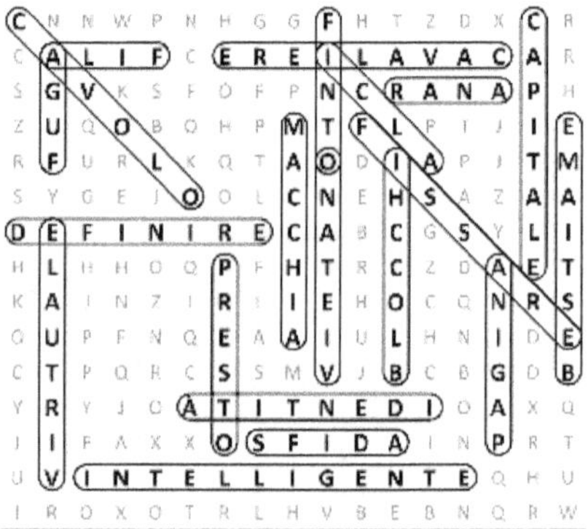

Puzzle 238

Puzzle 239

Puzzle 240

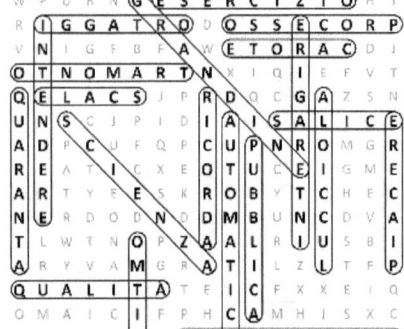

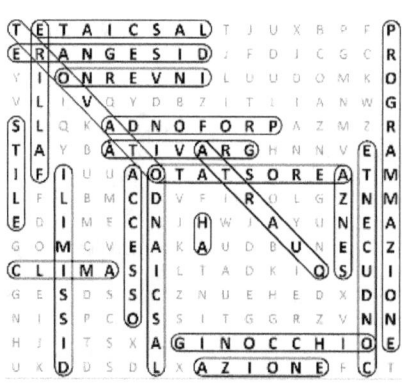

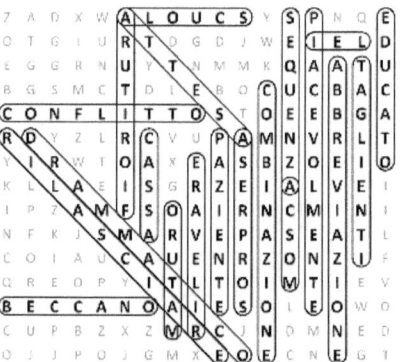

Puzzle 241

A	R	R	E	S	T	A	R	E	J	U	Q	C	G	U	P	O
H	I	B	Q	L	W	Z	P	R	I	N	W	I	D	T	R	C
P	D	T	W	X	W	A	Z	P	J	J	G	W	Q	O	O	C
I	N	F	G	K	R	I	B	L	L	Z	D	A	E	I	V	U
V	E	I	C	O	L	O	T	C	H	Y	O	T	K	U	E	P
Q	W	G	I	O	T	N	E	M	A	T	T	I	L	S	N	A
Y	G	L	M	G	E	C	P	C	S	R	Y	V	C	P	I	T
B	A	C	I	O	N	Z	Q	D	R	I	I	A	B	G	E	O
C	I	K	Y	S	G	W	R	V	A	C	L	C	S	M	N	F
G	U	A	R	D	A	T	O	I	C	S	U	G	A	W	T	O
Y	W	I	T	H	T	X	R	R	S	I	D	F	W	U	I	G
I	W	V	W	L	N	E	R	E	R	A	T	I	S	E	B	L
S	U	Q	U	V	O	I	O	B	A	D	U	L	T	O	N	I
N	N	W	K	F	M	V	P	L	J	U	Q	E	R	X	Q	A
C	E	T	R	T	U	P	V	A	T	A	S	N	E	S	N	I

Puzzle 242

N	S	C	J	L	J	I	S	K	L	E	J	V	N	O	U	P
S	C	A	Q	R	Y	R	I	P	C	W	D	N	D	H	Q	R
E	I	L	K	B	E	R	A	N	I	M	R	E	T	E	D	O
S	O	D	K	M	R	O	S	M	S	N	X	N	A	N	A	F
S	C	A	I	Z	A	R	Q	K	R	L	T	E	B	O	Z	E
E	C	T	N	Y	N	E	L	H	E	J	D	O	Q	I	O	S
N	O	T	S	U	I	P	S	Y	D	J	B	V	Z	T	H	S
Z	I	O	E	Z	L	Z	C	Q	E	Q	I	P	F	S	Q	I
I	L	D	G	R	C	Y	L	Z	S	R	S	K	Y	E	M	O
A	G	N	N	E	N	O	I	C	N	A	R	A	E	U	I	N
L	O	O	A	T	I	M	P	C	Y	T	B	I	X	Q	E	I
E	F	C	T	R	R	H	V	B	S	R	X	W	R	C	L	S
F	K	I	O	A	Q	O	G	R	S	E	T	O	R	T	A	T
E	R	W	C	P	F	T	M	E	T	I	A	N	Y	R	T	A
M	Q	I	K	O	F	I	N	I	R	E	T	N	E	D	Z	B

Puzzle 243

F	R	I	M	A	S	U	C	C	A	E	T	A	N	L	R	E
S	A	C	O	N	T	I	N	U	A	R	E	M	O	R	S	O
O	T	T	K	A	M	P	T	G	T	E	L	C	R	O	R	N
C	N	S	T	G	V	C	U	R	A	T	I	E	T	D	N	U
I	I	L	T	O	U	G	N	Q	T	U	B	R	S	H	A	S
A	P	N	Q	A	R	A	J	Z	A	C	A	T	A	B	L	S
L	S	Q	D	C	N	E	D	P	P	S	B	A	S	A	F	E
E	Z	A	P	P	A	C	P	S	Q	I	O	R	I	B	W	N
C	Q	X	P	V	R	K	H	Y	V	D	R	A	D	I	F	H
G	Y	B	X	J	R	M	W	I	P	J	P	G	G	N	G	P
S	R	A	R	B	E	C	I	S	V	C	Q	N	M	T	F	J
Q	A	O	E	Z	U	B	G	R	D	K	W	O	C	B	S	Q
S	T	C	S	H	G	A	C	I	S	U	M	U	J	W	A	F
P	F	I	V	S	N	M	D	N	R	M	H	S	A	W	V	L
J	F	G	D	F	A	V	V	U	P	I	M	P	C	Z	I	R

Puzzle 244

C	K	H	W	Y	C	Y	A	P	T	B	F	V	U	G	F	N
I	L	F	N	J	D	Z	F	R	O	D	A	O	H	B	L	U
O	V	G	G	V	T	W	F	A	T	L	I	G	N	H	X	T
C	C	R	E	Z	T	W	A	P	A	E	D	C	N	D	V	R
C	M	X	J	I	S	E	R	V	I	R	E	A	U	O	O	I
O	V	Y	V	Y	Y	P	I	W	C	A	I	M	K	D	T	E
L	L	S	M	I	L	L	G	V	C	G	P	I	V	N	S	N
A	A	E	S	W	A	O	C	E	A	E	E	N	V	E	I	T
T	X	U	G	I	T	V	Y	N	R	I	L	E	G	M	V	I
O	J	N	I	A	I	K	K	E	B	P	L	T	D	E	E	C
C	A	L	D	O	T	H	V	R	B	S	I	T	E	R	R	B
M	L	K	W	Y	Y	O	C	D	A	P	M	O	X	T	P	F
P	J	J	Y	A	Z	M	A	Ì	R	I	V	E	D	E	R	E
P	C	A	F	I	N	A	L	M	E	N	T	E	K	N	M	L
O	R	G	A	N	I	Z	Z	A	R	E	M	N	O	T	I	K

Puzzle 245

C	S	A	I	W	G	F	F	O	F	A	N	F	M	R	G	B
A	I	O	E	J	V	E	A	G	W	A	K	E	Y	T	N	T
T	F	L	L	C	S	T	A	J	U	O	K	R	P	T	E	L
T	E	X	I	D	S	N	S	M	A	V	J	O	T	U	A	C
E	C	W	B	E	I	A	Y	E	I	I	R	C	Z	D	J	D
N	U	S	A	U	G	N	H	D	R	T	L	E	A	A	G	E
T	F	B	I	P	I	I	N	N	O	A	T	T	O	R	G	M
O	A	D	R	W	F	M	A	A	T	T	L	Q	L	S	C	O
B	M	W	A	X	D	O	D	I	S	N	X	E	O	T	E	C
M	G	T	V	J	K	D	L	H	J	E	X	S	C	Y	U	R
O	T	N	E	M	A	I	G	G	E	T	T	A	E	K	J	A
L	A	V	A	N	D	E	R	I	A	N	C	V	S	J	Z	T
I	Z	E	S	P	A	N	D	E	R	E	Z	T	A	G	B	I
H	H	V	W	D	E	N	O	M	I	N	A	T	O	R	E	C
R	E	S	P	O	N	S	A	B	I	L	E	E	W	D	G	O

Puzzle 246

L	L	A	T	T	E	H	J	A	Z	N	E	G	R	E	M	E
C	O	I	A	I	C	C	A	G	C	I	V	E	T	T	A	O
V	E	C	S	J	K	N	I	R	U	X	J	Q	U	T	A	T
I	O	N	A	T	N	O	L	I	Q	U	A	L	C	O	S	A
A	G	K	T	L	M	C	J	F	G	B	S	D	P	S	R	Z
G	E	T	N	R	E	A	T	O	R	U	F	R	S	Q	F	Z
G	J	L	D	K	O	L	N	G	Y	Y	U	K	N	G	C	I
I	A	T	N	S	B	C	M	L	K	E	U	A	S	F	T	L
T	C	V	A	S	R	O	S	I	R	B	F	P	L	D	B	I
E	J	A	B	A	A	L	I	O	W	O	T	E	U	H	D	T
R	Y	R	N	E	R	A	N	G	A	P	M	O	C	C	A	U
Z	M	A	D	Z	O	R	G	E	L	L	A	C	D	E	I	M
O	L	J	T	W	O	E	Q	S	B	X	S	F	Z	K	E	S
Z	T	M	K	E	N	N	E	P	A	T	R	O	P	E	Y	R
Z	A	T	P	H	C	I	E	R	E	N	E	T	T	O	B	B

Puzzle 247

G	Q	P	Z	V	T	Z	Q	I	M	P	A	E	Y	B	F	O
S	M	B	Q	D	O	R	B	I	D	E	T	R	A	M	I	X
F	O	U	A	R	U	T	T	E	L	T	E	N	A	R	E	Y
P	V	D	Q	M	I	Y	O	G	Y	T	C	C	A	B	N	A
P	E	R	F	E	T	T	O	I	A	I	C	C	O	G	I	A
P	S	X	E	X	J	Q	F	O	N	N	Z	P	L	B	L	V
N	J	K	B	F	P	U	L	R	E	E	Q	Z	L	Q	E	O
L	I	U	L	C	J	A	N	N	P	D	S	T	E	S	S	I
O	B	C	A	V	O	R	R	A	A	W	F	Y	V	M	B	Z
G	I	D	H	S	Z	T	T	L	H	C	M	D	I	X	X	Z
T	N	Q	J	K	M	O	P	E	H	X	M	A	L	C	N	A
P	R	O	P	R	I	E	T	A	R	I	O	V	T	B	B	G
A	E	M	G	E	N	I	T	O	R	I	M	F	C	I	D	A
I	D	N	J	S	A	L	I	T	A	V	L	O	M	I	T	R
F	A	M	O	S	O	Y	M	Q	K	A	L	H	Q	K	Q	A

Puzzle 248

X	B	G	A	I	E	Q	M	J	I	F	H	K	R	D	M	A
A	Y	I	E	T	S	S	S	I	A	Z	Z	P	Z	E	U	L
L	X	U	X	F	N	U	T	V	G	Y	H	O	I	S	C	L
T	E	R	A	E	R	C	E	I	L	L	P	E	E	E	C	O
C	G	I	D	A	T	I	T	S	V	T	I	N	S	R	A	R
E	G	A	Z	N	A	C	N	A	M	O	L	O	O	T	L	A
Q	E	G	Z	J	J	G	E	X	D	D	S	I	R	O	X	P
C	L	K	O	L	V	N	I	J	I	C	D	V	S	A	E	S
A	D	O	R	Q	H	G	B	G	I	O	W	U	M	I	R	H
Y	N	T	E	R	M	O	M	E	T	R	O	L	N	C	K	E
M	S	A	T	J	K	E	A	A	N	Z	B	L	R	H	X	F
U	O	D	N	A	Z	R	E	H	C	S	C	A	M	I	Y	B
H	G	U	I	A	F	O	R	M	A	Z	I	O	N	E	Q	Q
X	W	H	J	S	S	A	V	V	E	N	T	U	R	O	S	O
Q	D	M	I	D	P	A	P	P	A	G	A	L	L	O	W	Q

Puzzle 249

M	W	K	B	Z	I	N	T	I	N	I	S	A	U	Q	C	C
G	E	R	A	R	I	P	S	I	G	M	Q	Q	T	A	B	G
K	E	N	Z	G	V	R	O	C	K	M	J	Q	Q	M	K	C
S	K	C	O	L	L	A	S	S	O	E	E	A	I	F	C	A
U	E	S	X	J	R	R	P	M	D	R	Z	L	E	C	R	M
O	N	N	A	E	L	P	M	O	C	S	D	Y	D	H	E	M
S	D	F	H	N	D	F	I	V	K	I	J	Y	W	I	D	I
M	P	S	P	V	N	M	C	Q	L	O	U	V	G	A	E	N
N	M	A	P	D	I	P	G	I	E	N	A	I	G	R	R	A
K	C	C	D	O	T	O	M	Y	E	I	F	S	M	I	E	R
S	I	A	F	A	S	L	R	W	D	L	X	I	Z	R	H	E
O	L	M	U	F	Z	A	M	E	T	Q	O	B	P	E	N	V
S	J	U	R	Q	S	D	R	E	O	Y	D	I	K	I	K	T
A	L	L	N	U	O	V	A	E	J	T	G	L	Q	C	U	T
C	O	N	S	I	D	E	R	A	R	E	I	E	W	G	G	Y

Puzzle 250

D	A	L	O	N	N	O	D	C	L	X	D	R	P	G	X	A
F	N	T	E	I	M	I	T	A	R	E	B	I	A	P	W	U
A	E	L	M	Z	W	L	M	Q	M	G	D	S	V	E	P	D
G	L	M	U	P	I	B	H	I	V	P	C	P	I	R	A	H
I	A	E	I	H	Y	O	P	S	I	S	Q	E	M	S	V	G
A	T	T	F	I	P	Z	N	R	T	U	U	T	E	O	A	R
N	L	B	S	M	H	S	U	E	S	E	S	T	N	N	N	A
O	A	P	Z	K	B	P	A	M	T	R	N	O	T	A	T	D
C	A	T	T	I	V	O	P	U	U	A	W	D	O	V	I	U
W	K	I	X	S	L	X	O	S	D	F	W	V	O	N	T	A
W	W	E	Q	S	D	V	I	S	I	F	L	E	C	N	I	L
W	O	L	L	A	G	P	Z	A	O	A	C	U	I	R	O	E
E	K	W	A	R	I	E	S	P	E	R	I	E	N	Z	A	C
U	Y	M	F	G	Q	W	I	D	D	P	M	F	B	W	T	V
G	Y	T	R	E	A	G	W	H	O	N	T	S	E	A	U	E

Puzzle 251

A	C	L	X	U	W	K	E	R	O	S	S	E	F	O	R	P
U	K	H	V	R	Z	T	V	I	B	N	W	B	K	E	B	U
L	M	M	I	C	U	C	E	C	O	X	B	B	A	S	M	C
A	R	E	R	A	B	U	R	H	L	I	N	E	S	E	G	Z
N	V	J	K	T	V	B	D	I	G	S	I	R	X	G	S	Q
O	L	D	L	O	I	E	K	E	L	A	T	A	F	U	T	N
R	A	B	E	R	O	B	T	S	M	H	Y	S	I	I	E	C
O	A	Z	U	A	I	Z	I	T	O	N	C	N	X	R	L	O
C	R	O	R	C	E	K	L	A	L	I	S	S	T	E	L	R
C	O	N	F	R	O	N	T	A	R	E	N	W	V	A	E	R
U	P	S	O	R	O	L	O	G	I	O	B	N	O	R	G	E
S	B	A	G	L	I	A	T	O	I	D	F	F	E	J	B	T
L	S	D	S	N	U	D	O	L	X	Q	G	D	P	C	Q	T
L	W	I	X	Q	G	D	U	H	Y	G	K	G	O	O	E	A
N	A	S	C	I	T	A	J	L	U	I	Z	S	P	A	F	D

Puzzle 252

C	T	S	C	V	A	I	N	D	O	S	S	A	T	O	I	H
I	R	A	M	Y	R	P	N	E	C	E	S	S	A	R	I	A
A	A	N	E	I	J	B	P	B	F	Y	J	W	Y	R	Z	F
S	S	O	O	N	I	Z	Z	A	G	A	M	W	K	U	U	J
C	F	C	I	O	M	L	D	E	R	E	D	U	L	C	N	I
U	E	R	E	T	S	I	S	E	R	T	N	P	N	P	Z	N
N	R	Q	Q	I	H	Y	O	C	I	M	E	D	A	C	C	A
O	I	R	A	S	S	O	L	G	G	M	G	N	R	O	S	A
Y	M	I	F	E	R	T	Y	S	A	J	U	R	G	B	O	X
J	E	C	Q	F	P	O	C	I	T	N	A	T	F	O	V	L
O	N	Q	O	Y	W	O	G	H	K	B	R	S	U	A	N	Y
K	T	S	G	N	C	J	S	D	Z	G	D	T	K	P	X	O
N	O	F	I	L	B	T	X	T	I	B	A	S	M	T	G	M
I	K	Q	U	A	N	D	O	J	A	K	R	L	O	R	B	Z
D	I	F	F	I	C	I	L	E	Y	U	E	L	O	U	V	L

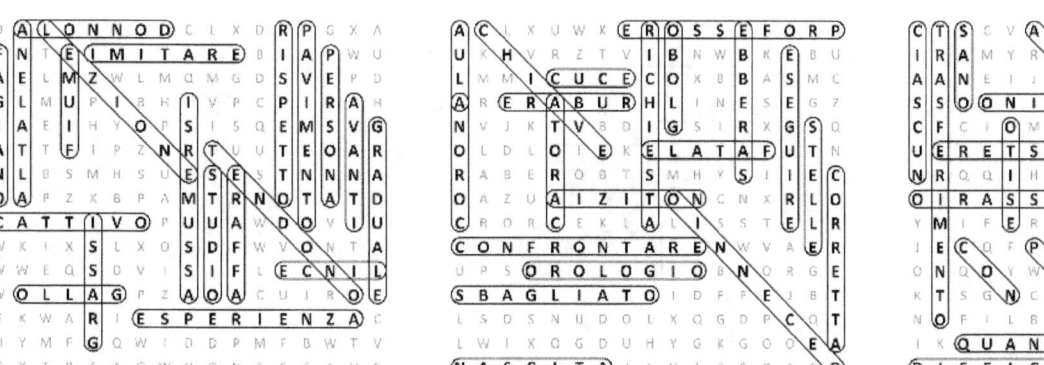

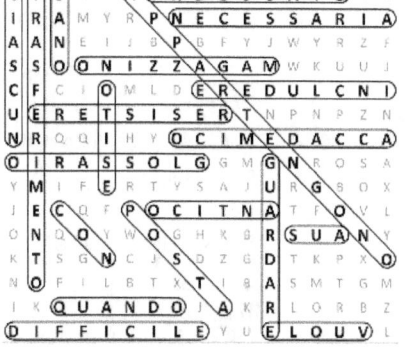

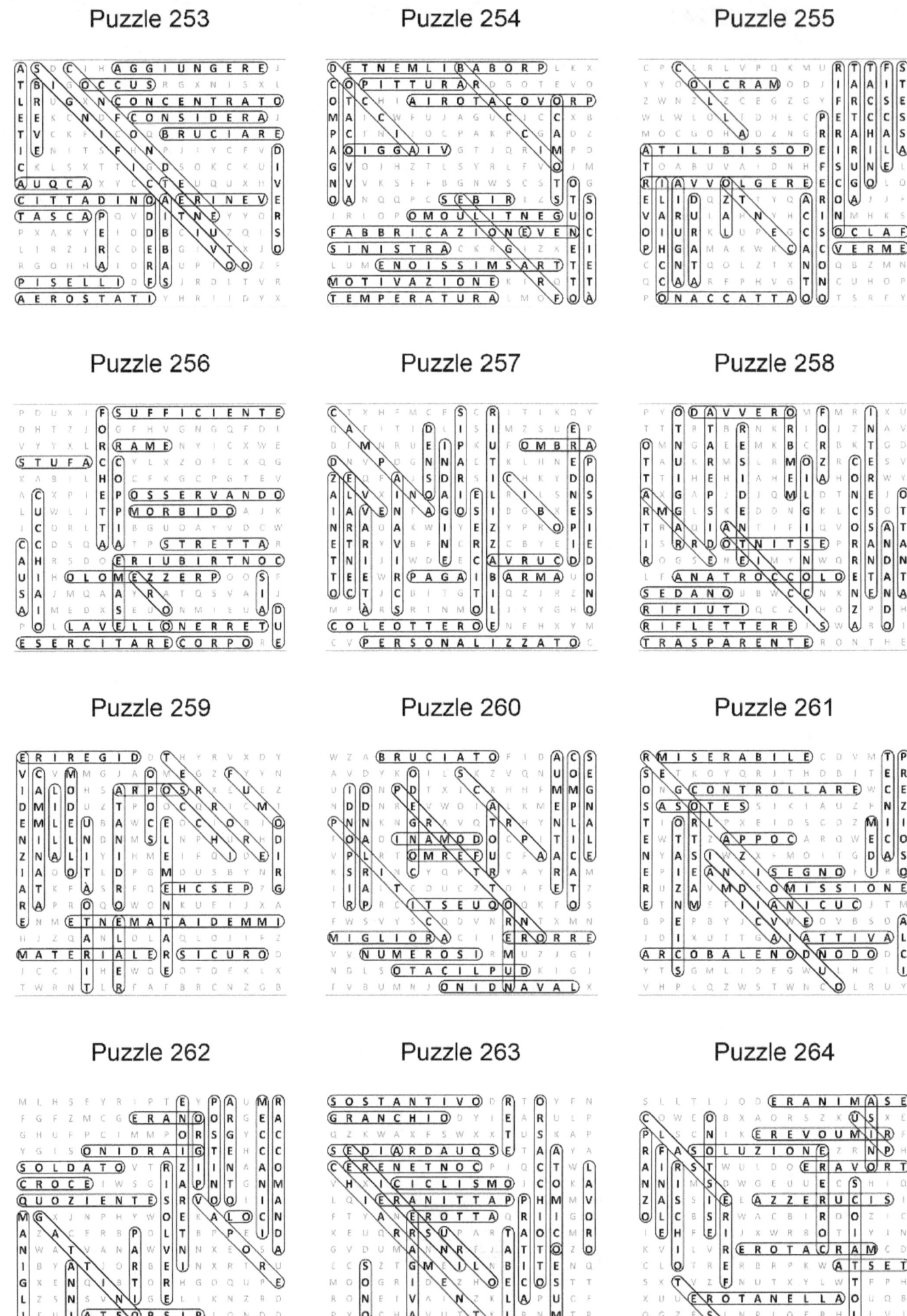

Puzzle 253

Puzzle 254

Puzzle 255

Puzzle 256

Puzzle 257

Puzzle 258

Puzzle 259

Puzzle 260

Puzzle 261

Puzzle 262

Puzzle 263

Puzzle 264

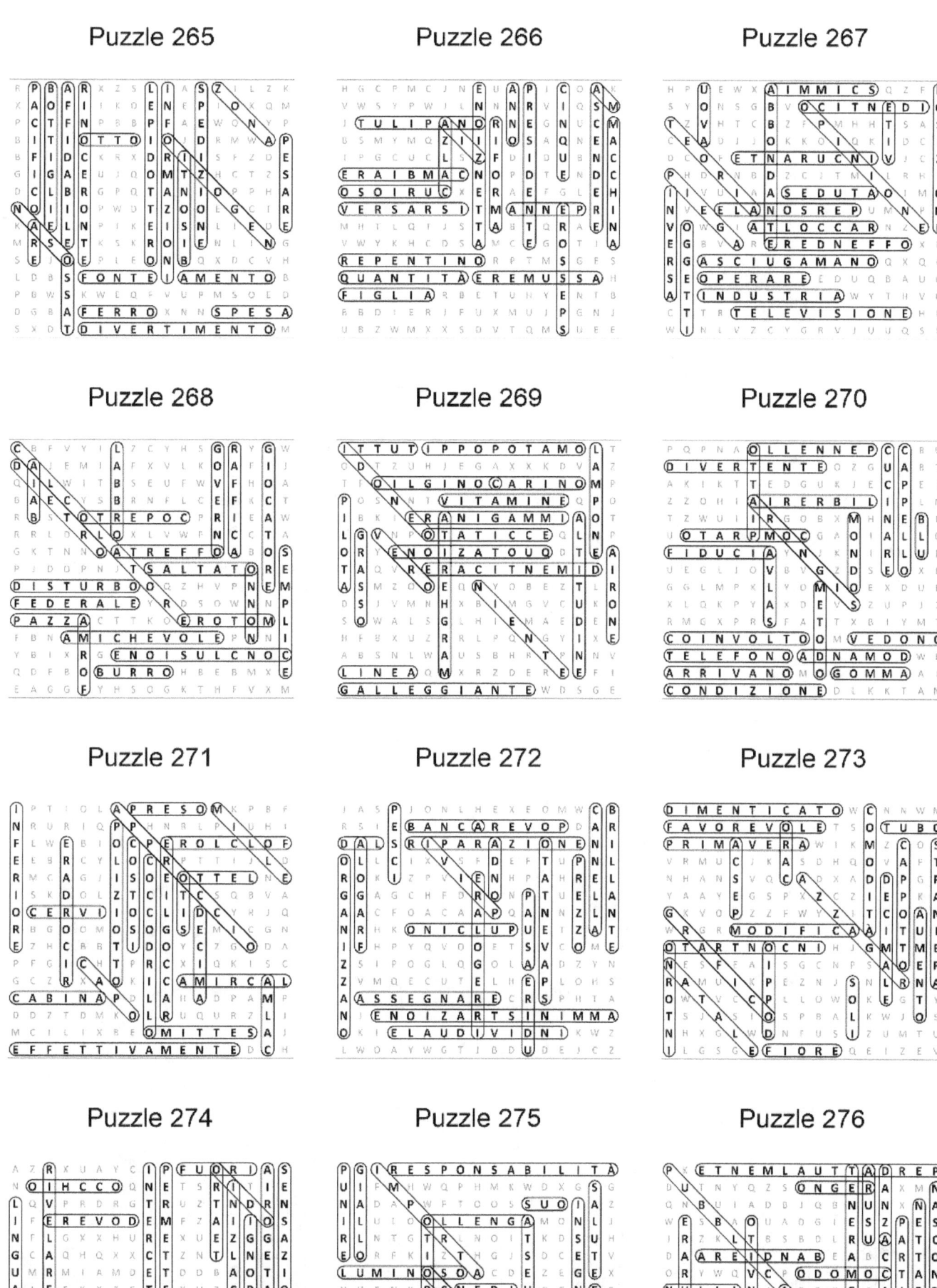

Puzzle 265

Puzzle 266

Puzzle 267

Puzzle 268

Puzzle 269

Puzzle 270

Puzzle 271

Puzzle 272

Puzzle 273

Puzzle 274

Puzzle 275

Puzzle 276

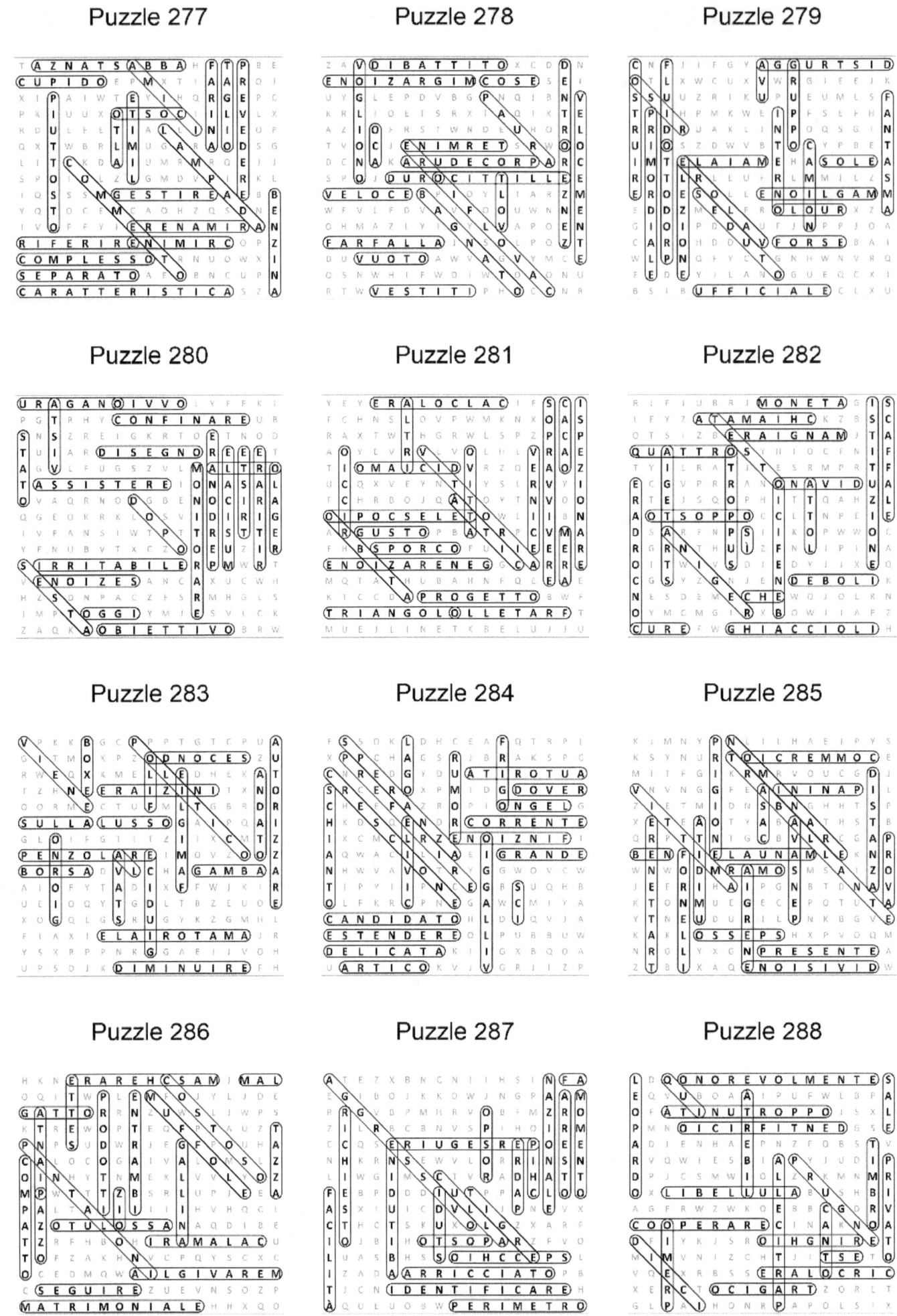

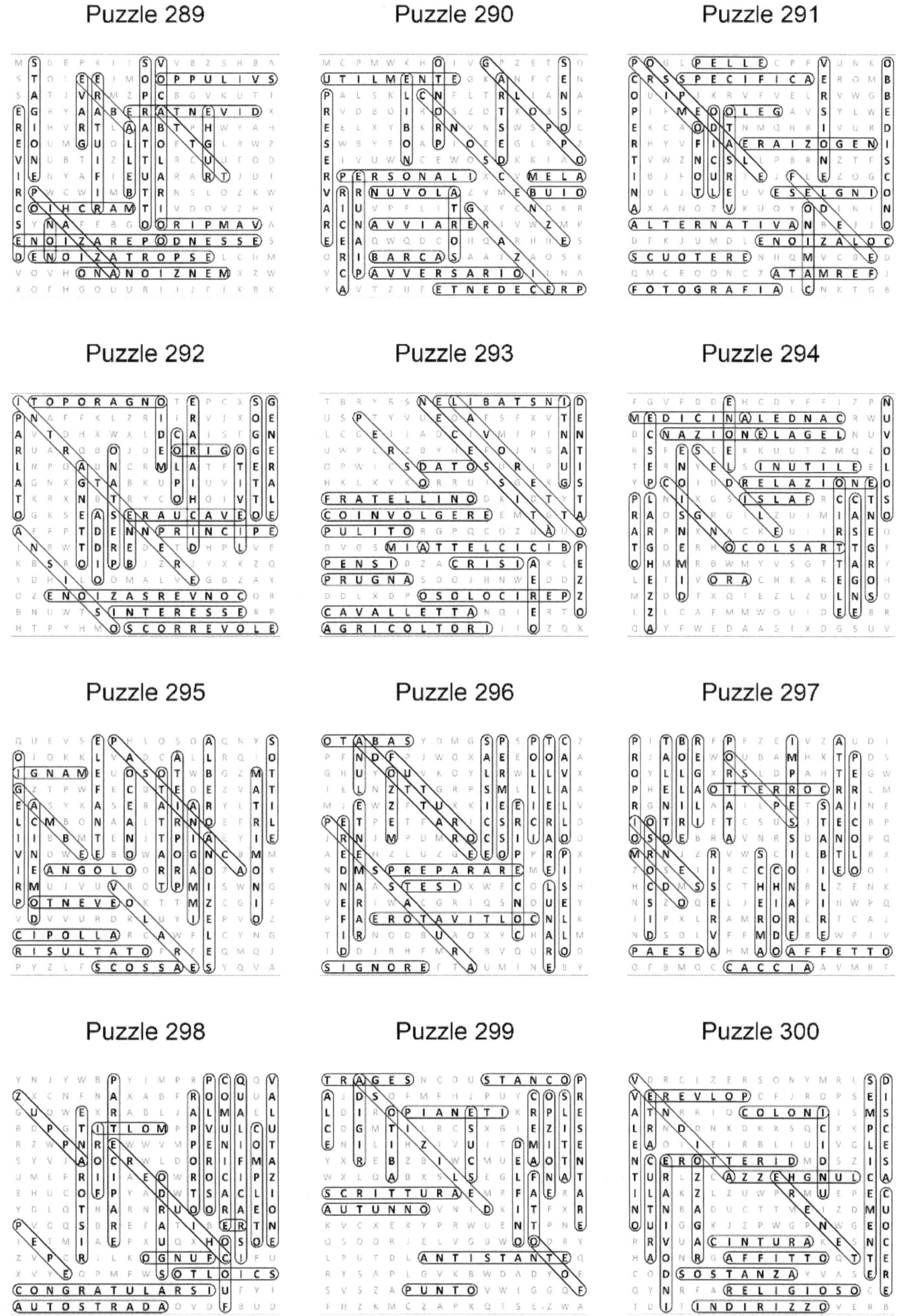

Puzzle 289

Puzzle 290

Puzzle 291

Puzzle 292

Puzzle 293

Puzzle 294

Puzzle 295

Puzzle 296

Puzzle 297

Puzzle 298

Puzzle 299

Puzzle 300

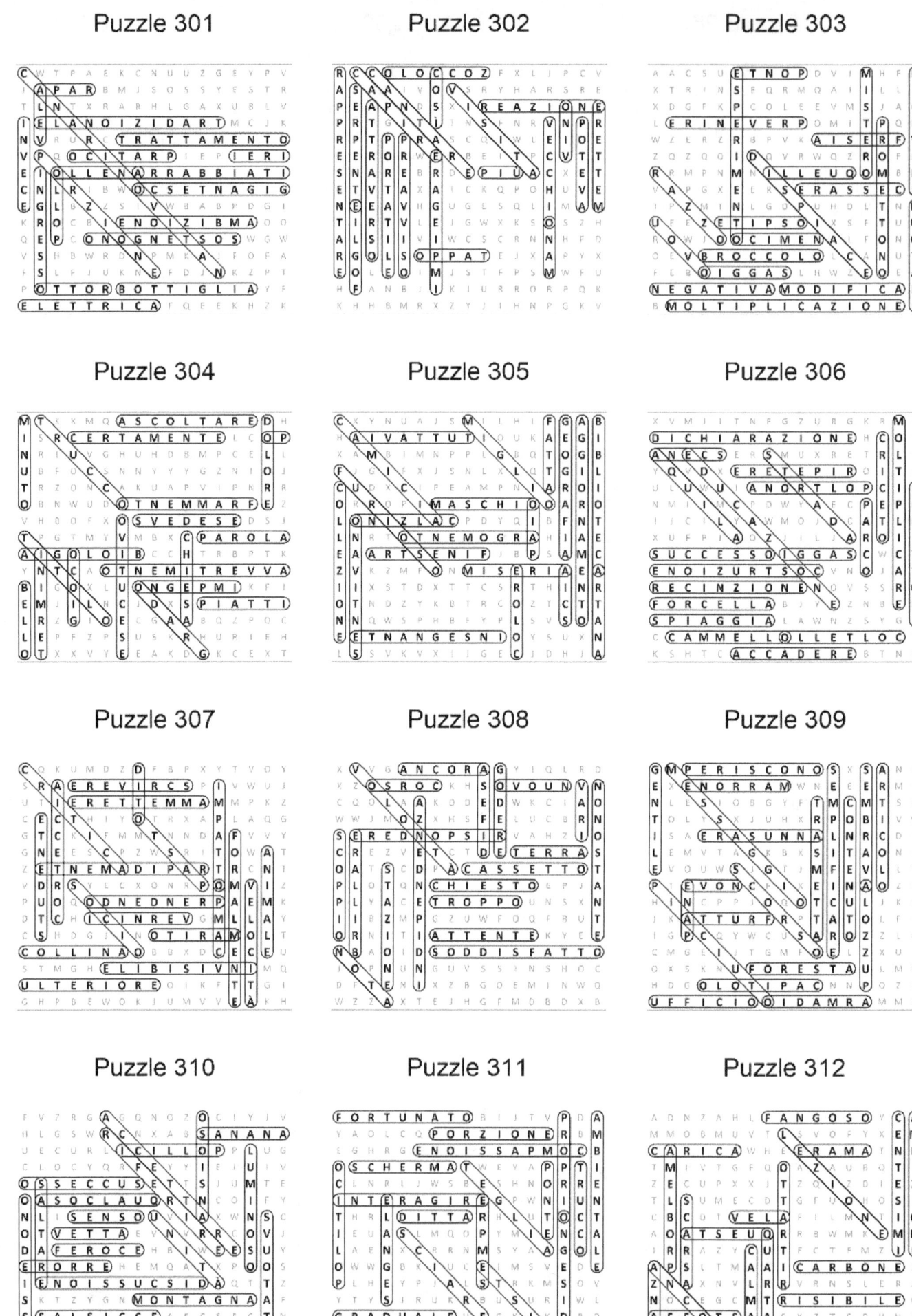

Puzzle 301

Puzzle 302

Puzzle 303

Puzzle 304

Puzzle 305

Puzzle 306

Puzzle 307

Puzzle 308

Puzzle 309

Puzzle 310

Puzzle 311

Puzzle 312

Puzzle 313

Puzzle 314

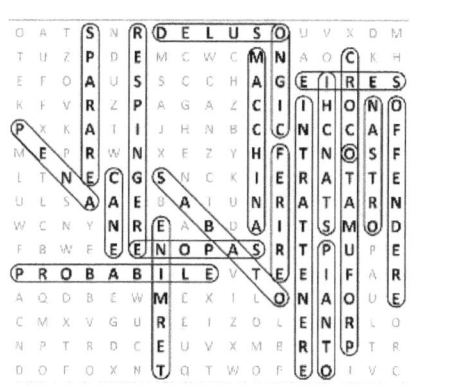

Puzzle 315

Puzzle 316

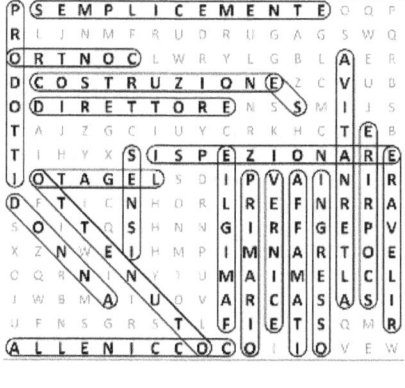

Puzzle 317

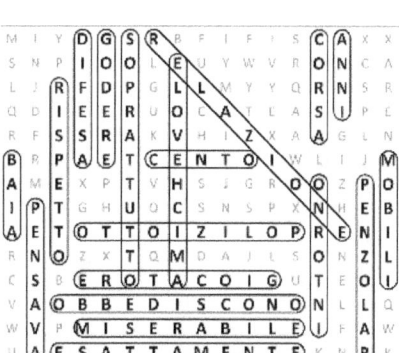

Puzzle 318

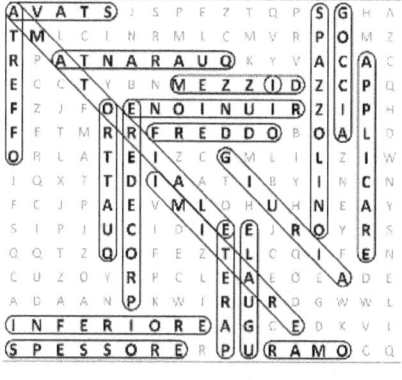

Puzzle 319

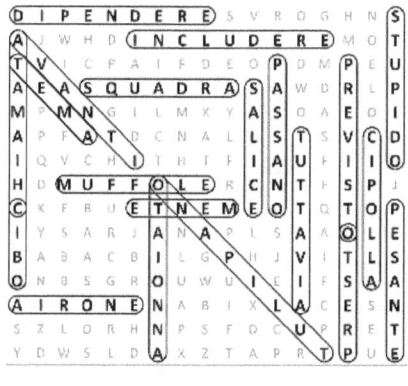

Puzzle 320

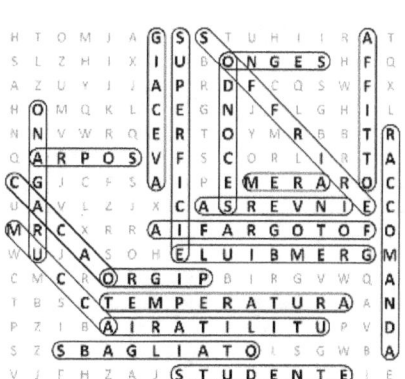

Puzzle 321

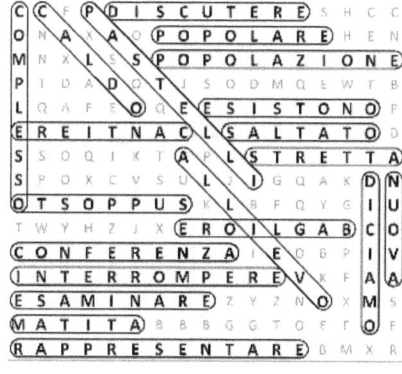

Puzzle 322

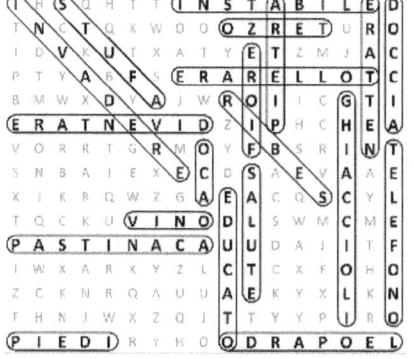

Puzzle 323

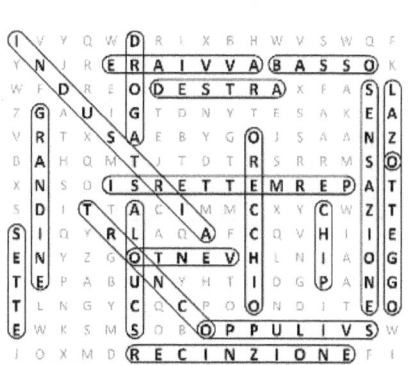

Puzzle 324

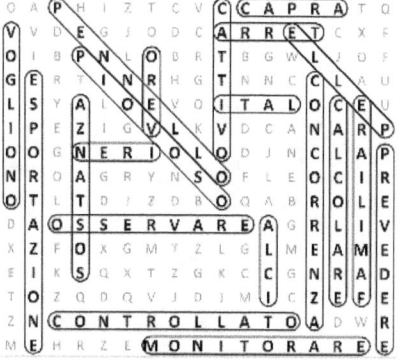

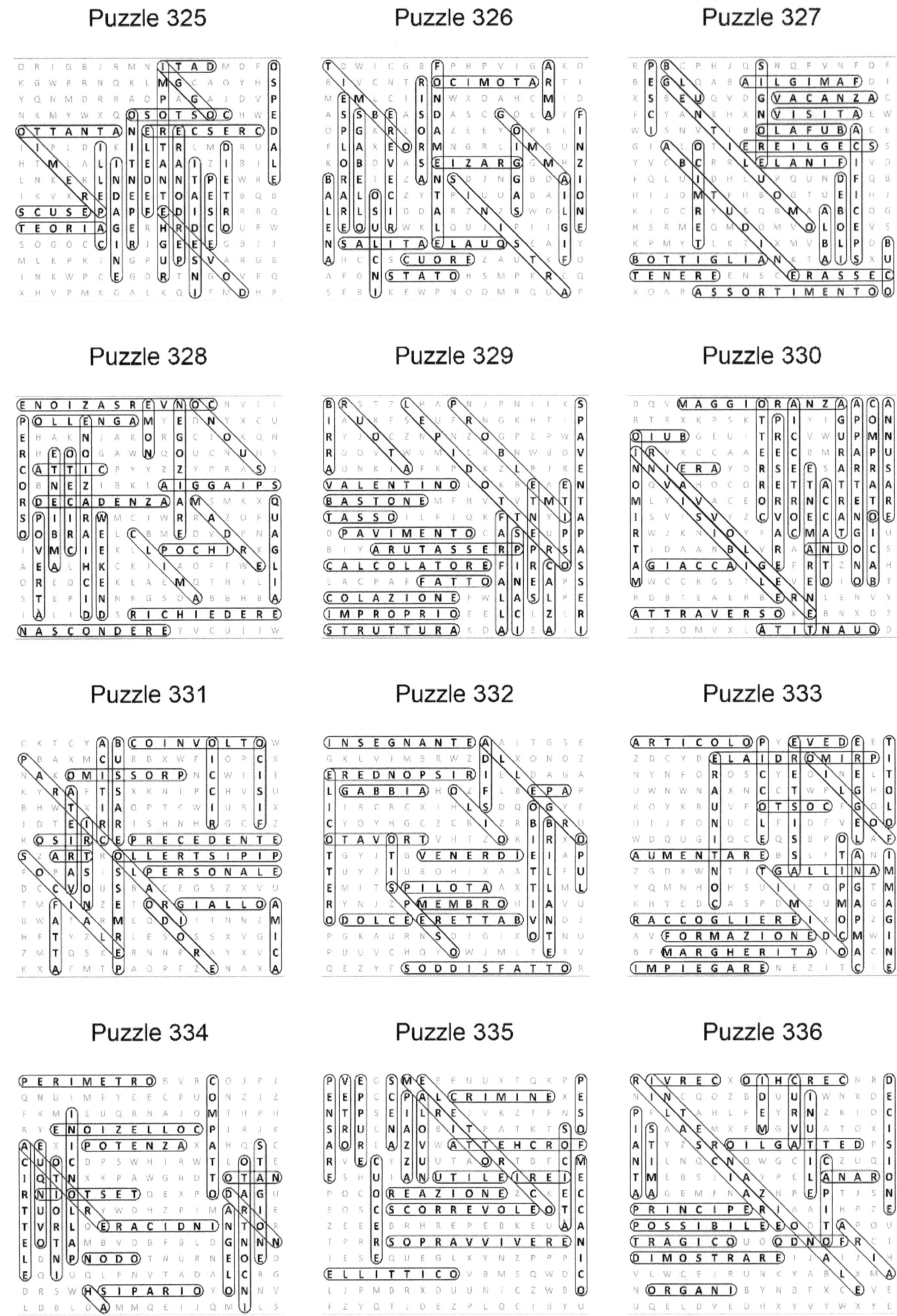

Puzzle 325

Puzzle 326

Puzzle 327

Puzzle 328

Puzzle 329

Puzzle 330

Puzzle 331

Puzzle 332

Puzzle 333

Puzzle 334

Puzzle 335

Puzzle 336

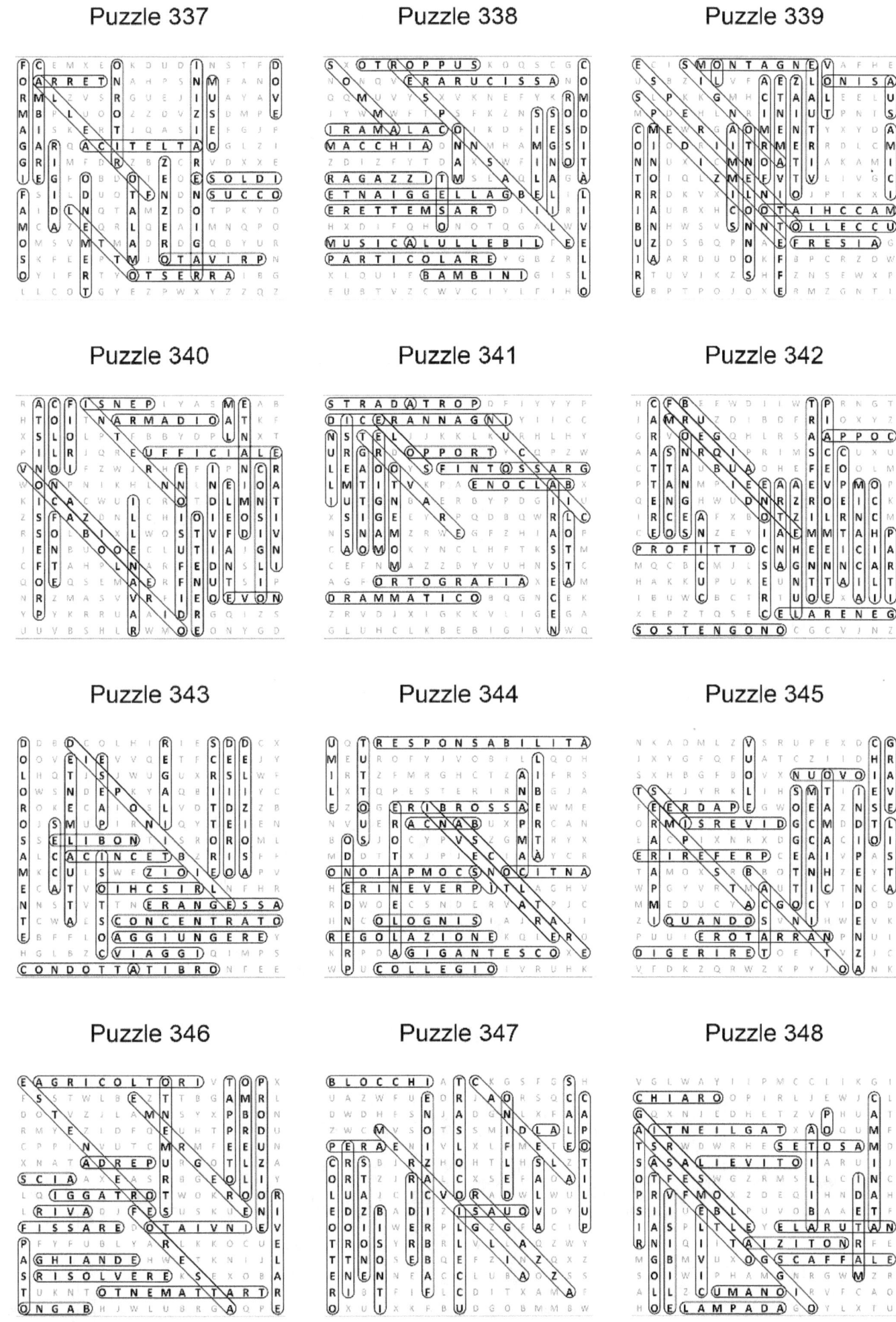

Puzzle 337

Puzzle 338

Puzzle 339

Puzzle 340

Puzzle 341

Puzzle 342

Puzzle 343

Puzzle 344

Puzzle 345

Puzzle 346

Puzzle 347

Puzzle 348

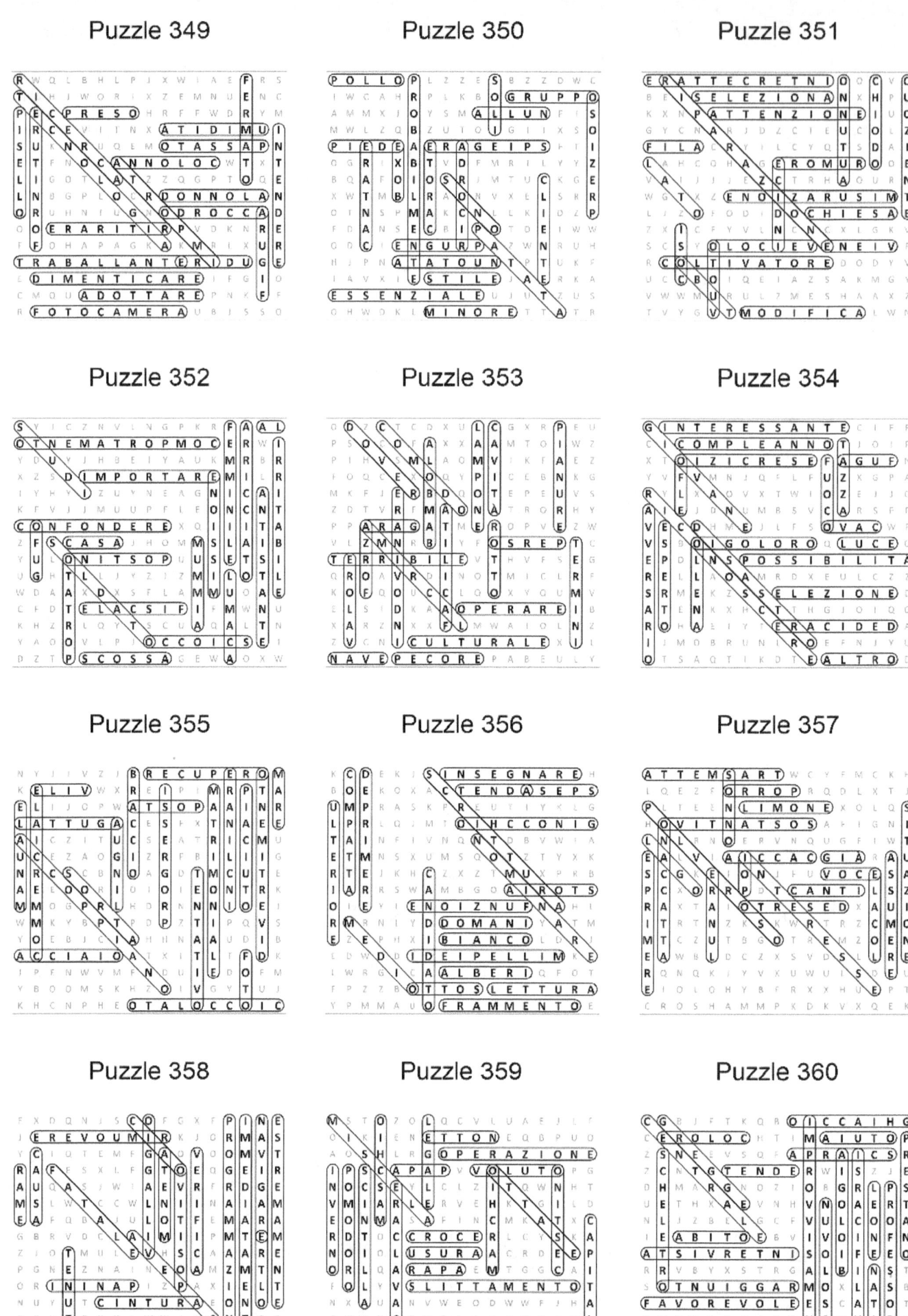

Puzzle 349

Puzzle 350

Puzzle 351

Puzzle 352

Puzzle 353

Puzzle 354

Puzzle 355

Puzzle 356

Puzzle 357

Puzzle 358

Puzzle 359

Puzzle 360

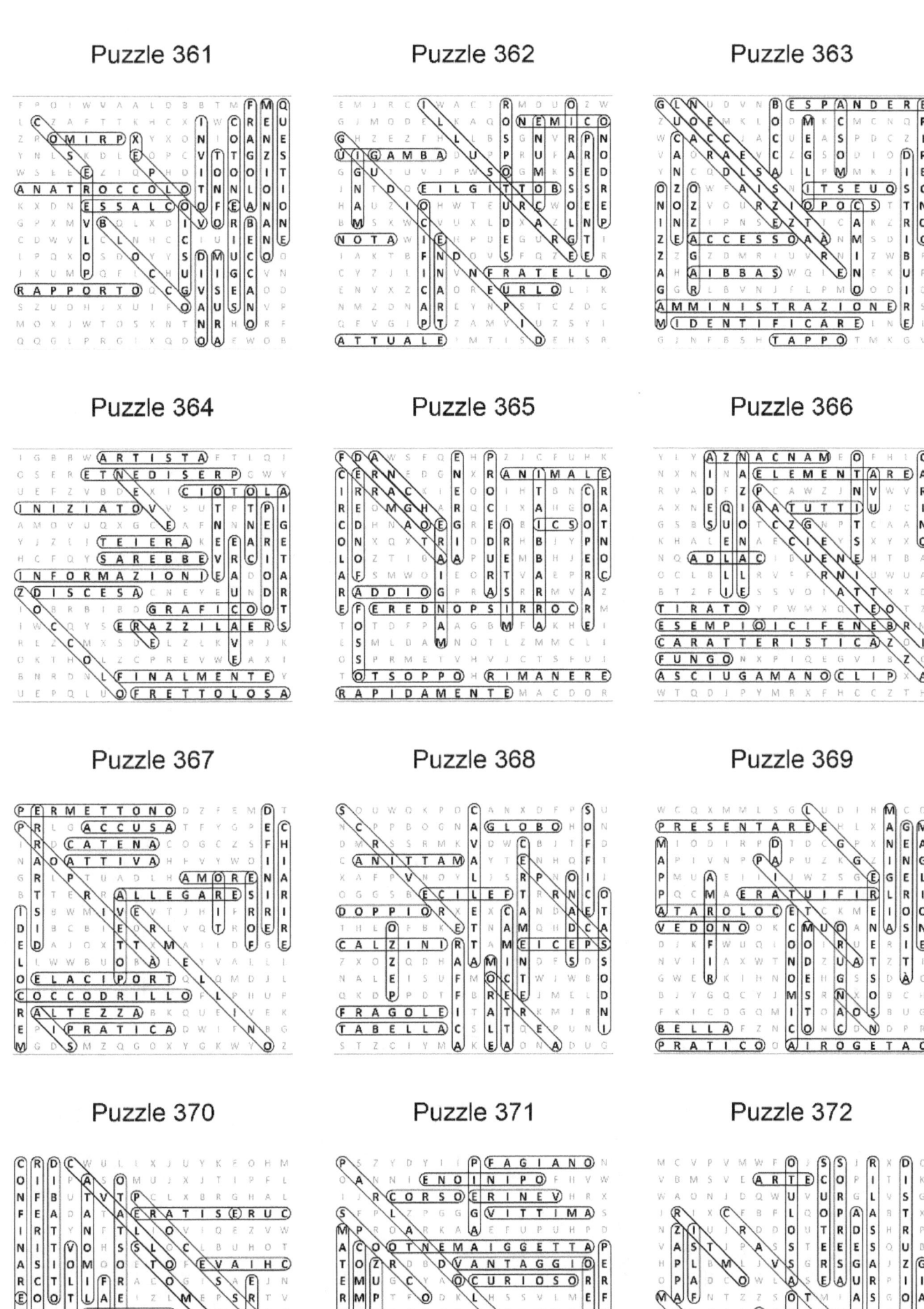

Puzzle 361

Puzzle 362

Puzzle 363

Puzzle 364

Puzzle 365

Puzzle 366

Puzzle 367

Puzzle 368

Puzzle 369

Puzzle 370

Puzzle 371

Puzzle 372

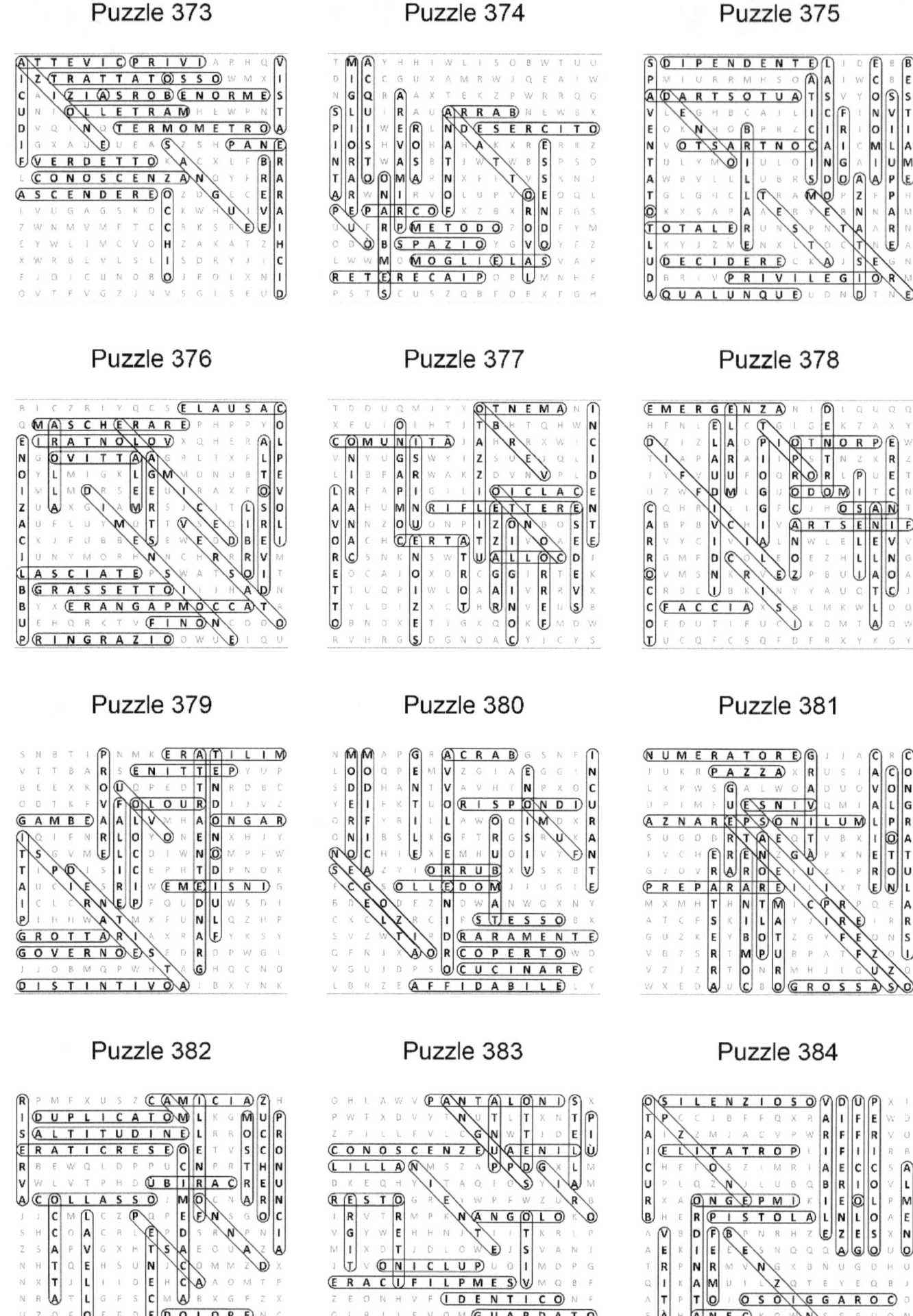

Puzzle 373

Puzzle 374

Puzzle 375

Puzzle 376

Puzzle 377

Puzzle 378

Puzzle 379

Puzzle 380

Puzzle 381

Puzzle 382

Puzzle 383

Puzzle 384

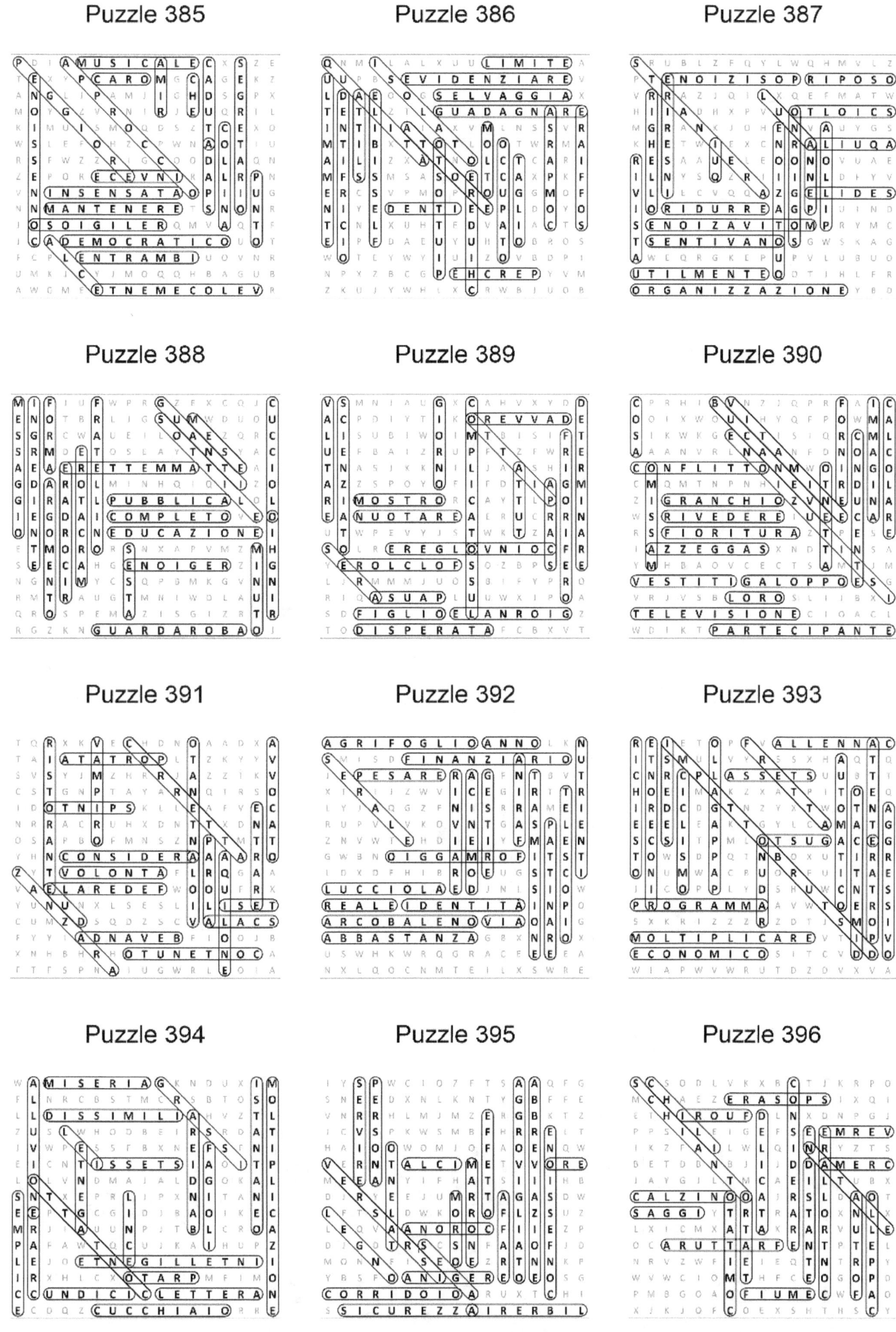

Puzzle 385

Puzzle 386

Puzzle 387

Puzzle 388

Puzzle 389

Puzzle 390

Puzzle 391

Puzzle 392

Puzzle 393

Puzzle 394

Puzzle 395

Puzzle 396

Puzzle 397

Puzzle 398

Puzzle 399

Puzzle 400

Puzzle 401

Puzzle 402

Puzzle 403

Puzzle 404

Puzzle 405

Puzzle 406

Puzzle 407

Puzzle 408

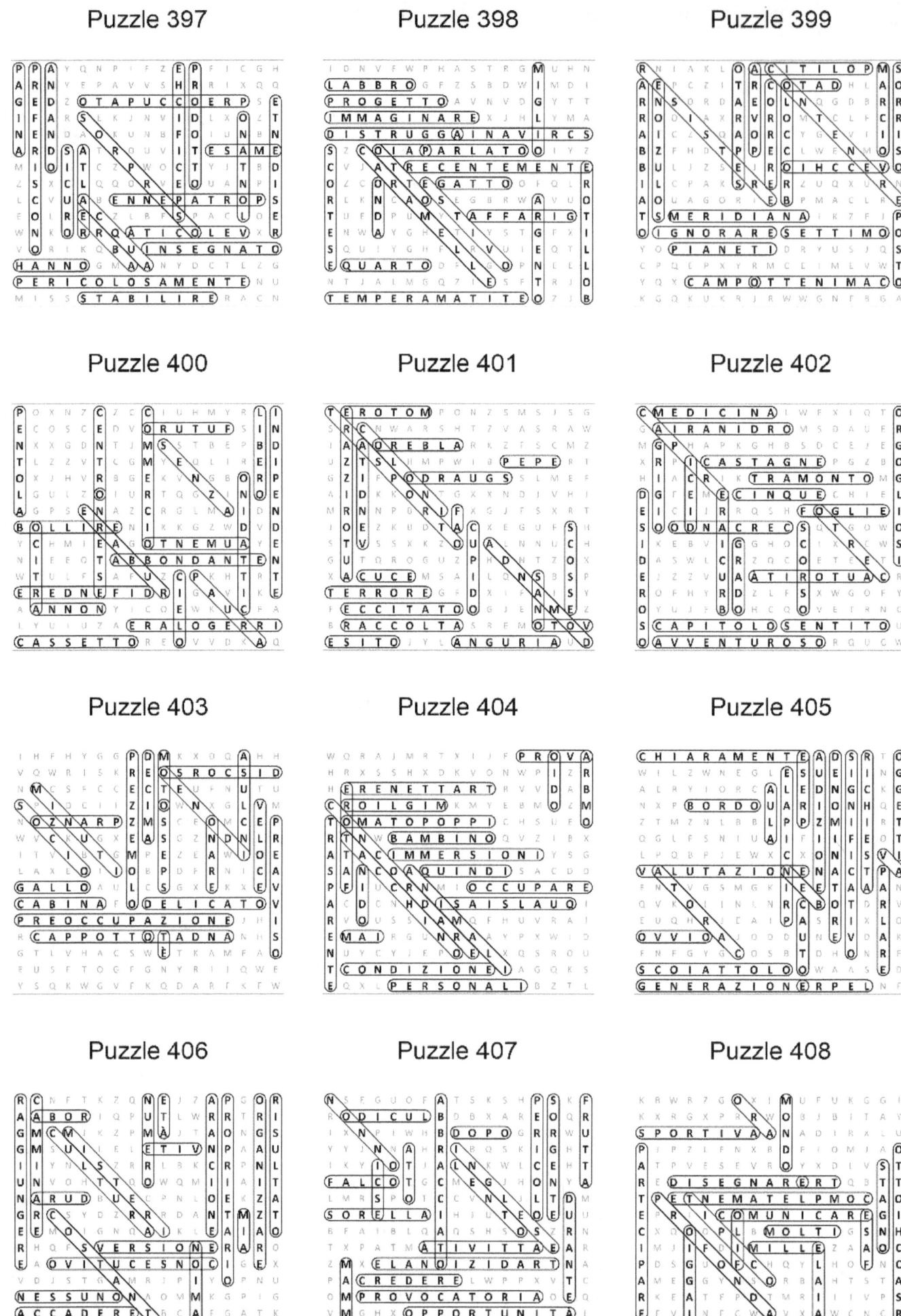

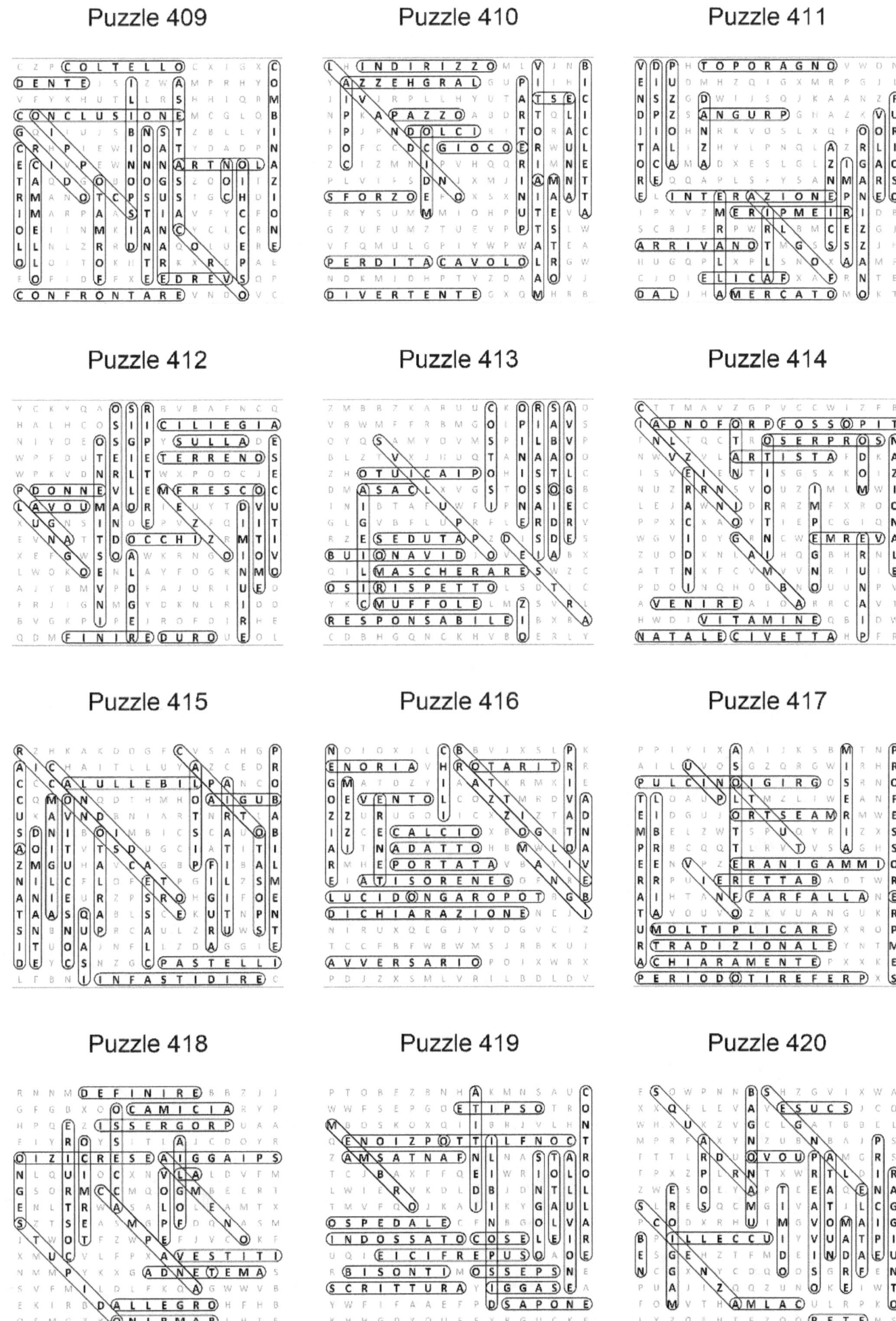

Puzzle 409

Puzzle 410

Puzzle 411

Puzzle 412

Puzzle 413

Puzzle 414

Puzzle 415

Puzzle 416

Puzzle 417

Puzzle 418

Puzzle 419

Puzzle 420

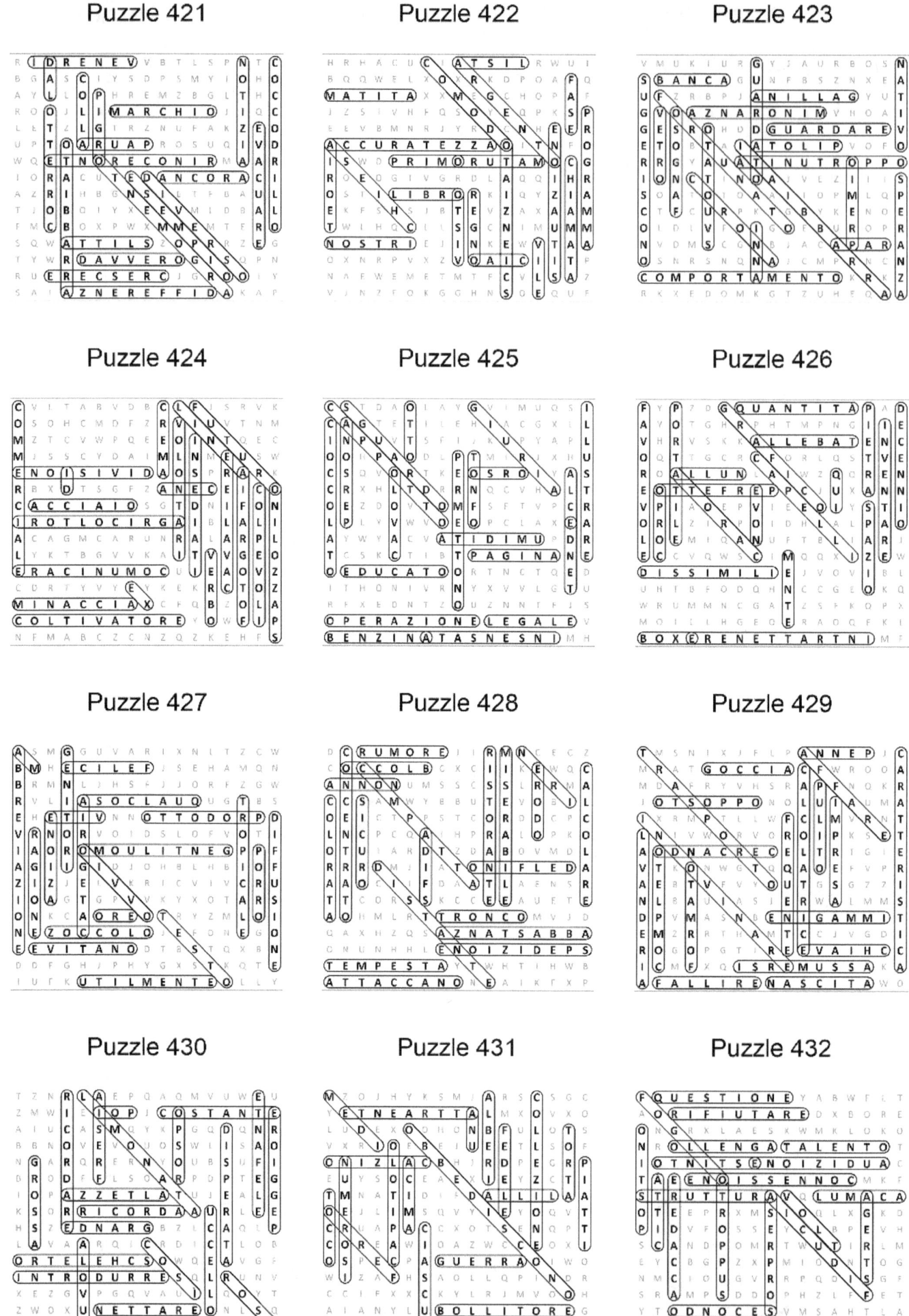

Puzzle 421

Puzzle 422

Puzzle 423

Puzzle 424

Puzzle 425

Puzzle 426

Puzzle 427

Puzzle 428

Puzzle 429

Puzzle 430

Puzzle 431

Puzzle 432

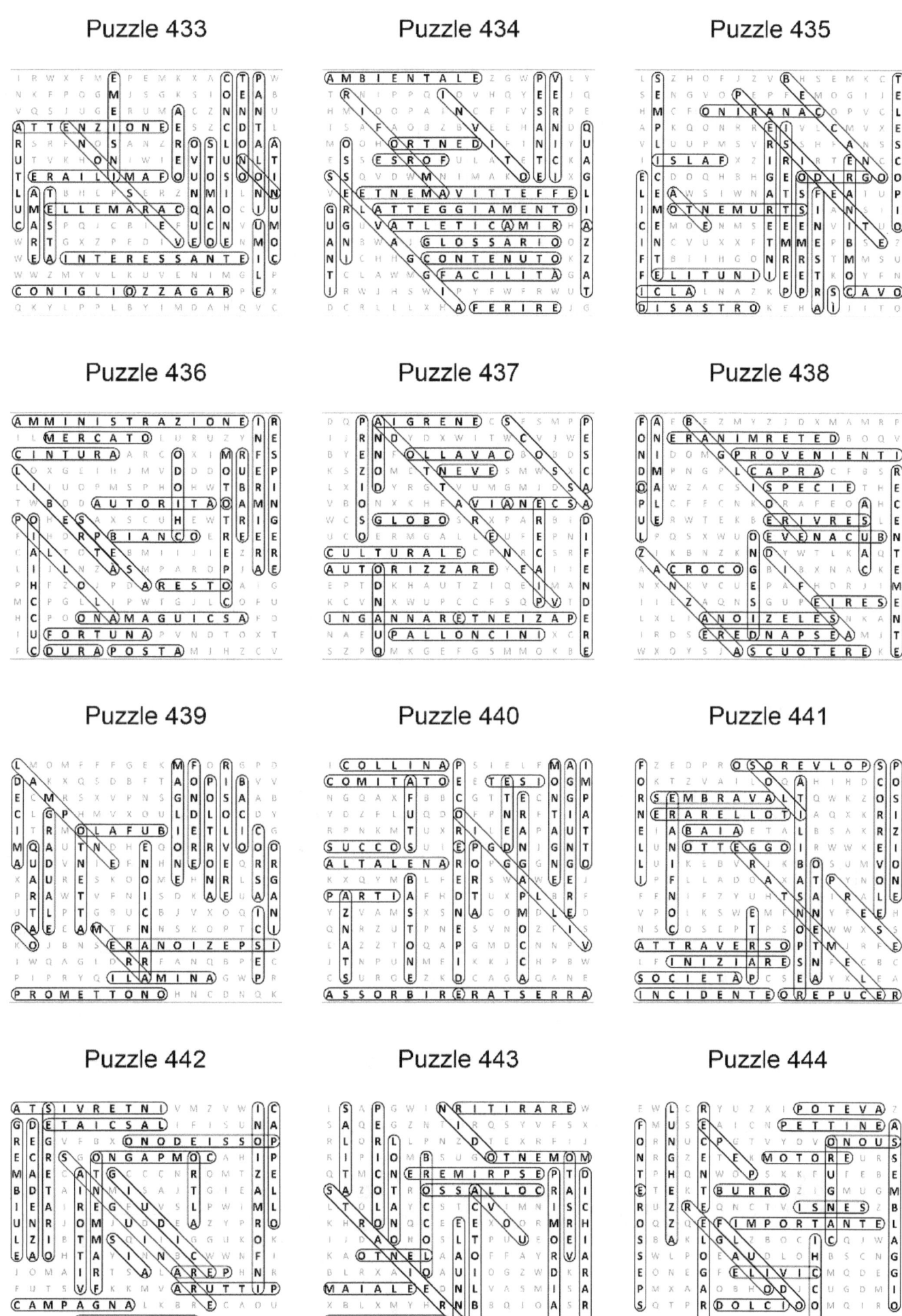

Puzzle 433

Puzzle 434

Puzzle 435

Puzzle 436

Puzzle 437

Puzzle 438

Puzzle 439

Puzzle 440

Puzzle 441

Puzzle 442

Puzzle 443

Puzzle 444

Puzzle 445

Puzzle 446

Puzzle 447

Puzzle 448

Puzzle 449

Puzzle 450

Puzzle 451

Puzzle 452

Puzzle 453

Puzzle 454

Puzzle 455

Puzzle 456

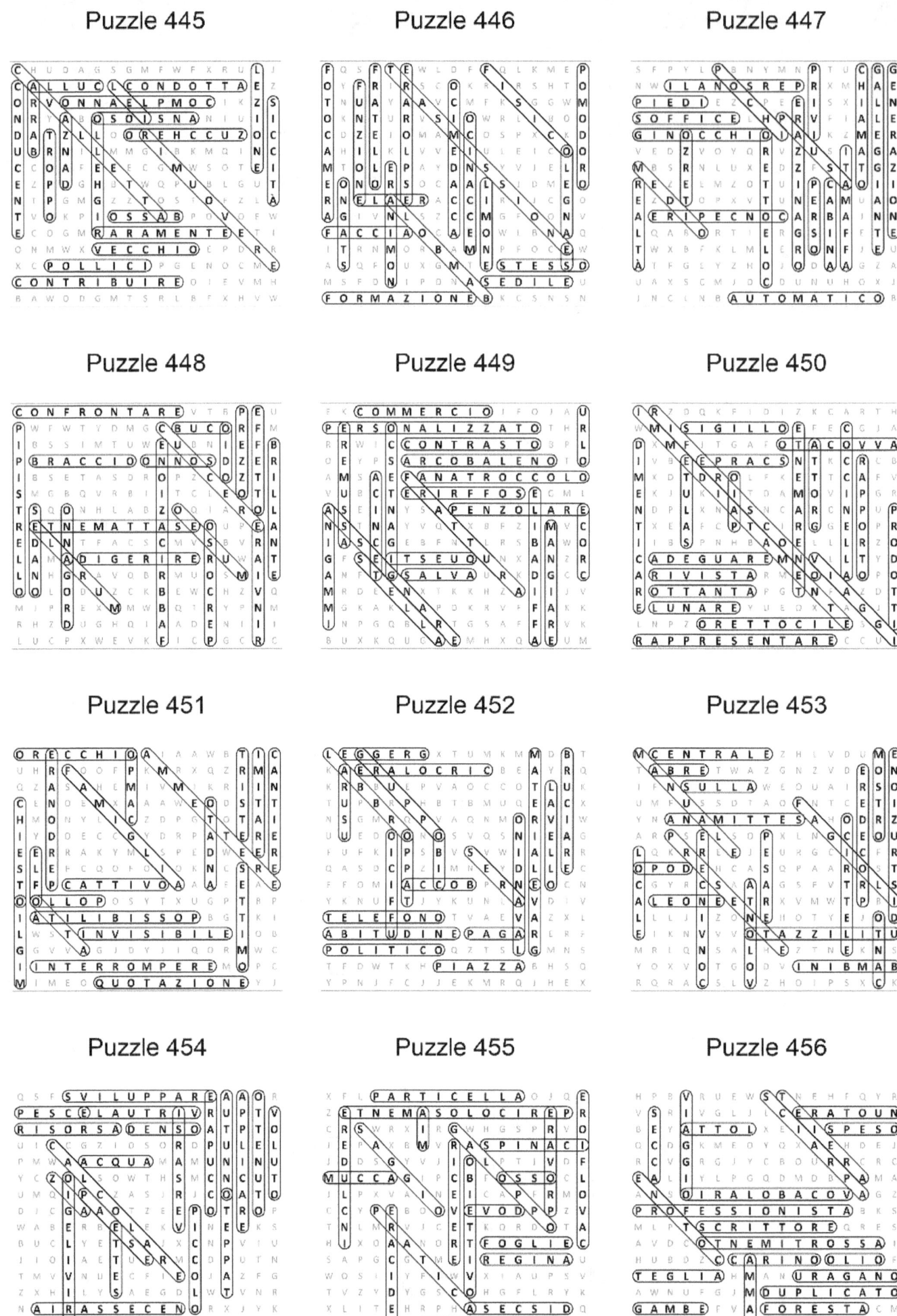

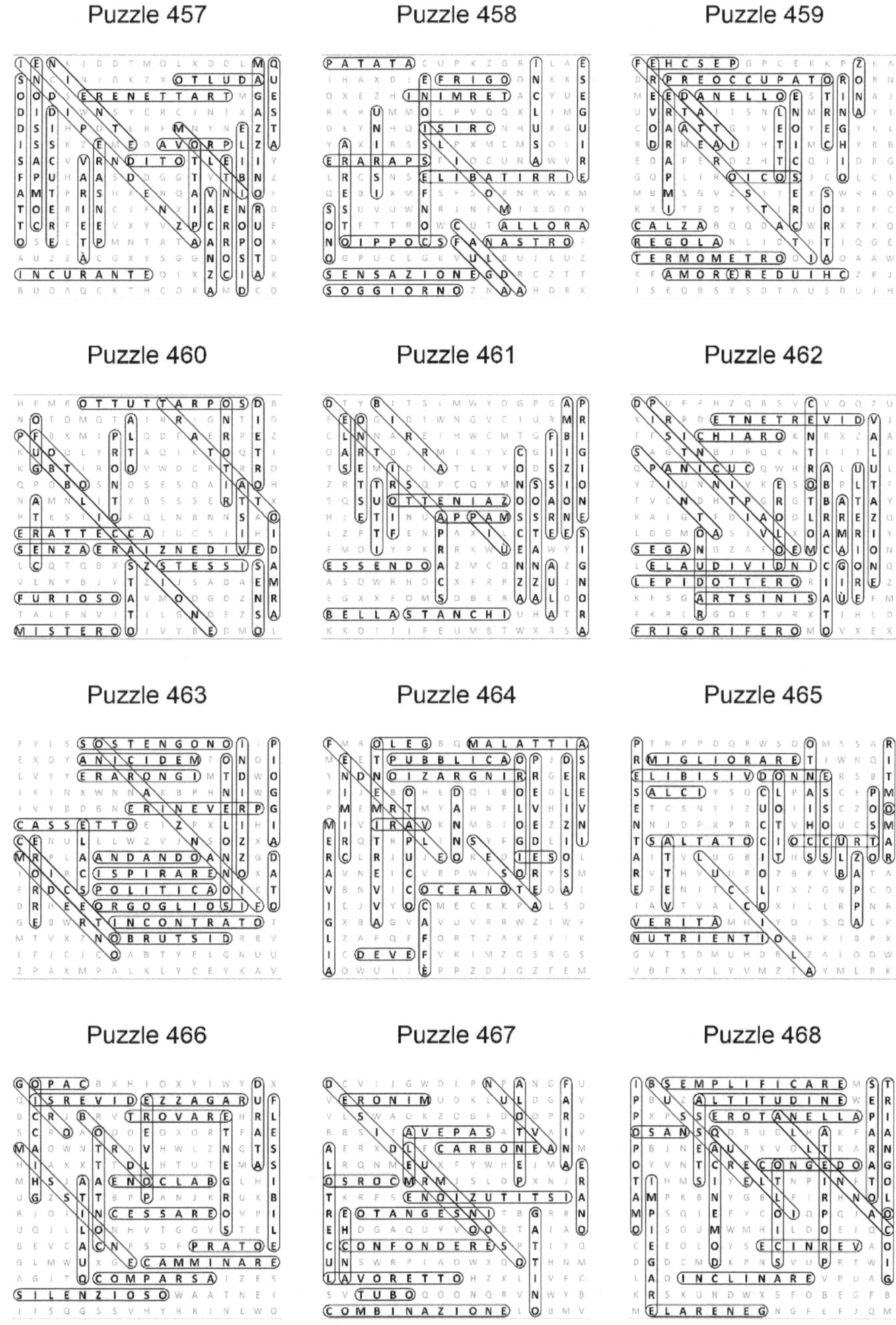

Puzzle 457

Puzzle 458

Puzzle 459

Puzzle 460

Puzzle 461

Puzzle 462

Puzzle 463

Puzzle 464

Puzzle 465

Puzzle 466

Puzzle 467

Puzzle 468

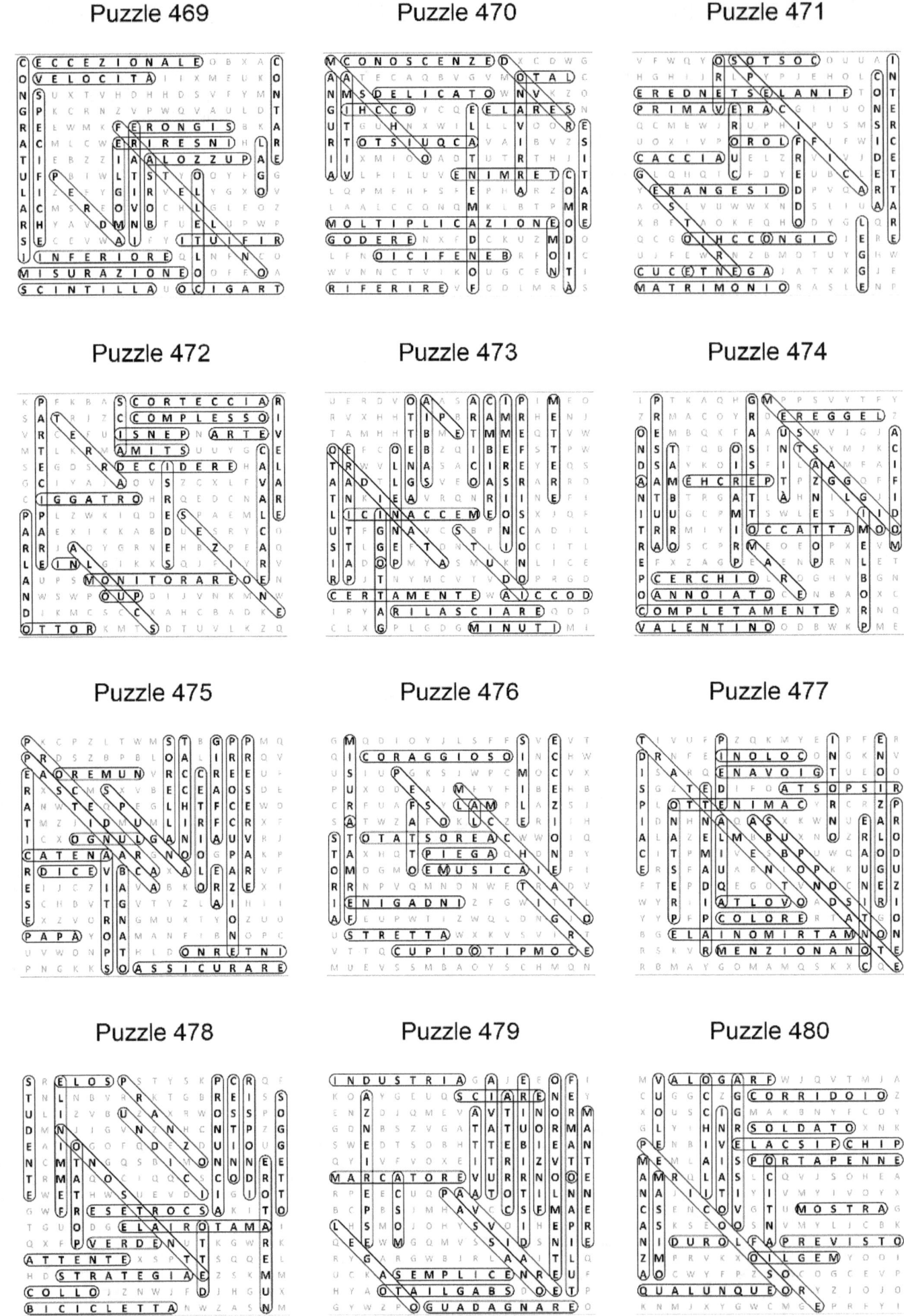

Puzzle 469

Puzzle 470

Puzzle 471

Puzzle 472

Puzzle 473

Puzzle 474

Puzzle 475

Puzzle 476

Puzzle 477

Puzzle 478

Puzzle 479

Puzzle 480

Puzzle 481

Puzzle 482

Puzzle 483

Puzzle 484

Puzzle 485

Puzzle 486

Puzzle 487

Puzzle 488

Puzzle 489

Puzzle 490

Puzzle 491

Puzzle 492

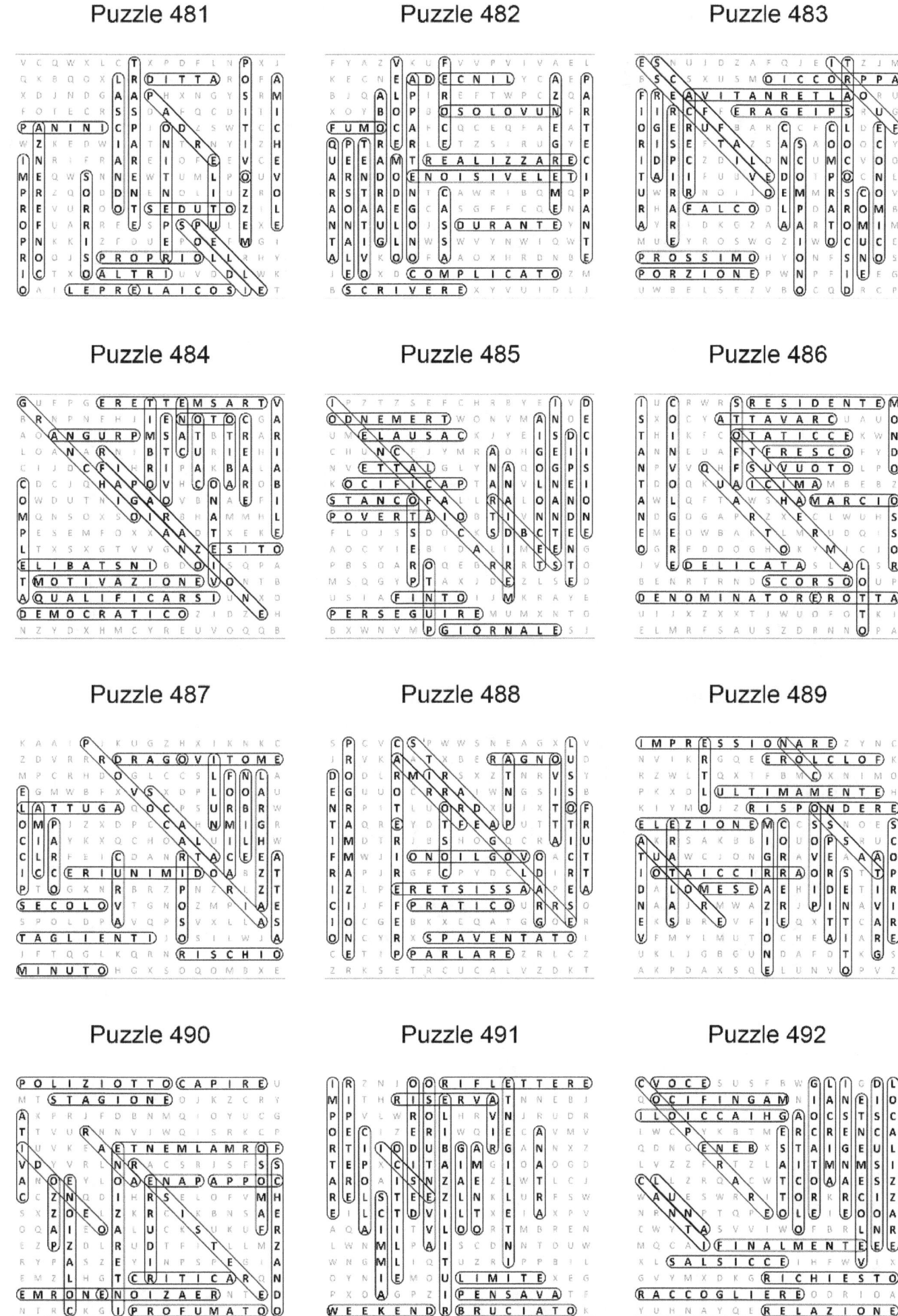

Puzzle 493

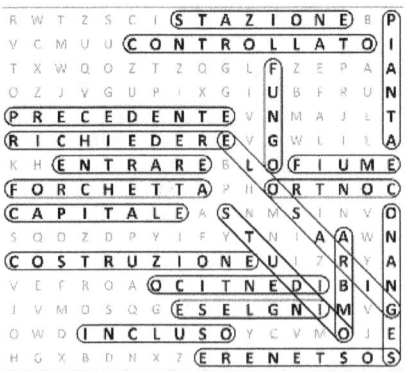

Puzzle 494

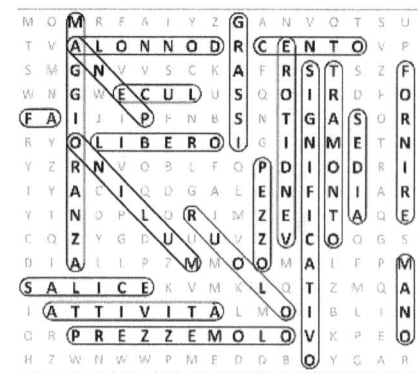

Puzzle 495

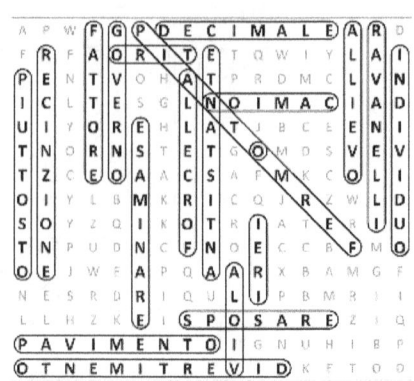

Puzzle 496

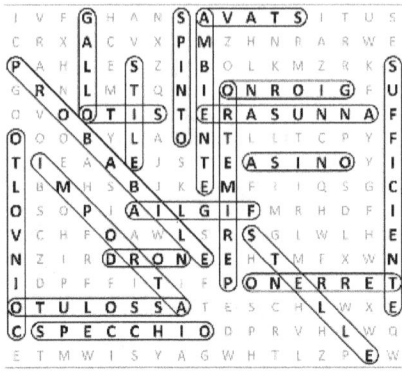

Puzzle 497

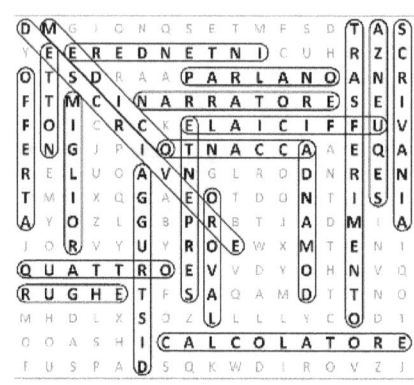

Puzzle 498

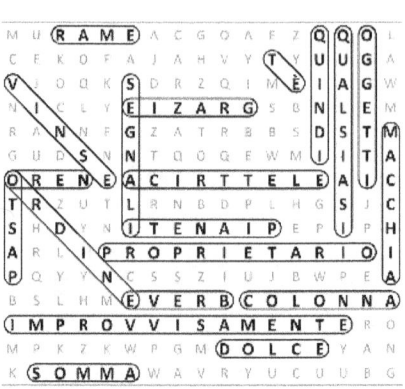

Puzzle 499

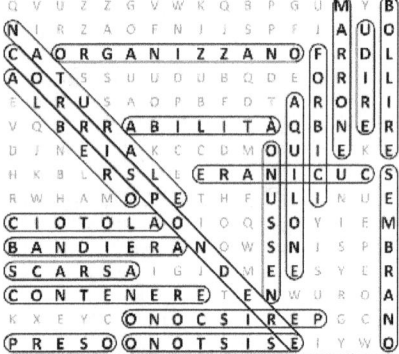

Puzzle 500

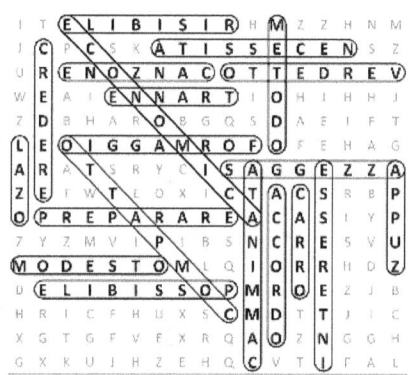

Enhorabuena

Lo has conseguido!

Esperamos que hayas disfrutado de este libro tanto como nosotros al diseñarlo. Intentamos proporcionar libros de juego de alta calidad.

Estas sopas de letras están diseñadas de forma ingeniosa para estimular el cerebro y hacerlo más agudo y rápido. ¿Te ha gustado este libro?

Una Petición Sencilla

Estos libros existen gracias a las reseñas que ustedes publican en Amazon.com ¿Podría ayudarnos dejando una reseña ahora? Aquí tienes un breve enlace a su página de reseñas en Amazon.com

BestBooksActivity.com/Notas50

¡DESAFÍO FINAL!

Reto n°1

¿Estás listo para tu juego gratis? Los utilizamos siempre, pero no son tan fáciles de encontrar. ¡Aquí están los **Sinónimos!**
Escribe 5 palabras que hayas encontrado en los rompecabezas (#21, #36, #76) y trata de encontrar 2 sinónimos para cada palabra.

Escriba 5 palabras del **Puzzle 21**

Palabras	Sinónimo 1	Sinónimo 2

Escriba 5 palabras del **Puzzle 36**

Palabras	Sinónimo 1	Sinónimo 2

Escriba 5 palabras del **Puzzle 76**

Palabras	Sinónimo 1	Sinónimo 2

Reto n°2

Ahora que te has calentado, escribe 5 palabras que hayas encontrado en los Puzzles 9, 17 y 25 e intenta encontrar 2 antónimos para cada palabra. ¿Cuántos puedes encontrar en 20 minutos?

Escriba 5 palabras del **Puzzle 9**

Palabras	Antónimo 1	Antónimo 2

Escriba 5 palabras del **Puzzle 17**

Palabras	Antónimo 1	Antónimo 2

Escriba 5 palabras del **Puzzle 25**

Palabras	Antónimo 1	Antónimo 2

Reto n°3

¡Genial! Este desafío monstruoso no es nada para ti.

¿Preparado para el reto final? Elige 10 palabras que hayas descubierto en los diferentes rompecabezas y escríbelas a continuación.

1.	6.
2.	7.
3.	8.
4.	9.
5.	10.

Ahora escribe un texto pensando en una persona, un animal o un lugar que te guste.

Puedes usar la última página de este libro como borrador.

Tu Composición:

CUADERNO DE NOTAS :

HASTA PRONTO !

Todo el Equipo